通州文脉

杨家毅 著

试题题

北京出版集团公司
北京人民出版社

图书在版编目（CIP）数据

通州文脉／杨家毅著. — 北京：北京人民出版社，
2018.4
ISBN 978-7-5300-0380-0

Ⅰ．①通… Ⅱ．①杨… Ⅲ．①文化史—通州区 Ⅳ.
①K291.3

中国版本图书馆 CIP 数据核字（2017）第 307825 号

通州文脉
TONGZHOU WENMAI

杨家毅　著

*

北 京 出 版 集 团 公 司
北 京 人 民 出 版 社　出版
（北京北三环中路 6 号）
邮政编码：100120
网　　　址：www．bph．com．cn
北 京 出 版 集 团 公 司 总 发 行
新 华 书 店 经 销
天津画中画印刷有限公司印刷

*

787 毫米×1092 毫米　16 开本　31 印张　彩插 4 页　420 千字
2018 年 4 月第 1 版　2022 年 11 月第 5 次印刷
ISBN 978-7-5300-0380-0
定价：88.00 元
如有印装质量问题，由本社负责调换
质量监督电话：010-58572393

清代北京城郊图（局部）

清代京杭大运河全图（北京段）

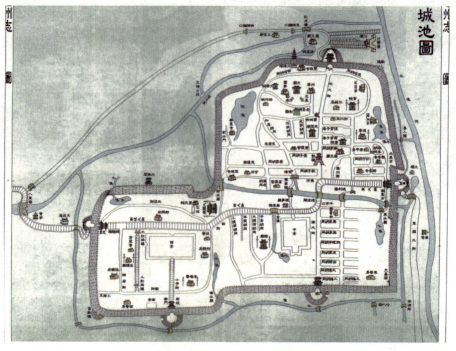

清代通州城池图（1883年）

燃灯佛塔

李贽墓

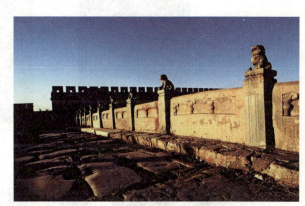

张家湾古城遗址及通运桥

通州近代建筑群（潞河中学内）

新石器时代石斧

战国三犀鼎

明代宝光寺铜钟

唐三彩侍女佣

漕运官砝

明代石像生群（局部）

序 一

建设北京城市副中心是京津冀协同发展的重要举措，在首都北京发展史上具有里程碑意义。在通州这样一个历史悠久的地方，在这样的时间节点上，建设北京城市副中心既要满足现代化大都市的各种需求，又要彰显中华文化的独特魅力，这是需要落实的问题。

如何在建设北京城市副中心的过程中保护好通州的历史文化遗产，深入挖掘通州的历史文化资源呢？首先要搞清楚通州有哪些"古"？对通州历史文化进行系统深入的研究是一项基础性的工作。杨家毅同志长期在通州从事文化方面的工作，由他来介绍通州的历史文化，是很合适的。

本书初稿完成后，作者找到我，要我作序。拿到书稿后，我被《通州文脉》的书名所吸引。通州是历史悠久的古城，文化底蕴深厚，历史上曾有"一京二卫三通州"的说法。所谓文脉，可指"文明发展的脉络"，也可指一个特定空间的文化发展脉络。据我所知，本书是第一部系统介绍通州历史文化发展脉络的学术著作，对想要深入系统地了解通州历史文化的朋友们而言，该书可以作为向导。

本书由历史主脉、漕运动脉、文化根脉和红色血脉四个部分组成，共13章，对通州的历史、军事、漕运、商业、城市建设、中外文化交流等进行了系统的叙述和研究。还有两篇学术论文作为附录，一篇探讨北京运河文化带的文化内涵，另一篇谈北京城市副中心视域下的文化遗产保护。通读文稿，我觉得作者研究方法严谨，资料丰富。有研究北京史常用的一些史料，如《辽史》《金史》《元史》《明史》《清史稿》《明实录》《清实录》《日下旧闻考》《光绪顺天府志》《大元马政记》《大元仓库记》《大元海运记》和各个时代的《通州志》，还有明清时期著名学者的学术著作，如明代章潢的《图书编》、张岱的《石匮书》、清代刘锡信的《潞城考古录》等。也有明清时期朝鲜、琉球、日本使臣出使北京时留下的大量日记，以及近代以来西方列强入侵北京期间传教士、随军记者留下的记录，还参考了关于通州历史的档案资料、与通州有关的考古资料。

本书配有大量老照片和通州历史地图，有些图片十分珍贵，图文并茂，具有可读性。本书也有不少新的研究成果，提出了一些新观点。如作者提出北运河不仅是京杭大运河的重要组成部分，在历史上也是北京的出海通道，是维系京城稳定的重要生命线。作者对历史上通州城的变迁进行了考证，从汉代的路县古城到明清通州古城，在这期间，潞县古城的城址经过了复杂的变迁，作者进行考证后勾勒出了清晰的变化轨迹。古代"通州"地域范围在不同时代变化较大，作者也进行了考证，并配有地图。对通州与周边区域运河的考证，作者也提出了自己的见解：不仅有通州到京城的通惠河，还有通州到昌平的运河（利用了温榆河河道）、通州到密云的运河（利用了潮白河河道），这两段运河的历史在元、明、清时期的文献中有丰富的记载。作者提供了翔实的史料佐证，很有说服力。

本书之所以呈现以上特点，与作者的专业背景和工作经历是分不开的。作者曾在西北大学接受过系统的考古学专业本科教育，后来攻读了中国人民大学哲学院美学专业硕士学位，现在西北大学中国思想文化研究所中国古代思想史专业攻读博士学位。他先后在通州区文物管理所、通州区文化委员会和通州区中仓街道办事处、通州区文学艺术界联合会、通州区委办公室等部门工作。工作之余，他潜心研究通州历史文化，出版了《汉水运河》《通州区文化产业研究》《中仓》等专著。

当然，本书也有一些不足。希望广大读者朋友们及时给作者指出来，以便作者参考修订，使本书得到完善。

以上就是我对本书的一些印象和看法，是为序！

张岂之

2017年11月18日

于西北大学中国思想文化研究所

序 二

　　经过近几十年的高速发展，我国的城市建设取得了举世瞩目的成绩，但也暴露出一些问题。其中一个突出了问题就是出现了"千城一面"的特色危机。正如习近平总书记指出："现在，一些地方不重视城市特色风貌塑造，很多建设行为表现出对历史文化的无知和轻蔑，做了不少割断历史文脉的蠢事。"在建设北京城市副中心的过程中，如何处理城市建设和文化传承的关系，如何保护好通州的文化遗产，尤其是大运河文化，习近平总书记多次做出重要指示："通州有不少历史文化遗产，要古为今用，深入挖掘以大运河为核心的历史文化资源。保护大运河是运河沿线所有地区的共同责任，北京要积极发挥示范作用。""大运河是祖先留给我们的宝贵遗产，是流动的文化，要统筹保护好、传承好、利用好。"深入挖掘通州历史文化资源是一项基础性的工作，也是一项具有重要意义的事业。

　　通州早在新石器时代就有人类繁衍生息，西周至战国时期此地属燕国。秦朝通州属渔阳郡，秦始皇修建的从蓟城到辽东襄平的蓟襄驰道途经通州。汉高祖十二年（公元前195年）设县，县城紧邻蓟襄驰道，故名"路县"。因此地多河富水，东汉时改"路县"为"潞县"。金天德三年（1151年），朝廷在此设州，因"漕运通济"而定名为"通州"。元、明、清时期，南方各省的粮食和营建北京城的物资均由京杭大运河运至通州，部分储存在通州，部分由通州转运至京城及其他地方。繁盛之时，运输船只绵延几十里，在通州东门外运河上形成"万舟骈集"的盛景。因此，通州被誉为"仓庾之都会，水路之冲逵"。

在北京市文物局工作期间，我曾多次到通州考察文化遗产保护工作，对通州境内的大运河、燃灯塔、八里桥、李贽墓、张家湾古城等文化遗产比较熟悉。到国家文物局工作后，我力推中国大运河申报世界文化遗产工作，对包括通州在内的沿线城市都很关注，也多次率团或随团进行过考察。到故宫博物院工作后，我将工作重心放到了故宫上。故宫已经有近600年的历史，在这兴衰荣辱中，与北京东部门户、京杭大运河北端漕运仓储重地——通州息息相关。在北京流传着"漂来的北京城"的说法，因为营建北京城的木料、砖石等建筑材料是从南方经过大运河运到通州，再转运至京城。在通州有皇木厂、砖厂等地名，就是因储存皇木、金砖等建筑材料而得名。至今在通州张家湾镇皇木厂村还遗留下几十块重达数吨或数十吨的花斑石。在通州三教庙还陈列着在运河出土的十余米长的千年皇木。这些珍贵的文物都见证了北京这座伟大城市与通州的不同寻常的联系。

目前，关于通州历史文化方面的研究不少，大都集中在某一方面，如漕运、文物、非物质文化遗产、名人、文学等。随着北京城市副中心建设步伐的加快，北京市级机关、部门正式入驻通州，将会有越来越多的人来到通州、了解通州。对那些想全面系统了解通州历史文化的人来说，要将有关研究成果都浏览一遍，既不现实，也不需要。一本全面系统介绍通州历史文化的著作就显得十分迫切。《通州文脉》的出现就很好地解决了这个问题。

浏览《通州文脉》，我认为有四个特点：一是学术研究严谨规范。书中重要的数据、史实、引文都有精确的注解，而且资料来源十分广泛，目前能看到的史料基本都有涉猎。二是十分重视对考古实物资料的运用。书中资料来源大量采用了考古发掘报告和考古实物资料，做到史料与实物的"二重印证"。三是内容丰富，结构合理。书的内容由历史主脉、漕运动脉、文化根脉和红色血脉四个部分组成，共13章，基本涵盖了通州历史文化的全部内容。每一章约两万字，对每一个专题进行了深入、系统的介绍。四是可读性强。全书文风朴实，文笔流畅，虽然是学术著作，读起来并不使人觉得晦涩难懂。而且书中还配有大量图片，为阅读增添了不少趣味。

作者在繁忙的工作之余，能够沉下心来做研究，并且养成了思考和写作的习惯，十分难能可贵。习近平总书记在党的十九大报告中指出："文化是一个国家、一个民族的灵魂。文化兴国运兴，文化强民族强。""文化自信是一个国家、一个民族发展中更基本、更深沉、更持久的力量。""没有高度的文化自信，没有文化的繁荣兴盛，就没有中华民族伟大复兴。"在推进文化繁荣兴盛的进程中，需要社会各界的共同努力，也需要更多像《通州文脉》的作者这样有文化情怀、有责任担当、有实践经验的青年人。希望作者继续将这种好的习惯保持下去，写出更多、更好的作品！

单霁翔

2017年12月27日

第四篇　红色血脉

第一篇

历史主脉

第一章　通州古代社会演变与民族融合

　　根据考古发现，通州地区曾出土大量旧石器时代晚期的动植物化石。1975年年初，著名旧石器考古学家、古人类学家、第四季地质学家贾兰坡先生带领中国科学院古脊椎动物与古人类研究所和北京市地质局水文地质一大队草木炭组，在通州尹各庄村采集到大量的化石，包括大量植物碎片、木屑，半化石的菱角、莲子、榛子和其他一些植物种子，大量的微体古生物化石，如介形虫、孢粉等，鱼类、鸟类、啮齿类和偶蹄类脊椎动物化石，以及螺蚌等无脊椎动物化石。初步认为，这些动植物的生存年代属于全新世早期至中期。[①]可见，早在旧石器时代，通州地区就有丰富的动植物，说明生态环境适宜各类物种生存，但是还没有发现原始人类的遗存。考古学家在通州地区发现了新石器时代的人类遗存，如在宋庄镇菜园村曾出土新石器时代的穿孔石斧。[②]这些考古资料说明，在新石器时代通州已经有人类繁衍生息了。

　　关于夏商时期北京地区人类活动情况，目前留下来的文献资料极为稀少，只能借助考古资料研究这段历史。根据甲骨文的记载，在商代，这里的居民要向商王朝交纳一定的贡物（如奴隶或马匹），有的国（或族）还

---

　　①　陈方吉：《北京东郊发现全新世化石地点》，载《古脊椎动物与古人类》1976年第1期。

　　②　现藏通州博物馆。

与商王朝保持着婚姻关系。[①]到商代后期，北京地区有两个著名的部族，即商族的同姓孤竹与燕。这两个部族是商在北方的附属国，也是商在北方的藩屏。在周武王灭商之后，便分封同姓贵族召公奭于北燕。《史记·燕召公世家》载："周武王之灭纣，封召公于北燕。"召公奭，又称君奭，是周王室的太保，位居三公。作为周王室的同姓王的封地，燕王带来了来自西周政治文化中心的文明。从北京地区出土的西周时期琉璃河遗址看，其城址、墓葬、青铜器等实物资料与当时的丰镐地区有很多相似之处。例如，墓葬使用的鼎、簋等陪葬器物的器形和等级都符合西周的礼制。

周武王灭商之后，还封帝尧的后裔于蓟。但是，随着燕国的日益强盛，燕国吞并了蓟。从已出土的大量铁制器具和"燕明刀"币看，燕都蓟城（在今丰台区莲花池一带）在当时已是一个人口密集、生产较发达和交易频繁的名城，是"富冠海内"的"天下名都"之一。

文献记载："夏（朝）省幽并营，仍为九州，此属冀州域。商（朝）省青梁并，仍为九州，此属幽州域。"[②]也就是说，夏商两朝的疆域并为九州。夏朝的时候通州属于冀州，商朝的时候通州属于幽州。从考古资料看，通州地区商周时期的考古发现很少，仅在通州宋庄地区的菜园村曾出土商周灰陶带足鬲。[③]

到春秋战国时期，燕国地处齐国、赵国、晋国和北方少数民族之间，是燕文化与中原文化、北方草原文化的交汇处。到战国中期，燕国出现了一位很有作为的王，即燕昭王。公元前320年，燕王姬哙继承王位，立志变革图强。齐国担心燕国强盛，出师伐燕，于公元前314年攻占蓟城，杀死燕王哙。齐国伐燕打破了势力平衡，所以赵、魏、韩三国出兵讨伐齐国，迎立燕国公子职即位，是为燕昭王。燕昭王是一位大有作为的君主，他修筑黄金台

---

① 曹子西主编：《北京通史》第一卷，北京燕山出版社2011年版，第28页。

② 光绪《通州志》卷一，《封域·沿革》。

③ 北京市文物局编：《北京文物地图集》，科学出版社2009年版。

招揽天下英才，郭隗、乐毅、苏秦等人都来到燕国，辅佐他革新变法。经过20余年的辛苦经营，燕国逐渐强大起来。公元前284年，乐毅率秦、赵、韩、魏、燕五国兵马讨伐齐国，一举攻占70多座城市，占领了齐国都城临淄。燕国强大以后，燕昭王命秦开率领大军进攻东胡，并大败东胡。此时燕国国力强盛，获得了大片土地。燕昭王二十九年（公元前283年），燕国设上谷、渔阳、右北平、辽西、辽东五个郡。此时，通州属渔阳郡。

图1-1　战国山云纹瓦当，2016年出土于北京城市副中心行政办公区

通州发现了大量的春秋战国时期的墓葬群，如于家务的东垡墓群、永乐店镇德仁务村西的晾鹰台墓群、张家湾镇南的山岗子墓群、马驹桥镇凉水河北岸西环南路战国墓、通州区运河核心区5号地块战国墓（3座），[①]在北京城市副中心行政办公区（通州潞城地区）发现了大量春秋战国时期的

———————
① 李伟敏：《通州区考古发现与研究概要》，载《北京文博论丛》2016年第1期。

墓葬。从墓葬形制看，均属于土坑竖穴墓。[①] 从出土器物看，种类丰富，以山岗子墓群为例，该墓群位于张家湾镇南火垡村西南土岗上，出土有战国青铜戈、镞、镜、带钩、銮铃及半圆山纹瓦当等陶器。[②] 在该墓群中曾发现大量燕刀币，说明当时通州地区的经济社会发展程度比较高。从今天的潞城地区发现的春秋战国时期的墓葬群来看，当时在这一区域已经形成了大型人口居住区。从出土的车马器、兵器、陶器等器物看，当时的青铜铸造、陶器制作等水平较高，经济社会已经发展到较高水平。

秦始皇统一六国后，废分封制，行郡县制。秦设渔阳郡，通州属渔阳郡。"通州自秦而上，地隶幽燕，未有建置也。"[③] 秦始皇统一全国后，在战国的基础上，"决通山川，夷去险阻"（《史记·秦始皇本纪》），下令修筑以咸阳为起点，通往全国各地的驰道。据《汉书》记载，"秦为驰道于天下，东穷燕齐，南极吴楚，江湖之上，滨海之观毕至。道广五十步，三丈而树，厚筑其外，隐以金椎，树以青松"[④]。为控制辽东，秦王朝从蓟城往东，修筑了一条到辽东郡蓟襄的驰道。据秦汉史专家考证，该大道途径今通州地区。

到了汉代，"汉置此为路县，属于渔阳郡"[⑤]。设置路县的具体时间应不迟于汉高祖十二年（公元前195年），这是通州建置的开始。在秦末，项羽率军与秦军的九次大战中，当时割据今北京地区的燕将臧荼追随项羽有功，被封为燕王。在后来的楚汉相争之中，韩信用计迫使臧荼追随刘邦。刘邦仍命臧荼为燕王，驻守燕地。汉高祖六年（公元前201年）七月，臧荼反叛，刘邦率军平叛，另立卢绾为燕王。汉高祖十二年（公元前195年）二月，卢绾又反。刘邦命周勃与大将樊哙平乱。《史记》《汉书》《资治通

---

① 李伟敏：《通州区考古发现与研究概要》，载《北京文博论丛》2016年第1期。
② 北京市文物局编：《北京文物地图集》，科学出版社2009年版。
③ ［明］杨行中：嘉靖《通州志略》（序）。
④ ［东汉］班固：《汉书·贾山传》卷五十一。
⑤ 光绪《通州志》卷一，《封域·沿革》。

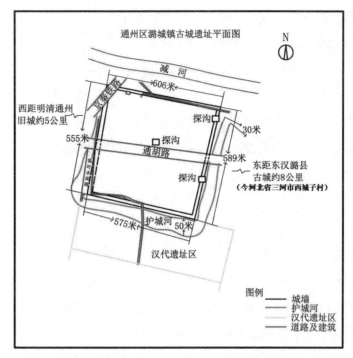

图1-2　汉代路县古城遗址平面图，该图由北京市文物研究所提供

鉴》等典籍对此事均有记载。《史记》记载："燕王卢绾反，勃以相国代樊哙将，击下蓟，得绾大将抵、丞相偃、守陉、太尉弱、御使大夫施，屠浑都，破绾军上兰，复击破绾军沮阳。追至长城，定上谷十二县，右北平十六县，辽西、辽东二十九县，渔阳十二县。"①《汉书·地理志》记载了渔阳郡十二属县名称："渔阳、狐奴、路、雍奴、泉州、平谷、安乐、厗奚、犷平、要阳、白檀、滑盐。"②可见在周勃平乱时，已经有了路县。

当时路县县治，在今潞城镇古城村，因紧临交通要道蓟襄驰道旁，故称"路县"。路县仍属渔阳郡。关于汉代路县古城，在很多史书中都有记载。清代通州学者刘锡信记载："通州潞河东八里有古城，周围四里许，

---

①　［西汉］司马迁：《史记》卷五十七，《世家二十七·绛侯周勃》。

②　［东汉］班固：《汉书》卷二十八（下），《地理志第八》（下）。

遗址高约五尺，东西北三面俱存，惟南面近官道，已成陆地。"①可见，在清代还可以看见路县古城遗址。但是随着历史的变迁，到清代刘锡信那个时代，古城仅存残高两米、长约三四米的土踩，与普通土墙没有差别。

2016年7—9月，北京市文物研究所对路县古城遗址进行了科学勘探，确定了其具体位置和规模。根据北京市文物局提供的资料，路县古城遗址分为城墙基址、城内遗存、护城河和城外遗存四部分。其中城墙基址保存较好，北墙基址长约606米，东墙基址长约589米，南墙基址长约575米，西墙基址长约555米。这是一项重大考古发现，为通州建置2200多年的历史提供了实证。

汉武帝时期，汉朝国力强盛，通过战争消除了北方匈奴的威胁。渔阳郡与北方少数民族地区接壤，曾多次开互市，与北方各少数民族（主要是鲜卑、乌桓和匈奴）的贸易往来十分频繁。路县地区也成为汉族与北方少数民族经济往来、文化交流的重要地区。

元封五年（公元前106年），汉武帝"初置刺史部十三州"，路县属幽州。西汉中后期，通州地区经常受到古代少数民族乌桓的侵扰。乌桓与鲜卑同为东胡族的一支。秦末，东胡被匈奴击破后，部分迁居乌桓山（今辽河上游西喇木伦河以北）而得名。《后汉书·乌桓传》有"乌桓者，本东胡也。汉初，匈奴冒顿灭其国，余类保乌桓山，因以为号焉"的记载。汉武帝时期，乌桓主要活动在塞外上谷、渔阳、右北平、辽西、辽东五郡。

西汉末年，王莽篡汉，改路县为通路县，设置通路亭。东汉建立后，因此地多河富水，路县古城紧临鲍邱水，故改为"潞县"，隶属渔阳郡。改为潞县的时间应不晚于建武二年（26年）。在这一年秋，光武帝刘秀派邓隆营救被彭宠围困的朱浮，《后汉书》有"（建武二年）秋，……（邓）隆军潞南，（朱）浮军雍奴，遣吏奏状"的记载。②在《后汉书》

---

① ［清］刘锡信：《潞城考古录》卷上，《潞县故城考》。
② ［南朝宋］范晔：《后汉书》卷十二，《列传第二·王刘张李彭卢》。

中，还有另一条记载："建武二年春，潞县城中火，飞火烧至城外，燔千余家。"① 可见，在建武二年（26年）已经改为潞县。当时的渔阳太守彭宠将渔阳郡郡治迁往潞县古城。后来，彭宠因不满光武帝刘秀而反叛。经过几年的战争，彭宠被汉军剿灭。潞县古城在战争中被毁。

　　彭宠之后，有两位渔阳太守为渔阳郡的发展做出了很大的贡献，《后汉书》对他们的作为进行了记载。一位是郭伋。郭伋是扶风茂陵人，官至大司空、太中大夫。此前，渔阳刚经历了王莽之乱和彭宠叛汉。连年的战乱使今北京及其东部大部分地区的百姓背井离乡，社会生产遭到极大破坏，寇贼横行。在这百废待兴之际，郭伋就任渔阳太守。《后汉书》对他在渔阳郡的工作，这样记载："郭伋到渔阳后，宣示百姓有功必赏，捕杀盗贼首领，盗贼由此溃散。当时匈奴多次侵扰郡界，边境军民吃了不少苦头。郭伋整顿兵马，设计好攻守战略，匈奴由于害怕而远远离去，不敢再侵入边境，百姓得以安居乐业。"② 郭伋任职五年，对渔阳地区的发展起到了重要作用。郭伋之后，渔阳郡进入了一段太平安稳的时期。

　　另一位渔阳太守张堪，在历史上大名鼎鼎。一方面他为北京的农田水利建设做出了很大的贡献，另一方面他是东汉大科学家张衡的爷爷。张堪，字君游，南阳人，与光武帝刘秀是同乡。张堪在蜀郡任太守两年后又被征拜为骑都尉，调往北方，领骠骑将军杜茂营，击破匈奴于高柳，随后拜为渔阳太守。张堪在郭伋的治理基础上，一方面继续捕击奸猾，保证社会稳定，另一方面积极恢复生产。张堪凭其在蜀郡成都任太守时的经验，组织官兵、百姓把白河、潮河冲击形成的广袤的涝洼地改造成了8000余顷稻田，劝民耕种，获得了很大的经济效益。渔阳郡内潞县等很多地区，在东汉时期就开始了水稻种植。史书记载："渔阳太守张堪于县开稻田，教民种殖，百姓得以殷富。童谣歌曰：桑无附枝，麦秀两岐。张君为政，乐

　　①　［南朝宋］范晔：《后汉书》卷一〇四，《志第十四·五行二》。
　　②　同上书卷三十一，《列传第二十一·郭杜孔张廉王苏羊贾陆》。

不可支。视事八年，匈奴不敢犯塞。"①

汉代的潞县辖区比今天的通州区面积更大。根据历史文献考证，当时的潞县包括今天的河北省三河市、大厂回族自治县，东与无终县（今天津市蓟州区境）交界，西至今朝阳区定福庄，与广阳相连，南与雍奴县（今天津市武清区境）相邻，北与安乐县（今北京市顺义区境）毗邻。②

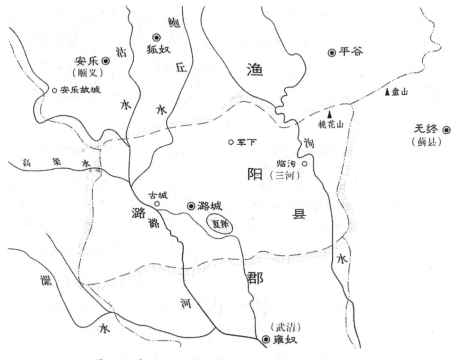

图1-3　东汉潞县区域示意图，该图来源于《通县志》

通州地区汉代考古资料十分丰富，除了汉代路县城址，还有东汉雍奴县故城。据韩嘉谷先生考察，东汉雍奴县故城位于永乐店镇德仁务村，德仁务村晾鹰台即为其残存的东城门，土城四面城墙皆已不存，仅在东城墙

---

① ［南北朝］郦道元：《水经注》卷十四，《沽河》。

② 通县地名志编辑委员会编：《北京市通县地名志》，北京出版社1992年版，第388页。

南段存留土岗，从东城门到东南城角处不足300米。贯穿村内的南北大道上可看出南城墙的位置。根据遗迹推测，原东城墙的整个长度约为500米。从晾鹰台内填土中多有汉绳纹砖等遗物看，城址年代不晚于汉。①

在通州区发现的汉墓数量较多。除了在北京城市副中心行政办公区工地发现了大量汉墓外，在通州区的三次文物普查中发现了晾鹰台墓群、山岗子墓群、德仁务墓群、铺头汉墓、六合墓群、里二泗墓群、召里墓群、垛子墓群、坨堤墓群等。②北京市文物研究所在考古发掘中发现了大量汉墓，如2002年土桥村发现汉墓37座，其中竖穴土坑墓10座、砖室墓27座。③2006年，潞城镇霍屯村武夷花园月季园发现汉代砖室墓10座，墓葬由墓道、墓门、甬道等部分组成，平面多呈"甲"字形或"中"字形，建有斜坡状墓道，依墓葬形制可分为单室墓、双室墓、多室墓三种类型。根据墓葬形制及随葬器物判断墓葬年代应在东汉中晚期。④2012年12月—2013年4月，通州区运河商务区5号地块发现汉墓24座。⑤2013年3—5月，宋庄文化创意产业集聚区发现汉墓20座。⑥2016年7—10月，在北京城市副中心行政办公区考古发掘中发现了大片墓葬群，大部分是战国至汉代的墓葬。

另外，考古工作者还在通州地区发现了多处汉代窑址和钱币窖藏。如

① 韩嘉谷：《通县晾鹰台为东汉雍奴县故城东门旧址考》，载《北京文博》2000年第4期。

② 李伟敏：《通州区考古发现与研究概要》，载《北京文博论丛》2016年第1期。

③ 北京市文物研究所：《北京地铁土桥车辆段墓葬、窑址发掘报告》，见宋大川主编：《北京考古工作报告（2000—2009年）》（平谷、通州、顺义卷），上海古籍出版社2011年版。

④ 北京市文物研究所：《六环路天然气、成品油及航空燃油管线工程考古勘探报告》，见宋大川主编：《北京考古工作报告（2000—2009年）》（平谷、通州、顺义卷），上海古籍出版社2011年版。

⑤ 北京市文物研究所：《通州区运河核心区5号地块二期项目Ⅲ—01至13、Ⅳ—01、04、06、07、10、11地块考古发掘报告》。

⑥ 北京市文物研究所：《通州区宋庄文化创意产业集聚区C地块一级开发项目考古发掘报告》。

2012年7—8月，通州砖厂村发现汉代窑址5座。[①] 又如考古工作者曾在烧酒巷钱币窖藏出土汉代"五铢"铜钱约1吨，在北仪阁钱币窖藏出土汉代"五铢"钱数十千克。[②]

图1-4　汉代博山盖陶壶，该图由北京市文物研究所提供

　　从以上汉代城址、墓葬和窖藏等考古资料看，汉代的通州人口众多，整体经济社会发展水平较高。在潞城地区墓葬中出土了算筹。所谓算筹，就是古代的一种用于计算的工具。据学者考证，这是一种在当时比较普遍，也是比较先进的计算工具，其运算计数法与现在通行的十进制计数法完全一致。据推测，墓主人是土地丈量或者财务会计方面的从业者，这说

---

①　北京市文物研究所：《通州砖厂村地块土地一级开发项目（C区）考古发掘报告》。

②　李伟敏：《通州区考古发现与研究概要》，载《北京文博论丛》2016年第1期。

明当时通州的经济是很发达的，并且已经出现了高度专业化的分工。

光武帝刘秀派兵剿灭了彭宠后，潞县古城毁于兵火，遂不能用。渔阳郡郡治迁回原址，即今天北京市密云区西南。潞县县治东移约20里，在当时的潞县东部区域，即今天的河北省三河市，具体位置可能在三河市燕郊镇西城子村。北魏时期的郦道元在《水经注》中转引"《魏土地记》曰：城西三十里有潞河，是也"①。这里所谓的潞城即位于三河市西城子村的潞城。著名历史学家侯仁之先生明确提出："今通县东八里古城村有潞县古城，即西汉路城，而今三河县西南，潮白河东侧城子村，发现一处较大古城遗址，地面多汉代瓦砾。……从方位看，应是东汉到北魏的潞城。"②

到东汉末年，潞县成为北方少数民族乌桓、鲜卑、匈奴等经常侵扰的地方。之后的三国、两晋、南北朝是中国历史上一个大分裂时期，北方少数民族趁势崛起。曹魏时期，潞县属渔阳郡。曹操为了北征乌桓，开凿了平虏渠，经过潞县。史载该渠为建安十年（205年）九月开凿，"从洵河口凿入潞河，名泉州渠，以通海"③。泉州渠主要流经当时潞县境内，即今天的北京市通州区和河北省三河市境内。曹魏统治时期，朝廷鼓励农业生产，尤其是在兴修水利方面取得了显著的成绩。镇北将军刘靖驻守蓟城时，在嘉平二年（250年）造戾陵遏，开车箱渠，导水入高梁河，东至潞县，灌溉农业。《水经注》录刘靖碑文记载："……乃使帐下丁鸿督军士千人，以嘉平二年立遏于水，导高梁河，造戾陵遏，开牢厢渠……长岸峻固，直截中流，积石笼以为主遏，高一丈，东西长三十丈，南北广七十余步，依北岸立水门，门广四丈，立水十尺，山水暴发，则乘遏东下，平流守常，则自门北入，灌田岁二千顷，凡所封地百余万亩，……水流乘车厢渠，自蓟西北经昌平，东尽渔阳潞县，凡所润含，四五百里，所灌田万

① ［南北朝］郦道元：《水经注》卷十四，《沽河》。

② 侯仁之：《北京历史地图集》（前言），科学出版社2009年版。

③ ［西晋］陈寿：《三国志》卷一，《魏书一·武帝纪》。

有余顷。高下孔齐，原湿底平，疏之斯溉，决之斯散，导渠口以为涛门，洒滮池以为甘泽，施加于当时，敷被于后世。晋元康四年，……遏立积三十六载，至五年夏六月，洪水暴出，毁损四分之三，剩北岸七十余丈，上渠车箱，所在漫溢。"[1]景元三年（262年），樊晨更制水门，"水流乘车箱渠，自蓟北昌平，东尽渔阳潞县"[2]。

西晋时期，潞县属燕国。西晋之后到北魏统一北方期间为分裂的东晋时期，先后建成十六国。这时期的潞县先后入后赵、前燕、前秦、后燕。南北朝时期，潞县先后归属北魏、东魏、北齐和北周政权。魏晋南北朝时期，除北齐外（北齐建立者高欢也受到鲜卑族文化的影响），都是少数民族所建立，后赵为羯族首领石勒所建；前燕、后燕和北魏都是鲜卑族所建；前秦为氐族人苻坚所建；北周的创立者也是鲜卑宇文部后裔。也就是说，从东汉末年开始乌桓活动于通州地区，在魏晋南北朝时期，北方各民族就在通州这块土地上大交流、大融合。

北魏时期，潞县管辖范围有了大的调整。根据《魏书·地形志》记载，渔阳郡领六县，即雍奴、潞、无终、渔阳、土垠、徐无。潞县的管辖范围进一步扩大，史载："真君七年并安乐、平谷属焉。"[3]也就是说，在北魏太平真君七年（446年），平谷县（今北京市平谷区境）和安乐县（今北京市顺义区境）并入潞县。此时潞县管辖面积显著扩大，县治由西城子迁至军下。[4]清代刘锡信在《潞县治考》中考证："元魏潞县治所当在潞河东三十里，约略今通州、三河交界处。"军下西距潞河约30里，位于今三河市。

从目前考古资料看，军下成为潞县治所百余年。1983年春，通县文物管理所在小街村东南发现了唐代潞县录事孙如玉的墓志铭。根据墓志铭记载，该墓建造的具体年代为唐贞元十四年（798年）。墓志铭中有"魂埋潞

---

① ［南北朝］郦道元：《水经注》卷十四，《鲍邱水》。

② ［清］周家楣、缪荃孙等编纂：《光绪顺天府志》，《河渠志一·水道一·永定河》。

③ ［北齐］魏收：《魏书》卷一百六（上），《志第五·地形二》（上）。

④ 通县地名志编辑委员会编：《北京市通县地名志》，北京出版社1992年版，第386页。

川，东有潞河通海，西有长城碁山，南望朱雀林兼临河古戍，北有玄武垒至潞津古关，并是齐时所至"的铭文。由此可知，潞县治所在北齐时期已经迁至潞河以西，其址位于明清通州古城今新华大街以北的部分。也就是说，明清通州古城肇始于北齐年间。

隋唐两朝是中国历史上又一个大一统时期。隋朝开皇初，潞县属涿郡。唐武德二年（619年），置玄州，领潞县、渔阳县、临泃县等县。临泃县为今三河市前身，分潞县东部设为临泃县，因濒临泃水而得名。贞观元年（627年），废玄州，潞县复入幽州。在此之前，东魏时期，平谷县从潞县划出。唐开元年间，安乐县也从潞县划出，设归顺州，"为契丹松漠府弹汗州部"[①]。

图1-5　半壁店出土的瑞兽葡萄纹铜镜，该图由北京市文物研究所提供

唐贞观十九年（645年）四月，唐太宗远征高丽，经过通州地区。当年十月，迁高丽民万余散居州境，并形成村庄，成为高丽庄。武则天万岁通

---

① ［后晋］刘昫等撰：《旧唐书》卷三十九，《志第十九·地理二》。

天元年（696年），契丹突然叛唐，以营州为据点，进攻河北地区，屡败唐军。在初胜唐军后，契丹即向辽东大举进攻，辽东地区形势危急。辽东都督高德武挺身而出，挫败了契丹进据辽东的企图。此后，唐朝联合突厥，最终平定了契丹叛乱。在这期间，居住在营州的突厥、靺鞨、奚、室韦和契丹人大部内迁幽州，潞县是主要移民地之一。①

通州地区发现了大量隋唐时期的考古实物，有墓葬、窑址等几十余处。2012年6—7月，轻轨L2线通州段B5地块发现唐代砖室墓5座，墓道均为斜坡状，墓室有弧边方形、圆形和长方形三种，墓室内棺床占据一半或大部分空间，出土唐三彩、陶器、瓷器、铜器、铁器等随葬品28件。②从墓葬方式、出土器物看，汉族与北方少数民族文化交流的特征十分明显，也反映出当时经济社会发展已达到较高水平。

五代十国是中国历史上又一个大分裂时期。潞县先后归属大燕、后唐。从《辽史·太祖本纪》记载看，太祖耶律阿保机十分重视向汉族学习先进的生产技术。契丹人早期对幽燕作战，并不为攻占城池，而是以掠夺财富和人口为目的。被掳掠的大批汉人带去了农耕、冶铁等技术。阿保机采用汉人韩延徽的建议，为稳定汉人而为他们提供居住区，鼓励他们进行农业生产，还为他们安排配偶，使他们在这片土地上生生不息。史载："树城郭，分市里，以居汉人之降者。又为定配偶，教垦艺，以生养之。以故逃亡者少。"③于是，在草原上出现了许多专门经营农业的村落、集镇，甚至是城市，契丹人称之为"头下州县"④。在契丹族的头下州县人口

---

① 通州区地方志编撰委员会：《通县志》，北京出版社2003年版，第11页。

② 李伟敏：《通州区考古发现与研究概要》，载《北京文博论丛》2016年第1期。

③ ［元］脱脱等：《辽史》卷七十四，《韩延徽传》。

④ "头下州县"也称"头下军州"，是辽人创立的一项制度。《辽史·地理志》记载："头下军州，皆诸王、外戚、大臣及诸部从征俘掠，或置生口、各团集，建州县以居之。横帐诸王、国舅、公主许创立州城，自余不得建城郭。朝廷赐州县额，其节度使朝廷命之，刺史以下皆以本主部曲充焉。官位九品之下及井邑商贾之家，征税各归头下，唯酒税课纳上京盐铁司。"

中，幽州俘奴占了很大比例。其中，幽州潞县民置于上京（今内蒙古巴林左旗）东，与渤海人杂处。①他们带去了幽燕地区的各种生产技术和文化习俗，促进了汉族和契丹之间的融合。

辽占幽州后，耶律德光立即决定升幽州为辽国的南京。辽国建立者契丹族人有"捺钵习俗"，辽代皇帝继承了这种习俗，四时各有狩猎游牧之所，并设行宫又称四时捺钵。②位于今通州潮县地区的延芳淀，是辽帝春捺钵所在地，主要活动是放鹰捕杀天鹅、野鸭、大雁和凿冰钓鱼等。辽朝统治者"弋猎于延芳淀，居民成邑，就城故潮阴镇，后改为县"③。将武清县北部和潞县南部划出区域，设置为潮阴县。尤其是辽圣宗时期，皇帝及其母亲承天太后经常率众到这里游猎。每至必有大批官员陪猎，无数兵士护从。又于淀上演练水战，以破北宋在沿界之处的防卫策略。

辽朝的南京始称幽都府，后改为析津府。南京析津府直辖十一县，含潞县和潮阴县。由于辽南京处于辽宋对峙的前沿，长年战争使得通州地区的人民流离失所，人口数量急剧下降。当时析津府的潞县只剩下六千户，潮阴县五千户。④为了巩固南京地区，辽朝统治者十分重视恢复南京的经济，当时的潞县和潮阴县的社会生产得到恢复。统和十二年（994年），南京地区发生洪涝灾害，位于京东的潮阴县受灾严重。《辽史》有"潮阴镇水，漂溺三十余村，诏疏旧渠"的记载。次年春季，辽圣宗和承天太后亲临灾区，令疏浚渠道，安抚百姓。⑤尤其是澶渊之盟后，辽宋双方信守盟约，保持友好关系，促进了双方的交流，对燕京地区影响深远。该地从军事对抗的阵地变为友好往

---

① 曹子西主编：《北京通史》第三卷，《第一章·契丹族的兴起与辽南京的建立》，北京燕山出版社2011年版，第12页。

② "捺钵"是契丹语的译音，契丹语意为辽帝的行营；作为一种活动习俗，是指辽帝在一年之中所从事的与契丹游牧习俗相关的营地迁徙和游牧射猎等活动。

③ ［元］脱脱等：《辽史》卷四十，《志第十·地理志四》。

④ 同上。

⑤ 曹子西主编：《北京通史》第三卷，《第十章·辽南京的经济发展》，北京燕山出版社2011年版，第233页。

来的前沿，促进了当地经济文化的全面发展，潞县和漷阴县因此受惠。

辽朝开凿的萧太后运粮河经过今天的通州地区。萧太后运粮河的开挖，促进了辽宋间的商业往来和发展，推动了手工业、商业的迅速发展。

随着辽朝由奴隶制向封建制转化，辽初从幽州地区掠夺汉人的做法，到辽中后期有了明显改善。《漷阴志》记载："郭世珍，漷阴人，仕辽至司徒。时承天后侵宋，俘获甚众，师次范阳。世珍上言：'降卒皆有怀土之情，驱之而北，终不为用。'太后嘉纳，纵活数万。"①这些被释放的难民，大部分重返家园，留在燕京地区，为当地的发展提供了劳动力。开泰三年（1014年）三月，辽国增设了南京转运使，加强管理运输事业，以适应经济繁荣的形势。太平五年（1025年），辽圣宗身穿便服巡视南京城内，见"六街灯火昼，士庶嬉游"②，可知盛况空前。

随着女真族的兴起，尤其是金朝建立，辽金冲突越来越激烈。此时辽朝在金军的打击下，连续溃败。宋金联手，乘机收复燕京。宋宣和四年（1122年）十月，北宋将燕京改为燕山府，但此时燕京地区还处在金军占领下。第二年，宋朝正式对燕山府实施管辖。燕山府共辖十二县，包括潞县和漷阴县。③北宋王朝此时已经十分衰弱，不堪一击。宋宣和七年（1125年）十二月，金军分两路分别向燕山府和太原府推进。宋军在白河（今通州东）迎战，所部相继战败。不久，宋燕山府所属州县皆归金朝所有。宋朝对燕京地区的统治不到三年即宣告结束。

完颜亮（金海陵王）主政后不久，金国都城于贞元元年（1153年）正式迁往燕京。④在此之前的两年，即天德三年（1151年），海陵王因潞县在漕运上的重要地位，将其升格为"通州"，取"其漕运通济之义"⑤。金海

---

① 《辽史拾遗》卷二十，转引自《漷阴志》。
② ［元］脱脱等：《辽史》卷十七，《本纪第十七·圣宗八》。
③ ［元］脱脱等：《宋史》卷九十，《地理志》。
④ ［元］脱脱等：《金史》卷五，《海陵纪》。
⑤ ［明］宋濂等：《元史》卷五十八，《志第十·地理一》。

陵王十分重视通州的军事战略作用，在通州建造战船，训练水军，经潞水出海，进行南侵。为了加强通州与金中都的联系，海陵王亲自督促京通间陆路和水路交通建设。朝廷采取了一系列措施发展生产，奖励耕植，加上漕运的兴盛，通州地区的社会发展很快，人口激增。《金史》记载："通州（下辖潞县、三河二县），户三万五千九十九。"①

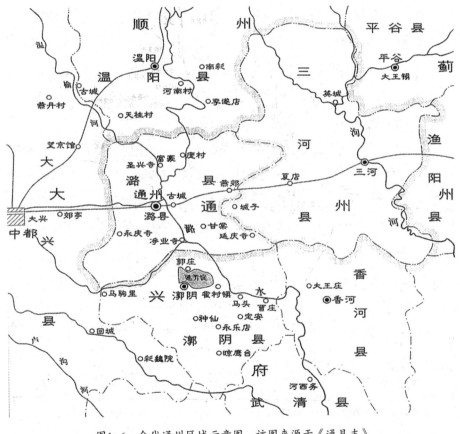

图1-6　金代通州区域示意图，该图来源于《通县志》

从元代开始，北京成为全国的首都，王朝的政治中心在北方，而经济中心在南方。为确保国家的稳定和长治久安，朝廷在隋唐大运河的基础

---

① ［元］脱脱等：《金史》卷二十四，《志第五·地理上》。

上开通了贯通南北的大运河，史称"京杭大运河"。京杭大运河不仅是当时的交通大动脉，也可以称为王朝的生命线。通州是元、明、清漕运仓储的重地，也是扼守东部的门户，地位十分重要，故民间有"一京二卫三通州"的说法。

至元九年（1272年），北京地区由金代的"中都"改称为元"大都"，置"大都路"。元朝将首都大都及附近的地区称作"腹里"（即中心之地），包括河北、山东、山西以及河南和内蒙古的一部分，由中书省直接管辖，不属于任何行省。至元二十一年（1284年）将"大都路"改为"大兴府"，通州为大兴府的一个州。《元史》记载："通州领二县：潞县、三河。"[①]元初漷县为大兴府属邑，至元十三年（1276年）升为漷州，"割大兴府之武清、香河二邑来属。领二县：香河、武清"[②]。

明洪武元年（1368年），朝廷将大兴府改为北平府，为北直隶九府之一。[③]永乐元年（1403年），改北平为北京，同年更名为顺天府，永乐十九年（1421年）迁都于此。顺天府下辖通州、霸州、涿州、昌平州、蓟州等五州和大兴县、宛平县、良乡县、固安县、永清县、东安县、香河县等七县。

通州属于顺天府下辖州。由于通州战略地位十分重要，又是漕运仓储重地，所以通州在各州县中地位很高。明代的通州领三河、宝坻、武清、漷县四个县。通州不仅要向顺天府负责，还要协助户部、工部、漕运总督署等部门管理粮仓和河道治理等工作。

清朝定都北京后，将南直隶改称江南省，北直隶改称直隶省。清初，顺天府辖区继承于明代，辖区有大兴、宛平两京县，通州、昌平、涿州、霸州、蓟州五州，良乡、漷县、固安、永清、东安、香河、三河、武清、

---

① ［明］宋濂等：《元史》卷五十八，《志第十·地理一》。

② 同上。

③ 北直隶下辖顺天府、保定府、河间府、真定府、顺德府、大名府、广平府、永平府等九府和两个直隶州（延庆直隶州和保安直隶州）。

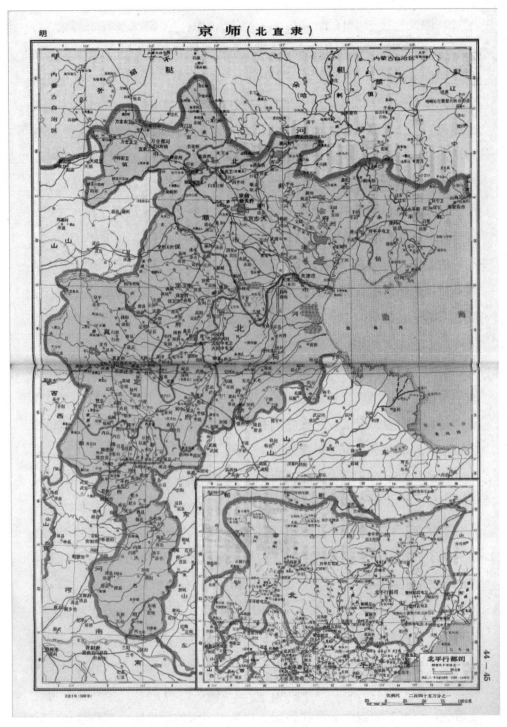

图1-7 明代京师全图，该图来源于谭其骧：《中国历史地图集》（元明分册）

宝坻、顺义、密云、怀柔、房山、文安、大城、保定、平谷、遵化、玉田、丰润二十县，共二十七州县。顺治十六年（1659年），潞县并入通州。康熙五十年（1711年），遵化升县为州，仍隶属顺天府。雍正元年（1723年），由宝坻县分出宁河县。雍正四年（1726年），玉田、丰润改隶属永平府。乾隆八年（1743年），遵化州升为直隶州。此后，顺天府州县格局基本稳定：顺天府领五州十九县，一般统称为顺天府二十四州县。从属地责任划分为，顺天府二十四州县由顺天府负责，但鉴于京师的重要性，清代在京师实行多头管理体制。步军统领衙门、顺天府、五城御史，甚至直隶总督也有权参与京师部分事务。

清朝前期通州领三河、宝坻、武清三县（因顺治十六年潞县并入通州，所以通州由明代领四县变为清朝前期领三县）。通州知州在三河、宝坻、武清三县的相关事务等都有统筹协调的权力。同时，通州在顺天府管理体系中的地位大大提高了，这可以从以下几方面得到体现。

第一，通永道衙署驻扎通州。康熙八年（1669年），顺天府设通永道和霸昌道两个派出机构管理各州县。通永、霸昌二道可直接管辖、考核所属州县，并向顺天府负责，实际上是顺天府中州县的中间层级，其地位十分重要。其中通永道负责管理通州、三河、宝坻、蓟州、遵化、丰润、玉田七州县和永平府。通永道驻通州，衙署在通州城内的天恩胡同。后来通永道管辖区域虽有所变化，但其驻地一直在通州。

第二，东路捕盗厅驻扎通州。为加强治理，康熙二十六（1687年）直隶巡抚于成龙上奏康熙皇帝，建议对顺天府行政管理体制进行改革，具体做法是设置四路捕盗厅，分别负责顺天府州县内的社会治安。第二年，顺天府特设东、西、南、北四路同知，又称四路（捕盗）厅。清代统治者将四路同知视为"甸服之屏障"，分路驻守京畿。东路厅下面配备了八哨。"哨"是当时部队的建制单位。其兵五人为伍，二伍为一队，一个马队和一个步队合为一哨。所谓一哨人马，也就是十个步兵加十个骑兵。这些兵马由外委带领、调度。捕盗厅下设驻兵所，相当于今天的派出所。东路厅衙门驻

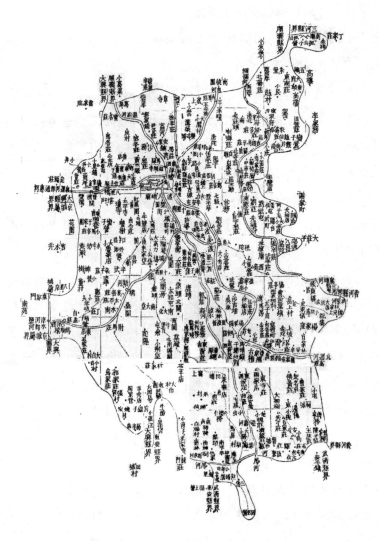

图1-8　清光绪时期通州州境全图，该图来源于《畿辅通志·舆志》，
转引自《北京通州历史舆图》（北京燕山出版社2017年版）

通州新城内草场南，在通州的马头、武清的河西务、标垡、香河的渠口、
三河的夏店、蓟州的邦均、宝坻的白龙港设有驻兵所，①分管通州、三河、

---

① ［清］周家楣、缪荃孙等编纂：《光绪顺天府志》，《经政志十·营制》。

武清、宝坻、香河、蓟州、遵化等州县的治安。

顺天府东路厅在顺天府治理体制中有重要地位，正如吏部尚书兼顺天府尹卓秉恬在给道光皇帝的奏折中所言，（东路厅）"职司捕务，督率千把、马步河兵，昼夜游巡，缉捕逃盗，所属州县一切刑钱等案照例核转"。到雍正年间，京畿社会治安明显好转，因此清政府裁减四路捕盗兵员。到乾隆二十年（1755年），清政府将四路同知由捕盗逐渐转向管理地方州县事务。至清末，东路厅又增加了河工、漕务等事务，由此东路厅职权范围涉及地方事务的各个方面。

第三，在司法体制方面，顺天府设立通州理事通判负责顺天府属州县旗民案件的审理。清代京畿地方旗人和普通老百姓之间矛盾突出。顺天府属州县旗民案件由理事同知、通判会同地方州县官审理。为加强顺天府属州县旗民案件审理，雍正初年，顺天府分别设立通州、遵化州理事通判。设在通州的理事通判本来驻扎在保定，因"查霸昌道属之昌平、顺义、怀柔、密云、平谷、香河等六州县近在京之东北，离保定远"，所以直隶藩臬二司建议，将理事通判官员驻扎地由保定迁往通州。根据《雍正朝内阁六科史书·吏科》记载，顺天府大部分州县和周围其他州县共二十一州县卫（通州、三河、武清、宝坻、蓟州、玉田、遵化、丰润、昌平、顺义、怀柔、密云、平谷、香河、滦州、卢龙、迁安、昌黎、抚宁、乐亭、山海）的旗民案件都在通州审理。正如当时监管吏部尚书事的张廷玉所言："凡遇旗犯重案，既有申解催提之责，又有招解会印之文。"总之，通州理事通判在处理顺天府属州县旗民诉讼纠纷中发挥了重要作用。

第四，在应急处置和社会救助等方面，通州也不同于其他州县。在应急处置方面，由于通州是交通要地，往来人员复杂，朝廷十分重视对通州的控制。例如，嘉庆年间，京师发生林清冲击紫禁城事件，顺天府强化对谣言最盛的东路的稽查力度，"先后札饬通永道、东路同知、通州知州严编保甲，逐村晓谕，并分派委员，改装密访。现自通州至张家湾、河西务，以及武清、东安所属各村民、铺户，俱各出钱雇人梭织巡逻"（《嘉庆朝军机处录副奏折》）。在社会救助方面，由于通州是国家粮仓的所在地，遇到灾荒年景，朝廷在通州设立专门场所，调用通仓粮米进行救助。例如，乾隆十三年（1748年），朝廷命通州办理留养、资遣流民事务，"饬令地方官将外来流民贫无可依者，搭盖席棚窝舍，以资栖宿，并动支通仓粮米，按照每日人数煮饭散给，统于二月底资送回籍"（《清代内阁大库档案·奏副》）。

另外，都察院、户部、工部、礼部等部门在通州还驻派分支机构。例如户部在通州设有仓场总督署、户部坐粮厅，工部在通州设有都水分司，承担漕运任务较重的相关省份，如浙江、江苏等省在通州设有办事机构——漕运局，负责管理各省在通州的漕运事务。通州在一定程度上承担了朝廷和顺天府的部分功能。

随着通州在漕运体系中地位的提升，经济社会和文化等各方面空前繁盛，各民族在通州有更加深入的交流融合。通州地区的回族、蒙古族、满族是人口较多的少数民族，其中回族和蒙古族从元代开始逐渐到这里定居下来，满族大规模在通州地区居住发生在清代。

公元7世纪中叶，大批波斯和阿拉伯商人经丝绸之路（有海上丝路和陆地丝路两条）来到中国的广州、泉州等沿海城市和内地的长安、开封等地定居。13世纪，蒙古军队西征，西域人大批迁入内地，吸收汉、蒙古、维吾尔等民族成分，逐渐形成了一个统一的民族——回族。元代之前，"回纥""回鹘""回回"这三个词在汉语文献中没有明确的界限，几乎是同义词，在不同的汉文史籍中通常是交替混用。到元代，史书基本统一使用"回回"一词。"回族"一词作为民族称谓，目前有据可查的是出现在清乾隆时期。①

----

① "回族"一词，目前已知的最早记载为乾隆年间的《重修肃州新志》（卷三十·西陲纪略），叙述哈密人口向肃州迁徙时写道："哈密夷人于故明时徙居肃州卫东关乡居住者三族。曰维吾儿族，其人与汉俗微同；曰哈喇布族，其人与夷同；曰白面回回，则回族也。今皆男耕女织，为边氓矣。士商营伍，咸有其人。"

那么，通州的回民是何时出现的呢？史书记载："本县回民应始于元。"[①]这也说明，通州回民的聚集与回族形成同步。通州城内的南大街是回族民众在通州最早的聚集区，也是通州地区最大的集聚区，至今已有约800年历史。根据史料记载，最早聚集在南大街的回民有三大来源。

第一个来源：成吉思汗攻打北京城（时为金中都）时，蒙古大军内有部分回族工匠，占领通州后就留在了通州。成吉思汗第一次攻打北京是在蒙古太祖八年（金贞祐元年，即1213年）秋，因久攻不下，就有人给成吉思汗出主意，从西域那边请来回族工匠，制作具有远距离投射功能的炮，建立炮兵部队。回族工匠阿老瓦丁（西域木发里人，今伊拉克摩苏尔）和亦思马因（伊利汗国回族人）应诏至元上都，于第二年就建立了第一支蒙古炮兵部队。所谓的"炮"就是巨石投射装置，也叫"投石车"。这种投石车最初出现于中国唐代，传入阿拉伯后，阿拉伯人进行了改进，后来又经回族人将改进后的技术带回中土，所以也叫"回回炮"。这种武器在当时威力很大，所向披靡。

蒙古太祖十年（金贞祐三年，即1215年）正月，成吉思汗再次进军金中都，大将石抹明安（契丹族）采纳攸哈剌拔都的炮攻策略攻打通州城。史书记载："从木华黎攻通州，献计，一夕造炮三十、云梯数十，附城，州将惧，出宝货以降。木华黎命兴哥恣取之，兴哥独取良马三，以赏兵士。木华黎以其功闻太祖，赐名哈剌拔都。"[②]这里的30门大炮就是出自回族工匠之手。守城的金副元帅蒲察七斤见势恐惧，献城投降。

蒙古大军占领通州后，一些回族将士、工匠等陆续聚居在现在南大街北部及周围地区。北端高阜地带形成了以羊市为中心的集市贸易，杂货市、驴骡市、粮市、柴草市环绕周侧，牛羊驴马交易最为兴旺，回族人贩运买卖牛羊的较多见，后来称这个中心区为"牛市岗"（今南大街北端十字路口）。回族人在这一地带居住，他们有些人开小饭店，有些人从事运

---

① 金士坚主编：《通县志要》卷六，《文教·宗教》。
② ［明］宋濂等主编：《元史》卷一百九十三，《列传第八十·攸哈剌拔都》。

输脚力等行业。

第二个来源：蒙古大军攻下通州后，驻守通州的军队中的回族人和他们的家眷、后人。攻占通州后，为镇守通州，一批蒙古军队的精锐部队即历史上有名的探马赤军被留在了通州。所谓"探马赤军"，就是成吉思汗时期和后来元朝军队的一种编制，又名签军，由关外边疆各民族（包括色目人）所组成，是从各千户、百户和部落中精心挑选出来的士兵。他们装备精良，训练有素，尤其精于火器，善攻城。他们在野战和攻城时充当先锋，战事结束后驻扎在被征服地区。这批探马赤军中负责后勤补给的人多为回族人，他们就地制作皮革盔甲、兵器。为便于管理，元朝政府还设置了通州甲匠提举司和通州皮货所。这充分说明探马赤军留在通州的人员之多、作用之重要。后来，这支队伍中的家眷和后人就渐渐聚集在南大街及附近。

第三个来源：蒙古军攻下金中都后，南迁了许多在西征过程中俘获的西域少数民族。金兴定三年（1219年），成吉思汗率大军西征花剌子模，在西域境内俘获大批色目人（西域各部族的统称），成吉思汗将他们中的青壮年编入军队，将老弱者充为奴婢，而将有一技之长者编为匠役，为军队提供后勤补给。有部分人南迁到元大都周边，为统治者服务，于是古运河畔有较多的回族人随编入户定居，成为回族聚集群体。

通州南大街回民聚集区的形成与成吉思汗占领北京有直接关系，用现在的话说就是军事占领、战后重建与维护和平三方面的共同结果。元代回族人的政治地位比较优越，所以元代是回族人发展的一个重要时期。由于回族遍布全国，元朝政府为加强对回族人的管理，从中央到地方都设有"回回令史""回回掾史""回回书写"等官员，以协助各地官署处理回族人事务。此外，还设置"回回司天监""回回药物院""回回炮手军匠万户府""回回水军万户府""回回国子监学"等机构。在这些机构中任职的回族官员数量也很多。《明史·西域传》载："元时回回遍天下。"元代到过中国的北非旅行家伊本·白图泰说："中国各城市都有专供穆斯林居住的地区，区内有供举行聚礼等用的清真大寺。""穆斯林商人来到中国任何城市，可自愿地寄宿在定居的某一穆斯林商人家里或旅馆里。"①

虽然回族为元朝的建立贡献很大，但在忽必烈当政时，因蒙古人和回族人对屠杀牛羊的不同习俗而导致冲突。这一事件在《元史》《元典章》及《史集》等文献中均有记载。至元十六年（1279年），有八里灰回族人到京进贡海青，皇帝赐食，贡使不受，称"这种食物是我们所忌的"。皇帝忽必烈大怒，于是下诏木速蛮（元代史书对"穆斯林"的异译）和尊奉圣经的人，今后按蒙古人的习俗宰牛羊。对穆斯林而言，宰杀不依法便是不洁，食之有罪。该诏令推行开来，穆斯林表示抵制，大部分穆斯林离开元朝统治区域，甚至伊斯兰国家的商人也不来了，导致元朝对外贸易受到冲击。最终蒙古统治者不得不收回法令。这场冲突终于以尊重和承认穆斯林的"割喉法"屠宰牛羊而告结束。

此后，朝廷颁布推行法律和政策时都兼顾了穆斯林的利益。以税收为例，对回族人在内的色目人给予了很大的优惠。元成宗元贞二年（1296年）五月甲戌，"诏民间马牛羊，百取其一，羊不满百者亦取之，惟色目人及数乃取"②。大德八年（1304年），"诏诸路牧羊及百至三十者，官取其一，不及数者勿取"③。

在这样的背景下，通州地区的回族逐渐兴盛起来。早年因回族人聚居而设的"哈的所"有沐浴、礼拜设施。在此基础上，元延祐年间建立了礼拜寺。据朱向如先生的考证，当时的寺址在今天回民胡同的西头，即当时的牛马市之中。

由于元朝惨无人道的统治，激起了百姓的反抗。元朝统治时间很短，不足100年。洪武元年（1368年）闰七月，徐达、常遇春大军由临清沿运河北上，连下德州、通州。眼见大势已去，元朝统治者在大都地区并未进行

① ［摩洛哥］伊本·白图泰著，马金鹏译：《伊本·白图泰游记》，宁夏人民出版社2000年版。
② ［明］宋濂等主编：《元史》卷十九，《本纪第十九·成宗二》。
③ 同上书卷二十一，《本纪第二十一·成宗四》。

图1-9　建于元代的通州清真寺邦克楼，该图片摄于清末

大规模顽抗。元顺帝逃往上都开平（在今内蒙古自治区锡林郭勒盟正蓝旗境内）。由于通州是大都的东大门，战略位置十分重要，在通州的战斗仍然很激烈，通州的回族首当其冲地受到很大的打击。

又过了约30年，发生了朱棣起兵从建文帝朱允文手中夺权的"靖难之役"事件，当时的通州是战场之一。在这次战争中，通州地区遭受到巨大创伤，人口急剧下降。所谓"燕王愤甚，燕京以南，所过为墟，屠戮无遗"，其惨烈状况可想而知。正因为如此，直到万历年间，通州只有4600多户（通州原额3896户，18702丁口；实在3687户，12954丁口。漷县原额1100户，4148丁口；实在1100户，4280丁口）。[①] 也就是经过了明中前期约200年的太平盛世，明代通州的人口只有辽代的1/3，约为金代的1/8。随着战争结束，元初居住在通州城内的具有军方色彩的回族人沦为普通老百

———————————

①　［明］沈应文：《万历顺天府志》第三卷，《食货志·户口》。

姓。但是这次战争也带来了新的回族军士。史料记载："县南枣林庄李、马二姓皆成祖战将而定居于此。"①

通州回民的主体部分来源于京杭大运河漕运。明清时期，通州随着漕运的发展而兴盛。而回民有经商的传统，在他们眼中，京杭大运河是一条"水上商道"。很多回族人都顺着京杭大运河来到通州寻找商机，聚集在18个半截胡同，其中有据可查的知名人物有大顺斋的创始人刘刚和万通酱园创始人马兆丰的先祖。刘刚本是南京人，他于明崇祯年间来到通州，后创建了著名的大顺斋。马兆丰的先祖大约在清乾隆年间从山东来到通州。

做大买卖的商人毕竟是少数，大部分回族人靠运河船运谋生，从事粮船、商船的装卸、运输和经纪业务，还有一部分做餐饮等小本生意。随着回民人数增多，日渐形成了通州南大街这个远近闻名的回民聚集区。

在通州城的东关、北关、西关也有回民居住区，规模相对较小。除此以外，在通州地区的于家务乡、张家湾、马驹桥等地都有回族群众安居于此。不同地方的回民有不同来源，如"于家务何姓为蒙古人也思答而之裔，张家湾之戴、王、尹、马四姓，皆自沧州迁来"②。1941年，政府对回民居住情况做了统计：南大街居七百户；东关、西关、北关共居六十二户；张家湾（不含枣林庄八十户）居二百零四户；于家务居二百五十户；马驹桥居一百户。③

众所周知，蒙古族和满族分别建立了元朝和清朝。随着王朝定都北京，有不少蒙古族和满族的贵族、军队来到京师及周边地区。如前所述，蒙古大军攻占了通州后留下了军队镇守，这里面有回族人，但主要是蒙古人，他们的后代就渐渐居住在通州了。元朝建立后，塞外农牧民不堪沉重的军役、赋税的压迫，每遇自然灾害，大量灾民纷纷逃入关内，如"延佑间，朔漠大风雪，羊马驼畜尽死，人民流散，以子女鬻人为奴婢"④。不少

---

① 金士坚主编：《通县志要》卷六，《文教·宗教》。
② 同上。
③ 同上。
④ ［明］宋濂等主编：《元史》卷一百三十六，《列传第二十三》。

"蒙古流民"来到大都城郊区，主要在通州和潦州地区。在《元史》中有"延佑七年正月戊申，赈通、潦二州蒙古流民"①，"延佑七年夏四月庚壬戌，括马三万匹，给蒙古流民，遣还其部；给通、潦二州蒙古户夏布"②等记载。这说明当时在通州的"蒙古流民"已经成为朝廷很关注的社会问题。

在元朝灭亡后，仍有不少蒙古人不愿回到草原地区，他们中有的人就归降了明朝。这其中有一些人就留在通州，并形成一些蒙古人居住的村落，通州的"鞑子小营"村就是这样形成的。由于元朝的等级制度，积怨太深，到了明朝，民间还存在仇视蒙古人的情绪。为了顺利地生活下来，部分蒙古人改为汉姓，如"孛尔只斤"改为"鲍、包、罗"等姓、"海勒图德"改为"海"姓、"赖哈图德"改为"赖"姓和"赵"姓等。

通州满族的聚集与清朝的建立有直接关系。满族建立了清朝，距今时间近，所以通州地区的满族人不少，而且受到满族文化影响很深。通州的满族主要来源于以下两个方面：

一是清初的"圈地"运动，导致北京郊区的土地被满族的八旗官兵所瓜分。就是在这期间，通州来了大量的满族人，这是通州满族人的主要来源。在西方资本主义原始积累阶段，英国有骇人听闻的"羊吃人"的圈地运动。在清初也出现了"人吃人"的圈地运动。

清军入京后不久，便强迫京城内居民迁出，内城被八旗官兵占有。为解决八旗官兵的生计问题，清政府决定强占京城附近的土地，遂下圈地之令。顺治元年（1644年）十二月，多尔衮发布了圈地令，大量侵占畿辅地区百姓的田地。顺治二年（1645年）二月，多尔衮"令户部传谕各州县有司，凡民间房产有为满洲圈占、兑换他处者，俱视其田产美恶，速行补给，务令

①　［明］宋濂等主编：《元史》卷二十七，《本纪第二十七·英宗一》。
②　同上。

均平"①。说着"均平"的谎言，赤裸裸地掠夺当地居民的土地。由于通州地势一马平川，且距京城很近，不可避免地成为圈地运动的重灾区。

通州区不少带"园"字的地名就是清初"圈地"政策的产物。②除赐给诸王、勋戚和八旗臣工的"俸地"外，还赐"园地"。旗人享有特权，和"民人"（普通老百姓）分治。他们雇佣失地"民人"为他们种植和看护园子，时间长了就成为村落。按惯例，村落就以这家八旗官兵的姓氏命名为"某家园"，如张家湾的施园（原名为施家园）、姚园（原名姚家园，1954年重修凉水河时分为南姚园和北姚园）、梨园镇的曹园（原名为曹家园）等就是这种情况。还有一部分土地被划成内务府所领官地。这些地方也称为"园"，但是与八旗官兵的园地不同，由内务府直管，所形成的村落以功能命名，而不是以姓氏命名，如永顺镇红果园、果园、黄瓜园，宋庄镇菜园村，通州城内刘菜园等。

通过圈地运动，大量失地百姓沦为满族王公贵族的奴婢，不愿伺候满族占领者的人被迫外迁（清政府对"逃人"是严厉打击的）。关外的普通满人也大量内迁，到京城郊区的圈地中充当管理者。随着时间推移，大量的满族人就定居在通州地区了。

"圈地"政策导致旗、民矛盾十分突出，导致"近畿土地，皆为八旗勋旧所圈，民无恒产，皆赖租种旗地为生"。农民失去土地，流离失所，生活悲惨。通州百姓上访事件频频发生。顺治二年（1645年）十一月，通州乡民郝通贤等30人联名上奏："去年十二月奉旨分地东兵圈种，约去三千余顷。虽有拨补，率皆名偿实无，更赔纳租赋。……忽今月初四日，有差艾大人将通地尽圈牧马，计通地不过五千余顷，前圈种三千余顷，兹再圈二千四百余顷，而通地尽圈，而通民无地播种矣。"③圈地给汉族人

---

① 《清世祖实录》卷十七。

② 周良：《通州区的"园"字尾地名》，见《通州地名谈》，文化艺术出版社2009年版，第19页。

③ 原奏本影印件见《明清档案》第三册，第A3—136页。

民带来极大痛苦，所圈之地，原田主被逐出家门，背井离乡，因此纷纷起而反抗。为了确保维护政权的稳定，顺治四年（1647年）大规模的圈地已停止，但零碎的圈地、换地、带地投充仍不断发生。康熙二十四年（1685年）四月，康熙皇帝发布诏令，永不许再圈。至此，惨无人道的圈地政策被废止。

二是没落的满族子民。清朝政府对旗人采取"优养"政策。八旗兵的待遇相当好，据资料推算，普通八旗兵待遇与七品官员的俸禄相当。八旗军队中的兵丁是从各旗中的壮丁中挑选的，挑选兵丁俗称"挑缺"，被选中的称为"披甲"，成为一个正式八旗兵丁。只要是旗人，生下来就有当八旗兵的特权。朝廷采取这种政策，原本是为解决八旗兵的后顾之忧，希望他们像祖辈一样创造新的荣光。但事与愿违，这些八旗子弟不学无术，日益腐败。史书记载，"八旗将佐，居家弹筝击筑，衣文绣，策肥马，日从子弟宾客饮"①。一般兵丁更是游手好闲，一拿到饷银就泡酒馆，过着醉生梦死的生活。清朝中叶以后，许多八旗子弟越来越没落。

鸦片战争后，朝廷粮饷不能按时发放，旗人普遍谋生能力差，生活水平一落千丈。旗丁大量典买旗地，完全丧失了固定的生活来源。相当一部分旗人陷入"无钱粮，又无产业，实无糊口之资"的困境。这其中，有部分旗人就从内城迁居到通州。随着清朝统治的结束，很多旗人改为汉姓，在生活、习俗上无异于汉人，也渐渐像普通民众一样开始了新的生活。

介绍了通州地区的几个主要的少数民族，再说说通州历史上的几次大规模移民。历史上的通州人来自全国各地，现在本地通州人有一部分就是这些移民的后代。移民也可以分为两种情况。

一是政府有组织的移民。明史记载，洪武年间，有两次（分别为洪武二十二年和三十五年）迁往北平府，通州、潞县都是移民迁入地。"靖难之役"持续4年，京畿地区（即河北、北京、天津等地）是主要战场，因此

---

① ［清］金德纯撰：《旗军志》卷一。

造成这一地区土地荒芜，"民甚凋敝"。学者研究表明，当时北京的户口较洪武二十四年的340523户减少151223户，只有当年的55.95%，其中又有85000余户即44.9%未复业，已复业的户只占洪武二十四年的24.95%，约为1/4。[①] 至于耕地总面积244797顷，已较洪武二十四年的582499顷51亩减少337701顷49亩，只有当年的42.02%，其中又有74.1%未开种，即已开种的田地只占洪武二十四年的10.87%。[②] 由此可见，"靖难之役"后北平地区"地广人稀"情况之严重。

明成祖朱棣迁都北京时，除官员、贵族、家属之外，还把大批外地人口迁入北京。为巩固政权和繁荣京师，永乐朝推行了大规模移民政策。根据《明太祖实录》和《明史》等史料记载，永乐年间8次迁民的目的地均为京畿地区。史料记载，迁往顺天府的有5次，其中有4次都将通州和漷县列为迁入地。《明史·成祖本纪》卷六载："（永乐）二年九月，徙山西民万户实北平。"《明太宗实录》卷三十一载："（永乐）二年九月，徙山西太原，平阳，泽、潞、辽、汾、沁民万户实北平。"《明史·成祖本纪》卷六载："（永乐）三年九月，徙山西民万户实北平。"《明太宗实录》卷五十载："（永乐）四年正月，湖广、山西、山东等郡县吏等二百十四人言愿为民北京。命户间给道里费遣之。"

人口迁出地主要是南京和山西、山东地区，其次为湖广地区。北京城与京郊地区移入人口总数达464646人，占整个永乐年间可考的移民人数的84.1%。[③] 而北京及各府人口在永乐初年约有19万户，以每户5人计，约95万人，其后先后移民至少46万余人，则移民人口约为当地人口的一半。由此可知，北京地区实为永乐年间户口移入的最主要地区。在此期间，通州涌入了大量的移民。

---

① 董倩：《明代永乐年间移民政策述论》，载《青海社会科学》1998年第6期。

② 同上。

③ 同上。

二是自发性质的移民。主要是明清两朝，随着漕运的兴盛，在漕运码头上谋生的外来人口越来越多。这些自发性质的移民又可以分为两类：

　　一类是维持漕运系统运转的劳役大军。他们从漕运沿线卫所和百姓中召集而来，被各自安排承担各种任务，充当运丁、闸夫、洪夫、纤夫、浅夫、船工、木匠、杂役、坝夫、泉夫、挑夫、桩工、挖泥工等不计其数。在漕运繁盛之时，这些人必须固定为某一地方服务。在通州具体有多少人，没有一个详细的数据。通州城设有专管漕运、仓储和验收的官吏和兵士，总数在1000人以上，剥船户人数则更多。当地还有专门收售粮食的"麦子店"和"江米店"等。每当夏初漕粮抵坝之时，"即有扛米人夫相率投募，约以四五千人计，颇多无业贫民，藉以糊口"①，可见数量之大。也就是说仅在土坝、石坝约有扛夫四五千人。但是随着清末漕运的终结，这些人为了谋生，有不少人成了无业流民，还有一部分人留在了通州地区。

　　另一类是因为漕运促进了沿线商业的繁荣，不少人沿运河北上，到通州从事各种职业。尤其是遇到灾荒之年，这种情况更突出。《清圣祖实录》就记载了康熙四十二年（1703年）、四十三年（1704年）山东省连遭水淹，连年歉收，民生饥馑，致不少百姓顺运河到京城谋生的事。他们从事着各种各样的行业，这种情况成为明清时期的一种常态。据《旧京琐记》称："北京工商业之实力，昔为山左右人操之，盖汇兑银号、皮货、干果诸铺皆山西人，而绸缎、粮食、饭庄皆山东人。其人数尤众者为老米碓房、水井、淘厕之流，均为鲁籍。盖北京土著多所凭藉，又懒惰不肯执贱业，鲁人勤苦耐劳，取而代之，久遂益树势力矣。"②山左右即山东、山西。通州作为大运河漕运码头，商业繁荣，有不少人都留在了通州。

　　明清时期，通州有山东会馆（三义庙）、江西会馆（万寿宫，亦称瓷器会馆）等许多商业会馆，可见当时通州商业的繁荣。在通州人当中，除

　　① 光绪《通州志》卷十，《艺文·通惠河泊岸义地记》。
　　② 夏仁虎：《旧京琐记》卷九，《市肆》。

来自山东、山西外，还有不少河北、浙江、四川、河南等地的移民。

清光绪二十七年（1901年），北运河停漕。这对通州来说是一个转折点，因漕运而繁盛的通州很快就衰败了。近代以来，国力衰微，通州遭受了八国联军的入侵、民国战乱、日伪政权的统治，通州的人口急剧减少，人民生活水平急剧下降。史书记载："居民之迁移平津各地者十之二三。……旧城南门外虽有大街，但铺户较多居民较少。"[①] 随着水旱码头地位的丧失，大批商贾工役等失业人群不得不另谋生路，大量商户转赴平津等地谋求发展。

最近几十年，通州的人口结构更加复杂了，尤其是改革开放以后，通州不仅有来自全国各地的人，还有不少外国人也生活在通州地区，形成了一个多民族、不同文化背景的人和谐混居、多元共生的局面，大家共同建设着新通州。

---

① 通州区史志办公室：《民国通县志稿》，2002年4月，第6页。

第二章　通州对京师的拱卫

自古以来，通州一直为战略要地，军事地位十分重要。尤其是自辽、金、元、明、清定都北京，通州的军事战略地位就更加重要了。从历史经验看，通州安，则京师安；通州危，则京师危。在和平时期，朝廷十分重视通州的军事防备，从城防、兵力部署、保障供给等方面全力部署。而战乱时期，通州是攻守双方必争之地。

一、通州古代的军事防御

早在春秋战国时期，通州地区就是军事重地。从出土的战国兵器推测，此地早在先秦时期就多次发生了不同规模的战争。西汉至辽定都北京之前，通州处在中原王朝与北方少数民族的中间地带，军事地位十分重要。西汉时期，路县古城是军事要塞。但是，东汉初年，渔阳太守彭宠叛汉，被光武帝刘秀派大军剿灭，古城毁于战火。建光元年（121年）十月甲子，东汉在渔阳郡设渔阳营，兵千人。[①]

到了唐代，通州的军事防御力量得到进一步加强。唐初的兵制为领军出征者为行军总管或大总管，至武德七年（624年），以大总管府为大都督府。在当时的幽州设范阳郡大都督府，下设负责军事的建置"府"十四

---

① ［清］周家楣、缪荃孙等编纂：《光绪顺天府志》，《经政志十·营制》。

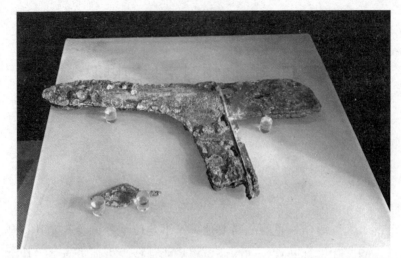

图2-1　战国时期的戈，出土于通州潞城地区。该图由北京市文物研究所提供

个，潞城为其中之一。① 开元八年（720年）八月，朝廷招募了骁勇善战的勇士一万人，充实到幽州经略军。为了对抗契丹军，唐朝十分重视范阳地区的军事防御，到天宝元年（742年），范阳节度使拥兵九万一千四百人。② 其中有部分兵力驻守通州，但是驻军具体数量还有待进一步考证。后唐时期，赵德均镇守幽州，为抵御契丹人南侵，在幽州城东五十里"城潞县而戍之，近州之民，始得稼穑"③。

到了辽代，北京被置为辽南京。朝廷加大了对辽南京的军事部署："析津府则析津县丁四万，宛平县丁四万四千，昌平县丁一万四千，良乡县丁一万四千，潞县丁一万一千，安次县丁二万四千，武清县丁二万，永清县丁一万，香河县丁一万四千，玉河县丁二千，潮阴县丁一万；顺州则怀柔县丁一万；檀州则密云县丁一万，行唐县丁六千；涿州则范阳县丁二万，固安县丁二万；蓟州则渔阳县丁八千，三河县丁六千。"④ 北京及周

---

① ［清］周家楣、缪荃孙等编纂：《光绪顺天府志》，《经政志十·营制》。
② 同上。
③ 《资治通鉴》卷二百七十八。
④ ［元］脱脱等：《辽史》卷三十六，《志第六·兵卫志下》。

边地区有兵丁二十七万三千，其中潞县和漷阴县共有兵丁二万一千。

随着北京成为统一大王朝的首都，京师的东大门——通州的战略地位就更加重要了。各朝各代十分重视通州的军事防御，这其中以明朝最为用力，因为元朝和清朝是少数民族建立的王朝，没有来自北方的威胁。而明朝迁都北京后，京师自始至终面临着来自北方的威胁。例如，明朝迁都北京后不久，正统十四年（1449年）发生了"土木之变"，明英宗被俘。同年十月初六，元人挟持英宗侵犯北京，京城告急。朝廷紧急将储存在通州的粮食物资保护起来，同时抢修通州新城，保护通州粮仓。

通州是国家粮仓所在地，其战略地位十分重要。正如明代大学士杨行中在嘉靖《通州志略》中所言："距京仅四十里，西望紫荆关塞，东连密云以东边疆。远者不过二三日，近者朝发可夕至也。南控江淮，襟喉所在，盖其地实所以拱卫京师，而与东西北诸边，声援可以相接，犄角可以为赖者也。"① 所以，明王朝比历史上任何朝代都重视在通州的军事防御。

明洪武二十六年（1393年），设北平都司，在今北京地区及周边地区设有大兴左卫、永清左卫、永清右卫、通州卫、蓟州卫、密云卫。由于通州地位特别重要，朝廷在通州设立了五卫，分别是通州卫、通州左卫、通州右卫、神武中卫、定边卫。

通州卫直接隶属于兵部，规定军官2600余员，旗军4000余名。② 通州卫是亲军卫之一，源于安吉卫。③ 洪武元年（1368年）闰七月，徐达率军攻取了通州和大都。十一月，朱元璋为巩固战果，遂派安吉卫驻守通州，并在此长期驻防。洪武三年（1370年）正月，朱元璋"置通州卫指挥使司，以

① ［明］杨行中：嘉靖《通州志略》卷八，《兵防志》。

② 同上。

③ 安吉卫设立于至正二十七年（1367年）二月，此时朱元璋刚刚攻占了太湖流域的湖州等地。安吉县是湖州府属地，为防范周边的张士诚势力，朱元璋就地增设军卫，定名安吉卫。

安吉卫军隶之"①，这是通州卫设立之始。由于明初以南京为都，通州卫在设立之初只是普通的外卫，由北平都指挥使司管辖。通州卫对燕王朱棣十分忠诚，在朱棣夺取皇位的"靖难之役"的战争中，带头归附燕王大军，并在决战中起了决定性作用。永乐四年（1406年）二月，朱棣"改燕山前、燕山左、燕山右、大兴左、济阳、济州、通州七卫俱为亲军"②。通州卫由普通外卫升级为皇帝的侍卫亲军，地位尊贵，终明一代未曾改变。③

除通州卫外，还有神武中、定边、通州左、通州右四卫。通州左卫有官军3328名，通州右卫有官军5600名，神武中卫、马步官军11200名，定边卫为5601名。④驻通州五卫官军总计32329名。

普通京卫的武官皆由兵部任命。一般设正三品指挥使一人，从三品指挥同知二人，正四品指挥佥事四人。通州卫也由兵部任命官员，但作为亲军，其职能比一般京卫更重要且复杂，不仅设有指挥使、指挥同知、指挥佥事等官，还有一些亲军卫所特有的职事官，官员数额也不遵循一般京卫的限制。

明初，五卫首领为都督或者指挥使镇守。成化二十三年（1487年），裁撤镇守，设分守。皇帝曾专门针对通州的分守发布敕谕，对通州分守充分授权，令其"分守通州地方，提调通州并武清等卫所官军。……天津卫地方相离通州不远，其城池官军，仍命尔与巡按御史时常往来提督，修理操练，禁革奸细"⑤。通州的军事主官不仅要负责分守通州地方，还负责指挥武清等卫所的官军，因为明代的通州领三河、漷、武清、宝坻四县，理应对通州所领四县的官军负有提调之责。从史料记载看，该规定得到了贯彻执行。《明英宗实录》记载："正统十四年九月庚子，通州等处抚民右

---

① 《明太祖实录》卷四十八，洪武三年正月庚子条。

② ［明］孙承泽：《天府广记》卷五十一。

③ 高希：《明代通州卫考略》，载《贵州社会科学》2014年第5期。

④ ［明］杨行中：嘉靖《通州志略》卷八，《兵防志》。

⑤ 同上。

都御史陈镒奏：通州把总都指挥金事陈信职专递送官物，修理桥道，即今正系御防虏寇之时，宜令镇守通州地方提调武清等卫操练军马。（上）从之。"[1] 又例如，嘉靖十八年（1539年）正月，"命分守通州署都指挥金事栾锐右参将守马兰谷地方"[2]。可见，通州卫分守职权之大，也说明了通州在军事上的重要地位。

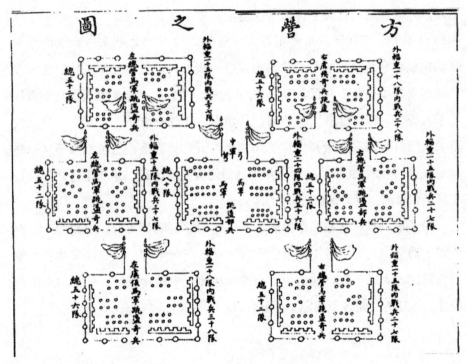

图2-2　明代军队操练战法示意图

图片来源：［明］章潢：《图书编》卷一百一十九

明朝京师一直受到北元势力的威胁，通州是京师东部的最后一道屏障，所以朝廷十分重视通州的兵力部署。除了通州五卫的常规部署外，

①　《明英宗实录》卷一八三，正统十四年九月庚子条。

②　同上书卷二二一，嘉靖十八年正月丁未条。

遇有敌情，朝廷迅速加强防御力量。"土木之变"后的第二年即景泰元年（1450年），"近拨五军营马步官兵二万于真定、易州、涿州、通州操练，以为紫荆关诸处应援"①。景泰二年（1451年）十月，"发通州等州县民六百五十人，充驿卒，以虏使将至也"②。"庚戌之变"前后，通州驻防力量不断增加。嘉靖二十八年（1549年）五月，"调山东长枪手三千，河间汉达兵三千，驻通州，以援喜峰、古北"③。嘉靖二十九年（1550年）七月，"命保定巡抚杨守谦，移汉达军二支于通、易团练"④。嘉靖三十年（1551年），"兵部议留运军万人守通州。报可"⑤。明末，东北满族对明朝构成致命威胁，通州的战略地位进一步加强。天启元年（1621年），"通州增马步兵九千八百名"⑥。同年五月，"宣大总督董汉儒遣马爌将兵三千入援，命移驻通州"⑦。六月，"西兵之扎营通州者三千名"⑧。皇太极第一次攻打北京后，崇祯三年（1630年）五月，直隶巡按董羽宸等从福建运来红夷二号炮120具，"念通州重地需用甚急，准留二十具于通州，准留十具于张家湾，以为保御之计"⑨。

为了解决军队食粮和军役来源的供给问题，明朝实行军屯制度。在卫所附近的空闲之地，分军立屯。七分守城，三分屯种。遇有战事或者其他紧急情况，大家可以迅速集中。为确保通州五卫粮食供给，保护军士的积极性，朝廷为通州各卫划定了"屯营"：

---

① 《明英宗实录》卷一九二，景泰元年五月甲辰朔条。
② 同上书卷二〇九，景泰二年十月癸酉条。
③ 同上书卷三四八，嘉靖二十八年五月己丑条。
④ 同上书卷三六三，嘉靖二十九年七月癸卯条。
⑤ 同上书卷三七四，嘉靖三十年六月丁丑条。
⑥ 《明熹宗实录》卷三六，天启七年七月辛卯条。
⑦ 同上书卷十，天启元年五月壬子条。
⑧ 同上书卷十一，天启元年六月戊戌条。
⑨ 《崇祯长编》卷三十四。

通州卫：屯地32处，坐落在通州堤子等处，及香河县地方。营房无。

通州左卫：屯地3处，坐落在武清县河东筐儿巷等处地方，营房坐落在通州高丽庄。

通州右卫：屯地8处。左所2处，一处坐落在香河县马家庄，一处坐落在三河县葛中屯。右所香河县马房屯。中所潮县供给店。前所2处，一处香河小营屯，一处三河县燕郊店。后所2处，一处武清县沙河屯，一处香河县新庄屯。营房坐落在旧城南关厢。

神武中卫：屯地5处，左所红庙，右所吴家庄，中所鲁家务，前所团瓢庄，后所沙河。营房坐落在旧城北关厢。

定边卫：屯地左右二所，坐落在香河县地方，中所武清县地方，前所宝坻县地方，后所武清县地方。营房坐落在旧城西门外新城地方。①

和平时期，驻通卫所军士靠屯田保障供给。遇有敌情，朝廷紧急调运应急粮草或银饷。如正统十四年（1449年），"土木之变"后"通州河上在仓粮料，除攒运入城内，有一千九百余万石，卒难搬运，宜将在京并通州旗军人等半年粮米，俱各预先关支"②。又如，"庚戌之变"前后，朝廷多次为通州守军发太仓银。嘉靖二十八年（1549年）八月，"命发太仓银四千两于通州，备客兵粮饷"③。嘉靖二十九年（1550年）三月，"诏发太仓银……四千两于通州"④。嘉靖三十年（1551年）六月，"发太仓银……九万两于通州，充各边各省入卫游兵粮饷"⑤。

古语云："国之大事在戎，戎之所重在马。"在冷兵器时代，马匹是衡量军事实力的重要指标，所以在中国古代，"兵马"代指军事力量。明清时期，

① ［明］杨行中：嘉靖《通州志略》卷八，《兵防志》。
② 《明英宗实录》卷一八五，正统十四年十一月丁酉条。
③ 《明世宗实录》卷三五一，嘉靖二十八年八月戊午条。
④ 同上书卷三五八，嘉靖二十九年三月丁亥条。
⑤ 同上书卷三七四，嘉靖三十年六月庚辰条。

在京城设有"五城兵马司"，负责京城的安全保卫。明朝政府不仅在通州驻有重兵，而且设置了养马的草场马房。由于"通州为地高寒平远，泉甘草丰，弥望千里"，朝廷在通州共设有11处马房草场，其中在永乐年间设有崇教坊草场、鸣玉坊草场、花园草场等3处草场。宣德年间又设有郑村坝大马坊、郑村坝东马坊、郑村坝北马房、驹子马房、金盏儿淀马房、义河马房、北高马房、北草场等8处马房草场。①每处马房草场划定了面积，有专人负责。

另外，在三河县设有5处马房，武清县设有11处马房，宝坻县设有8处草场。草场大者5000余顷，如宝坻县的义河草场占地5064顷。小者十余顷，如通州的郑村坝大马坊占地14顷64亩6分。②

为了鼓励老百姓养马，政府规定，每养马一匹则免征粮地50亩。并且按照需要，设有管理人员和兽医等负责养马的具体工作。到嘉靖年间，通州所领一州四县养马8万余匹。其中，通州1783匹，三河县2149匹，武清县1745匹，漷县784匹，宝坻县2049匹。③

朝廷还在通州地区建有两座马神庙。其中一座在城北御马苑旁，每年"春秋二仲，则太仆少卿往主祭之"，"皇帝遣其致祭，往必陛辞，返必廷复"④。可见，朝廷十分重视通州的军马饲养工作，并亲自过问祭祀情况，体现了皇帝对这项工作的重视。

除了采取以上措施，明朝廷十分重视通州南部重镇张家湾城的建设，以此增强防御能力。张家湾城就是为抵御元蒙势力的威胁而仓促修建的。张家湾是京东重要的漕运重地，明朝廷为保卫漕运命脉，嘉靖年间，顺天府尹刘君畿向朝廷提出关于"建（张家湾）城便于保卫，利于固守"的呈请。嘉靖皇帝批准了奏折，遂命建张家湾城。嘉靖四十三年（1564年），"敕顺天府丞郭汝霖、通判欧阳昱、内官太监桂琦以二月二十二日始

---

① ［明］杨行中：嘉靖《通州志略》卷八，《兵防志》。

② 同上。

③ 同上。

④ ［清］周家楣、缪荃孙等编纂：《光绪顺天府志》，《地理志五·祠祀上》。

事，……越三月，遂以告成"[①]。

　　建好后的张家湾城，"周九百五丈有奇，厚一丈一尺，高视厚加一丈，内外皆甃以砖。东南滨潞河，阻水为险，西北环以据。……遇警则以贮运舟之粟，且以为避兵之所舍"[②]。为加强对张家湾城的防御能力，设守备一员，配备500军士守城。

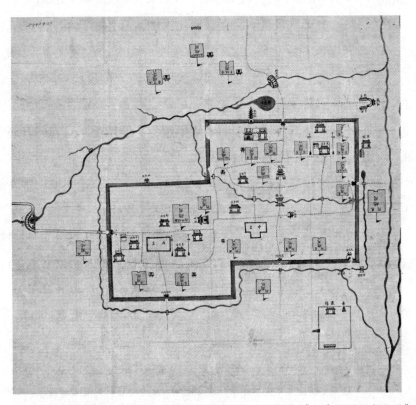

　　图2-3　通州城团练驻防图（现藏于国家图书馆），转引自《北京通州历史舆图》
（北京燕山出版社2017年版）

　　到了清朝，兵制有很大改变。顺治元年（1644年），定直隶官兵经制，

---

　　① ［明］徐阶：《张家湾城记》，录于［清］于敏中等：《钦定日下旧闻考》卷一百十，《京畿》。

　　② 同上。

设直隶巡抚，标兵分左、右二营，游击以下八人。设宣府、真定、蓟州、通州、天津、山海关六镇总兵官及镇标守备、游击等，设紫荆关等七协副将及协标官兵，设拱极城等十七处参将，山永等营游击，巩华城等处守备、都司，分领各营兵。朝廷在通州设绿营兵总兵，下辖13个营，在今通州境内有通州营、通州左营、通州右营、潞县营、马驹桥营和张家湾营，另有务关（河西务）营等。康熙年间，通州驻军（含武亲、宝坻二县）达3164人。[1]

清朝后期，由于八旗兵和绿营兵腐化无能，战斗力低下，不堪大用。太平天国起义爆发后，为镇压农民起义军，清廷谕令各省举办团练"助剿"。曾国藩在湖南办团练，建立起强大的湘军，镇压了太平天国运动。战事既毕，除曾国藩的湘军和其他部分勇营遣散外，各省险要处仍以勇营留屯。咸丰九年（1859年），"时通境不靖，土匪四起"，知州肖履中督率通州绅商毛毓璘、林长龄等办理团练。[2]

1900年，八国联军入侵通州之前，城内兵力空虚，通州城惨遭洗劫。当年8月，帮办武卫军务大臣李秉衡、湖北提督张春发、晋威新军总兵万本华、江西臬司陈泽林、登州总兵夏辛酉等部驻守通州部队万余人。[3]翌年，慈禧太后和光绪皇帝由西安返京，调古北口提督马玉昆部毅军[4]25个营12500

---

① 通州区地方志编撰委员会编：《通县志》，北京出版社2003年版，第607页。

② 何绍曾等编：《民国通县志稿》（人物），通州区史志办公室，2002年4月整理，第116页。

③ 通州区地方志编撰委员会编：《通县志》，北京出版社2003年版，第607页。

④ 咸丰年间，为镇压太平天国运动，朝廷谕令各地办团练，勇营应运而生。毅军出自于淮北的勇营，其创始人为宋庆。1862年，安徽巡抚唐训方裁临淮军，以三营归记名总兵宋庆所统。因宋庆勇号"毅勇巴图鲁"，故称毅军。毅军成立后屡立战功，如同治三年（1864年）协助僧格林沁击灭苗沛霖；同治四年至七年间纵横于豫、皖、直、鄂、鲁五省，镇压捻军。平捻之后，毅军因战功得以发展至十营左右。次年，毅军再奉调随左宗棠平西北。1880年，中俄关系紧张，毅军奉调镇防旅顺十多年。1894年7月，该军四营随宋旧部太原镇总兵马玉昆赴朝，在平壤大同江东岸与来犯日军血战。9月，宋庆自率余部调防九连城。日军侵入奉天后，该军在宋庆统率下转战多地。1898年年末，被改编为武卫左军，驻防直隶。1902年宋庆病死于通州军营。1902—1908年，马玉昆为统领。1908—1922年，姜桂题为统领。1922年，姜桂题逝世后，毅军归陆军部管辖。1927年，毅军不复存在。

人驻防通州城。①光绪三十年（1904年），驻通毅军调往东北，湖北常备军8个营驻防通州。②

二、秦汉至辽金时期发生在通州的战争

秦二世三年（公元前207年）十一月，项羽率军与秦军在"巨鹿之战"中以少胜多，基本上摧毁了秦军的主力，扭转了整个战局，奠定了反秦斗争胜利的基础。

汉高祖十二年（公元前195年），朝廷在今天的通州地区设路县，属渔阳郡，这是通州建置之始。当时的渔阳郡所辖12县，是中原王朝与北方少数民族地区接壤的地区，不同规模的战争频频发生。直到汉武帝征服了匈奴，渔阳郡所辖地区才结束了动荡的状态，迎来了和平时期。但是，到了西汉中后期，这一地区又受到北方另一个少数民族乌桓的侵扰。

东汉初年，在渔阳地区爆发了一场光武帝刘秀征讨彭宠的大仗。彭宠，字伯通，曾出兵援助刘秀镇压河北农民起义军，战功卓著。建武元年（25年），刘秀登基后，没有按功加封彭宠。彭宠心怀不满，叹曰："我功当为王；但尔者，陛下忘我邪？"③幽州刺史朱浮向光武帝刘秀上奏此事。刘秀派彭宠从弟的儿子到渔阳郡劝阻。彭宠不听劝告，次年二月，将渔阳郡治迁到幽州城东的潞县城中，并在此举兵，拜帅命将，自率两万余精兵攻击朱浮，围袭幽州蓟城。彭宠同时分兵前往广阳、上谷、右北平等郡，联络共同叛汉。上谷太守耿况斩使拒绝，其他郡也没有响应。这年秋，光武帝刘秀派游击将军邓隆率军营救被困蓟州的朱浮。

这场战争主要发生在通州地区，关于这场战争，《后汉书·彭列传》

①　通州区地方志编撰委员会编：《通县志》，北京出版社2003年版，第607页。

②　同上。

③　［南朝宋］范晔：《后汉书》卷十二，《王刘张李彭卢列传第二》。

中有详细记载。彭宠占据战略要地潞城，邓隆大军在潞水之南（今张家湾一带），朱浮统幽州军扎营在雍奴（今武清区）为后援。彭宠指挥重兵与邓隆大军在潞河两岸对阵，暗中命令3000轻骑精兵抄袭邓军后路，然后正面进攻，致使邓隆大军腹背受敌，彭宠大破汉军。由于朱浮屯军百里之外，不及救援，只好退守蓟城。建武三年（27年）三月，涿郡太守张丰也叛汉，与彭宠结盟联兵。彭宠军围蓟城数月，城内粮尽，人相食。耿况发兵救援，朱浮才得以突围，逃往首都洛阳。

彭宠攻入蓟城，自称燕王，随即占领了上谷、右北平郡。与此同时，彭宠遣使与北边的匈奴和亲，与南边的齐地叛将张步勾结。建武四年（28年）四月，刘秀调来建义大将军朱祜、建威大将军耿弇、征虏将军祭遵、骁骑将军刘喜率兵合攻彭宠。彭宠派弟弟彭纯奔赴匈奴请求援军2000余骑，自率渔阳叛兵数万，分兵两路，迎击祭遵和刘喜。就在这个时候，匈奴援军被上谷汉军击退，致彭宠孤立无援。祭遵乘胜进攻潞城，驻守潞城的是彭宠的部将李豪。祭遵派遣护军傅玄袭击李豪于潞，大破其军，斩首千余级。[①]郡府县治被付之一炬，还烧了民房1000多栋。但是彭宠实力仍然很强，战争进入相持阶段。建武五年（29年）春，彭宠被家奴杀害。祭遵率军入城，朝廷重新收复渔阳。这次战争中不仅双方投入的兵力很多，拉锯时间也很长。渔阳地区哀鸿遍野，生灵涂炭。潞县地区是主战场，受害最深重。

东汉末年，乌桓司马阎柔得到鲜卑的帮助，对抗公孙瓒。兴平二年（195年），阎柔召集鲜卑、乌丸等兵马，共得汉兵、胡兵数万人，与公孙瓒所置渔阳太守邹丹战于潞河（今潮白河）之北，大败公孙瓒军，斩杀邹丹。《三国志》对这件事有记载："柔招诱乌丸、鲜卑，得胡、汉数万人，与瓒所置渔阳太守邹丹战于潞北，大破之，斩丹。"[②]

---

① ［南朝宋］范晔：《后汉书》卷二十，《铫期王霸祭遵列传第十》。

② ［西晋］陈寿：《三国志》，《魏书·公孙瓒传》。

三国、两晋、南北朝是中国历史上的一个大分裂时期，各少数民族相继建立政权，通州地区经常发生战乱。这时期的潞县先后入魏、后赵、前燕、前秦、后燕、北魏、东魏、北齐和北周。

隋唐时期是中国历史上的一个发展高峰时期，国家统一，国力强盛。通州也进入了一个和平的发展时期。作为北方要塞，通州见证了唐太宗北征高丽的战争。史载，贞观十九年（645年）四月，唐太宗远征高丽，经过通州地区。

唐代之后，中国历史进入了另一个分裂时期——五代十国时期。这时的通州又处在各政权争夺的区域，战争此起彼伏，民不聊生。清泰三年（936年）十一月，历史著名的"儿皇帝"石敬瑭反唐，割燕云十六州给契丹，通州地区也一并纳入契丹人的统治范围。

辽国将燕京蓟城立为南京，通州的军事战略进一步提升。辽宋对峙时期，两国以海河为界。辽代几位皇帝常到通州游猎，其目的不仅仅是游猎，还带有视察的军事目的。以辽圣宗为例，《辽史》记载，他至少到通州来过三次。"辽圣宗统和五年，幸潞县西，放鹘擒鹅。十一年，幸延芳淀。十二年十一月，渔于潞县西泊。十三年，幸延芳淀。十四年，幸延芳淀。"①辽国为解决南京军民和对宋战争的物资供应难题，辽国萧太后下令开凿龙湾河以通天津北塘。从辽西郡将粮米经海道运到北塘海口，改装小船经龙湾河、潞河到达辽南京。

到金代，通州是王朝的物资仓储重地和军事基地，也是皇家游猎之处。金代帝王多次来通州狩猎，同时视察战备工作。以金海陵王完颜亮为例，为了积极备战伐宋，命户部尚书苏保衡在潞河造战船，还采取各种方式壮大水军。此事在《金史》上有多处记载。"正隆四年二月，造战船于通州。十月乙亥，猎于近郊，观造船于通州。五年十月庚午，遣护卫完颜普连等二十四人督捕山东、河东、河北、中都盗贼。籍诸路水手得三万

---

①　[元]脱脱等撰：《辽史》卷六十八，《游幸表》。

人。六年二月，征诸道水手运战船。"①

三、元明两朝发生在通州的战争

元明两朝是大一统王朝，都将国都定在北京。通州不仅是漕运仓储的重地，也是名副其实的京城东大门，所以战略地位极其重要。尤其是在朝代更替之时，通州是必争之地。

1. 金元争夺通州城

成吉思汗第一次攻打北京是在蒙古太祖八年（金贞祐元年，即1213年）秋。因久攻不下，就有人给成吉思汗出主意，从西域请来回族工匠，制作具有远距离投射功能的炮，它射程远，命中率高。后来，忽必烈大军（1271年）攻克襄阳城就用了这种炮。所以，"回回炮"又被称为"襄阳炮"。

蒙古太祖十年（1215年）正月，成吉思汗再次进军金中都，大将石抹明安（契丹族）采纳攸哈剌拔都的炮攻策略攻打通州城。守将蒲察七斤献城投降。

2. 元末明初，两军对通州城的争夺

洪武元年（1368年）闰七月，徐达、常遇春大军连下德州、通州。元朝统治者在大都地区并未进行大规模的顽抗。但是通州的战略位置极为重要，因此在通州的战斗仍十分激烈。

《明史》记载："（常遇春）复拜副将军，与大将军达帅兵北征。……先驱取德州，将舟师并河而进，破元兵于河西务，克通州，遂入元都。"②关于夺取通州的这场战役，在《明史记事本末》中有较为详细的记载。洪武元年（1368年）闰七月下旬，徐达大军直抵通州城下，扎营于河东

---

① ［元］脱脱等撰：《金史》卷五，《海陵本纪》。
② ［清］张廷玉等：《明史》卷一百二十五，《列传第十三·徐达常遇春》。

岸，常遇春扎营于河西岸。大家都建议从速攻之，而指挥郭英曰："吾师远来，敌以逸待劳，攻城非我利也，宜出其不意攻之。"①第二天是大雾天，郭英秘密布置千人埋伏在道旁，然后亲自率3000精骑直抵通州城下叫阵。元将五十八国公率敢死士万余，从两翼而出。"战良久，英佯败，敌乘胜来追，伏兵起，截其军为二，斩首数千级，擒其将卜颜帖木儿。"②攻克通州的时间为洪武元年（1368年）闰七月二十七日夜三更时分。

在通州，徐达、常遇春的部队秋毫无犯，"公下通州，严戢士卒，民

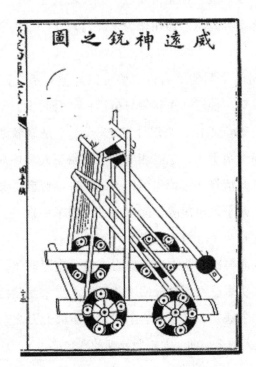

图2-4　明代军队使用的神铳图

图片来源：［明］章潢：《图书编》卷一百一十九

---

① ［清］谷应泰：《明史纪事本末》卷八。

② 同上。

不知有兵，（民）爱公如父母"①。正因如此，当常遇春病死的消息传来，通州人民悲痛万分。为犒劳这位功勋卓著的战将，朱元璋将常遇春作为陪葬明孝陵的勋臣，择墓于南京太平门外。常遇春的遗体从通州由京杭大运河运往南京。当常遇春的送葬队伍到达通州的时候，"州人皆罢市迎哭。既去，而念之不衰，饮食必祭"②。

明军攻占大都后，元军仍不甘心。洪武二年（1369年）二月，驻守在辽东的元丞相也速率领万余骑兵向大都进发。大军很快陈兵潞河东岸，刚刚经历战乱的通州城再次处在战火的边缘。此时，徐达、常遇春和李文忠等著名将领都在西线作战，孙兴祖仅以三万人镇守北平六卫。而通州的守军不过千人，形势十分危急。通州作为东部门户，一旦失守，京城就危在旦夕。

当时守备通州的是明朝著名将领曹良臣，他有勇有谋，面对数倍于己的元军，沉着应对。他对守军将领分析道："吾兵少，不可与战。彼众虽多，亡国之余，败气不振，当以计走之。"③于是偷偷派兵勇在沿河舟中竖起红旗，连绵十余里，并敲鼓相应，造成明军人多势众，正向元军猛扑的假象。也速见此情景，大惊失色，不战而逃。曹良臣又派精兵渡过白河追赶也速军队，元军风声鹤唳，闻风而逃。明军一直"追之蓟州不及而还"④。这其实不过是曹良臣的"空城计"而已。

同年四月，也速再次率蒙古残余势力南侵，直逼通州。此时，常遇春已经从西线返回，明军已经大部分回防北平府。当朱元璋接到战报，命令常遇春等"取迤北余寇"。常遇春、李文忠率步骑九万之众迎击，彻底解除了对北平威胁最大的东、西、北三股元朝的残余势力。

---

① ［明］王直：《重修开平忠武王庙碑》。
② 同上。
③ ［清］张廷玉等：《明史》卷一百三十三，《曹良臣传》。
④ 《明太祖实录》卷三九，洪武二年二月庚辰条。

3. "靖难之役"中的通州

明朝建立后不久，发生了燕王朱棣起兵夺权的"靖难之役"。此次战争，从建文元年（1399年）七月五日朱棣誓师起兵开始，到朱棣夺权，持续了四年之久。在这期间，通州争夺战是大战场的重要组成部分。

燕王宣布起兵后，通州卫指挥佥事房胜积极响应，"首以通州降"①。战略要地通州被燕王占领，房胜、孙岩受命镇守通州。建文元年（1399年）八月，建文帝命长兴侯耿炳文为大将军率领大军北伐，直取北平府。通州处在战争前沿阵地，史载："南军至，攻城甚急，楼堞皆毁。岩、胜多方捍御。"②孙岩、房胜不仅成功守住了通州城，而且还击退了来势汹汹的讨伐大军，"追奔至张家湾，获饷舟三百"③。

建文帝第一次北伐失败后，任用李景隆为大将军，进行第二次北伐。明代通州八景之一的"平野孤峰"就见证了其中一场重要的战役。史书记载："孤山在州东四十里，四面平旷，一峰独秀，因名。靖难初，李景隆攻北平，燕王自大宁还至孤山，列阵于白河西。"④据记载，这场战斗打得十分惨烈。结果是李景隆不得不退守山东德州。

建文二年（1400年）四月初一，建文帝命令李景隆由德州进军，进行第三次北伐。这次北伐很快失败了。九月，建文帝命盛庸取代李景隆，进行第四次北伐。诸路军进攻德州，副将军吴杰进军定州，都督徐凯屯兵沧州，形成掎角之势，进逼北平。朱棣佯装出兵辽东，当大军到了通州，"（燕王）循河而南，渡直沽，昼夜兼行"⑤。朱棣声东击西，率军南下，标志着朱棣大军在此次夺权大战中，由战略防御阶段转入战略反攻阶段。十月，朱棣破沧州城而生擒守将徐凯。十一月六日，下临清，取大名。

---

① ［清］张廷玉等：《明史》卷一百四十六，《孙岩（房胜）传》。

② 同上。

③ 同上。

④ ［清］顾祖禹：《读史方舆纪要》卷十一，《北直二》。

⑤ ［清］张廷玉等：《明史》卷五，《成祖本纪》。

二十八日，至汶上，攻济宁。十二月九日，朱棣在东昌与盛庸展开激战。

在这次战争中，通州地区遭受到巨大创伤，人口急剧下降。所谓"燕王愤甚，燕京以南，所过为墟，屠戮无遗"，其惨烈状况可想而知。

4.嘉靖"庚戌之变"，通州遭受劫难

明朝建立后，元朝残余势力退守蒙古草原，仍以"大元"为国号，因地处塞北，故称"北元"。明朝称其为"残元""故元"，后称之为"鞑靼"或"北虏"。明朝一直未能解除来自北面的威胁，如明英宗时期发生了"土木之变"，嘉靖中期发生了"庚戌之变"等震惊朝野的大事变。

"庚戌之变"的发生使通州生灵涂炭，遭受劫掠。到嘉靖年间，蒙古地方势力中，鞑靼部领袖俺答成了明朝北部的主要威胁。嘉靖二十九年（1550年），俺答向明朝提出关于在边境恢复"互市"的请求遭拒，于是发动战争，因该年为庚戌年，故史称"庚戌之变"。

当年六月，俺答率大军南下，攻掠大同，明军一触即溃，总兵张达和副总兵林椿皆战死。八月，俺答移兵东去，大军直至京师北面的要塞古北口。巡按顺天府御史王忬"奏言潮河川有径道，一日夜可达通州。因疾驰至通为守御计，尽徙舟楫之在东岸者"[①]。己亥（农历八月十四日），俺答领兵攻打古北口关城，密云守军抵挡不住。丁丑（十六日），大军掠怀柔，围顺义城。听说顺义城内有保定兵驻扎，于是俺答大军往南，"夜半，寇果大至（通州）。不得渡，遂壁于（白）河东"[②]。由于没有船，俺答军不能渡河。戊寅（十七日），"乃驻营河之东岸孤山一带，分掠密云、怀柔、三河、昌平"[③]。

十八、十九两日，俺答汗大军仍驻白河东，分遣游骑散在枯柳树、马林店等村落抢劫。总兵官仇鸾帅与副总兵官徐珏、游击张腾等至通州，列

① ［清］张廷玉等：《明史》卷二百〇四，《王忬传》。

② 同上。

③ 《明世宗实录》卷三百六十四，嘉靖二十九年八月戊寅条。

阵河西。

辛巳（二十日），俺答大军遂自通州渡河而西。由于丢掉了通州这个东大门，俺答大军长驱直入，前锋七百骑驻安定门外。京城守兵名为十四万人，实有兵数不过五六万人。俺答前锋在北京郊区大肆杀掠，百姓纷纷逃往京城。而大学士严嵩要求坚壁勿战，任凭俺答兵在城郊掳掠劫杀。俺答兵围困京城三天，在城外抢掠大量财物、牲畜及人口，于二十三日从古北口原路返回。

在"庚戌之变"中，明朝政府腐败、军纪松弛、城防软弱的问题暴露无遗。朝廷也进一步认识到通州地位的重要，退敌之后，皇帝命令"筑京师外郭，修通州城，筑张家湾大小二堡，置沿河敌台"①。

5. 明末皇太极"四打北京"期间，双方在通州的战斗

从崇祯二年（1629年）到崇祯十六年（1643年），皇太极四次攻打北京，最终成功夺取政权，建立清朝。在这期间，攻守双方在通州进行了激烈的争夺。

崇祯二年，皇太极"一打北京"。十二月八日，皇太极分兵两路攻入山海关，于十五日会师遵化，并攻陷遵化城。然后，八旗大军向北京方向突进，直逼京东通州城。为了守住京师东大门，崇祯皇帝命兵部尚书孙承宗驻守通州。与此同时，蓟辽督师袁崇焕为解京师危急，从宁远前线飞驰山海关的途中，急命山海关总兵率教统部骑兵驰援遵化，自己则亲率守辽之兵星夜兼程，提前三天赶到通州。皇太极没想到袁崇焕突然回防通州，便绕过通州城逼近北京城。袁崇焕又率兵直奔京师，赶在八旗兵之前，列阵于广渠门外，严阵以待。

袁崇焕指挥守军与八旗兵进行了"德胜门之战""广渠门之战""永定门之战"，成功保卫了北京城。皇太极见北京城久攻不下，而且兵士伤亡惨重，加上天寒地冻，粮草不济，只得撤退。明军乘势追击，一直追到

---

① ［清］张廷玉等：《明史》卷二百〇四，《王忬传》。

通州运河边，"精骑多冰陷，所伤千计"①。

在这次战争中，通州守将孙承宗不仅守住了通州城，而且还有力地支援了袁崇焕领导的北京保卫战。当他得知八旗兵不敢进攻通州城，绕到直逼京师时，"乃急遣游击尤岱以骑卒三千赴援。旋遣副将刘国柱督军二千与岱合，而发密云兵三千营东直门，保定兵五千营广宁门。以其间遣将复马兰、三屯二城"②。

崇祯九年（1636年），皇太极"二打北京"。八旗大军先攻克雕鹗、长安岭两座城，会师延庆。掳掠延庆后，经怀来，入长城，清兵自天寿山后入昌平，都城戒严。给事中王家彦以陵寝震惊弹劾兵部尚书张凤翼告其坐视不救。"凤翼惧，自请督师。赐尚方剑，尽督诸镇勤王兵。以左侍郎王业浩署部事，命中官卢维宁监督通（州）、（天）津、临（清）、德（州）军务，而宣大总督梁廷栋亦统兵入援。"③但是张凤翼、卢维宁、梁廷栋都不敢应战。当时驻守通州的是左都督刘泽清，"统兵入卫，令驻新城为南北控扼，复命留守通州"④。清兵不敢轻举妄动，所以只有通州得以保全，而宝坻、顺义、文安、永清、雄、安肃、定兴诸县及安州、定州相继失守。

崇祯十一年（1638年），皇太极"三打北京"。皇太极命清兵分兵两路，第三次攻打北京。九月二十三日，由多尔衮、豪格、阿巴泰率领的左翼清兵自青山关西而入，由岳托、杜度率领的右翼清兵自密云东北入长城，两路清兵会师于通州运河东。清军并没渡河攻打通州城，进而进逼北京城，而是以通州为据点，分几路大军往南推进。从第二次攻北京开始，皇太极采用砍大树"先从两旁砍"的策略，不再直接攻打北京城，而是先攻克北京周边的战略要地。清军此次向京畿南部扫荡，攻下真定、广平、

---

① 《崇祯实录》卷二。

② ［清］张廷玉等：《明史》卷二百五十，《孙承宗传》。

③ 同上书卷二百五十七，《张凤翼传》。

④ 同上书卷二百七十三，《高杰（刘泽清）传》。

顺德、济南等五十城，俘获四十六万人，黄金百余万两。①

崇祯十五年（1642年）、十六年（1643年），皇太极"四打北京"。十五年十月，皇太极第四次向北京进围。左督御史刘宗周建议崇祯皇帝："防关以备反攻，防潞以备透渡，防通、津、临、德以备南下。"②建议加强通州等地的防务，守住东大门和漕运要道，以图反攻。但是在这种情况下，再好的建议也没法执行。十一月，清兵从墙子岭、青山口入关，京师戒严。清兵长驱直入，越京畿，入山东，进江苏，沿途抢掠，直到第二年三月满载而归。清军北上，京师再度戒严。首辅周延儒亲自驻守通州城，但是不敢主动出击迎敌，整日与幕僚饮酒作乐。而八旗大军无意攻打北京城，皇太极仍然坚持"伐树剪枝"的策略。

四、近现代发生在通州的战争

1. 张家湾之战

咸丰十年（1860年）八月，即第二次鸦片战争期间，英法侵略军侵占天津后继续向北推进。9月9日，咸丰帝派怡亲王载垣、兵部尚书穆荫与英法联军在通州谈判。联军谈判代表巴夏礼和威妥玛于14日中午到达通州，下午4点前往东门外东岳庙与怡亲王载垣、兵部尚书穆荫谈判。③双方达成协议：联军止于张家湾以南5里的地方，英国驻华公使额尔金由1000人护卫到通州签约，然后继续前进到北京交换《天津条约》的批准书。这些条件，咸丰皇帝均批准。

眼见和平在即，谁知双方在接下来的谈判中，对额尔金是否到北京

---

① 曹子西主编：《北京通史》第六卷，《第十三章·满族在东北崛起和后金对北京的进围及李自成农民起义攻占北京》，北京燕山出版社2011年版，第367页。

② ［清］张廷玉等：《明史》卷二百五十五，《刘宗周传》。

③ ［英］斯温霍（Robertor Swinhoe）著，邹文华译：《1860年华北战役纪要》（*Narrative of the North China Campaign of 1860*），上海中西书局，第125页。

向咸丰皇帝面呈英国女王签订的国书产生了分歧。载垣等认为谈判中没有这一项，英法不应在协议达成后提新要求。而巴夏礼则认为亲递国书是国际惯例，没必要列入谈判。18日晨，双方再次谈判，但都不让步，谈判破裂。僧格林沁得悉通州谈判破裂，便按照载垣等的通知，将巴夏礼等一行39人扣押送京，并严阵以待，准备迎击敌人的进攻。

当时，清军在通州一带的部署：僧格林沁的督师行营设在通州与张家湾之间的郭家坟，由他统率的马步兵1.7万人驻扎于张家湾至八里桥一线，扼守赴通州及京师广渠门的大道，其中驻张家湾的兵力仅有步队千人。副都统格绷额督带马队3000人驻扎于张家湾的东面和南面。署直隶提督成保率绿营兵4000人防守通州。原驻防通州的礼部尚书瑞麟所统京营万人及副都统伊勒东阿督带的马步队4000人防守八里桥，作为僧军的后援。僧格林沁还派副都统克兴阿统带察哈尔马队1000人，防守张家湾西南的马驹桥；又令总管那马善统带察哈尔马队1000人，防守马驹桥东南的采育，以防敌军从马头直接西进，绕道趋京。通州地区的防军总计达3万余人。[①]另外，副都统胜保率京营5000驻齐化门（今朝阳门）以东的定福庄，以便声援僧、瑞两军，保卫京师。

18日中午，英法联军向张家湾发起猛攻，僧格林沁指挥清军抵抗。当僧格林沁调派马队抄袭敌军时，联军炮队突然发射火箭数百枚，以致"马匹惊骇，回头奔驰，冲动步队"[②]。清军阵势顿时大乱，骑兵、步兵自相践踏，纷纷溃退。联军占领张家湾城。

张家湾生灵涂炭，有条件的家庭在战前纷纷外逃。无法逃走的百姓中男丁多被戕杀，不少妇女或被迫害致死，或自杀而亡。联军杀害妇女的手段极其残忍，如"王氏，苏永泰母，世居张湾。咸丰十年，因贼逼，与永

---

① 军事科学院编：《中国近代战争史》第三章，军事科学出版社1985年版。

② 《钦差大臣僧格林沁等奏英军来扑迎击失利退守八里桥折》，见《第二次鸦片战争》（五），上海人民出版社1978年版，第84页。

泰妻周氏，均骂贼不屈，被贼肢解死"①。有的妇女不堪受辱，或自刎，或服毒，十分惨烈，如"雷氏，寇松田母，及女四姐，居张湾，均于咸丰十年，因贼逼，用剪刀自刎死"②。又如"乔氏，张琇妻，居张湾。咸丰十年，迫于贼，服毒死，时年三十四"③。再如"张氏，韩增母。居张家湾，咸丰十年，为贼逼，饮鸩死。女裘姐，年十三，同死"④。不仅张家湾地区的百姓惨遭迫害，从张家湾行进到通州途中，不少沿途百姓也不能幸免，尤其是妇女，如"刘氏，庚玉妻，家（梨园）小街，咸丰十年，骂贼不屈，被投井死"⑤。

　　2. 八里桥之战

张家湾之战失败后，僧格林沁率部退守八里桥，驻守通州的绿营兵也随僧军撤走，以期在八里桥重新布防，挡住联军西进之路。英法联军主要目的是奔着北京去的，所以在通州城外休整，于9月21日凌晨4时向八里桥方向推进。

21日上午7时，英法联军分东、西、南三路对八里桥守军发起攻击。僧格林沁亲临前线，指挥蒙古马队穿插于敌人的南路与西路之间，试图从中间分开敌军。由于胜保所部败退，只是与西路敌军进行激战，因此，僧格林沁指挥蒙古马队分割敌人阵势的计划未能实现。

八里桥之战从早上7时打到正午时刻，战斗十分激烈。中午时分，联军在占领了八里桥附近的几处战略要地后停止前进。至此，八里桥保卫战以清军的失败而告结束。

八里桥之战是第二次鸦片战争中清军最后的大规模抵抗，虽然以失败告终，但是表现了可歌可泣的爱国精神。保尔·瓦兰在《征华记》中记

---

① 光绪《通州志》卷八，《人物·烈女》。
② 同上。
③ 同上。
④ 同上。
⑤ 同上。

图2-5 八里桥之战（铜版画），创作于20世纪30年代

图片来源：《百年沧桑——通州历史图片汇编》（通州图书馆编）

载："中国人和以勇气与镇定著称的鞑靼人在战斗的最后阶段表现得尤为出色。一些皇帝的禁卫军，身着引人注目的黑边黄袍在我们大炮的交叉火力下跑遍全桥，并且在枪林弹雨下挥舞着旗帜以鼓舞中国步兵的斗志。他们中没有一个后退，全都以身殉职。"[①]

3.民国时期军阀在通州的混战

1920年7月，为争夺北京政府统治权的直皖战争在京津地区爆发。直皖两军分三路对抗，通州处于东路。在东路，奉军数千人迅速投入了支援直军的战斗，收复杨村，直趋廊坊。皖系宋子扬部兵败，由杨村逃到通州。驻守通州城的毅军不开城门，双方对峙，经过调停，通州才避免了一场兵祸。通州出现了宋军与毅军划地驻防的局面，两军冲突不断，通州人民深受其害。8月24日，毅军与边防军产生冲突，通县全城商民遭受抢劫。[②]

1922年5月，第一次直奉战争爆发。通州由米振标所率毅军驻守，奉军第

① 戴逸主编：《中国近代史通鉴》第一卷，红旗出版社1997年版，第295页。

② 通州区地方志编撰委员会：《通县志》，北京出版社2003年版，第22页。

图2-6　第一次直奉战争时期逃难到通州的难民，该图片由通州图书馆提供

九旅也强驻通州。奉军十分傲慢，横行街市，双方也时常爆发冲突。1924年10月，第二次直奉战争爆发。胡景翼率军北上驻扎通州，击毙原守备司令李光甫，并囚禁通县知事。[①]1926年春，冯玉祥的部下唐之道守通州，与张作霖的奉军开战，唐军隔运河与奉军炮击半月之久。唐军纪律严明，规定军人擅取民物者枪决，秋毫无犯。4月15日，终因实力不济，唐军败退。老百姓感念唐军平时良行，竭力掩护出城。此后，奉军盘踞通州。1928年6月，张作霖被日军炸死，张学良成为奉军新统领。张少帅以民族大义为重，宣布服从南京国民政府。全国在形式上统一，军阀混战局面暂告一段落。

4. 反抗伪冀东防共自治政府的通县起义

20世纪30年代，日本帝国主义侵占我国东北以后，又将触角伸向了华

---

① 北京市通州区军事志编撰委员会：《北京市通州区军事志》，北京出版社2010年版，第37页。

北地区。在这民族存亡的危急关头，国民党政府却实行"攘外必先安内"的政策，与日本签订卖国的《塘沽协定》。根据这个协定，中国军队撤至延庆、通州、宝坻、芦台所连之线以西、以南地区，实际上承认了日本对东北、热河的占领，同时划绥东、察北、冀东为日军自由出入地区，从而为日军进一步侵占华北敞开了大门。

日本关东军为有效地推进"华北自治运动"，1935年11月25日操纵汉奸殷汝耕在通县文庙成立"冀东防共自治政府"。由于倒行逆施，此举遭到全国人民的反对。就在伪政府宣布"自治"的同一天，北平各大学校长和社会名流联合通电声明："我们坚决反对一切脱离中央和组织特殊政治机构的阴谋举动。我们要求政府全力维护国家的领土及行政的完整。"① 1935年12月6日，冀东人民请愿代表团发表了《冀东人民告全国同胞书》，文中列数了伪政府的七条罪状，并提出了"宋哲元将军派兵收复冀东；中央政府派兵恢复华北领土主权，收复一切失地；准许派代表参加国民大会"三条要求。② 同时，平津教育界、河北省教育界及南京、广州、上海、武汉教育界，全国铁路工会、邮务工会等也纷纷发布通电和宣言，反对自治，要求政府讨伐殷逆，维护国家领土和主权完整。据当时通州邮电局业务员回忆："接到全国各地反对、劝告、唾骂的各类信件、电报，每日不下数百起。"③

中国共产党坚决反对日本帝国主义侵略华北，反对殷汝耕冀东防共自治政府。1935年12月，中共中央召开了瓦窑堡会议，明确提出建立爱国统一战线。会后，中共中央派刘少奇主持北方局工作，把打倒汉奸政权，开展冀东地区抗日活动作为党的中心工作之一。

伪政府内部也有一些不甘心当汉奸的有良知的中国人，如保安队队长张庆余和张砚田原是东北军第五十一军于学忠的团长，他们与宋哲元联系

---

① 《日本评论》第七卷第五期，1935年12月。

② 张洪祥编：《冀东日伪政权》，中国档案出版社1992年版，第33页。

③ 河北省唐山市政协文史资料委员会：《二十世纪三十年代的冀东阴云——伪"冀东防共自治政府"史略》（内部交流），1999年8月，第40页。

图2-7 日伪时期悬挂在通州城门的反动标语

图片来源：《百年沧桑——通州历史图片汇编》（通州图书馆编）

密切，暂留伪政府中，相机行事。

1935年12月，宋哲元就任晋察政务委员会委员长之后，张庆余和张砚田秘密拜会了他，表明了愿意追随宋哲元抗日的心愿。宋哲元嘱咐他们要保密，要求他们加紧训练军队，做好准备工作，并送他们一万元。他们十分感动，慷慨表示："今后愿一心一意追随委员长为国效力。"[①]

七七事变爆发后，张庆余、张砚田派心腹和二十九军取得联系，向二十九军三十七师师长冯治安请示机宜。冯治安说："现在我军同日军是和是战尚未决定，请你转告张队长，暂勿轻动。待我军开战时，请张队长出其不意，一面在通州起义，一面分兵侧击丰台，以收夹击之效。"[②]冯治安嘱咐说，可委派心腹人员与二十九军参谋长张樾亭经常保持联系。张樾

---

① 张庆余：《冀东保安队通县反正始末记》，载《天津文史资料选辑》第21辑，1982年刊印。

② 张庆余：《通州事变的经过》，收录在《通县党史文史资料》第六期，1985年8月。

亭将冀东保安队第一、二总队编入战斗序列。当时，通州处在敌后方，是日军运输频繁的要道，由于二十九军的驻守，此要道处于断绝状态。日军认为恢复交通的主要障碍就是驻扎通州南门的国民革命军第二十九军。

1937年7月27日前，日军即派援军来到通州，企图配合日军驻通州守备队，消灭二十九军驻通州兵力。7月28日，日军大举进攻二十九军，并令保安队配合日军行动。但是驻扎在通县旧城南门外的冀东保安队没有执行日军的部署，他们对空放枪，放走二十九军驻通州官兵。残忍的日军轰炸了保安队的驻地，这一事情激怒了本不甘心当汉奸且早有起义准备的保安队。

7月28日夜12时，张庆余、张砚田率军在通县起义。张庆余对起义进行了部署：第二总队派兵把守城关各路口、邮电局、各机关。教导总队负责解决车站日本警备班和警戒增援之敌。第一总队兵分三路突袭日军守备队、敌伪机关和日在通州的侨商。①

图2-8　通州起义激战后留下的弹痕，该图片由通州博物馆提供

① 河北省唐山市政协文史资料委员会：《二十世纪三十年代的冀东阴云——伪"冀东防共自治政府"史略》（内部交流），1999年8月印刷，第132页。

次日拂晓，通州城内枪声大作，起义战斗打响。队伍按照战前部署，关闭城门，断绝城内交通，占领电信局及无线电台，并包围冀东伪政府，活捉了殷汝耕。张庆余本想将殷汝耕斩首，但有人建议，认为不宜擅自处死，最好押送交与宋哲元，转解中央为妥。起义部队第二路担任主攻，他们组织了200多人的敢死队，手持大刀很快就解决了日军岗哨。接着，他们从东西两路夹击，遭到日军机枪扫射。起义部队点燃了日军的油库、弹药库。第三路根据搜到的居留民册，搜杀日本人。起义部队遇到日本人，不论男女，一律杀掉。据后来日本"慰灵塔"记载，被起义部队打死的日本人有500余人。①

战斗一直持续到29日上午10点，由于日军派空中力量支援，起义部队寡不敌众，只能撤退。张庆余等人还不知道宋哲元已经率军撤离北平，因此率领保安队起义后前往北平。保安队将殷汝耕押送到北平城下后，日军将其解救。在通州起义中，通州日本特务机关长细木繁大佐、日军驻伪政府顾问奥田重信大佐、第一总队顾问渡边少佐、教育厅顾问竹腾茂、宪兵队队长何田、通县顾问甲斐和甲茂、冀东银行顾问等被击毙，歼灭日军及浪人500多名，有力地激励了华北军民的抗日斗志。

通县起义还带动了华北其他地区的抗日运动。就在同时，驻顺义的伪冀东保安队苏连章团奉张庆余命令同时起义，杀死日军200余人。② 在天津、大沽、塘沽等地的保安队纷纷倒戈，在同一时间都发动了对日本侵略军的袭击。通县起义不仅给日本侵略者以沉重打击，也给冀东伪政府以沉重打击。

5. 解放战争在通州

抗日战争胜利后，1945年10月国民党六十二军占领了通县。国民党政

----

① 河北省唐山市政协文史资料委员会：《二十世纪三十年代的冀东阴云——伪"冀东防共自治政府"史略》（内部交流），1999年8月印刷，第133页。

② 张庆余：《我率保安队起义的经过》，见《烽火通州》，中央文献出版社2006年版，第238页。

府在美军支持下积极备战。1946年2月6日，美方代表罗伯逊向中共代表提出，请求允许联合国善后救济总署的运输汽车通过解放区（当时平津公路河西务至马头段属解放区）开往北平。中共中央以大局为重，同意了该请求。谁知美军将国民党军队、军火输送到北平，积极备战。5月底，蒋介石在部署了东北的军队后，又飞抵北平查看备战情况。随后，国民党军得到美军配合，开始集结，准备向解放区发动进攻。7月28日，驻通县的国民党保安团和张家湾壮丁队侵入马头、觅子店一带。共产党军队在阻击国民党军队之际，与平津公路上的美军发生了冲突。解放区军民伤2人、死1人，美军死伤10人，这就是在通州历史上有名的"安平镇事件"。9月5日，国民政府借口"安平镇事件"向解放区进攻，全县被国民党军占领。

但是国民党军兵力有限，只能占领一些大的据点，保护重要的交通线。我军采取突袭破坏交通线的策略，使国民党军在交通线上驻兵点增多，造成其兵力更加分散。如从通县到蓟县有19个点，这些点上只有不足两个营，小据点只有一个排。但是敌人火力较强，配合碉堡工事，以固守为主。[①] 到1946年年底，我军逐渐占据主动。12月，我军发动了通香武和三通香两次战役。由于经验不足，没有达到预期的效果。到1947年，敌我实力发生了进一步有利于我军的变化。2月下旬，独立第十旅发动了三通香战役，该战役由袭击黄庄战斗、香河以西战斗、奔袭通县城战斗和平谷三河战斗组成。[②] 当时通县城内没有顽军主力，仅有伪军保安大队、县常备队和增援部队，共800余人。[③] 我军战斗部署：以二十九团、三十四团为主攻部队。东西大街以南归二十九团、以北归三十四团。二十九团攻占东城，消灭东门内和南门及东仓的敌人。歼敌后，一个营的兵力控制东门及城墙，一个营的兵力向西肃清城内敌人，其余兵力收集物资。三十四团攻占北城

---

① 中共河北省委党史研究室编：《冀东武装斗争》之《通武香三通香两次战役总结》，中共党史出版社1994年版。

② 同上书之《独立第十旅司令部关于三通香战役总结》。

③ 同上。

墙及歼灭伪县政府及附近的敌人。一个连攻占北关浮桥，并加以控制，作为我军退路。一个营在新老城交界处攻击，并控制该点，向西城发展。① 此次战斗速战速决，达到了歼敌有生力量、收集物资的预期目的。

为配合平津战役，经冀热辽军区党委批准，成立十四专署领导的直辖市。江卓同志任通州市委书记兼通州市市长，军管会主任由十四军分区司令员曹志福担任。② 我军已经做好攻城的准备，与此同时城内的我方人员设法组织人员保护工厂、学校、医院、仓库，尤其是确保水、电、通信的畅通，为接管通州做准备。国民党军和与国民党沆瀣一气的土匪先后被共产党第十四军分区和地方武装打败。到12月13日，驻通国民党军逃往北平，14日通县国民党党政机关被接管，通县解放。

通县解放的意义十分重大，因为当时北平守将傅作义失掉了通县这个东部门户，人民解放军直逼北京城下。这不仅鼓舞了我军的士气，也让傅作义更加直观地认识到和平谈判的现实紧迫性。通县的解放有力地促进了北平的和平解放。

　　① 中共河北省委党史研究室编：《冀东武装斗争》之《独立第十旅司令部关于三通香战役总结》，中共党史出版社1994年版。
　　② 徐进：《忆通县解放》，载《文史选刊》1988年第4期，第3页。

第二篇

漕运动脉

第三章　通州的漕运与仓储

　　中国古代史上一个有趣的历史现象就是经济重心逐渐南移。这个过程几乎贯穿了整个中国古代史。从远古开始，黄河流域是中华民族的发祥地之一，是中国开发最早的地区，成为最早的政治、经济、文化中心。但从魏晋开始，因北方战乱，南方相对稳定，北人南迁，带去了先进的技术，加上自然环境的优越，南方的经济发展水平逐步提高。隋唐时期，南方经济水平提高很快，北方发展相对缓慢。尤其是自安史之乱后，北方因为藩镇割据，契丹崛起和南侵，生产遭到破坏，南方相对安定，经济重心开始向南转移。到了南宋，中国南方的经济发展水平远远超过了北方，中国经济重心南移的历史进程完成了。

　　南宋以后，中国历史上迎来了元、明、清三个大一统王朝。这就出现了王朝的政治中心在北方，而经济中心在南方的现象。王朝统治者为维护王朝的长治久安，比历史上任何时代都重视沟通南北的京杭大运河的作用。所以京杭大运河不仅是当时的交通大动脉，也可以称为王朝的生命线。正如《元史·食货志》所言："元都于燕，去江南极远，而百司庶府之繁，卫士编民之众，无不仰给于江南。"[1]元大都所需粮食、丝绸等大批物资都需要从东南运来，主要是通过海运和京杭大运河运送。

　　通州不仅是京师的东大门，还逐步成为一个漕运仓储中心，其地

---

① ［明］宋濂等主编：《元史》卷九十三，《志第四十二·食货一》。

位越来越重要。如嘉靖《通州志略》所言："国初于通设镇守，亦屯重兵，仓场之设，非无谓也。往年，每遇边方有警，及腹里流贼为患，则出京军以戍通州，就仓食粟，故通州自来不罹兵患。通州安，而京师亦安矣。"①

一、通州古代的运河和漕运

通州自古多河富水，利用河流进行运输可以追溯到先秦时期。就目前史料来看，大规模漕运始于秦朝。秦建立了统一的王朝，为大规模漕运提供了条件。当时的政治中心在咸阳，人口激增，而关中地区的粮食很难满足新形势的需要。东方产粮的地方一个是临淄附近，一个是济、泗之间，一个是鸿沟流域，另外还有江、淮二水下游的地方。②在此之外，秦朝一直征发到东海之滨，也就是现在山东半岛东端，当时的黄、腄、琅邪负海之郡都属于粮食征发之地。③此地早已是富庶之地，特别是琅琊郡治所琅琊县曾是越王勾践的都城。秦始皇很喜欢这个地方，在巡游途中曾在此地稽留过三个月。④由于此地靠海，秦始皇北征匈奴时从山东黄、腄、琅邪出发，通过海运往北运粮草，然后利用北河转运。史载，"秦使天下蜚刍挽粟，起于黄、腄、琅邪负海之郡，转输北河，率三十钟而致一石"⑤。

"北河"是哪条河呢？明清以来的学者考证，认为"北河"即"白河"。曾任明成化年间户部侍郎的王琼在《漕河图志》中明确说，北河，盖即白河也。明代《水部备考》采用《漕河图志》之说。清朱彝尊《日下旧闻考》卷五《形胜》亦同此说。《畿辅安澜志·白河》《畿辅通志·河

① ［明］杨行中：嘉靖《通州志略》卷三，《漕运志》。
② 史念海：《中国的运河》，陕西人民出版社1988年版，第68页。
③ ［东汉］班固：《汉书》卷六十四上，《主父偃传》。
④ ［西汉］司马迁：《史记》卷六，《秦始皇帝本纪》。
⑤ 同上书卷一百一十二，《平津侯主父列传》。

运》《光绪顺天府志·漕运》等均考证北河即白河。白河就是潞河，这在很多史书上也有明确记载。白河在《汉书·地理志》中称沽水，后人因其源自塞外白石塘岭白马关，也称白河。《后汉书》《三国志》称潞河，《水经注》称沽水、潞河、笥沟，《金史·河渠志》称潞水，《明史·河渠志》称潞水、白河、通济河。另有《畿辅通志》《畿辅安澜志》《武清县志》《天津县志》《天津府志》《顺天府志》等称白河、潞河、北运河、沽水。

关于秦朝是否有海运，学界研究证明，秦朝不仅有海运，而且还很发达。秦始皇统一中国时，曾命令大将带领水师"率楼船之士"去灭越国。统一中国后，秦始皇曾4次沿海巡视。公元前219年，秦始皇东巡齐地，沿渤海岸到山东半岛原齐国的各重要港口巡视，并"徙徙黔首三万户琅邪台下"。此外，他还曾派徐福两次入海东渡。可见，秦代的海运技术已经比较成熟，所以通过海运与河运相结合的方式从山东地区往渔阳郡（今北京地区）运送粮草是有可能的。从前面分析得知，《史记》中的"北河"即白河，也就是北运河的重要组成部分。因此，通州漕运的历史可以追溯到秦朝。

东汉时期，上谷太守王霸曾利用潞河、温榆河将军粮运送至军都、居庸关等地。东汉建武十三年（37年），卢芳与匈奴、乌桓多次侵扰北部边地。王霸率解下刑具的6000多名囚犯，筑起长达300多里的堡垒，与匈奴、乌桓进行了近百次大小战役，终于使进犯之敌俯首称臣，平定了北部边疆。为了边地长期稳定，王霸上奏朝廷"宜与匈奴结和亲，又陈委输可从温水漕，以省陆转输之劳，事皆施行"[①]。此处的温水即温榆河，是流经通州的重要水系。

东汉末年，曹操北征乌桓时，曾利用潞河运输粮草。史书记载，东汉建安十一年（206年），曹操开凿了上起呼沲（即滹沱河）、下入泒水（源

---

①　［南朝宋］范晔：《后汉书》卷二十，《铫期王霸祭遵列传第十》。

自山西，流至天津入海）的平虏渠，又开通从沟河（源自河北兴隆，流经蓟县、平谷、三河、宝坻，入蓟运河）口到潞河的泉州渠，以通海运。曹操连通了境内的滹沱河、瓜河（今沙河）、沟河与潞河，把今天河北省与北京市的河流连成一体。潞河的上游是温榆河，可直达居庸关，下游为北运河，与渤海相通。历史地理学家史念海先生对平虏渠和泉州渠的作用评价甚高，认为曹魏时期已经形成了纵贯南北的大运河。对曹魏时期南北大运河，史念海先生有明确的勾勒：从潞县起，顺潞水经曹操开凿的泉州渠，进入泒水，由泒水进入曹操开凿的平虏渠，而到滹沱水和漳水；又由漳水经过曹操所开的利漕渠和白沟，而到黄河；由黄河进入汴渠上游，沿狼汤渠而下，由颍水入汝水，再由汝水的支流舞水经过春秋时期楚国所开的舞水和沘水间渠道，而入沘水；由沘水进入淯水，由淯水进入汉水，由汉水而入长江；由长江入洞庭湖，由洞庭湖入湘水，湘水由秦时史禄开凿的灵渠而入漓水，由漓水而入西江，再下去可达番禺城下。[①] 可见，早在曹魏时期，通州的运河已经成为贯通南北大运河的重要组成部分。

曹魏及以后的南北朝时期，由于战乱和分裂，贯通全国的大运河破坏十分严重。到了隋代，为了维护国家的统一，开凿贯通全国的大运河再次成为统治者的首要任务。隋文帝开凿了广通渠和山阳渎，隋炀帝开凿了通济渠、永济渠和江南运河，并重新疏通了邗沟。[②] 通济渠下接邗沟，再通江南运河，构成一个系统，而永济渠直通涿郡（今天北京），纵贯太行山，自成一个系统。隋炀帝开凿永济渠，从引沁水往北，直到涿郡。史书记载，隋大业四年（608年），"诏发河北诸郡男女百余万，开永济渠，引沁水南达于河，北通涿郡"[③]。据考证，永济渠经过今通州地区，引白河水入渠。史书记载："隋炀帝穿永济渠，因沁水北运涿郡，盖自白河入丁字

---

① 史念海：《中国的运河》，陕西人民出版社1988年版，第131页。
② 同上书第153页。
③ ［唐］魏徵等：《隋书》卷三，《帝纪第三·炀帝》（上）。

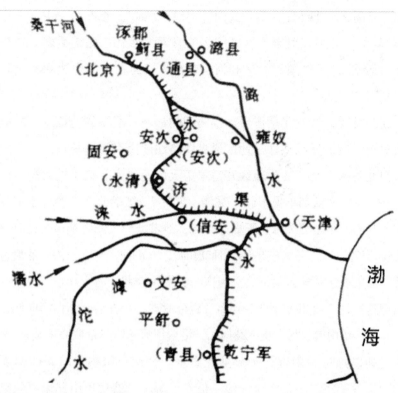

图3-1　隋唐大运河到达涿郡（今北京）地区的路线示意图，该图由著名
　　　　运河水利史专家蔡蕃先生提供

沽，由易水而达于涿。"①

　　唐代运输南方粮米，除了利用隋唐大运河，从史料推论，也有利用
海路的情况。先走海运到今天津，然后由河运到达北京地区，也主要利用
了白河水。史书有"浮海以给幽燕，亦由白河"的记载。②关于唐代通过
海运和河运从东南沿海地区往幽州地区运输粮食，除了在不少史料中都有
记载外，在一些诗文中也有反映。如杜甫曾有《后出塞》："渔阳豪侠
地，击鼓吹笙竿。云帆转辽海，粳稻来东吴。"③他又在《昔游》诗中说：

---

①　［清］周家楣、缪荃孙等编纂：《光绪顺天府志》，《经政志三·漕运》。

②　同上。

③　［唐］杜甫：《分门集注杜工部诗》卷十五。

"幽燕盛用武，供给亦劳哉。吴门转粟帛，泛海陵蓬莱。"[①] 开元二十八年（740年），为加强对幽州地区海运的管理，朝廷任命李适之为幽州节度河北海运使。[②] 可见通过海运和河运，从东南运粮至北方边塞，当时已成常态。

辽金时期，随着北京作为辽金两朝的都城，通州的地位进一步提升。辽宋对峙时期，辽国从辽东地区通过海路往辽南京运输粮草，在今天津宝坻、河北香河、北京通州地区开凿了萧太后运粮河。关于这条运河，《辽史》和当时的文献都不见记载。明蒋一葵在《长安客话》中称，香河县"境南有大龙湾、小龙湾二水，夏秋始合流，经宝坻界入海，相传为辽时海运故道"[③]。据考证，这条河应是从宁河口开始，入沟河，至七里海，然后进入龙湾渠，由宝坻达香河。运河到香河南与潞水（今北运河）相连，由此继续向西而至潞县（今通州）。漕船到潞县后分两支，一支沿今潮白河向北，供应密云等地驻军用粮，另一支继续向西，沿着坝河通往燕京城北护城壕。[④]

金朝以燕京为中都，十分重视漕运。金代与宋朝对峙，金朝统治区范围内，各地将漕粮都汇于天津（信安）海岸，然后再沿北运河溯流至通州。《金史》记载："其通漕之水，旧黄河行滑州、大名、恩州、景州、沧州、会州之境，漳水东北为御河，则通苏门、获嘉、新乡、卫州、浚州、黎阳、卫县、彰德、磁州、洺州之馈，衡水则经深州汇于滹沱，以来献州、清州之饷，皆合于信安海壖。溯流而至通州，由通州入闸，十余日而后至于京师。"[⑤]

京通之间的运河多次疏浚开凿，但是"自通州而上，地峻而水不留，其

---

① ［唐］杜甫：《分门集注杜工部诗》卷十九。

② ［北宋］王溥撰：《唐会要》卷七十八，《诸使中·节度使》。

③ ［明］蒋一葵：《长安客话》卷六，《畿辅杂记·潞河》。

④ 曹子西主编：《北京通史》第三卷，北京燕山出版社2011年版，第259页。

⑤ ［元］脱脱等：《金史》卷二十七，《志第八·河渠·漕渠》。

势易浅，舟胶不行，故常从事陆转挽"①。大定四年（1164年）十月，"上出
近郊，见运河湮塞……上召户部侍郎曹望之，责曰：有河不加浚，使百姓陆
运劳甚，罪在汝等。朕不欲即加罪，宜悉力使漕渠通也。五年正月，尚书省
奏，……（上）令宫籍监户、东宫亲王人从及五百内里军夫浚治"②。然而，
这次疏浚的效果并不理想，仅仅过了五年，史书记载再次启动了沟通京通
间的水道。大定十年（1170年），"议决卢沟以通京师漕运，上欣然曰：如
此，则诸路之物可经之达京师，利熟大焉"③。

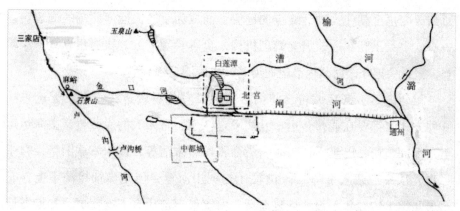

图3-2　金朝时期，通州至中都运河路线示意图，该图由著名运河水利史专家蔡蕃先生提供

　　这条金口引水路线对后世影响很大。上段是古车箱渠的旧道，中段从
玉渊潭以下，循中都城北护城河往东，地势较低，利于行水安全。下段即
今通惠河线路，是北京通往北运河最直的路线，运输也方便。但是，"以
地势高峻，水性浑浊。峻则奔流漩洄，啮岸善崩，浊则泥淖淤塞，积淀成
浅，不能胜舟"④。从"（大定）二十一年，……诏沿河恩献等六州粟百万

① ［清］周家楣、缪荃孙等编纂：《光绪顺天府志》，《经政志三·漕运》。
② ［元］脱脱等：《金史》卷二十七，《志第八·河渠·漕渠》。
③ 同上。
④ 同上。

余石运至通州，辇入京师"①的记载看，这几次努力没有达到预期的效果。后来，永定河发洪水，金口成为危及京城的隐患。大定二十七年（1187年）三月，宰相认为金口河闸倘有意外，中都将有不虞，建议要么将金口堵上，要么设双闸，增兵把守，最后金世宗决定将金口堵上。②

元、明、清时期，南方各省的粮食和营建北京的物资都经过海运和大运河运送到通州。通州当时是京杭大运河北端漕运枢纽，部分粮食储存在通仓，部分粮食经过通惠河储存在京仓，还有部分粮食沿温榆河直接运至昌平巩华城和居庸关，部分粮食沿潮白河直接运至密云供给长城守军。所以通州改变了金朝作为漕运终点的地位，而成为京杭大运河北端的漕运转运中心。中央王朝在通州设立管理机构，负责管理漕务，在通州设立皇家粮仓，派重兵把守。通州因漕运而得名，也因漕运而兴盛。

元朝海运、河运并行，将南方粮食及其他物资运往京师。无论采用哪种方式，都要在通州转运。元初平定江南，将宋人的库藏典籍由海运运至大都，"初，巴延平江南时，尝命张瑄、朱清等，以宋库藏图籍，自崇明州，从海道载入京师"③。漕粮还是利用河运，但是漕粮接济不上，至元十九年（1282年）设法恢复海运。海上航道前后有三次变更，初期海运由刘家港（江苏太仓东北）入海北上。因海岸险路很多，于是另辟新道，比前路稍近。一年后又改了一条新道："从家港上船，过崇明放洋，自浙西至京师，不过旬日耳。"十分便利。"起时至燕者四万二千石，及其盛也，遂至三百六十万石。"④

海运粮食从天津上岸，然后经内河运至张家湾。《方舆纪要》云："张家湾在通州南十五里，元万户张瑄督海运至此而名。"《钦定日下旧闻考》也记载："张家湾在州南十五里，元万户张瑄督海运至此而名。东

---

① 〔元〕脱脱等：《金史》卷二十七，《志第八·河渠·漕渠》。

② 同上。

③ 〔清〕周家楣、缪荃孙等编纂：《光绪顺天府志》，《经政志三·漕运》。

④ 同上。

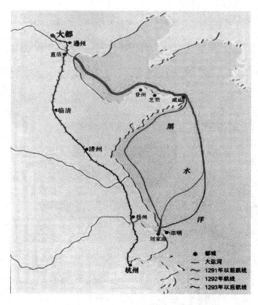

图3-3　元代海运示意图

南运艘由直沽百十里至河西务，又百三十里至张家湾，乃运入通州仓。"[1]
张家湾因此得名，也因海运与河运而兴盛，是海运与河运结合的产物。

元初漕运大致循唐宋大运河旧道入大都，但因旧运河失修，只能采取
水陆联运形式。但是京通间的漕运仍是一个大难题。元初，元世祖采纳了
郭守敬重开金口的建议"上可至西山之利，下可广京畿之漕"，但必须在
"金口西预开水口（溢洪道），西南还大河，令其深广，以防涨水突入之
患"[2]。至元三年（1266年）十二月，开凿成功。重开金口河后使用了近30
年，这在永定河引水史上是空前的。

早在元朝建立以前，忽必烈到中都以后的第三年（1263年），副河
渠使郭守敬向忽必烈建议开凿玉泉山以济漕运。不久，在郭守敬的主持
下，将玉泉水经高梁河北支入坝河，作为运道。后来由于修建金水河，玉

---

①　［清］于敏中等：《钦定日下旧闻考》卷一百十，《京畿·通州三》。

②　齐履谦：《知太史院事郭公行状》，见《国朝文类》卷五十。

泉水大部分入大都城内供皇城使用，坝河漕运受到严重影响。至元十六年（1279年），大力疏浚坝河，筑坝七座，改行驳运，分段行船。坝河一直发挥着运输功能，直到至正十二年（1352年），漕运被农民军所阻才停止。

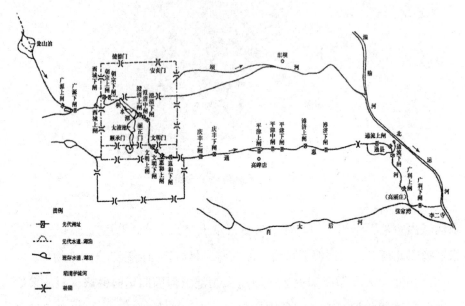

图3-4　元代通惠河二十四闸位置示意图，该图由著名运河水利史专家蔡蕃先生绘制

但是，坝河运量有限，而且经常淤浅不能行舟。至元二十八年（1291年），都水监郭守敬向忽必烈建言："通州至大都河，改引浑水溉田，于旧闸河踪迹导清水，上自昌平县白浮村引神山泉，西折南转，过双塔、榆河、一亩、玉泉诸水，至西水门入都城，南汇为积水潭，东南出文明门，东至通州高丽庄入白河，总长一百六十四里一百四步。塞清水口一十二处，共长三百一十步。坝闸一十处，共二十座，节水以通漕运，诚为便益。"①

在郭守敬的主持下，至元二十九年（1292年）春动工，"告成于三十

---

① ［明］宋濂主编：《元史》卷六十四，《志第十六·河渠一·通惠河》。

年之秋，赐名曰通惠"①。完工后，积水潭成了水陆码头，运至大都的粮食大增，每年在300万石以上。这次开凿通惠河时将河口南移至张家湾高力庄里二泗村，而不直接在通州城入白河。这样可以减缓运河的坡降，使漕船可以从白河入通惠河。

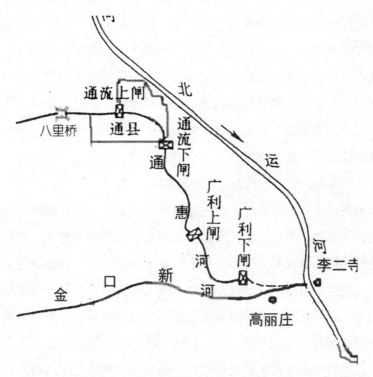

图3-5　元代通惠河与北运河连接示意图，该图由著名运河水利史
专家蔡蕃先生绘制

　　元朝政府不仅重视通州与京城之间的漕运通道，还十分关注通州与大都北面居庸关等要塞的漕运交通。为此，至元元年（1264年），疏双塔漕渠。这次疏凿的就是从通州沿温榆河北上至双塔河（约今北沙河）的运

———————

　　①　［明］宋濂主编：《元史》卷六十四，《志第十六·河渠一·通惠河》。

道。① 但是关于这条运道的资料很缺乏，每年大约运多少粮食、粮仓地点、使用到何时等问题都需进一步研究。

明初，国都定在南京，由东南各省沿江运送，或者实行海运，路途较近，比较方便。明成祖朱棣将国都迁往北平之后，江南漕粮输往北方，运输方式发生了一系列变革。永乐前期，由于战乱等原因，京杭大运河运输不畅，所以南粮北运多用海运。如永乐元年（1403年），"平江伯陈瑄总督海运粮四十九万二千六百三十七石，赴北京、辽东以备军储"②。从永乐元年到十一年，朝廷海运粮食的记录频频出现于《明太祖实录》中。永乐中期以后，京杭大运河成为南粮北运的主要途径。漕运运制有三次变化。最初朝廷采用支运法，后来出现了兑运法，支运法与兑运法并行存在，后来又形成长运法，并形成定制。《明史》记载："法凡三变：初支运，次兑运、支运相参，至支运悉变为长运而制定。"③

所谓支运法，即转运法，指各地漕粮就近运至淮安、徐州、临清、德州四仓，如江西、湖广、浙江民运漕粮就近运送至淮安粮仓，然后由卫所运军分段接运至通仓和京仓。永乐十三年（1415年），朝廷确定了各都司和直隶卫的运输段落："浙江都司并直隶卫分官军，于淮安运粮至徐州，置仓收囤；京卫官军，于徐州运粮至德州，置仓收囤；山东、河南都司官军，于德州运粮至通州交收。"④ 这种一程一程转运的办法，称为"支运法"。农民参加运粮即免纳当年税粮，纳当年税粮则免除运粮，其运费计算在支运粮内。一年转运四次。支运法推行后，民运漕粮到各地粮仓的往返时间甚长，经常耽误农时。

宣德六年（1431年），平江伯陈瑄奏请朝廷，推行一种新的运法。陈

---

① 蔡蕃：《北京古运河与城市供水研究》，北京出版社1987年版，第50页。

② 《明太祖实录》卷二二，永乐元年八月乙丑条。

③ ［清］张廷玉等：《明史》卷七十九，《志第五十五·食货三·漕运》。

④ 万历《大明会典》卷二十七，《户部十四·会计三·漕运》；万历《大明会典》卷二十一，《户部八·仓庚一·京仓》。

瑄奏请"令民运至淮安、瓜洲，兑与卫所，官军给与路费耗米"①。这就是所谓兑运法，即各地漕粮运至淮安和瓜州（今属扬州），兑与运军转运，军运的费用由农民承担。改行兑运后，粮户将漕粮运至淮安或瓜洲，暂贮水次仓候兑，而无须上纳常盈等仓，既缩短了运程，也减少了麻烦。为确保兑运顺利进行，朝廷颁布了不少则例，对兑运加耗的数量做了规定。宣德六年（1431年）十一月，户部定《官军兑运民粮加耗则例》，规定江南各地民向运军付给每石米"加耗"的数量是"每石湖广八斗，江西、浙江七斗，南直隶六斗，北直隶五斗。民有运至淮安兑与军运者，止加四斗"。并规定："如有兑运不尽，令民运赴原定官仓交纳。不愿兑者，听自运官，军补数不及，仍于扬州卫所备倭官军内摘拨。其宣德六年以前军告漂流运纳不足者，不为常例，许将粟米、黄黑豆、小麦抵斗于通州上仓。军兑民粮请限本年终及次年正月完就出通关，不许迁延，妨误农业。其路远卫所，就于本都司填给勘合。"②宣德十年（1435年）九月，又对兑运法"加耗"做了调整："湖广、江西、浙江每米一石，加耗六斗，南直隶五斗，江北直隶四斗，徐州三斗五升，山东、河南二斗五升。"同时又规定："耗粮以三分为率，二分与米，一分以物折之。"③正统元年（1436年）九月，《运粮官军兑运各处民粮来京输纳加耗则例》规定："湖广、江西、浙江每石六斗五升，南直隶五斗五升，江北扬州、淮安、凤阳四斗五升，徐州四斗，山东、河南三斗。若民人自运至淮安、瓜州等处兑与军运者三斗。正粮尖斛，耗粮平斛。务令军士装载原兑干圆、洁净粮输纳，抵易粗粝者罪之。民不愿兑，令自运至临清仓纳。"④起初兑运与支运并行，后来兑运渐居优势。

明成化年间，朝廷再次改革漕粮运输之法。明成化七年（1471年），漕

---

① ［清］张廷玉等：《明史》卷七十九，《志第五十五·食货三·漕运》。

② 《明宣宗实录》卷八十四。

③ 《明英宗实录》卷九。

④ 同上书卷二十二。

运都御史滕昭推行"长运法"，又称改兑法或直达法。由兑运的军官过江，直接到江南各州县水次交兑。免除农民运粮，但要增纳一项过江费用，即漕粮运输全部改为由官军承担。明成化十一年（1475年），改淮安等四仓支运粮为改兑。如前所引《明史》："至支运悉变为长运而制定。"似乎全部运输任务都交给运军了，实际情况并不是这样。上面所说的粮食仅指漕粮。漕粮以外，苏州、松江、常州、嘉兴、湖州五府提供的白粮共计二十一万余石，在长运法施行后，仍然由民运。[1]也就是说，从此以后，除白粮仍由民运外，普遍实行官军长运制度。长运法成为定制运用于明朝中后期，清代也沿用了明代的运制。

图3-6 从大运河出土的大铁锚，现藏于通州博物馆

郭守敬所凿通惠河"洪武中渐废"[2]。明代漕运总兵官杨茂言："每岁自张家湾舍舟，车转至都下，雇值不赀。旧通惠河石闸尚存，深二尺许，修闸潴水，用小舟剥运便。"[3]可见，明初从张家湾到京城既有陆路也有水路，只不过因水浅，只能用小船，运粮十分有限，只能主要依靠陆路运输。到正统年间，朝廷疏浚了从张家湾到大通桥的通惠河，但是"元时所引昌

① 《明史稿》卷六十一（食货志三·漕运）明确记载："漕粮之外，苏、松、常、嘉、湖五府白熟粳糯米十七万四千余石，内折色八千余石；各府部糙粳米四万四千余石，内折色八千八百余石，令民运，谓之白粮船。自长运法行，粮皆军运。而白粮如故事。"

② ［清］张廷玉等：《明史》卷八十六，《志第六十二·河渠四》。

③ 同上。

平三泉俱遏不行，独引一西湖，又仅分其半，河窄易盈涸。不二载，涩滞如旧"①。

明成化、正德年间疏浚了几次，但是用力不大，效果也不佳。直到嘉靖六年（1527年），御史吴仲排除阻力，大加整理。一年后，舟楫复通。这次治理获得成功，为利在五六十年以上。②通惠河在隆庆二年（1568年）进行过一次大修。明万历年间，多次将修浚通惠河提上日程，但是议而不决，没有得到治理。

明代，通州至京城北面昌平地区的巩华城和居庸关等要塞也有漕运。昌平是明十三陵所在地，当时所需建筑材料和粮食从通州沿温榆河运到昌平，以供应守陵军夫及居庸关等的戍边军士粮饷。关于这条运道的开凿，有明确的记载。隆庆六年（1572年）十月，"户部奏请开浚榆河，自巩华城达于通州渡口，运粮四万石，给长陵等八卫官军月粮"③。

此外，明代还利用潮白河向密云通漕，保障镇守长城将士粮饷。明嘉靖二十九年（1550年）设蓟辽总督，四年后移驻密云。嘉靖三十四年（1555年）二月，蓟辽总督扬博奏请开密云白河济漕运，使白河故道疏通与潮白河合而为一。从此，潮、白河合于密云西南十八里河漕村。这是潮白河通漕的最早记载，这时船可以通运到牛栏山，以上用小船剥运。④嘉靖四十三年（1564年）九月"发卒疏通潮河川水，达于通州，转粟抵（密）镇，大为便利"。岁漕运十万多石，但仍需剥运。明隆庆六年（1572年），经过疏通河道，剥船才能直通密云，岁漕运山东河南粟米二十万石。⑤到清兵入关前，由于密云军事地位十分重要，此条运河一直发挥着重要的作用。

---

① ［清］张廷玉等：《明史》卷八十六，《志第六十二·河渠四》。

② 《明神宗实录》，万历十四年三月庚子条，申时行说，嘉靖始复开之（通惠河）"至今为利"。

③ 同上书，隆庆六年十月己卯条。

④ 蔡蕃：《北京古运河与城市供水研究》，北京出版社1987年版，第55页。

⑤ 同上书第56页。

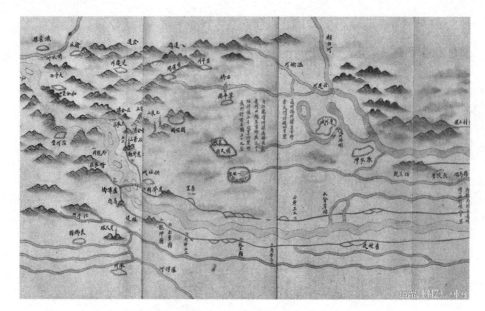

图3-7　清代京杭运河全图（北京段），清光绪初年实地测绘

　　清代漕运制度在明代的基础上进一步规范。为了确保南方各省物资运输通畅有序，各省漕船到通州的日期有严格规定：山东、河南（农历）三月一日，江北四月一日，江南五月一日，浙江、江西、湖广六月一日。①如江西船和江浙船一起由瓜州入口，先由江浙船开行。如湖北船先于江浙船到淮安，须在清江闸等宽阔处等候，等江浙船过后再尾随而上。一省之中，也按各府路程远近安排行船次序，如浙江省，嘉兴府在前，然后是湖州府，再后是杭州府。②当然，如果遇到特殊情况，也会灵活应变。如遇到风浪，前船沉没，后船帮也会越过前行。③验完粮后，仓场发给限单，注明时间，规定十日之内必须返回。

　　到清中期，随着海运技术的提高，加上运河治理不及时，朝廷逐渐尝试海运。早在嘉庆八年（1803年），给事中萧芝奏请海运，但是浙江巡

---

①　[清]周家楣、缪荃孙等编纂：《光绪顺天府志》，《经政志三·漕运》。

②　李文治、江太新：《清代漕运》，中华书局1995年版，第161页。

③　同上。

抚阮元认为海运路途遥远，而且很不安全，不能解决根本问题，认为不可行。道光四年（1824年），南河黄水骤涨，高堰漫口，自高邮、宝应至清江浦，河道浅阻，输挽维艰，皇帝诏令筹备海运。正式海运始自道光五年（1825年）。史载："试运者为苏、松、常、镇、太四府一州。"①太平天国起义爆发后，南方运河被农民起义军占领，从同治五年（1866年）开始，江苏、浙江都用海船走海路，运至天津大沽口。然后由顺天府通永道（驻通州城内）接驳海运，官方提供剥船，招募顺天府相关州县的百姓作为船夫，将粮食运输到通州。史书记载："每拨米五十万石，分作十起转运，拨船一百六十只为一起。"②

清代十分重视对潮白河和温榆河的维护和治理。如雍正十二年（1734年），修潮河堤，具体做法是："潮河堤堰自小河口至南小庄之东与还乡河堰接，柳沽、石臼窝二处各建涵洞。"③同治十三年（1874年），"修筑白河长堤护堤"④。乾隆五十五年（1790年）、嘉庆八年（1803年）、嘉庆十一年（1806年）、同治五年（1866年）、光绪五年（1879年）多次"浚榆河"⑤。

清代多次修浚通惠河，通惠河一直发挥着不可替代的作用。为加强京通间联系，雍正年间修建了通州至朝阳门四十里石道。同元、明两朝一样，运往通州的漕粮，除了部分储存在通州，部分运往京仓，还有部分要运往昌平清河镇。清兵入关后，昌平守陵官兵及居庸关的守军锐减，而驻军移至清河镇附近，所以通州至巩华城的漕运衰落，而通州至清河漕运兴起。据著名水利专家蔡蕃先生考证，通州石坝到清河镇的运道为会清河，为康熙四十六年（1707年）开凿。会清河航线从通州石坝起，至清河口转

---

① ［清］周家楣、缪荃孙等编纂：《光绪顺天府志》，《经政志三·漕运》。
② 同上。
③ 同上书，《河渠志十·河工六·北运河》。
④ 同上。
⑤ 同上。

沙子营村，再溯清河至本裕仓（在今清河镇仓营村）。[①] 清代对会清河十分重视，多次修浚。

明清两朝这条运河要运多少粮食呢?

图3-8　漕舫图，该图由通州博物馆提供

据《明实录》记载，永乐八年（1410年）运达北京的税粮为201万石。此后，永乐朝基本维持在200万~257万石。而永乐十三年（1415年）高达642万石。宣德年间运送至北京的税粮数额波动较大。最低的是宣德元年（1426年），为239万石；最高是宣德七年（1432年），为674万石。其他年份是在338万石~553万石之间波动。正统、景泰年间每年输京税粮都在420万石~450万石之间。成化年间，多数年份是370万石。从成化二十二年（1486年）始至嘉靖年间，每年输京税粮固定在400万石。而隆庆以后，由于因灾减免、折色米改征折色银等因素，输京粮食低于400万石常数。如隆庆二年（1568年）只有271万石，天启元年（1621年）是247万石、三年

---

① 蔡蕃：《北京古运河与城市供水研究》，北京出版社1987年版，第53页。

（1623年）是268万石、五年（1625年）是299万石、六年（1626年）是295万石。

清代嘉庆朝前，每年平均在400万石左右。道光朝开始，逐渐减少至300万石，乃至200万石。自道光五年（1825年）河海分漕以来，运到通州的漕粮数额：道光五年（1825年）至三十年（1850年），每年约二百八十余万石。咸丰元年（1851年）、二年（1852年），各二百二十余万石；三年（1853年）至十一年（1861年），约一百一十余万石。[①]同治朝以后，运量逐渐减少。

漕船在大运河上行驶，一总帮船队有多长？这要看一总帮漕船的数量、漕船的长度，还有航行的队列编排情况。以江安帮（江苏和安徽两省长江以北区域的漕帮）为例，根据咸丰《户部则例》资料，在咸丰元年（1851年），江安粮道共有漕船2561艘。按当时规制，每只漕船长71尺，换算成现在的尺寸，每只漕船长约为22米。若是单列排队前行，不计算前后船的空隙，连接起来长达56.3千米，若是双船并行，船队长度也达28千米。一个总漕帮的船队在大运河上浩浩荡荡几十千米，朝鲜学者朴趾源描述这种景象为"（潞河）舟楫之胜可敌长城之雄"，看来没有丝毫夸张。在清代，朝鲜使者往往将通州"舟楫之盛"与"皇都之神丽""辽野之旷阔"并称为三大"壮观"景象。[②]

农历三月一日，第一批漕船——山东德正帮漕船到达通州，这天对通州漕运来说是个盛大的节日，标志着一年的漕运开始了。这天，户部仓场侍郎、仓场总督、巡仓御史、坐粮厅厅丞等官员亲自主持祭坝神仪式。仓监督、坐粮厅各股吏役和经纪、车户、船户、斛头等，以及抵通第一批漕船的领运、官兵等，还有通州的相关官员齐聚祭祀拜神现场。普通民众也

---

① ［清］周家楣、缪荃孙等编纂：《光绪顺天府志》，《经政志三·漕运》。

② 姜长焕：《北辕录·潞河漕船记》，见林基中编：《燕行录全集》卷七十七，韩国东国大学出版社2001年版，第206页。

参与其中，并形成了通州一个独特的节日——"开漕节"。

各省漕粮运抵通州，在通州东门外的运河上形成了"万舟骈集"的景象，但是漕运的艰辛并没有结束，还有一个关键环节——交仓。其中，正兑漕粮在石坝码头卸粮，然后验米，所运漕粮米色、干湿等情况符合标准后，装船沿通惠河运到京仓收储。改兑漕粮在土坝码头卸粮，经过验粮，从土坝上岸，运送到通州各仓。

漕粮储存京仓和通仓的比例，起初并无规定。通州粮仓储存漕粮的数量与明清时期漕运运输制度有直接关系。实行支运法时，漕粮分程接运，运至通州后，"其天津并通州等卫，各拨官军接运通州粮至京仓"①。宣德六年（1431年），明朝实行兑运法后，朝廷对京、通二仓储存比例有了规定，但是没有形成定制，不同年份变化很大。如宣德八年（1433年），令漕粮"通仓收二分，京仓收八分"②。宣德九年（1434年）令"以三分为率，通州仓收二分，京仓收一分"③。宣德十年（1435年）又定明年漕粮由京仓收十之四，通州仓收十之六。④正统四年（1439年）决定，明年漕粮，支运粮俱由通州仓收，兑运粮则由京仓收六分，通州仓收四分。⑤从成化七年（1471年）实行"长运法"后，京、通二仓漕粮储放比例有新的变化。从成化八年（1472年）开始，漕粮以十分为率，十之七运京仓，十之三运通仓，具体分派办法是"正兑三百三十万石，改兑七十万石，原额正兑七分、改兑四分皆上京仓，正兑三分、改兑六分皆上通仓"⑥。后屡有细微变化。

隆庆初，"无拘三七、四六之例，凡兑运者，悉入京仓；改兑者，入

---

① ［明］孙承泽：《天府广记》卷一十四，《仓场·漕运》。

② ［明］王在晋：《通漕类编》卷二，《漕运总数》。

③ 万历《大明会典》卷二十七，《户部十四·会计三·漕运》。

④ 《明英宗实录》卷九，宣德十年九月壬辰条。

⑤ 同上书卷五十九，正统四年九月戊申条。

⑥ ［明］周之翰：《通粮厅志》卷九，《艺文志上》；［明］梁材：《议处通惠河仓疏》，《明经世文编》卷一〇四。

通仓"①。京、通二仓粮食的储运形成了定制。也就是正兑漕粮经通州石坝码头全部运往京仓，改兑漕粮经通州土坝码头全部运往通仓。"将改兑尽入通仓，以省脚价，仍将兑运粮内拨六十六万二千石以补通仓原额，其余粮米俱拨京仓，毋苟三七四六之例。"②运军必须按既定数额将漕粮上纳京、通二仓，只有遇到特殊情况才允许变通。此后，京、通粮仓储存漕粮形成定制，清朝京、通粮仓储粮也延续了明制。由于种种原因，每年储存的具体数额有很大变化。

漕粮交付京、通二仓后，漕运即告一段落，此后漕粮的管理都由各仓负责了。

图3-9　清末摊晒漕粮的情景

图片来源：《百年沧桑——通州历史图片汇编》（通州图书馆编）

二、通州的粮仓及其管理

辽金以前，北京地区为北方边塞，漕运主要用于军事目的，即运输军粮。通州是其所经之地，是否有大规模的粮仓还有待进一步考证。金代，朝

---

① ［明］张岱：《石匮书》卷三十六，《漕运志》。

② 《明穆宗实录》卷一十三，隆庆元年十月丙戌条；卷三十四，隆庆三年闰六月丁未条。

廷在通州设立了四座粮仓，其中三座分别是丰备仓、通积仓、太仓。[①]

根据史料记载，金代漕仓各仓设仓使主管一人，另设副使一人，攒典（掌收支文历、行署案牍）一至二人，仓子（掌斛斗盘量、出纳、看守、巡护等具体事务）随仓规模而定。当时规定仓子人数配比为："凡岁收三十万石以上，设二十人，二十万石以上十五人，十万石以上十三人，五万石以上十人，四万石以上六人，三万石以上四人，二万石以上三人，一万石以上二人，不及一万石一人。"[②]但是通州的粮仓例外，"唯通州设使副外，各增置判官一员"，仓子设定情况："通州四仓共设一百二十人。"[③]平均每仓30名仓子，超过标配最高限额。可见通州粮仓不仅规模十分大，地位也十分独特。据《金史》记载：大定二十一年（1181年），朝臣谈到"今岁七十余万石至通州，比又以恩、献等六州粟百万石继至，足以赈之，不烦易也"[④]。通州在当时是重要的粮食仓储中心，为金中都的稳定发挥了重要作用。

在元代，通州有13仓。《元史》记载了具体13仓的名称，还记录了各仓官员的品级和配置情况。"通州十三仓，秩正七品。有年仓、富有仓、广储仓、盈止仓、及秭仓、乃积仓、乐岁仓、庆丰仓、延丰仓，以上九仓各置监支纳一员、大使二员、副使二员，足食仓、富储仓、富衍仓、及衍仓，以上四仓各置监支纳一员、大使二员、副使一员。"[⑤]关于元代通州十三仓的规模和储存量，在《大元仓库记》中有记载："乃积仓七十间，可储粮一十七万二千五百石；及秭仓七十间，可储粮一十七万五千石；富衍仓六十间，可储粮十五万石；庆丰仓七十间，可储粮十七万五千石；延丰仓六十间，可储粮十五万石；足食仓七十间，可储粮十七万五千石；广储仓八十

---

① ［清］周家楣、缪荃孙等编纂：《光绪顺天府志》卷十，《京师志十·仓库》记载三座粮仓，但在金朝的史料如《泰和定律》中记载为四座粮仓。

② 据《泰和定律》，转引自蔡蕃：《北京古运河与城市供水研究》，北京出版社1987年版，第157页。

③ 同上。

④ ［元］脱脱等：《金史》卷四十九，《志第三十·食货四》。

⑤ ［明］宋濂等主编：《元史》，《志第三十五·百官一》。

间，可储粮二十万石；乐岁仓七十间，可储粮十七万五千石；盈止仓八十间，可储粮二十万石；富有仓一百间，可储粮二十五万石；南狄仓三间；德仁府仓二十间；林舍仓三间。"①共计756间，可以储存182.25万石。

元代漕仓的管理延续了金代的制度。中统元年（1260年）建立千斯仓时，便勘查借鉴了金代通州粮仓的规制。中统元年初，忽必烈为与阿里不哥争夺皇位继承权，展开一场大战。忽必烈利用燕京作为战略物资供应基地，为战争的胜利提供了物质保证。其中首要任务是将华北的漕粮运到中都，积极疏通通州至中都的运河，仿照金代制度在旧漕河旁设立粮仓。著名的千斯仓便在当年落成，创造了漕船入中都的条件。王恽在《秋涧集》中有详细的记载："中统元年冬十月，创建葫芦套省仓落成。号曰千斯。时大都（指燕京）漕司、劝农等仓，岁供营帐工匠月支口粮，此则专用收贮随路儹漕粮斛，只备应办用度，及勘会亡金通州河仓规制，自是漕船入都。"根据《元史·百官志》记载，元代大都仓库都归京畿漕运使司管辖，各仓主要负责人为监收支一人，正七品。根据仓库重要程度分三类配置协理官员，一类设大使（从七品）、副使（正八品）各两名；一类设大使一名、副使两名；一类设大使、副使各一名。各仓派军士五人看守。

明成祖迁都北京后，为保证庞大的官僚机构和军队的供给，朝廷在京城及周边建置足够的粮仓。明永乐七年（1409年），明成祖朱棣下令建北京金吾左右、羽林前、常山左右中、燕山左右前、济阳、济川、大兴左、武成中左右前后、义勇中左右前后、神武左右前后、武功中、宽河、会州、大宁前中、富峪、蔚州共三十七卫仓，又设通州卫仓。②关于通州的粮仓，宣德年间为扩大储存容量，朝廷多次下令增置通仓。如宣德六年（1431年），增置北京及通州仓。正统元年（1436年），定通州五卫仓

---

① 佚名撰：《大元仓库记》，广文书局发行。此处南狄仓、德仁府仓、林舍仓规模太小，应不是漕仓，而是普通粮仓。但是在《大元仓库记》中没有及衍仓、有年仓、富储仓规模和储存量的记载。

② 《明太宗实录》卷七三，永乐五年十一月戊辰条；卷九四，永乐七年七月丁丑、戊戌条。

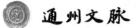
名，在城中者为大运中仓，城内东者为大运东仓，城外西者为大运西仓，城南者为大运南仓，并令修通州等仓143间。大运东仓仅有神武中卫一个仓，其后大运东仓取消，神武中卫东仓并入大运中仓。

万历年间京、通二仓一览表

仓　名		内设卫仓
京仓	长安门仓	
	东安门仓	
	西安门仓	
	北安门仓	
	旧太仓	献陵卫仓、景陵卫仓、昭陵卫仓、羽林前卫仓、忠义前卫仓、忠义后卫仓、义勇右卫仓、蔚州左卫仓、大宁中卫仓、锦衣卫仓、神武左卫仓
	新太仓	裕陵卫仓、茂陵卫仓、康陵卫仓、义勇前卫仓、大宁前卫仓、富峪卫仓、会州卫仓
	海运仓	泰陵卫仓、永陵卫仓、忠义右卫仓、宽河卫仓、燕山左卫仓、义勇后卫仓
	南新仓	府军卫仓、燕山右卫仓、彭城卫仓、龙骧卫仓、龙虎卫仓、永清右卫仓、金吾左卫仓、济州卫仓
	北新仓	府军左卫仓、府军右卫仓、府军前卫仓、燕山前卫仓、金吾前卫仓
	大军仓	永清左卫仓、旗手卫仓、大军仓、武成中卫仓
	济阳仓	金吾右卫仓、济阳卫仓
	禄米仓	彭城卫南新仓、府军前卫南新仓
	西新太仓	虎贲左卫仓、金吾后卫仓、府军后卫仓、羽林左卫仓
	太平仓	留守前卫仓、留守后卫仓
	大兴仓	大兴左卫仓
通仓	大运西仓	通州卫西仓、通州左卫西仓、通州右卫西仓、定边卫西仓、神武中卫西仓、武清卫西仓
	大运南仓	通州卫南仓、通州左卫南仓、通州右卫南仓、定边卫南仓
	大运中仓	通州卫中仓、通州左卫中仓、通州右卫中仓、神武中卫中仓、定边卫中仓、神武中卫东仓

资料来源：张学颜《万历会计录》卷三六，《仓场》；万历《大明会典》卷二一，《户部八·仓庚一·京仓》；刘斯洁《太仓考》卷二，《仓库》。

每个大粮仓实际上是一个仓群。据万历《大明会典》记载，大运西仓有六仓，分别是通州卫西仓、通州左卫西仓、通州右卫西仓、定边卫西仓、神武中卫西仓、武清卫西仓；大运南仓有四仓，分

图3-10　刻有"官砝"铭文的石权，现藏于通州博物馆

别是通州卫南仓、通州左卫南仓、通州右卫南仓、定边卫南仓；大运中仓有六仓，分别是通州卫中仓、通州左卫中仓、通州右卫中仓、神武中卫中仓、定边卫中仓、神武中卫中仓。①每个卫仓"各就一处，各筑垣墙，每仓各置一门，榜曰某卫仓屋，三间为一廒，廒后置一门，榜曰某卫某字号廒"②。万历《大明会典》记有京通各仓现存以及旧有座、间数目，从中可以看出，明代后期京、通二仓廒座数目下降很多。另据《通粮厅志》，嘉靖二十八年，大运西仓、南仓、中仓、东仓分别有廒393座、123座、145座、41座。到万历三十三年，大运西仓、南仓、中仓（东仓并入）盛粮廒分别为158座、57座、78座。③廒座数目大幅度减少，说明京、通二仓粮储数额大幅下降。

那么，在明代鼎盛时期，这几座大粮仓有多大规模呢？嘉靖《通州志略》对此四仓有详细记载：

①　万历《大明会典》卷二十一，《户部八》。

②　《明宣宗实录》卷四十，宣德三年七月癸卯条。

③　［明］周之翰：《通粮厅志》卷二，《仓庾志》。

大运西仓，永乐年间建立，有廒97连，393座，计2018间，囷基844个。内有大督储官厅1座，监督厅1座，各卫仓小官厅6座，筹房各2间，井2口，各门执斛厅各1座，西南北三门各3间。

大运中仓，在旧城南门里以西。永乐年建。廒45连，145座，计723间，囷基222个。内有大官厅1座，东门执斛厅各1座，南北二门内各有增福庙，前接一轩，作执斛厅。各卫仓小官厅5座，筹房各2间，井1口，东南北三门各3间。

大运东仓（后合并为大运中仓），在旧城南门里以东。永乐年建。廒15连，41座，计205间，囷基108个。内有神武中卫仓小官厅1座，执斛厅1座，东南右三门各一间。

大运南仓，在新城南门里以西。天顺间添置。廒28连，123座，计615间，囷基292个。内有各卫仓小官厅4座，筹房各2间，各门执斛厅各1座，东北二门内各3间，内板木厂1处，门1间，官厅1间。每年收贮松板楞木，专备铺垫各廒用。①

明代储存在通州的粮食大概有多少呢？不同时期数额变化很大。正统元年（1436年），"时岁运米五百万（石），京十之四，通十之六"②。也就是说，通州粮仓年储运约300万石。到隆庆初，"储通仓者三百三十余万石，而京仓仅二百余万石"③。每月通州粮仓支出的粮食在三十万石左右。如"弘治之末，仓场月支米二十八万石，至正德初年，至三十三万（石）矣"④。

清代康熙、雍正年间，通州粮仓规模达到鼎盛时期。根据清代《漕运则例纂》记载，西仓、中仓、南仓的规模如下：

---

① ［明］杨行中：嘉靖《通州志略》卷三，《漕运志》。
② ［明］张岱：《石匮书》卷三十六，《漕运志》。
③ 同上。
④ 同上。

西仓，原建廒一百九座，康熙三十二年，添建五座，康熙四十二年，添建十二座，康熙五十二年，添建五十座，康熙五十六年，添建十二座，雍正元年，添建十二座，新旧廒口共二百座。

中仓，原建廒六十四座，康熙三十二年，添建三座，康熙四十一年，添建四座，康熙五十三年，添建三十座，康熙五十六年，添建十二座，雍正元年，添建六座，新旧廒口共一百一十九座。

南仓，原建廒四十五座，康熙三十二年，添建二座，康熙四十二年，添建八座，康熙五十三年，添建二十座，雍正元年，添建六座，新旧廒口共八十一座。乾隆十八年，将南仓裁汰，归并中仓、西仓管理。①

从以上记载可知，在最鼎盛时期，通州三仓共有廒400座。清乾隆十八年（1753年），大运南仓并入大运西仓、大运中仓。清代通州粮仓最多大约储存多少粮食？根据各仓收贮定例，每廒储存的额度在不同时期略有变化，每廒收储粮食在一万一千石左右。原定"每廒额贮一万一千六百石。雍正六年归并加添，雍正七年仍照原额收受。乾隆三年，奏定每廒收贮概以红斛一万石为则，乾隆十四年，奏定每廒收贮米石各派一万一千石存贮"②。由此可以推测，通州粮仓最多大约可以收储四百四十万石。

大运西仓规模最大。根据史料记载和当地老人描述，其东界在今中仓街道新街下坡西侧，北靠中山大街南侧，南临通州师范学校（今首都师范大学附中通州校区）南校南墙，西界在今新仓路（原大红牌楼）东侧。

大运中仓的规模略小于大运西仓，其东界在南大街西侧，西界在今中仓路东侧，北界在今西大街南侧，南界在今悟仙观胡同北侧。其原址在中仓街道辖区中部，现存仓墙遗迹。

---

① ［清］杨锡绂：《漕运则例纂》卷一十九，《仓廒号房》。

② 同上。

收储漕粮的房屋称为"廒"。顺治初年，《会典事例》规定："每仓以五间为一廒。每间七檩六椽，阔一丈四尺，深五丈三尺，山柱高二丈二尺五寸，檐柱高一丈五尺五寸。"①廒房十分坚固，三面有墙，墙根留有气眼，正面敞开，无门窗。廒的屋顶是阴阳合瓦，廒顶各开"气楼"，用于调节廒内温度和湿度。廒房内，地面铺一层细沙，上铺方砖，砖上再用杉木垫底，铺上厚木板。为了防止潮气，还在"廒门及墙下均开窦穴以泄地气"②。廒内三壁钉一层樟木，用以防治害虫。几座连脊并山横向相连的廒叫"连"。连与连相距三丈，左右之间还有通道，叫"水道"。水道宽二丈，直通仓沟，仓沟相连，再与河道相连。

图3-11　清末中仓外景，摄于1900年，该图来源于《八国联军侵华时期照片集》

民以食为天，粮食安全是王朝的命脉，事关江山社稷的稳定。

关于通州粮仓的安全，各朝都十分重视。明代通州城格局的形成就与

---

① ［清］周家楣、缪荃孙等编纂：《光绪顺天府志》卷十，《京师志十·仓库》。
② 同上。

保护通州粮仓有直接关系。定都北京的明王朝面临北方外族势力入侵，通州不仅是漕运仓储之重地，也是京师的东大门，战略地位十分重要。为保护通州的粮仓，明朝修筑了通州新城，还采取一系列措施加固通州粮仓。

除了北方外族势力入侵危及通州粮仓安全外，各朝在保护通州粮仓的安全方面，主要工作就是防火灾、防水患和防霉腐。对于朝廷和粮仓管理者来说，如何防火是第一要务。他们在粮仓内部结构上十分注重防火的设计。如前所述，粮仓内部的连与连相距三丈，左右之间还有通道，叫"水道"。水道直通仓沟，仓沟相连，再与河道相连。在离"水道"稍远的仓周围还增设水井。乾隆六年（1741年），"议准京通各仓就廒房之多寡，地基之广狭，酌增井以备缓急。太平、裕丰二仓取水近便，毋庸掘井，……通州西仓增井六，中仓增井四"①。为了确保粮食安全，不允许有丝毫纰漏。大运中仓南门建立了火神庙，②供主管粮仓的官员祭拜，祈求平安。尽管如此，粮仓火患还是不能避免。正统七年（1442年），"通州义勇右卫仓火，焚毁米谷一万八千五百四十石有奇"③。又如万历三十一年（1603年），通州仓槐树枝着火，烧毁了一些建筑物。万历三十五年（1607年），通州西仓又着火。④

由于通州是九河下梢，多河富水，很容易遭受水涝之灾。通州粮仓被洪水危及的记载也常常出现在史书中。如成化元年（1465年），"通州大雨水，大运仓坏，溢出米四百九十余石"⑤。遇到这种情况，不仅危及粮食的安全，对运粮也造成不便。如天顺元年（1457年），"是夏雨骤集，

---

①　［清］周家楣、缪荃孙等编纂：《光绪顺天府志》卷十，《京师志十·仓库》。

②　同上书，《地理志五·祠祀上》。

③　《明英宗实录》卷一三一，正统十年七月癸巳条。

④　《明神宗实录》卷三九〇，万历三十一年十一月戊午条；卷四三二，万历三十五年四月丁酉条。

⑤　《明宪宗实录》卷二〇，成化元年八月庚子条。

道多积水，桥亦随坏，粮运不便"①。甚至出现洪水对通州城造成损害，进而危及通州城的情况。如万历三十六年（1608年），"通州为京师右臂，漕粮数百万，岁储其中，顷遭洪水，城垣倾颓"②。在当时的历史条件下，天气预报的能力、防洪能力很有限。朝廷能做的只有修缮通州城，兴修运粮道路，加固粮仓的仓墙和路面，最大限度地防止粮仓被淹和路面泥淖的情况出现，确保粮食安全和运粮顺利。如弘治十八年（1505年），朝廷对京、通二仓晒米场基，地面铺砖，"庶雨后不以淖妨，可免运卒久候之苦。……令运卒自明年为始，带运张家湾诸厂砖，随粮转送，听总督官佣匠叠砌，其费于折收芦席方版银内给之。不必限年，以渐缮完乃止"③。由于此工程缺乏朝廷强有力的推动，让运卒自带砖料，也没有限定工期，所以效果并不好。到万历三年（1575年），总督仓场侍郎毕锵又将通州西仓、南仓和中仓三仓晒米场铺砖的事提出来，大概需要"用砖五百六十三万余"④。把这件事转到工部，工部反对这项提议，并说："通仓晒场从来并无砖砌，而本部见有昭陵、天坛、康陵重城，三役并兴，科费有限。"⑤最后万历皇帝拍板："晒场亦军国急务，二部还会同计处。"⑥也就是说皇帝把通仓晒场铺砖工程视为与建皇陵和天坛一样重要的军国大事。

防止粮食霉烂也是一项重要任务。明宣德、正统、景泰等朝漕粮充足，当时京、通二仓尤其是通州仓经常缺乏仓廒收受新粮，所以朝廷不时下令提前发放俸粮，以缓解仓廒之不足。如宣德元年（1426年），皇帝听从了户部尚书夏原吉的建议："官仓见贮小麦四十余万石，恐年久朽腐，今在京文武官员月俸该折支钞而久，未支者，令各领小麦五石，于公私两

---

① 《明英宗实录》卷二八〇，天顺元年七月癸亥条。
② 《明神宗实录》卷四四九，万历三十六年八月丁巳条。
③ 《明武宗实录》卷八，弘治十八年十二月辛未条。
④ 《明神宗实录》卷三四，万历三年正月癸亥条。
⑤ 同上。
⑥ 同上。

便。"①又如正统元年（1436年），因各处漕运将至，仓廒无空闲者，遂预给在京官吏军校人等夏季三月俸粮；正统三年（1438年），因通州各卫仓廪充溢，缺仓收受新粮，命在京文武官吏军校预支四月五月俸粮。②

弘治年间，由于支出日繁，京、通粮储数额逐渐减少。到正德时期，朝臣常为粮储不足感到忧虑。在这种情况下，不大可能出现粮食霉烂的情形。但是到万历初期，张居正力行改革，采取有力措施改善财政状况，京、通仓储又呈现出充溢局面。如万历六年（1578年），吏科右给事中王道成上奏："京通二仓，米多陈腐不可食。"③又过了几年，到万历十五年（1587年），兵科都给事中顾九思反映："通州，京师之咽喉，……而三仓米多浥烂。"④说明万历年间粮食霉烂的情形比较普遍。出现这种情况，朝廷的通常做法：一方面对于因管理不当而造成霉烂损失，要对相关责任人进行处理；另一方面对粮食进行提前预支，将粮食分发出去，减少仓储的负担。

到了清代，朝廷对因领运官工作疏忽而导致漕粮霉变的情况，处置十分严厉。朝廷对不同情况做了详细规定。如因不谙漕务，封闭舱门，以致漕米霉变，由旗丁赔补；因沿途欠风晾而导致漕粮霉变，领运官革职，押运官降级调用，漕督、粮道坐夫失查降级，损失米额并令漕督、粮道、县、帮分别赔偿。⑤如果在通州起卸后发生霉变，主要原因是运米的经纪、车户勾结漕务官吏掺水所致，造成的损失由经纪和车户赔偿。⑥

各朝对通州粮仓的管理十分严格，日渐形成了复杂的管理体系。在元代，不仅设有专门机构管理，而且制度十分严格。如在至元二十四年

---

①　《明宣宗实录》卷一四，宣德元年二月辛未条。

②　《明英宗实录》卷一五，正统元年三月壬申条；卷四〇，正统三年三月庚戌条。

③　《明神宗实录》卷七二，万历六年二月丁亥条。

④　《明神宗实录》卷一八五，万历十四年十月丁丑条。

⑤　光绪《漕运全书》卷八十二。

⑥　同上书卷三十六、五十八。

（1287年），户部规定禁止工作人员用白条借钱，禁止亲属进入库房，出入要登记等规定。①后又出台了监督的条例，防止出现徇私舞弊现象。

明朝政府对京、通粮仓的管理十分重视，管理制度纷繁复杂。关于京、通粮仓管理官制，在明朝初期并没有形成定制，岗位的立废、人员的增减变化很大。明朝还有一个特点，就是太监的势力很大，他们也常常干预漕运事务。

明朝政府从宣德开始，在京、通粮仓的管理上形成了内外两套系统，一是内系统，就是太监组织系统，二是明朝政府运转系统。系统由总督和监督两部分构成。构成内系统的两部分，分别称为内总督和内监督；构成外系统的两部分，分别称为外总督和外监督（即巡仓御史）。

内系统由太监组成。关于内系统的沿革，嘉靖《通州志略》记载："内总督，宣德年间设太监一员，总督仓场。正统年间添设一员或二员提督，后为常例。嘉靖十四年，言官上书户部，查议裁革；内监督，正统元年设太监监督仓粮。景泰以来，又设一员或二员。至正德间，陆续添置十七八员。嘉靖初，裁革，止留二员。嘉靖十四年尽行裁革。"②也就是说这个系统的内总督设于宣德年间，强化于正统年间，废于嘉靖十四年（1535年）。内监督设于正统年间，废于嘉靖十四年（1535年）。内系统是特殊时期的特殊产物，是大明王朝的一个毒瘤，终究会被剔除。

外系统是正常的组织运行系统，并且后来形成了定制。这个系统的外总督也就是仓场总督，设于宣德年间，但是并不是专职管理仓场事务，直到正统十二年（1447年）才设立专职管理京通二仓事务的户部侍郎。据《大明会典》记述："宣德五年，添设本部（户部）尚书一员，专督仓场，后或用侍郎，无定衔，俱不治部事。"③这一说法并不十分准确。根据

---

① 陈日光：《通州古代的粮仓》，载《中国流通经济》1998年第2期。

② ［明］杨行中：嘉靖《通州志略》卷三，《漕运志》。

③ ［明］李东阳等纂：《大明会典》卷二，《京官》。

《明宣宗实录》记载，宣德八年（1433年），命户部侍郎王佐监督京城仓粮；宣德九年（1434年），命户部郎中李遥等监督京城及通州各仓收支；宣德十年（1435年），升李遥为通政使，提督京仓粮储；正统元年（1436年），命工部尚书李友直提督京仓粮储。可见此时尚未形成以户部尚书或侍郎一员专督仓场的定制。正统三年（1438年），在东城裱褙胡同旧太仓内正式设立了总督仓场公署。① 但巡视仓场者仍"兼理部事"，直到正统十二年（1447年），因户部官上言"仓场事繁，宜专官理之"，才罢兼理之制，"命户部右侍郎张睿专巡视京师仓场"，此后渐成定制。② 除在京设有公署外，通州新城南门内也设有总督衙门，称尚书馆，以供总督仓场尚书或侍郎巡视通仓时临时居住。

图3-12　清代仓厂总督衙门《漕运底账及花名册》，现藏于通州博物馆

　　总督仓场公署之下设有京、通二坐粮厅，在京者称京粮厅，在通州者称通粮厅。此制始于成化十一年（1475年），后来虽略有变动，但是此制一直延续。通粮厅实际就成为仓场总督管理通州粮仓的实际执行部门。嘉靖《通

---

① 　[明] 孙承泽：《春明梦余录》卷三七，《户部三·仓场》。

② 　高寿仙：《明代京通二仓述略》，载《中国史研究》2003年第1期。

州志略》卷三记载："（仓场总督）往年常出巡通州，近（嘉靖初）惟在（户）部代管。"①坐粮郎中或员外郎之外，户部另派有各仓监督主事，专管收放粮斛，禁革奸弊。此职始设于宣德十年（1435年），初定任期三年，正统十四年（1449年）改为一年，嘉靖四十三年（1564年）京仓监督主事改以三年为期，万历十二年（1584年）通仓监督主事亦改为三年一代，万历三十五年（1607年）京仓监督主事任期复减作一年。②通仓监督主事，起初差四人或七人或九人分理，后定为四员，即大运中、东、西、南仓各一员，隆庆三年（1569年）将东仓并入中仓，称中东仓，万历十二年（1584年）减去一员，万历二十二年（1594年）又裁去南仓一员，并于中仓，称中南仓。③

为监督京、通二仓漕政，明朝廷也设立了外监督，即巡仓御史。从宣德九年（1434年）始，令御史巡视仓廪。起初京、通二仓各派一员。嘉靖《通州志略》记载："景泰二年，设差一员，专管通仓。其京仓，巡视东城御史代管。嘉靖七年，改属一员，加以提督字面，巡历京通二仓。"④可以推测，景泰年间，通州漕弊已经非常严重，所以专设一员监督通仓，相反的是裁革京仓巡视御史，令东城御史代管。

在明代粮仓的监督管理上，巡仓御史能起到一定的监督作用。如嘉靖七年（1528年），御史王重贤等向皇帝上陈三件事，其中一件事就是"肃仓场。言京通二仓兼收粮运自官吏以及军斗诸役留难需索，蠹弊多端。宜严行禁约"⑤。天启元年（1621年），御史安神揭发监督通州仓户部主事张汝元擅自倒卖通仓的粮食，所以被降一级，并被调往京外任职。⑥

明朝政府不仅在制度上十分重视通州粮仓管理，皇帝还经常亲自过

---

① ［明］杨行中：嘉靖《通州志略》卷三，《漕运志》。
② 高寿仙：《明代京通二仓述略》，载《中国史研究》2003年第1期。
③ 同上。
④ ［明］杨行中：嘉靖《通州志略》卷三，《漕运志》。
⑤ 《明世宗实录》卷八四，嘉靖七年正月己亥条。
⑥ 《明熹宗实录》卷一三，天启元年八月癸酉条。

问通州粮仓情况，在《明实录》中有不少相关记载。皇帝尤其关注粮仓的安全，对于漕运腐败现象，下令严查，绝不姑息。如宣德三年（1428年）二月，"行在户部尚书夏原吉奏，今河水已解，去年秋粮多运至通州，询知无赖军民及官攒斗级，或邀截揽纳，或令堆积近仓，留难不收，相与盗窃，请遣官巡察。上曰：江南军民运粮至此，艰难已极，而小人为害如此，其令侍郎李昶及监察御史主事各二人，亟往巡视，粮未收者即收，奸人盗窃及拦纳者擒之"[1]。到嘉靖年间，经过严格治理，通仓弊政有所缓解。

到了清代，在仓场事务管理制度上基本延续了明代形成的制度。稍有不同的是，户部设满汉侍郎各一员负责管理京、通仓场事务。顺治初年，满汉侍郎在户部办公。顺治十五年（1658年），户部在崇文门外设立仓场衙门，每年春季开始，南方漕粮抵达通州之前负责仓场衙门的官员出巡通州，驻扎在通州新城南门内的总督仓场公署处理与漕运有关的各项事宜。根据清代《漕运则例纂》记载，其职责是"一切漕运事务专责料理。其漕运总督、各该督抚沿河文武衙门，凡有关系漕运，应报文册，俱照报部；式样分报仓场；应举劾者，照例举劾。各项应行事宜，仓场衙门径行造册报部查核"[2]。

户部在通州设坐粮厅，满、汉各一员。坐粮厅隶属户部，凡省、地方粮食过坝、水陆盘剥、河道事务、漕粮验收、河运税收等均由坐粮厅管理。坐粮厅下设八科（东、西、南、北科和税科、漕科、铜科、白粮科）、六股（头宅、二宅、三宅、社人、运役、经纪）、三班（里班、外班、轿仗班），此外还有七十二行业、六十四巡社（外勤）等。[3]此外还有苏、浙、豫、赣、皖、鄂、湘、鲁等九省直隶的漕运局也都设在通州，加

---

① 《明宣宗实录》卷四十六。

② ［清］杨锡绂：《漕运则例纂》卷一十九，《仓场职掌》。

③ 王文续：《漕运仓储与通州》，载《文史选刊》1991年第10期。

上通永道署、东路厅署和驻军等，有非常庞大的政府管理人员。

由于漕运仓储管理的需要，一些新的行业也被催生出来，成为当时的新经济组织和新经济从业人员。如经纪，也叫军粮经纪，该行业起于元代，兴盛于明，嘉靖七年（1528年）以后规定数额并在坐粮厅备案成为制度，直至清末。经纪不属官吏，是介于漕运官员与仓场之间的中介，属商业性社会职业，负责代验、代运、代交漕粮。每名经纪下有斛头1~3人，负责过斛量米；扦手一人，负责取米样；负责监督照管临时雇用的扛夫（俗称"扛大个"），每天根据任务的大小，决定雇用扛夫的人数、装袋搬运等事务。转运漕粮的其他车户船户，也附属于经纪。①仓花户是负责保管漕粮的役夫。漕粮进入仓场以后，由仓花户接手扬晒、入仓、保管。车户船户为通州漕运的传统职业。车户船户驾车撑船盘运漕粮和皇家物资，备尝艰辛，但运费经常受到漕吏和经纪、车头、船头的剥削。此外还有为数众多的扛夫，扛夫分别依附于把头，把头依附于经纪。

通州粮仓的管理有很庞杂的管理系统。根据嘉靖《通州志略》记载，通

图3-13　大运中仓遗留下来的石碾，该图由杨家毅摄

---

① 王文续：《漕运仓储与通州》，载《文史选刊》1991年第10期。

州大运西仓下分十二官下，南仓下分四官下，中仓下分六官下，每官下设副使一员，共22员。经历、副使之外还有攒典，亦由吏部阄选，收粮一年，满日守支。与副使一样，在京各仓各设攒典一员，通仓每官下各设攒典一员。[①] 据万历二十八年（1600年）统计，当时通仓有见任攒典22员、守支攒典100余名。

到了清代，朝廷对京、通粮仓粮米的管理制度十分细致严密。例如，为了杜绝各仓因管理不善，陈米霉烂而用新米充数的问题，严格要求各仓进廒漕米都要按年存放，新米不许与旧米共存一廒，并且规定："收过米数，并验收监督及经管仓攒姓名，于每年月日收、贮、开写明白，贴在廒门。仍注明循环簿上报部。"一旦陈米出现霉烂、虫蛀等情况，相关责任人"一并交送吏部分别议处，其经承攒役仓场严刑处治"[②]。

除了以上所说的管理人员，还有从事具体工作的杂役，如甲斗、歇家、小脚、铺军、仓门守把官军、劳军馀丁、官攒、军斗、修仓官军等。[③]所谓"甲斗"就是各仓设有的小甲、斗子执役的统称，均从各卫军士中签充，分为见年甲斗和守支甲斗，万历中期通仓见年甲斗每年额签44名，守支甲斗则有210余名。[④] 各仓攒典、甲斗常常人浮于事，远远超出实际需要的人数。又如所谓"歇家"就是负责粮米进廒、修理仓墙的人，每一官下15人，中仓内有90名歇家。而"小脚"专管抗粮倒囤，每一官下设50名，中仓内共有300名。[⑤] 由此可见，从事粮仓管理的队伍，分工很明确，人员很庞杂。如正德末年，有人曾批评说："每仓除经历、仓官外，有攒典五六人，月粮人一石，军斗六七十人，月粮人八斗，每岁通计支粮六百余石，而所守不过千石。"[⑥]这种现象虽屡经整顿，但始终未能消除。

---

① ［明］杨行中：嘉靖《通州志略》卷三，《漕运志》。
② ［清］杨锡绂：《漕运则例纂》卷一十九，《粮米收受》。
③ ［明］杨行中：嘉靖《通州志略》卷三，《漕运志》。
④ 同上。
⑤ 同上。
⑥ 《明世宗实录》卷三，正德十六年六月壬午条。

到了清代，朝廷对各仓的具体工作人员进行了规范。根据清代《漕运则例纂》记载，通州西仓"经制书办3名、攒典3名、雇长6名、花户18名、甲斗24名、看仓章京2名、披甲100名，内镶黄、镶蓝二旗，每旗20名，镶白、正红二旗，每旗30名"。中仓"经制书办2名、攒典4名、看仓章京2名、披甲70名，内正黄、正白二旗，每旗30名，镶黄、镶蓝二旗，每旗各5名"。南仓"经制书办2名、攒典5名、看仓章京2名、披甲70名，内镶红、正蓝二旗，每旗各30名，镶黄、镶蓝二旗，每旗各5名"①。可见清代通州粮仓的工作人员总体数量比明代少，也更规范。

对于通州粮仓的建造与修理，朝廷也十分重视。永乐九年（1411年），朝廷规定，凡仓廒损坏者，由本卫修理，如仓廒缺少，则由工部盖造。明宣宗时期，增造与修理仓廒一般都派重臣督工。如宣德六年（1431年），"增置北京及通州仓，命成国公朱鲁拨军士用工，丰城侯李贤董其役"②。宣德七年（1432年），"行在工部奏北京及通州增置仓厂，历久未完，今漕运降至，无所置顿，请增军夫八千人助役，（上）从之"③。宣德八年（1433年），又令都督同知冯斌、郑铬和工部尚书李友直等重修在京及通州仓。④正统二年（1437年），"敕太监李德、都尉陈怀、尚书李友直曰：京城及通州仓所系甚重，尔等提督修葺，必令完固，可以经久，毋苟且，毋偏徇，毋重劳扰"⑤。明英宗对通州粮仓的建造修缮也十分重视，如景泰六年（1455年）"增置通州仓"⑥。同年闰六月，"巡按直隶监察御史杨绍奏：'工部左侍郎赵劳、总督主事刘善、指挥王玉，修盖通州仓廒日

①　［清］杨锡绂：《漕运则例纂》卷一十九，《京通厅差》。
②　《明宣宗实录》卷八十五，宣德六年十二月庚戌条。
③　同上书卷八十七，宣德七年二月戊午条。
④　同上书卷一〇一，宣德八年四月丙戌条。
⑤　同上书卷二十九，正统二年四月戊辰条。
⑥　《明英宗实录》卷二五〇，景泰六年二月丙申条。

久弗成，军匠劳苦，当究其罪。'帝宥荣罪，余命刑部鞫之"①。天顺三年（1459年），"增置通州大运仓"②。天顺四年（1439年），"（上）命通州草场新盖仓厫，名曰'大运南仓'"③。天顺五年（1440年），"增置通州大云仓一百间"④。

到嘉靖十五年（1536年），将京、通二仓修仓内臣裁革，令工部堂上官并原委太仓通州员外郎督率各卫所官修理。修仓的匠役主要来自京各卫，除临时调拨者外，各卫还有额定修仓军夫，其中府军等63卫原额修仓军余1988名，通州12卫原额修仓军余600名。⑤京、通各仓厫底，起初沿袭元制，只铺垫苇席，后又加垫木板，但木板近土，仓米仍易腐烂。到万历九年（1581年），规定每年维修仓厫底部，"用城砖砌漫，方置板木铺垫，厫门厫墙遍留下孔，以泄地气"⑥。

为了保证仓粮质量，朝廷制定了"样米"制度，规定"各处起运京仓大小米麦，先封干圆洁净样米，送（户）部转发各仓收，候运粮至日，比对相同，方许收纳"⑦。鉴于各仓官攒人等往往勾结外人盗窃仓粮，或者揽纳虚收，或者冒支滥出，以致仓粮亏耗，朝廷对仓粮收支做出严格规定。如宣德三年（1428年）奏准，"若收支之际，验是纳户及应关粮之人，许入，余人不许。其斗斛准洪武中制度，官为校勘，印烙木符于上，刊年月及提调官吏姓名，上青下红，亦用印烙。凡斗斛非官印者不用，私造者问罪"⑧。

清廷对京、通粮仓的管理十分严格。例如，新收贮的粮米一般都有一

① 《明英宗实录》卷二五五。

② 同上书卷三〇〇，天顺三年二月庚辰条。

③ 同上书卷三一六，天顺四年六月丙辰条。

④ 同上书卷三二六，天顺五年三月戊午条。

⑤ 高寿仙：《明代京通二仓述略》，载《中国史研究》2003年第1期。

⑥ 万历《大明会典》卷一八七，《工部七·营造五·仓库》。

⑦ 同上书卷二七，《户部十四·会计三·漕运》。

⑧ 《明宣宗实录》卷四〇，宣德三年三月癸卯条。

定的水分，为了能够晾干去掉水分，朝廷颁布制度对如何开窗进行了详细规定："入廒之后，廒门亮敞至深秋后，上板封固后，议收完米石，即行封闭。"① 并且对如何开闭廒门也有具体规定："新贮漕米将廒门高檐空板数尺，其以下所上之廒板即上锁加封。秋凉后，廒门高檐所空之板全行安上，严密封闭。"②

三、通州粮仓的功能

储存在通仓的漕粮主要有以下几个方面的用途：

一是用于供应京城官员、军士等群体。这是笼统的说法，明清两朝有很大区别。明代从京、通仓支领的俸米并不多。明成祖迁都北京后，在北京任职的勋臣的禄米的本色部分皆由南京支领，只有折色部分从北京领取。北京文武官员的俸给以本色发放者，也只有一部分在北京关支。③ 明代京、通仓粮的主要用途是发放拱卫北京官军的月粮。成化十三年（1477年）前，旗军俸粮间月于京、通二仓支给。到成化十三年（1477年），改为自三月至八月支于京仓，余月支于通州仓。④ 成化二十年（1484年），又令在京各卫军人月粮，五、六、七、八、十一、十二月于京仓关支，正月、二月、三月、四月、九月、十月于通仓关支。⑤ 此后基本上沿用这个支放办法，但经常根据具体情况做些临时性调整。

清朝定都北京后，在京师不仅有庞大的官员集团、数量众多的八旗兵，还有八旗官兵的数十万家属，都靠朝廷供养。清朝宗室勋戚按爵位领取俸米。八旗文武官员按品级领取禄米。在京做官的汉人官吏也按品级领

① ［清］杨锡绂：《漕运则例纂》卷一十九，《仓廒号房》。
② 同上。
③ 高寿仙：《明代京通二仓述略》，载《中国史研究》，2003年第1期。
④ 《明宪宗实录》卷一七三，成化十三年十二月辛丑条。
⑤ 万历《大明会典》卷四一，《户部二十八·经费二·月粮》。

取官米。以上清王朝在京的各种官员和八旗支领禄米的发放情况大概为八旗官员12万石，八旗士兵175万石，八旗宗室勋亲及荫袭官员100万石，八旗失职人员、鳏寡孤独赡米若干万石，此外在京汉官俸米17977石，合计近300万石。① 此外，如各衙门公款吃喝、京师饲养马驼的黑豆、守卫皇陵官兵的米粮等都由京、通二仓漕粮供应。

二是紧急状态下临时调拨部分漕粮充当军粮。在明朝，除京军月粮之外，朝廷有时还从京、通二仓调拨部分粮食，充作边镇军储。明代前期这种调拨并不常见。"土木之变"后，因边情紧急，调拨额增多。如景泰二年（1451年），怀来卫仓缺粮，命内外法司囚犯于通州领粮赴怀来交纳。景泰五年（1454年），命户部出榜募人，通州仓运米6万石赴口外、龙门、赤城等仓收受。② 到嘉靖后期，北边多事，调拨次数和数额都大为增长。如嘉靖二十一年（1542年），命运通州仓粟米10万石于宣府，15万石于大同。③ 在清代，漕粮常被调拨充当各地驻军的军饷。这里面分很多种情况，如漕粮和南米相互抵兑，为方便起见，就近将军队驻地应征漕粮拨充为军饷。还有一种情况是将某地漕粮截留充当驻军军饷，通仓的漕粮常被截拨，用于大兴、昌平等地军米。④

三是平抑京城的物价。在明朝，当北京粮价太高时，朝廷一方面打击囤积居奇、哄抬物价的行为，另一方面低价将漕粮出售，以平抑物价，保持经济的稳定。如正德十六年（1521年），"上以京师久雨，米价腾踊，谕户部发京仓及通州仓粮50万石，平价出粜，由富豪积贮于家，乘时射利者，治其罪"⑤。清朝统治者十分重视漕粮调节物价的功能，康熙三十四年（1703年）将贮存过久的粮食发往京师附近粮价高的地方低价卖出。雍

---

① 李文治、江太新：《清代漕运》，中华书局1995年版，第71页。
② 《明英宗实录》卷二〇三，景泰二年四月丁丑条；卷二四〇，景泰五年四月己酉条。
③ 《明世宗实录》卷二五六，嘉靖二十一年十二月甲戌条。
④ 李文治、江太新：《清代漕运》，中华书局1995年版，第77页。
⑤ 《明世宗实录》卷四，正德十六年七月壬申条。

正、乾隆等朝屡次采取这样的行动。①光绪《漕运全书》对清朝平粜有详细记载，如乾隆朝20次，620695石，嘉庆朝5次，81000石。②

四是赈济饥民。在明代，京、通二仓米还有一部分用于赈贷京城以及附近州县饥民。如景泰七年（1456年），支通州仓附余粮1万石赈济顺天、河间所属饥民，在京乞食贫人于京仓支米给之，每人3斗。③天顺元年（1457年），以通州等处食粮7万余石赈济顺天、河间所属饥民。④正德十三年（1518年），发通州大运仓粮3万石赈济顺天府属。⑤嘉靖年间，曾多次发京、通仓米赈济顺天、永平等府灾民及京师饥民。万历年间，因仓储空虚，很少再发米赈济。清朝也注重在灾荒之年调拨漕粮赈济灾民，一般通过施粥厂向灾民舍粥。

四、漕运的衰败及其对通州的影响

漕运对统治者意义重大，关系到王朝的兴衰存亡。到清代中叶以后，大的形势悄然发生了变化。从"康乾盛世"开始，中国的人口就呈增加趋势。到乾隆中后期，由于人口增长超过农业生产的增长，在江南地区出现了粮食供不应求的现象。而位于江南的苏、浙地区是漕粮的主产地，人口不断增长，但农业发展缓慢，致使粮户难以承受巨大的漕粮负担。再加上政治的腐败、水利失修等原因，一遇到自然灾害，江浙地区就出现了农民抗粮的情况。关于农民抗交粮食的情况，早在乾隆中期就开始发生。如江苏省江阴县，在乾隆三十三年（1768年）各乡农民200余人以旱灾为理由，

---

① 李文治、江太新：《清代漕运》，中华书局1995年版，第77页。

② 同上书，第81页。

③ 《明英宗实录》卷二七三，景泰七年十二月戊午条。

④ 同上书卷二七六，天顺元年三月癸未条。

⑤ 《明武宗实录》卷一五八，正德十三年正月壬寅条。

到县衙门前请愿，要求缓缴漕粮。① 此后，抗粮事件时有发生。太平天国运动的爆发也给漕运以极大的冲击。

这就是漕运衰败的大环境，但是漕运的衰败还有其自身的原因。曾经延续了多个王朝的漕运，其形成的成熟运转机制为什么会很快衰败，以至终止呢？有人说是因为铁路的出现，也有人说是因为农民起义等。我认为这些都是原因，但都不是决定性原因。如果铁路的出现导致了轻视漕运这一说法成立，为什么现在南方的运河还很繁忙呢？如果农民起义导致了漕运中断，后来朝廷力图恢复漕运旧制为什么没有成功呢？这些理由都经不起推敲。

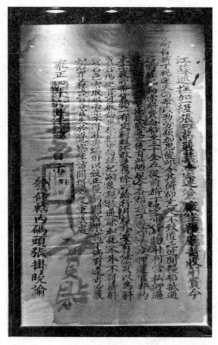

图3-14　清雍正四年（1726年）"整治漕弊布告"，现藏于通州博物馆

其实大运河漕运的衰败和它的兴盛一样，都有其历史必然性。我认为大运河漕运的衰败，以至退出历史舞台，是时代发展的必然结果。具体说来，我认为有以下几个原因：

一是商品经济的发展和商品粮贸易的兴起，渐渐成为解决京城用度更科学、更合理的主要途径。关于商品粮在北京行销，并有效地调节了北京粮食的供需关系的问题，在许多史料上都有记载。郑观应认为："然自轮舶畅行以后，商米北来源源不绝，利之所在人争趋之。市中有米局，官中有米局，则少米之患在今时可以无虑。"②

① 清档，乾隆三十三年十一月江苏巡抚彰宝奏。
② ［清］郑观应：《停漕》，收录在《清朝经济文编》卷三十七。

市场经济的规律表明，要最终解决价格问题，必须要遵循市场规律。在商品经济还很落后的时代，漕运对朝廷的经济调节、政治稳定、文化交流做出了重要的贡献。但是当商品经济的发展已经能够满足当时基本的供需关系时，漕运的处境就很尴尬了。因为漕运制度本身就具有一种反市场、反商品经济的特性，是建立在行政权力强行干涉基础上的。道光三十年（1850年）十二月，言官奏称："旗丁粮员在本省私折银两，到通后买米回漕，营私害公。"[①]"回漕"现象在清代始终存在，耗费了大量人力、物力运到京、通的漕粮，市场价格竟然会比起运地低，以至于再将米粮从北方带回也能获利。

二是漕运本身的种种弊端已经积重难返。漕弊一直伴随着漕运的始终，在中央朝廷强势的时候，对漕弊治理力度就会比较大，漕弊就相对好一些。到了清康熙、雍正时期，由于朝廷大力整治，漕弊有所收敛。

乾隆中后期，漕政日趋败坏，主要表现在各级官吏重重盘剥。在漕粮征收过程中，地方缙绅勾结州县官吏从中渔利，最后这些贪索都转嫁到粮户身上。与此同时，从事运输的运丁们经过漫长的大运河，沿途有重重关卡闸坝，到京、通交兑有仓场衙门和坐粮厅，遭受各处曹务官吏的贪索。道光年间，孙鼎臣在《论漕》中揭露了残酷盘剥的情况，该文有这样的记载："而蠹之穴有六，征漕之州县一，司漕之官一，领运之官一，催运之官一，仓场一，尖丁一。一穴而蠹数十百出其中。"[②]运丁处境很悲惨，包世臣曾说："运丁长途挽运，艰苦万状，倾覆身家，十丁而六。"[③]

道光年间，清廷吏治更加腐败，农村经济日益恶化，无力承担过重的漕粮，在江浙首先爆发了抗粮斗争。随后，江西、湖北、湖南、山东、河南等地都爆发了抗漕运动。加上黄河淤垫，黄水倒灌，运道更坏。道光四年（1824

---

① 《清文宗实录》卷二四，道光三十年十二月壬午条。

② ［清］孙鼎臣：《论漕》，收录在《清朝经济文编》卷五十二。

③ ［清］包世臣：《安吴四种》卷七，《中衢一勺》。

年）冬，清江浦高家堰大堤溃决，江苏高邮、宝应至清江浦一段漕船搁浅，京畿地区的粮食供应出现严重危机。各种社会危机深重，朝廷无力对河道进行彻底治理。漕运系统如同快要散架的破车，遇到颠簸就无法运转了。

三是海运的兴起。到道光初年，实行海运已经有了多方面的有利条件。首先是有比较成熟的航运路线。元、明海道屡有变更，不利于航运。到清代，商船常常往返关东、天津等处，船员掌握了不少航海知识和海上航行技巧，海运危险大为降低。其次是运输工具的改进。江浙一带因沿海皆沙滩，多用沙船，该船舱底有甲板，船旁有水槽，其下有承孔，是理想的运米船只。嘉道时期，这种沙船已有3500余只，可一次运输粮食几百万石。[1] 最后是海运漕粮有利可图。因为河运成本太高，而海运少了不少关卡，成本低了，自然也有利可图了。河运漕粮已经陷入困境，海运漕粮才是大势所趋。

图3-15 摄于20世纪80年代的通惠河与北运河，该图片由
著名运河水利史专家蔡蕃先生提供

---

① 倪玉平：《试论道光初年的漕粮海运》，载《历史档案》2002年第1期。

随着清末社会动荡和漕运的终结，通州的漕运仓储重镇的地位就不复存在了。"停漕"对通州的影响是全方位的，使得通州的社会经济受到很大影响。

光绪二十七年（1901年）北运河停漕以后，位于通州的庞大漕运管理机构一律裁撤。1904年，官府拆卖坐粮厅、仓场总督府署及两仓，并由毅军在两仓处改建兵房驻守。据民国《通县志要》记载，仓场总督衙门所在位置已成为庚子事变殉难友邦人士公墓地，户部坐粮厅及大运西仓监督署已被人占用。1916年，东路厅署知事汤铭萧以其地改建潞河公园，1938年2月改为河北省立通俗图书馆。

通州城内的不少居民依漕运而生活，裁撤漕运管理机构后众多的官吏、役丁立刻失去了生活来源。此外，漕运停止后，通州城内外依靠漕运为生的经纪、仓花户、船户、车户、扛夫、差役等失去了工作，没有了生活来源，生活顿时陷入困境。由于没有了工作，失去了生活来源，人民生活水平立刻下降，"其余各胡同住户亦不如先年殷富，而居民之迁移平津各地者十之二三。至于四关则东门、北门外大街长二三里，铺户居民相间，尚有可观。旧城南门外虽有大街，但铺户较多居民较少"①。

新中国成立以后，随着公路、铁路、航空等现代化交通方式的兴起，北方地区的运河彻底退出了交通运输等功能。通州地区的运河在农业灌溉上发挥了重要作用，通州地区一度成为北京的粮仓。改革开放以来，尤其是通州定位为北京城市副中心以后，社会各界逐渐认识到大运河的文化功能，将大运河视为通州的一张"金名片"，大运河又焕发出了新的生机。

---

① 通州区史志办公室：《民国通县志稿》，2002年4月，第6页。

第四章　明清时期的通州古城

通州有2200多年的建城史，根据考古发现和学者考证，从西汉以来，通州一直有城。本文重点探讨明清时期的通州古城的相关情况。

一、对明代以前通州城的考证

随着西汉路县古城的发现，证明通州从西汉时期即有城。据史料记载，在清中期，西汉潞城遗址还比较完好："周围四里许，遗址约高五尺，东西北三面俱存，惟南面近官道，已经成陆地。"① 不仅古城轮廓得以保存，而且一些附属建筑高丈余，据刘锡信先生推断是角楼、瞭望台等建筑。但是随着岁月的变迁，到新中国成立后，路县古城仅残留一段十余米的土墙。通州文物专家周良先生考证此段土墙为汉代路县古城遗迹，但是并没得到权威部门认可，所以此遗迹一直没有列入文物保护单位名录。直到2016年，西汉路县古城的发现才证明了周良先生的考证是正确的。

到东汉时期，路县改为潞县。东汉初年，渔阳太守彭宠判汉，被刘秀派大军剿灭，并一把火烧了潞县城。这说明在此次战争前，潞县城还是存在的。到北魏时期，郦道元在《水经注》中对鲍邱水（后来将入通州段称潞河）这样注释："（鲍邱水）南迳潞县故城西。"当时的"故城"即为

---

① ［清］刘锡信：《潞城考古录》卷上。

潞县城，说明在北魏时期城池移到别处了。

北齐时期，潞县县治迁往潞河以西。唐代潞县录事孙如玉的墓志铭有"魂埋潞川，东有潞河通海，西有长城碣山，南望朱雀林兼临河古戍，北有玄武垒至潞津古关，并是齐时所至"的铭文。说明潞县治所在北齐时期已迁至北运河以西今新华大街以北的部分。也就是说，明清通州古城肇始于北齐年间。五代后唐时期，赵德钧镇守幽州，为抵御契丹人南侵，在幽州城东五十里"城潞县而戍之，近州之民，始得稼穑"①。清朝，在通州城南一里许发现了唐长丰令李丕的墓志铭，该墓志铭云："……葬于县之南三里。"由此推测，唐古城在明清古城的北部。这说明，在五代藩镇割据时期，赵德钧在原有基础上对县城进行了扩充或加固。

金天德三年（1151年），"潞县"因"漕运通济"升格为"通州"，属中都路。金末，成吉思汗进军金中都，大将石抹明安（契丹族）采纳哈刺拔都的炮攻策略攻打通州城。守城的金副元帅蒲察七斤见势恐惧，献城投降。说明在此之前，通州的城墙十分坚固，不得不采用炮攻的办法才能拿下通州城。元末，徐达率军到通州城下，众将请求攻城，大将郭英说："吾师远来，敌以逸待劳，攻城非我利也。英以千人伏道旁，率精骑三千直抵城下。"②可见，元朝的通州城仍然很坚固，只不过经过了元末明初的战争，通州城已经很残破了。

值得注意的是，明代以前通州城的范围较小，仅在今新华大街以北、燃灯塔以南，东墙与西墙大体与明代通州城一致，或许间距更小，需要进一步论证。为什么推测明代以前通州城南城墙在今新华大街以北呢？从元代郭守敬在通惠河二十四闸中通州闸的位置可以得出此结论。元代通惠河在当时通州城外有上、下两座闸。《漕河图志》记载："上闸在通州西门外，西至普济下闸十里；下闸在通州南门外，西北至上闸五里。"③通州闸在元贞元年（1295年）七月改名为通流闸。通流闸在明代沿用，其位置在今闸桥的位

---

① ［清］刘锡信：《潞城考古录》。

② ［清］谷应泰：《明史纪本末》卷八。

③ ［明］王琼：《漕河图志》，转引自《钦定日下旧闻考》卷一百九，《京畿·通州二》。

置。元代时，此处在通州南门外，而到明代则位于城中了。清代学者刘锡信通过考证，认为在唐朝时，潞县故城"仅今城北一隅"①。据通州文史专家陈乃文记述，在通州的老人中还流传着"明朝建通州城时，把通州城往南移了，老城根在万寿宫北边"②的说法。

可见明代以前，通州城不包括新华大街以南。以上史实充分说明，西汉以来通州历代都有城。

二、明清通州城的建造与完善

通州是漕运仓储重地，通州仓地位独特，有"天子之外仓"的称谓。③除了因通仓位于京畿要地，收储全国八省数百万石漕粮外，更重要的是通

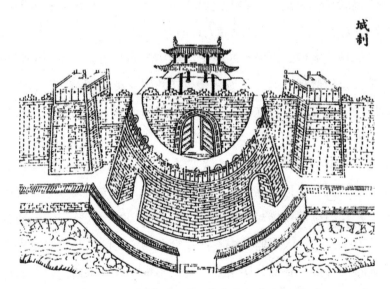

图4-1 明代城制图，该图来源于 [明] 章潢：《图书编》卷一百二十四

---

① ［清］刘锡信：《潞城考古录》卷上，《州城考》。

② 陈乃文：《京门碎拾录》，漓江出版社2014年版，第8页。

③ ［明］张岱：《石匮书》卷三十六，《漕运志》有"京仓天子之内仓也，通仓天子之外仓也，徐、淮、临、德仓，置外所，以备凶旱，防不虞也"的记载。

仓是统治者能够直接调用的粮食来源，所以各朝对通仓的安全十分重视。

明清通州城经过四次建设，逐渐发展成熟。从通州城的建设、发展过程，我们能够清楚地看出通州城市建设与漕运的关系。第一次是建旧城。徐达攻占通州后，随即命令孙兴祖主持修建通州城。史载："通州城，明洪武元年，裨将孙兴祖因旧址修筑。"① 这里修建的通州城后来称为旧城，城墙采用内填夯土、外层包砖的做法，这是古代城墙较为常见的建筑工艺。这样既美观大方，又坚固结实。城墙周围九里十三步，连垛墙高三丈五尺。明初通州城在四个方位各有一门，门各有楼，在门楼上悬挂着各门的名字，东曰通运，西曰朝天，南曰迎薰，北曰凝翠。

正统元年（1436年），定通州仓名，城内南门内以东者为大运东仓，城内南门内以西者为大运中仓，城外以西者为大运西仓，城外以南者为大运南仓。也就是说大运西仓和大运南仓在城外，安全保障就很成问题。后来建新城就是为了保护大运西仓和大运南仓。

第二次是建新城。正统十四年（1449年）到景泰元年（1450年），为应对战乱，仓促修建新城。新城是什么样的呢？史料记载："新城……甃以砖，周围七里有奇，东连旧城西面。为门二，一曰南门，一曰西门，各有楼，高止丈余，不及旧城之半。"②

正统十四年（1449年），粮储太监李德、镇守指挥陈信向朝廷奏请修建新城，目的就是保护西仓和南仓。在这一年，历史上发生了著名的"土木之变"，起因是蒙古族瓦剌部首领也先遣使2000余人贡马，向明朝政府邀赏。明英宗宠信的大太监王振不肯多给赏赐，还削减马价。也先十分愤怒，于这年七月统率各部分四路大举进犯北京。在大太监王振的鼓动下，明英宗不顾朝臣反对，决定御驾亲征。由于仓促行事，北征大军行至土木堡，被瓦剌大军包围，明英宗被俘。同年十月初六，也先挟持明英宗入侵

---

① ［清］周家楣、缪荃孙等编纂：《光绪顺天府志》，《地理志三·城池》。

② 同上。

京城，京师告急。朝廷上下弥漫着逃跑主义的氛围，有人建议迁都。兵部侍郎于谦极力反对，并号令各地武装力量勤王救驾，并成功地击退了外敌入侵，这就是著名的"北京保卫战"。

总兵官、昌平侯杨洪等向皇上提出防御敌寇的三条策略，其中一条为"通州河上在仓粮料，除攒运入城，尚有一千九百余万石，卒难搬运。宜将在京并通州旗军人等，半年粮米，俱各预先关支，其料豆、小麦每石给脚钱银二分，雇军民人等运入通州城内官仓收贮，毋使存留城外，资寇遗患。（上）从之"①。同时，太监李德主张修筑通州新城，保护通州粮仓。正如李东阳在《重修通州新城记》中所言："通州在国初为北平布政司之属郡，……东南漕运，岁入四百万，析十之三贮于州城，既久且富，乃于城西门外辟地为西、南二仓。景泰间，以外警，复筑城七里有奇，环而翼之，为新城。"②

景泰元年（1450年），"令镇守及巡仓官筑城以护之"③。也就是太监李德向皇帝提出建议后第二年，朝廷就命令修建通州新城。为确保工程顺利进行，皇帝还给予通州新城建设以物资方面的支持，如景泰二年（1451年），"（帝）命给……通州等处修城军民匠余丁月米三斗"④。就在同时，皇帝命令置大运西仓土堡仓，原因是"先是虏犯京师，监守者无以保障，悉逃去，故立堡"⑤。还命令对大运西仓本身进行加固，"诏工部臣曰：'通州大运西仓，先虽置立土堡，恐弗能坚久，其令右侍郎王永寿往甓之'"。就是在大运西仓外包一层砖，使之更为坚固。那么加固粮仓的砖瓦等材料怎么保障呢？《明英宗实录》记载："通州大运西仓时有随坏，随即修理。其砖瓦、材木，悉取于军。"⑥

---

① 《明英宗实录》卷一八五，正统十四年十一月丁酉条。
② ［明］李东阳：《重修通州新城记》，见［清］于敏中等：《钦定日下旧闻考》卷一〇八，《京畿·通州一》。
③ 《明英宗实录》卷一九六，景泰元年九月癸卯条。
④ 同上书卷二〇二，景泰二年三月丙午条。
⑤ 同上书卷一九六，景泰元年九月癸亥条。
⑥ 同上书卷二〇六，景泰二年七月庚戌条。

图4-2　通州北门

图片来源：《百年沧桑——通州历史图片汇编》（通州图书馆编）

　　通州新城建好之后，朝廷在通州大规模修缮和增置仓廒。如景泰四年（1454年），修造大运中仓，景泰六年（1456年），增置通州仓。^①后来，朝廷屡次修缮加固通州城也是出于保护通州粮仓的安全。如正德元年（1506年），在一次廷议中大臣们对"北方蒙古势力入侵时，如何确保通州粮食安全"这个议题进行了辩论。监察御史杨仪主张把通仓的粮食提前发放出去，然后通州粮仓迁往京城之内，即"虏万一深入通州，所积仓粮徒遗之食，预令在京官军人等，预支数月而尽，撤其仓，迁置京城之隙地"。而另一派以太监张永为代表，他不仅不赞同搬迁通州粮仓，还请求增筑通州新城。后者的意见占了上风。"俱下廷臣集议，谓：通仓共七百余间，猝不可迁建，粮共六百余万石，亦非旦夕支收可尽，不若增筑新城，以为保障粮储之计。"^②

---

① 《明英宗实录》卷二三二，景泰四年八月辛丑条；卷二五〇，景泰六年二月丙申条。

② 《明武宗实录》卷一〇，正德元年正月丁未条。

新城于景泰年间竣工。当时面临蒙元余部对京城的威胁，故该工程是在紧急状态下进行的，很仓促，在形制上不讲究，主要考虑实用性。直到成化年间再次施工，使新城与旧城在形制上统一。大运东仓仅有神武中卫一个仓，其后大运东仓取消，神武中卫东仓并入大运中仓。新城内为大运南仓、西仓。

第三次是新城连接旧城。正德六年（1511年），巡抚都御史李贡主持推进。由于正统间修建的新城是在紧急情况下进行的，新城城墙不及旧城一半高。这次工程主要是将新城加高，并与旧城连接起来。史料记载："新城连接旧城，正德六年，巡抚都御史李贡增崇之，加五尺。"① 主要工作是"新城旧基，增筑五尺，其外为砖，内实以土，上复为垛墙，六尺有咫，而长广皆如其数。又为敌台，其西南为瓮城，重门悬桥，皆旧所未有"②。此次修缮工程备受瞩目，不仅得到皇帝赞许，也受到社会各界大力支持，以至于大学士李东阳都大加赞赏，并欣然撰写《重修通州新城记》。在该文中，李东阳记载了修建的缘由和具体情况："已乃询诸有司，图所以御灾捍患者。上疏言：天下之治，与其有事而图，孰若先事而虑。今番上京军数千名方留城守，宜以其隙计工修筑，工部分司有废砖数十万，宜借以供用。上命户部左侍郎邵君宝、兵部左侍郎李君浩、工部右侍郎夏君昂，率僚属往相其宜，悉如所议。君人留罪人所赎金，为凡百费用。"③

元末明初，元代郭守敬开凿的通惠河由于战乱和自然灾害而日渐荒废，通州至京师粮米皆由陆运。陆运不仅运费高昂，而且容易受到天气的影响，遇到雨天，道路泥泞，不能及时到达京城，于是先后在通州城外设置大型粮仓。通仓储漕粮，若有敌兵越关，轻骑兵几日便可到达，控制粮仓，则京师就很危险了。鉴于此，巡按直隶监察御史吴仲向嘉靖皇帝建议重修通惠河。

---

① 　[清]于敏中等：《钦定日下旧闻考》卷一〇八，《京畿·通州一》。

② 　[明]李东阳：《重修通州新城记》，见[清]于敏中等：《钦定日下旧闻考》卷一〇八，《京畿·通州一》。

③ 　同上。

　　吴仲是正德十二年（1517年）进士，曾官至南太仆寺少卿，著有《鸿爪集》。嘉靖六年（1527年）时，担任巡按直隶监察御史的吴仲上疏重新疏浚通惠河。他论述了重修通惠河的必要性、可行性，认为："通惠河屡经修复，皆为权势所挠。顾通流等八闸遗迹俱存，因而成之，为力甚易，岁可省车费二十余万。且历代漕运皆达京师，未有贮国储五十里外者。"①

　　但当时从通州抵京的陆路运输被权贵把持，他们从中获利巨大，不愿意改变现状。利益集团找出了"冠冕堂皇"的三大理由来反对修复通惠河。理由一：破坏风水。元朝开凿通惠河引昌平白浮泉之水。白浮泉水往西逆流，往北就是明皇陵。他们以此为理由，如果重新修浚通惠河就会破坏祖陵的风水。这是很致命的理由。弄不好，不仅重开通惠河的计划搁浅，没准力主修浚者连脑袋也要搬家。理由二：耗资巨大，得不偿失。耗资很大是事实，开凿、维护等费用确实很大，但是并不是得不偿失。水运比陆运成本低，后来的结果充分证明了这点。理由三：导致车户失业，而车户失业则必生事端。这其中每一条理由都足以将恢复通惠河的提议扼杀在摇篮里。

　　吴仲面临重重阻力，但是他并没有退缩。他向皇帝上书，阐明了他的理由。理由一：直接运输到京城内有历史的依据，说明这是可行的。吴仲从历史经验中寻找依据："臣考《元史》，漕运粮储，南来诸物，商贾舟楫，皆由通惠河直接达于海子登岸。"②理由二：经过初步计算，可以节约成本，有巨大的经济效益："窃料开运一年，可省脚价十余万两。于国计，不为无补。"③理由三：为确保粮食安全，不能将粮食全部储存在通州，应该畅通京通之间的运输通道。吴仲接着说："臣又备访密云等处，皆有间道可入。若使奸细向导，轻骑疾驰，旋日可至。或据仓厫，或肆烧毁，国储一空，则京师坐困。"④相比反对的理由，吴仲的理由更充分、更急迫，而且支持吴仲的声音也很强。

①　［清］张廷玉等：《明史》卷八十六，《志第六十二·河渠四》。

②　光绪《通州志》卷十，《修理运河疏》。

③　同上。

④　同上。

如时任工科给事中的陆粲写文章，批驳了反对的理由。时任首辅大学士的杨一清也极力支持吴仲的提议。最终，吴仲的建议得到嘉靖皇帝的采纳。

疏浚工程于嘉靖七年（1528年）二月四日开工，五月二十二日竣工，历时三个多月。①重修后的通惠河在通州境内没有沿用元代的河道，而是利用了金代闸河故道，至通州城北汇入北运河。自此，通惠河河口由张家湾移到通州城的东北。

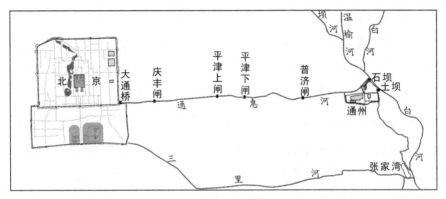

图4-3　明嘉靖七年（1528年）后，通惠河五闸二坝示意图，该图由陈喜波先生提供

为解决水量不足的问题，放弃元代提闸过船法，改为人力搬运过闸的办法，达到了"每日可载米万石，自五月至九月止，一百五十日中，纵有阴雨阻滞，然每年京粮不过二百四十万石，亦可尽入闸，运不难矣"②的效果。正如吴仲所言，疏通后的通惠河为朝廷节省了大量的人力和财力。"一日而立，致四五万石，岁省脚价十二万两。"③

重修通惠河后，吴仲认为修浚通惠河的成果来之不易，为确保通惠河畅通，应该建立长效机制。吴仲向朝廷上书《修浚通惠河善后条议》，归纳起来，有这样几层意思：第一，要建立巡查河道的机制。"宜令管闸

---

① 光绪《通州志》卷十，《修浚通惠河善后条议》。

② 同上书，《修浚通惠河善后条议》。

③ 同上书，《通惠祠碑记略》。

主事，常沿河往来巡视。一遇堤岸水口冲决，河道淤塞，计令闸夫挑浚补筑。"①第二，加派人手，加强管理。一方面，将管理通惠河纳入行政管理体系中，也就是要有机构和官员负责这项工作。"宜令管闸主事驻扎通州，专令督理河道。通州添设管河同知或判官一员，专管修理大通桥起至鲜鱼闸止河道。"②管闸主事负责日常事务，每年三月到九月是漕运期，"三月令差郎中或员外一员，驻扎通州，会同巡仓御史，催趱天津粮运验算，轻赍银两"③。另一方面，恢复办事人员数量，并合理分配。"大通闸河，原设官四员、吏四名、闸夫六百七十四名。后因粮运不行，止存官一员、吏一名，看守闸座。今幸修复闸运，乞照旧额量，添闸官一员，量增闸夫一百名。与现在闸夫一百八十名，分布各闸。不许杂差占役，专力启闭，则闸运易举，而夫役不扰矣。"④第三，要有稳定的财力保障。河道日常维护，"每年量支一千两"⑤。每闸剥船的钱怎么来呢？"漕运衙门打造剥船三百只，今已分布各闸。命经纪一百二十名领运，将经纪名下脚价银两，每年扣出三千两。抵作船价，计三年半，共扣完一万五千两。"⑥

后来吴仲恐日久法废，于是撰写《通惠河志》（二卷，附录一卷），上奏朝廷，希望成为定制。上卷载建置及开浚事宜，首列原委图考，内容涉及闸坝建置、修河经用、夫役沿革等；下卷收录历次奏议、碑记诗文。卷后以通惠河有关文献摘录为附录。该书成为今天研究通惠河的重要史料。

新开通的通惠河不仅便于为京城供应物资，保障了都城的安定，而且给普通老百姓也带来了实实在在的利益。对通州人民来讲，直接促进了通

---

① 光绪《通州志》卷十，《修濬通惠河善后条议》。
② 同上。
③ 同上。
④ 同上。
⑤ 同上。
⑥ 同上。

州城的进一步繁荣。通州人民为了表达对吴仲的感激之情，于嘉靖四十五年（1566年）修建通惠祠，①以兹永久纪念。

第四次是新、旧城合二为一。乾隆三十年（1765年），总督方观承奏请朝廷重修通州城，拆掉旧城的西墙，将新城和旧城合二为一。具体情况："旧城西面，拆去一百八十二丈，周围实长二千七百七丈五尺，并添建女墙一丈六尺。"②至此，明清通州旧城与新城合二为一。新修缮的通州城，形制统一，城根均为二丈三尺，城顶为二丈。此时的通州城共有五门，都建有重檐城楼。通州城有五座城门，分别是旧城的"通运"（东门）、"迎薰"（南门）、"凝翠"（北门）和新城的"望帆云表"（南门）、"五尺瞻天"（西门）。至此，明清通州城形制最终被固定下来。

从以上几次通州城的变化，我们可以看出，明清通州城的修建和完善与保护通州粮仓有直接关系，也可以说通州因大运河而得名，通州城也因漕运而兴盛。

对照清代通州城池图（1883年），结合考古发现和历史遗迹，我们大概可以勾画出通州古城的范围和轮廓。通州旧城的东城墙在现在的故城东路西侧向北延伸，与东大街的交汇处为东门和东瓮城。在2012年的考古发掘中，发现了通州老城的东门瓮城和部分墙基。南城墙在东西顺城街南侧，东城墙与南城墙在东南的交汇处建有文昌阁。南城墙与南大街的交汇处是旧城南门与瓮城所在地。西顺城街的西延长线与车站路的交汇处为通州旧城的西南角。旧城的北城墙紧贴燃灯佛舍利塔的北侧，现在还有城墙的遗迹。北城墙与北大街交汇处是北门和北瓮城所在地。从西南角沿车站路东侧往北，此段城墙为通州旧城的西城墙。以上描述就是通州旧城的大概轮廓和范围。旧城有东、西、南、北四条主干大街。到目前为止，南大街和西大街还原样保留。

① ［明］颜鲸：《通惠祠碑记略》，收录在光绪九年《通州志》卷十，《艺文·疏议》。

② ［清］周家楣、缪荃孙等编纂：《光绪顺天府志》，《地理志三·城池》。

图4-4　通州古城城墙及护城河（明信片），刘福龙先生收藏

　　通州新城的东墙与通州旧城的西墙南段在乾隆三十年（1765年）合二为一。通州新城的南墙与旧城南墙没有在同一条直线上，而在今玉带河大街北侧，也就是潞河医院北墙稍南处，一直往西，与佟麟阁大街连接处为新城南门所在地。再往西与通惠河南路的交汇处为新城的西南角，从此处沿通惠河南路东侧往北到新华大街南侧为通州新城的西城墙。从此交汇点沿新华大街南侧往东，直到红旗厂东院东墙稍东处的南北延长线，此段为新城北墙所在位置。

　　以上是通州古城的大概轮廓，要知其确切位置，还有待于以后的考古发掘。过去，通州地区流传着这样的民谣："通州城，好大的船，燃灯宝塔做桅杆。钟鼓楼的舱，玉带河的缆，铁锚落在张家湾。"这首民谣形象生动地描述了明清通州城与漕运的联系。

三、明清通州古城的基础设施

　　明清通州城的形成、发展和完善与漕运息息相关，甚至可以说，明清通州城的主要功能就是漕运仓储中心。所以明清通州城的相关配套设施都是漕运的产物或者为漕运仓储服务的。下面就介绍几处重要的基础设施。

1. 黄船坞

该船坞是停泊皇家用的龙船。为了与普通码头区分开，体现皇家的尊严，故称黄船坞，民间称之为皇家码头。根据《钦定日下旧闻考》的记载："通州城北五里有黄船埠，河水潆洄，官柳荫映。永乐中设黄船十艘，以其半轮往江南织造，俗名黄船坞。"①《大明会典》关于黄船的数量、修造等事宜有明确记载："国初造黄船，制有大小，以备御用。至洪熙元年，计三十七只。正统十一年，计二十五只。常以十只留京师河下听用。成化八年奏准，照快船事例，定限五年一修，十年成造。其停泊去处，常用厂房苫盖，军夫看守。"②可见，《大明会典》关于"常以十只留京师河下听用"的记载与清代《钦定日下旧闻考》中关于黄船坞的记载相呼应，说明京师的黄船停泊在通州的黄船坞。

《钦定日下旧闻考》仅有不足百字的记载，但是包含的信息很丰富。根据城北五里的记载，我们可以推断其位置在今天的永顺镇北关闸东侧。

在黄船坞周围"官柳荫映"，说明这里的柳树和一般的柳树不一样，是官家栽种在黄船坞周围的，身份就自然带有皇家血脉了。而且"柳荫龙舟"还成了"通州八景"之一。

2. 石坝码头

该码头设在通州城北门外、通惠河口南、大运河西岸，现已无存，只能根据文献资料考证。史料记载："嘉靖七年置。万历三十三年，题定通州通判管辖。每年正兑京粮自此搬入通惠河，由普济、平津、庆丰等闸递运至大通桥，以实京仓。国（清）朝因之。"③此段记载言简意赅，但信息

---

① ［清］于敏中等：《钦定日下旧闻考》卷一〇九，《京畿·通州二》。
② 《大明会典》卷二百，《河渠五·船只》。
③ 光绪《通州志》卷三，《漕运·坝闸》。

量很大，说明了石坝码头的设置年代、功能、管理及运送方式等。有多少粮食要经石坝码头呢？每年的情形都不一样。在清中期，每年大约有250万石由此转运，平均每天约3万石。"七省正兑漕米运京仓者，从此盘入通惠河。岁计二百四十四万石有奇。扛夫喧轰，昼夜不息。日以起运三万石为率。专责经纪百人董之。"①

据通州文物专家周良先生考证，在通州城北通惠河入北运河口附近有两座石坝码头。一座设在通惠河口南运河西岸，1987年建卧虎桥时，在桥南端出土大量城砖和花岗条石，应为石坝码头遗物。②另一座在今西海子公园葫芦湖的位置。一般认为石坝码头应为一处，由两部分构成。葫芦湖是明通惠河故道。明嘉靖初年，吴仲重新疏通了通惠河，由于水量不足，便淘汰了以前的提闸行船的方法，进入通惠河后采用人力搬运物资的办法过闸。南来的漕船停靠在通惠河口的石坝。在此将粮食卸下，到验粮楼去验粮。验收合格的粮食从此处由人力搬运到通惠河口南侧的葫芦头东岸，此处也建有一座台阶式石坝，漕粮由此装上驳船，经通惠河向北京转运，这也是石坝码头的组成部分。卸粮码头在运河北端，装粮码头在通惠河口南侧，一卸一装形成了两处石坝码头。

最初的石坝码头是土质的，只不过采用版筑的方式，用三黄土夯实。为了与起运通仓码头相区别，而称为石坝码头。后来在夯实的土地上铺石板，所以在史书中又称为"板坝"。史书记载："旧筑土堤长若干丈，堤外又建板坝若干丈，以资保障。……南船来往，停泊坝外，篙眼积如蜂窝，板坝亦险于他。"③

为便于管理，在石坝旁设一座办公管理设施，明代称为"督储馆"，清代称为"石坝掣斛厅"。其布局是两进院落，"头门三间，正厅三间，

————————

① 光绪《通州志》卷十，《艺文·石坝大光楼行》。

② 北京市通州区文化委员会、北京市通州区文学艺术界联合会编：《通州文物志》，2006年版，第31页。

③ 光绪《通州志》卷十，《艺文·石坝须知序》。

厢房六间，后厅三间，厢房四间，厨房一间"①。每年南粮抵达通州时，负责官员州判移驻于此。据记载，在石坝的工作人员有"书吏十九，小写四，军粮经纪一百，白粮经纪二十五"②。到清乾隆年间，通州州判李炳根据《漕运则例》、元明时期有关史料和清朝的"会典""通志"，制定出《石坝须知》，使石坝的管理更加规范。

除了挈斛厅，还有号房等配套附属设施。清代最多的时候有百余间号房。史载："石坝号房原六十八间，内有外河北首号房一十二间被火烧毁，仅存五十六件。……雍正五年，动支通济库银添造五十间。新旧号房共一百六间。"③

3. 土坝码头

该码头在通州旧城东门外运河西岸，在今天东关大桥西端北侧。史载："明制改兑通粮自此起车。万历二十二年，郎中于仕廉察旧迹，建新闸。通隍济漕，蓄水运船，以省车挽之费。三十三年，题定通州州同管辖。每年漕粮至新旧城外，起车径入西仓、中南仓交纳。国（清）朝因之。"④由此可知，明清时期，改兑漕粮由土坝上岸，入通仓。其运输方式以万历二十二年（1594年）为界有变化，之前是车运至各仓，十分不便，之后是采用水运至各仓门口，然后车运至各仓内。关于由土坝运至通仓的水道，史书上有明确记载："自旧城西水关流入城内，至东水关出，绕城南流，至南浦闸泄水，至张家湾入运河。其土坝运漕至中西粮仓水道即由此。"⑤

根据吴仲的《通惠河志》记载，土坝码头为三黄土筑成。这类码头虽然不如石坝码头结实耐用，但是其建造材料由粘土、沙子、石灰混合而

① ［明］吴仲：《通惠河志》（卷上）。
② ［清］周家楣、缪荃孙等编纂：《光绪顺天府志》，《经政志三·漕运》。
③ ［清］杨锡绂：《漕运则例纂》卷一十九，《仓廒号房》。
④ 光绪《通州志》卷三，《漕运·坝闸》。
⑤ ［清］周家楣、缪荃孙等编纂：《光绪顺天府志》，《河渠志二·水道二》。

成，甚至还会掺入米浆，而且最下面亲水的台阶有木质排桩保护，所以仍然很结实。

在土坝的工作人员，最初有"书吏四，车户向置五十名，……船户十五名"[1]。后来屡有变化。清代土坝有号房二十余间。史载："土坝并新旧两城南门有号房坍塌无存。雍正二年，将运役未领历年二成烂米价银内动支，在土坝建造号房二十五间。"[2]

4. 京通间及连接各粮仓的石道

到了清代雍正年间，为解决京通间的陆路运输，雍正皇帝命令修通州至朝阳门的石道。该工程始于雍正七年（1729年）八月，至雍正八年（1730年）五月告竣。石道"计长五千五百八十八丈有奇，宽二丈；两旁修土道各宽一丈五尺，长亦如之。其由通州新城、旧城至各仓门及东西沿河两道，亦皆建修石路，共计长一千五十余丈，广一丈二尺及一丈五尺不等。费帑金三十四万三千四百八十四两有奇"[3]。

这条石道是什么样子？咸丰十年（1860年），法军上校杜潘曾在书中有这样的描述：

路面由大块的石板铺成，……路的两边，每隔一段距离就有几座白色大理石石雕，这些雕像的形态奇特且充满想象力。石雕的主题都是相同的：下面是一个巨大的大理石乌龟，乌龟的背上驮着一根方形石柱，石柱上雕刻着一些五爪的大龙，它们弯曲着相互缠绕在一起，形态奇怪。[4]

从这段记载可以看出，石道不仅有实用功能，而且还体现着王朝的威严

---

① 同上书，《经政志三·漕运》。

② ［清］杨锡绂：《漕运则例纂》卷一十九，《仓厫号房》。

③ ［清］于敏中等：《钦定日下旧闻考》卷八十八，《郊坰东一·雍正御制石道碑》。

④ ［法］瓦兰·保罗著，孙一先、安康译：《远征中国》，中西书局2011年版，第135页。

和盛世气象。京通石道在清朝发挥了重要作用，不仅便利了入京运送漕粮的车辆，也加强了通州与京城的联系，是通州城通往京城的重要基础设施。

值得一提的是，该石道不仅仅从通州到朝阳门，而且通州新城、旧城至各仓门也通石道，这样就极大地改善了通州城的主干道路。朝鲜使臣记载："市街排列石路过侧，车不得方轨。"①可见，政府对石道的管理是很严格的，市场只能分布在石道的两侧，而不能占道经营。为保证道路通畅，车辆不能并排行进。

来通州的官员文士、商贾使臣对明清通州城给予了很高的评价。如一位朝鲜使臣在日记中写道："从州北门入，……入内城门，十字街口，建一座牌楼，上面书'日下冲繁第一州'，盖第一要冲繁华处也。城内通衢皆瓮石为道，直抵朝阳门外。凡四十里，左右旗亭酒楼，丹碧连天，帘幕临江。城东门内一□亭，亭独出，影卧江面。余有诗曰：'□似高帆城似岸，通州全在夕阳中。'真夕阳佳景也。"②

遗憾的是，此石道在民国年间被破坏殆尽。1941年前后，通州城内石道就几乎不存在了。《通县志要》记载："（当时）由城内牛市至西门外三间房一段，民初修京津公路时拆去。其西仓至新城南门一段，亦同时拆去。由牛市至旧城南门一段，系冀东政府是拆去。"③

四、明清通州城的几处标志性建筑

1. 燃灯佛塔

"通州八景"之"古塔凌云"中"古塔"即为"燃灯佛塔"。该塔始建于北周年间，距今约1400年。今天，该塔仍然是通州标志性建筑，详见

---

①　[朝]李海应：《蓟山纪程》卷四。

②　林中基主编：《燕行录全集》卷七十，韩国东国大学出版部2001年版。

③　金士坚主编：《通县志要》卷四，《交通·公路》。

《古代通州八景及其文化价值》。

2. 通州鼓楼

在古代，鼓楼和钟楼成对出现，习惯称为钟鼓楼。通州的鼓楼位于通州旧城中轴线之北大街，历史悠久。鼓楼在古代有十分重要的作用："望云物而察襏祥，考漏晷而候晨夜。以授人时，以诏民事。"①不仅是报时的工具，而且是观天象的重要场所。元代称为齐政楼，明初重修。嘉靖十七年（1538年）被火烧毁。"二十七年重建，额曰先声四达。"②万历三十七年（1609年）再次重建。

根据光绪《通州志》记载，清朝200多年间，鼓楼经过了顺治四年（1647年）、康熙四十四年（1705年）、雍正元年（1723年）、嘉庆年间、道光己丑年（1829年）六次修缮。③其中康熙年间工程最为浩大，几乎是原址重建。由于清康熙十八年（1679年）京东爆发大地震，通州鼓楼"尽圮"。直到"康熙四十四年，通永道李公锡、东路同知李公光宗、知州许毓芳重建"。雍正元年，通州知州黄成章在原来的基础上进行了完善，修复了"先声四达"旧额，还新设置了"楼北额曰暮鼓晨钟，楼南额声闻九天"④。

据《通县志要》记载，乾嘉时期鼓楼成为民众一处重要的游览场所，"每至上元，满挂灯笼，任人游览"，并设专人负责管理。到光绪年间，改为"四街商民轮流值年管理"。到1921年，鼓楼管理废弛，到1941年前后，"灯笼消失净尽矣"⑤。

在鼓楼南面悬挂有"声闻九天"大匾，到20世纪三四十年代此匾仍

---

① ［清］郭朴：《通州重建鼓楼碑记》，见光绪《通州志》卷十，《艺文·记》。

② 光绪《通州志》卷二，《建置·楼台亭阁》。

③ 同上。

④ 同上。

⑤ 金士坚主编：《通县志要》卷三，《建置·庙宇》。

在。除了此匾，北面还悬挂"声灵赫濯""北平巨镇"匾。①从鼓楼上悬挂的匾额，可见鼓楼对当时通州城的标识作用。除此以外，鼓楼还具有报时、游览等功能。到民国时期，鼓楼又新增了一个功能，专设警察在此值守，遇有火灾则在此处报警。史载："遇有火警，以楼为中心，按前三、后四、左五、右六，各响数。区别之火小则缓击，火大则急击，均为该处警所警士轮流管理。"②

鼓楼钟鼓的敲击，不同时期有不同制度。同治年间，规定"晨钟暮鼓，击法缓急一百〇八响"。光绪年间，"改为早、午、晚击。早、午击钟，先缓击十八响；次稍速，击十八响；再次，急击十八响。晚则先击鼓，后击钟。击法如前，每次击三遍"③。

到1936年，"钟声忽哑，鼓亦旋破"④。鼓楼钟鼓"失声"，对通州人来说是一件大事，因为通州鼓楼是通州城中轴线上的标志性建筑，"晨钟暮鼓"已经成为通州人生活的一部分。浪漫乐观的通州人用一个美丽民间传说纪念通州鼓楼远去的钟鼓声，这就是有名的"雷瘸子"的传说。史书记载：

> 雷姓佚其名，生而跛，司鼓楼击钟。一夕徧，访亲友，谓将远行。是夜，钟竟不鸣。翌日，争传雷瘸子于同日同时，至各亲友处辞行，殆仙去云云。⑤

通州鼓楼的"失声"意味着其原有功能的丧失。1929年设置在鼓楼的警所被取消，鼓楼被辟为通县民众阅报所。后来，又在此设立通俗图书馆。1934年7月改称通县县立民众教育馆。1959年6月，在此楼设立"通县

---

① 金士坚主编：《通县志要》卷三，《建置·庙宇》。

② 同上。

③ 同上。

④ 同上。

⑤ 金士坚主编：《通县志要》卷九，《风土·传说》。

图4-5　位于通州古城北大街的鼓楼

图片来源：《百年沧桑——通州历史图片汇编》（通州图书馆编）

少年之家"。1968年11月，通县革委会建"五七干校"而将其拆除。

现在，通州迎来了建设北京城市副中心的历史机遇，有人建议重修通州鼓楼。这是很有必要的，因为鼓楼和燃灯佛塔都是通州城的标志。而且重修通州鼓楼，在历史上有过先例。

3. 大光楼

该建筑紧临石坝南侧，始建于明嘉靖七年（1528年），为巡仓御史吴仲督建。"大光"取自于《易经·益卦·象辞》中"自上下下，其道大光"①，因此叫"大光楼"。益卦的卦象为下震上巽相叠，巽为风，震为

---

① 出自《易经·益卦·象辞》："益，损上益下，民说无疆，自上下下，其道大光。利有攸往，中正有庆。利涉大川，木道乃行。益动而巽，日进无疆。天施地生，其益无方。凡益之道，与时偕行。"

雷，风雷激荡，其势愈强，相得益彰。明清两朝户部坐粮厅官员在此验收漕粮，故又称为验粮楼。由于紧邻石坝，亦称为石坝楼、石坝大光楼、河楼。清同治十一年（1873年）重修，"南北添建平台各三间"①。

据专家考证，大光楼为上下两层。"下层是一拱券式门洞通道，方便行走，……上层歇山脊，单层双滴水，面阔三间，进深三间，四面有廊带护拦。"②大光楼不仅有实用功能，闲暇时节也是文人墨客观景的好去处。来到楼上，"蓟郡盘山诸峰出没隐见于槛前，如列屏，如绾髻，阴晴寒暑，千态万状……"③。大光楼悬有一名联："高处不胜寒，溯沙鸟风帆，七十二沽丁字水；夕阳无限好，看燕云蓟树，百千万点米家山。"④该联是清人程德润所作。

随着漕运的衰落，大光楼也失去了往日的辉煌。八国联军血洗通州城期间，大光楼毁于战火。到20世纪三四十年代，大光楼"基址无存，今为建设科农圃之一部"⑤。

目前，复建后的大光楼屹立在通惠河与大运河交汇处的西南角，在原址东北不远处。

4. 潞河驿和黄亭子

潞河驿位于通州旧城东门外迤南运河西岸，亦称为潞河水马驿。潞河水马驿的设置是由通州"水路要冲"的地理位置决定的。明清时期，从东北到北京都入山海关，经潞河水马驿，然后进京。从北京经由京杭大运河到运河沿线各城市，都要经过通州潞河水马驿。明代十分重视运河驿系统的建设，从顺天府（今北京）到应天府（今南京）设置水驿40余所。可见，通州潞河水马驿不仅承担陆驿的功能，还是运河水路系统的重要节点。

---

① 光绪《通州志》卷二，《建置·楼台亭阁》。
② 张建：《通州古建》，文化艺术出版社2004年版，第18页。
③ 光绪《通州志》卷十，《艺文·石坝大光楼行》。
④ 同上书卷二，《建置·楼台亭阁》。
⑤ 金士坚主编：《通县志要》卷三，《建置·庙宇》。

史载潞河驿于"明永乐中置","隆庆中被火，万历五年秋，因旧址兴工"①。外国使臣和友人拜谒明清皇帝，要先下榻于此，由礼部官员在此迎接。使臣离开，也由礼部官员护送至此，沿大运河离开。

关于潞河驿的结构布局，《通州志略》记载："潞河水马驿有正厅七间，后堂十间，正厅前廊房东西各五间，后堂前廊房东西各三间，仓库厨共二十四间，驿丞厅三间。"②潞河驿其西为总会铺，也叫递运所，应是放置传递物品的地方，其东为来宾馆，后改为抚夷馆，功能类似于今天的接待室或者招待所。从名称看，最初外来宾客都可以在此下榻，所以叫来宾馆。后来改为抚夷馆，"夷"就表明天朝上国对外国使臣宾客的蔑称，说明后来成为外事接待的专门场所。

在潞河驿南侧有一个亭子，内立"潞河水马驿"碑，被称为驿亭，又因为其外形为四角攒尖带宝顶，用的是黄色琉璃瓦，所以又称为"黄亭子"。黄亭子是潞河驿的标志，也是漕船与民船的分界线。黄亭子以北，只有漕船和黄船可以进入，分别到土石二坝和黄船坞。而商船、客船则不能进入。清代学者计六奇记载："万历四十七年，己未仲春二十又二日，……杜将军师出潞河，潞河人聚观之，挥汗湿邮亭……。"③邮亭就指的是黄亭子。可见，黄亭子虽然体量并不大，但是在通州城具有标志性的意义。

清康熙三十四年（1695年），因保证漕船运粮，将此驿南移到张家湾城南门外萧太后河南岸，与河驿合并。乾隆年间于此改为东路御酒厂。民国年间仍作酒厂，但改建颇多。1949年后，潞河驿仅余递运所院落，改为商业用房。随着时代变迁，潞河驿已消失。

5. 文昌阁

明清通州城东城墙与南城墙在东南的交汇处建有文昌阁。该建筑始建

① ［清］于敏中等：《钦定日下旧闻考》卷一〇八，《京畿·通州一》。
② ［明］杨行中：《通州志略》卷二，《建置志》。
③ ［明］计六奇：《明季北略》卷一。

于嘉靖年间，到万历年间迎请了神像。光绪《通州志》有明确记载："明嘉靖间，州绅杨行中建。万历间，州绅杨惟治迎香林寺神像于阁。"① 文昌阁供奉文昌帝君。文昌帝君为民间和道教尊奉的掌管士人功名禄位之神，又称文昌星、文曲星，是主文采功名的星宿。古代儒生，除在文庙祭孔外，也到文昌阁拜祭文昌神。

　　清康熙年间经过三次修缮。第一次是康熙七年（1668年），"州人张光铨、黄应甲、王永福、张衡等同修"②。第二次为康熙三十一年（1692年），由于康熙十八年（1679年）大地震，文昌阁"尽圮"。此次修缮工程较大，"知州程俊、王光谟、州人刘台望、张世京、王浚、田镒、主持于清海等，重建阁前奎星楼，配以两厢阁，西构小亭三楹"③。五年后，知州吴存礼修筑文昌阁下城基，更名其亭曰望耕亭。

图4-6　位于旧城东南角的文昌阁
图片来源：《百年沧桑——通州历史图片汇编》（通州图书馆编）

---

① 光绪《通州志》卷二，《建置·楼台亭阁》。
② 同上。
③ 同上。

乾隆年间，此处为潞河书院所在地。潞河书院始建于康熙五十九年（1720年），当时位于州城西门内。后因经费不足，书院陷入财务危机，无奈"即以书院房屋抵补"①。

到乾隆二年（1737年），通州知州韩亦诗率领州绅在文昌阁重建书院。"通永道鄂公昌书'潞河书院'额，延请主讲，集士设课。"②但是，不久潞河书院多次陷入困顿，但是在有识官员的倡导下，潞河书院又获得重生。如乾隆十一年（1746年），"知州杜甲奉宪复兴，捐俸办理，州绅士周、刘、魏三姓协捐，延师设课"，乾隆二十三年（1758年），"通永道王公检捐银一百两，东路厅范公廷楷捐银陆拾两，……共捐银九百六十两，交州经办，延请主讲"③。由于办学经费有了保障，书院办得有声有色。著名诗人、纪晓岚的朋友董元度为院长，当年招收京东学生就读，书院一时称盛。④乾隆三十一年（1766年），因为通州新、旧两城合一，知州万廷兰在空城旧址南边重建潞河书院，但是不足三年就被拆毁，"肄业者仍在东南角楼文昌阁书院中"⑤。潞河书院在文昌阁中一直持续到乾隆四十三年（1778年），此后潞河书院由文昌阁迁入通州文庙的文昌祠。

明清时期，通州及周边的文人雅士常到此祭拜文昌帝君。虔诚的学子们烧香祭拜后站在此处，放眼望去，触景生情，留下了不少诗作。如清嘉庆年间进士尹澍曾登上高阁，并留下《登文昌阁》一诗：

> 文星光聚插苍穹，临水层楼映远空。
>
> 岸柳若连一色碧，庭花不断四时红。
>
> 渔歌飘渺飞檐外，帆影参差玉浪中。

---

① 光绪《通州志》卷五，《学校·书院》。

② 同上。

③ 同上。

④ 赵连稳：《北京书院史》，研究出版社2014年版。

⑤ 光绪《通州志》卷五，《学校·书院》。

桂籍年来频注记，好看多士鼓长风。①

在文人雅士眼中，在文昌阁四顾，处处有景。其中最有名的景色被称为"文昌阁十二景"，即"雉堞云连""古塔凌云""万灶炊烟""天际沙明""漕艇飞帆""平林烟树""闸泄涛声""风行芦荡""碧水环城""柳岸渔舟""绕郭蔬畦""层楼分峙"②。

五、明清通州古城的空间布局和城市肌理

明清通州城在规划建设方面，充分考虑自然地理环境，强调人与自然的和谐，体现了天人合一的规划理念。

1. 通州古城的空间布局

明清时期的通州城总体上是不规则的"凸"字形（参见1883年绘制的《清代通州城池图》），这与通州古城的形成阶段是密切相关的，也是建造者充分尊重通州的自然地理环境的结果。

如前所述，明初孙兴祖督建的通州城被称为通州的旧城，此城为南北向长方形，有城市中轴线，四座城门。但值得注意的是，此城并不是方方正正的，因为北城墙是顺着通惠河修建的，有一定角度的偏斜。后来为了保护旧城西门外的西仓和南仓，才修建了新城。所以，明清通州城最终成了不规则的形制。中国古代城市规划强调整体观念和等级观念，体现人与自然和谐相处的天人合一理念等，这在明清通州旧城就有充分的体现。

中国古代的城市往往是按照一定的制度进行规划和建设的。《周礼·考工记》中对城市建设制度有明确的规定，必须符合礼制。城的大小因受封者的等级而异，城内道路的宽度、城墙的高度和建筑物的颜色都有

---

① 光绪《通州志》卷十，《艺文·诗》。

② 同上。

图4-7 通州南门

图片来源:《百年沧桑——通州历史图片汇编》(通州图书馆编)

等级区分。《周礼·考工记》关于王城的记载:"匠人营国,方九里,旁三门,国中九经九纬,经涂九轨,左祖右社,面朝后市……"这些关于城市规划的原则,对中国古代城市规划布局产生了深远影响。明清通州城的布局就遵循了这样的原则。

旧城有一条中轴线,该中轴线从南城门开始,经南大街、闸桥、鼓楼、北大街到北城门。旧城总体上也是东西对称的。例如,明永乐年间,朝廷在通州设置的中仓和东仓就在南大街两侧。后来中仓和东仓合并为中仓,中仓和西仓在位置上也是对称的。不仅胡同是对称分布的,湖泊水系也是对称分布的,例如西海子和东海子对称分布在北城。

"面朝后市"是总体原则,在通州城体现为主要行政机构分布在古城北部。通州的州衙署和驻通主要行政机构如通永道署、浙江和江苏等省驻通管理漕运事务的机构均在北部,粮仓在城南部。由于在封建社会十分强调礼乐教化,所以在城北还分布了文庙、贡院等教育机构。明清通州城的功能布局十分明晰,北城承担了通州的行政、文化教育功能,东城承担了漕运和经济功能,南城承担了仓储功能。

2. 城市主干大街

同许多古城一样，通州城也有四条主干大街。东西大街与南北大街就像坐标的纵轴和横轴一样垂直交汇，把古城分为四部分。

明清通州城略有不同，通州城的东大街和西大街不在同一条直线上，是错位的。南大街和北大街也不是一体的，而是隔一条河（1958年将河填平，形成新华大街），由通流闸闸桥连接。东大街和西大街与新华大街平行，距离新华大街数十米。东大街东起东门，西到北大街；西大街从旧城西门开始，从通州博物馆南门经过，东到南大街。

东大街 通州古城的东门即通运门，是通州城连接运河的门户。从明朝开始，土坝码头、潞河驿和黄亭子就在东关地区。"通州八景"之一的"万舟骈集"景象就发生东关外运河上。漕运的繁盛带动了东关地区商业的繁荣。由于土坝严禁私人船舶停靠，在土坝皇亭子以南，凡装载由南方各省运来的麦、稻、杂粮及其他货物的商船在此停泊。在旧城东部，集中形成各类专业市场，其他市场虽不在东关，但是南来北往的货物都经由东关发往各地。

东大街是通州城重要的商业通道，其两侧分布了大量商铺。这从朝鲜使臣日记就可见一斑。李宜显在《庚子燕行杂识》中写道："由东城而入，街路之上，往来行人及商胡之驱车乘马者，填街溢巷，肩摩毂击，市肆丰侈，杂货云委，处处旗幡，左右森列，如戎裘皮鞑、红帽子、画瓷器、米谷、羊、猪、姜、葫葱、白菜、胡萝菖之属，或聚置廛上，或积在路边，车运担负，不可尽数。至如壕堑之深广，城壁之坚致，楼榭台观之壮丽，署宇仓厂之宏大，非如沈阳之比，真畿辅之襟喉，水陆之要会也。"①

西大街 西门名为"朝天"，什么是"天"？"天"即"天子"，

---

① 林中基主编：《燕行录全集》卷三十五，韩国东国大学出版部2001年版，第372—373页。

就是皇帝。通州城是京城的东大门，西门是通州城距离皇城最近的地方。新城西门叫"五尺瞻天"，意思就更进一步了，就是咫尺之内就能看见天子了。不是真的能看见，只是要表明心里装着皇帝。后来又改为"神京左辅"，更强调通州拱卫都城的作用。

从西门名字就可以看出西大街是连接东部与京城最重要的通道。无论是皇帝东游还是南巡，大都要经过西大街。朝廷大臣到通州来也要经过西门，途径西大街。尤其是明清时期，外国使臣到京城拜谒皇帝，从东门进入通州，途径东大街，过闸桥，然后到西大街，出西门，进北京。

西大街南侧有三处大粮仓，分别为中仓、西仓和南仓，规模很大。在外国使臣眼中，这些大仓廒群就像小城镇一样。朝鲜使臣朴趾源记载："……有三所仓廒，制如城郭。"①

值得一提的是，由于西大街与京通石道相通，也是连接各粮仓的通道，所以从雍正八年（1730年）以后，西大街与东大街一样都为石道。

北大街　从通流闸往北，一直到旧城北门（凝翠门）为北大街。由于北城是通州古城的行政和教育中心，而且北大街也是南北中轴线的重要组成部分，所以其重要性就不言而喻了。北大街上有一处重要建筑——通州鼓楼。在古代，在钟表没有普及以前，报时的工作主要靠钟和鼓。在古代通州人的心目中，鼓楼不仅是城市的标志性建筑之一，也是生活中不可或缺的部分。尤其值得一提的是，由于通州贡院在北大街东侧，所以清代的北大街是顺天府霸昌道、通永道下辖22州县生员考试的必经通道。

南大街　从旧城南门往北一直到通流闸，也称为南门内大街，当地居民简称为"南大街"。这条大街有两大与众不同之处。一是大街两旁分别修建了两个大型粮仓，即永乐年间修建的中仓和东仓。中仓的东墙距离南大街仅约十米，中仓的东仓道就在马家胡同西头正对面的小夹道，其南侧还残存中仓仓墙。南大街东侧，即现在头条胡同处，明初设有东仓，后来并入中仓。

---

① ［朝］朴趾源：《热河日记》卷二，《关内程史》。

图4-8　20世纪30年代的通州南大街

图片来源：《百年沧桑——通州历史图片汇编》（通州图书馆编）

在嘉靖七年（1528年）以前，南大街是漕运通衢，当年有无数辆满载漕粮的车从这条大街驶过，将粮食运往中仓和东仓。二是南大街两侧是通州回民聚集区，其东侧是通州有名的"十八个半截胡同"回民居住区，西侧的悟仙观胡同、周仓庵胡同等也是回民聚居区。早在金末元初，回民就在这一地区居住，有很多名人都曾经在此留下了足迹，明朝著名的大思想家李贽就居住在莲花寺，道光名臣、书法家白镕就出生在白将军胡同。历史上，南大街也是著名的商业街，成为很多商号的诞生之地。著名的小楼饭店至今还生意兴隆，被称为"通州三宝之一"的"小楼烧鲶鱼"已经成为通州饮食的最响亮的招牌。

3. 通州古城独特的水系

明清通州城利用河流而设计的独特水系，体现了古人尊重自然、天人合一的理念，是值得今天的城市规划者和建设者借鉴的。

通州城利用潞水（北运河）和古高粱河（通惠河）设计了天然的护城河。史载："（万历）二十二年，户部郎中于仕廉周视两城隍并可为池，请引通惠河注之。诏浚三千三百余丈，加深二尺许，广视深四倍，建闸一、桥四。"[1] 这样就形成了完整的护城河防御体系。设计者利用通惠河开了河口。河口开在新城西北角不远处，引水南流，形成西护城河。此河流到新城西南拐角处往东流，形成南护城河（现在玉带河大街的位置）。又在天桥湾附近，利用通惠河分支往南偏东流，从西水关进城后向正东方向（现新华大街的位置）流，经通流闸，继续往东，从东水关出城，与东护城河汇流。

关于通州城的水系设计，史书有明确记载："（通惠河）迳通州新城西北，分流为护城河南出，迳筛子庄西，又迳新城，西出桥下。城之西北有水渠，其涓滴所积也；护城河又折东，迳南水关外，分流入南水关为一渠。护城河又东出南门粮桥、哈叭桥、南浦闸桥，与东水关南流一支合。其经流迳新城西北隅，东流五里许，分支南出，迳城北一里之天桥湾西，汇旧城西水关。"[2] 这不仅解决了通州城西护城河和南护城河的问题，而且还"积水丈余"[3]，具备运输的条件。史书也明确记载该水道连接了土坝与中、西两仓，具有水运功能，"其土坝运漕至中西两仓水道，即由此"[4]。从万历二十二年（1694年）后，护城河"可通漕舟，省陆挽费"[5]。

除此以外，通州古城还十分注重对水的利用。在北城，设计者设置了两处大型湖泊，即西海子和东海子。在南部，设计者在西水关、东水关附近和粮仓附近设置了四处水渠。关于城内水系设计，史书进一步明确记载："分支北流为一渠，曰西海，在潞河驷西；其东流出罗家桥，又分支，少西转出无档桥，曰仓沟，迳中仓西南为一渠；其东流又出通流闸、通利桥，于东水关西分流，折南为一渠，其东流穿东水关桥出，又分为

---

① ［清］于敏中等：《钦定日下旧闻考》卷一〇八，《京畿·通州一》。
② ［清］周家楣、缪荃孙等编纂：《光绪顺天府志》，《河渠志三·水道二》。
③ 光绪《通州志》卷十，《修濬通惠河善后条议》。
④ ［清］周家楣、缪荃孙等编纂：《光绪顺天府志》，《河渠志三·水道二》。
⑤ 同上书，《地理志三·城池》。

图4-9　通州新城南门外的护城河

图片来源：《百年沧桑——通州历史图片汇编》（通州图书馆编）

二：一北流，迳土坝，坝西分支自东关北流，出善人桥，与东海（在通永道治东）水合，其水东出城外善人桥，入于榆河；一南流，迳南浦闸，与新城西北一支合。其经流自西水关北分支，北出减水闸，与经流并东迳旧城北门外葫芦头、滚水坝，合流北出通济桥，又东注于榆河。"①

这样的水系设计，既能发挥军事防御（护城河）、防洪排涝、粮食运输、城市消防等功能，还能起到塑造城市景观、调节小气候等综合作用。可见，明清通州城是名副其实的北方水城。

六、明清通州古城的维护和管理

由于通州城在漕运仓储和军事防御方面具有十分重要的作用，所以通州城城墙的维护以及粮仓、道路、桥梁等相关基础设施的维修受到高度

---

① ［清］周家楣、缪荃孙等编纂：《光绪顺天府志》，《河渠志三·水道二》。

重视。

1.明清时期通州古城的维修和加固

明洪武元年（1368年），孙兴祖督修通州城后近80年没有大修，城楼损毁很严重。宣德八年（1443年），都指挥使刘斌重修城楼。万历十二年（1584年），通州知州张士奇修旧城。万历十九年（1591年），通州旧城和新城一起进行了大修。史载："（万历）十九年，兵科顾九思奏修旧城。时年，密云兵备道王见宾详准奏修通州新城，大加拆修，连垛墙高三丈五尺，厚丈余，长一千三百四十丈有奇。南门题曰望帆云表，西门题曰五尺瞻天。"①根据《光绪顺天府志》等史料记载，明朝后期，为了增强通州城的防御功能，通州城经过三次加固。第一次在万历三十七年（1609年），通州知州陈隋修建新、旧二城。第二次在崇祯三年（1630年），为了保护大运西仓，总兵杨国栋将新城加高、加厚。第三次在崇祯四年（1631年），当时的兵部左侍郎范景文在通州练兵，加强防御。与此同时，范景文加固通州城池，在旧城的东北角增建敌台一座，"形如扇。自左至右长十二丈，高三丈七尺。分中、下、上三层，俱有炮门"②。

到了清朝，通州城得到了几次很好的维修。根据《光绪顺天府志》等史料记载，康熙九年（1670年），通州知州宁完福修葺新、旧二城。新修的通州城具体为"旧城周一千六百二十六丈五尺，新城周一千二百六十三丈，城根宽三丈四尺，顶宽二丈三尺，城身外高三丈四尺，内高二丈二三尺至三丈不等"③。后来，由于长时间不修，新、旧二城都曾坍塌。乾隆二年（1737年），通州知州韩亦诗建议："以淤浅护城河道之土，挑挖为修城土方之用，且筑且浚。"④该建议得到仓场总督塞尔赫的赞同，并向乾隆皇帝上奏，得到批准，拨专款维修。乾隆三十年（1765年），新、旧

---

① ［清］周家楣、缪荃孙等编纂：《光绪顺天府志》，《地理志三·城池》。

② 同上。

③ 同上。

④ 同上。

二城合二为一。五年后，由于一场大雨，通州城出现了基础坍塌，知州龙舜琴进行修缮。第二年，又经历了一场大雨，不得不继续修缮。咸丰三年（1853年），顺天府兼管府尹贾桢奉咸丰皇帝的敕命，筹集钱款，兴修通州城。经过此次修缮，把原来勘察的32段坍塌处，共计340丈，并残破城门24扇及瓮口等工，一并修理。具体做法："按段砌砖，……里面素土垫厢，层层打夯，顶上另作沟眼出水，与城一律齐整。"①清末，由于英法联军、八国联军入侵通州，通州遭到极大破坏。

2. 明清通州古城配套设施和公共建筑的维修

为了确保通州城市的有序运转，通州政府十分重视对道路、桥梁、闸坝等基础设施和文庙、贡院、鼓楼等公共建筑的维修。相关史料比较多，限于篇幅，本文试举几例。

关于主干道路、桥梁、闸坝的修缮。清乾隆二十二年（1757年），雍正年间修筑的朝阳门外的石路已有损坏，乾隆命令大修。在修葺的过程中，乾隆十分关注工程质量，他反复强调要"毋节帑，毋狭材。帑节是重糜帑也，狭材是重废材也"。修成后，朝阳门石路长"六千六百四十四丈有奇，支户部金二十八万四千九百有奇"②。这次修缮是由朝廷出资，对京通石道及通州城内连接各仓和连接新城、旧城的石道统一进行了修缮。

还有一种情况，就是通过捐资，对通州城内石道进行修缮。如道光二十二年（1842年），中仓监督姚光璐和漕运州判徐塘主持捐修通州城内石道。具体情况是"自通州城内新街口至龙泉庵止，共长一百六十五丈；自赶驴桥东起至西门里洞止，共长五十七丈；自西门外天成庵起至第一座涵洞止共长二十七丈三尺；自新城南门起至西仓南门止，择要拆修凑全十五丈"③。以上工程于第二年六月告竣。道光二十五年（1845年），

① ［清］周家楣、缪荃孙等编纂：《光绪顺天府志》，《地理志三·城池》。

② 《清高宗御制文初集》卷二十一，《重修朝阳门石道碑文》。

③ 光绪《通州志》卷十，《艺文·重修石路桥坝记》。

"拆修西起大红牌楼之赶驴桥止，共长七十三丈五尺。加上二十二年修缮石路的长度共计三百六十二丈六尺五寸，共用制钱二万二千八百四十七串五百四十文，均由京通官绅商民捐资"①。

在维修道路的同时，桥梁、闸坝等设施也得到了及时维护。例如，道光年间，在修缮石路的同时又建旧城南门外哈叭桥一座，将滚水坝桥和普渡桥由木桥改为石桥。哈叭桥早已没了踪迹，但是在明清时期该桥是南方各省商贾进京要路。该桥位于新城南门外迤东的位置，为南溪闸泄水区，顺治、雍正年间两次大修。到了道光年间，"地脚松浮，桥面坍塌，渐就磬圮"②。其北为滚水坝，上建有木桥，西边有一座普渡桥。此三处建筑均由通州绅士捐修，"将哈叭桥拆卸，加高三尺，普律修整。滚水坝与普渡桥俱改建石桥"③。还是在道光年间，通州绅士捐资，将通流闸桥由木桥改建为石桥。"鸠工庀料，越三月而工竣。并于绕行水关石桥亦一律落成。"④

通州知州还十分重视学宫、贡院、鼓楼等公共建筑的修缮。举例来说，康熙十八年（1679年）农历七月二十八日，京东地区爆发了地震，震中在三河，通州损失巨大。在这种情况下，于成龙⑤临危受命，被提拔为通州知州。上任伊始，他带领官员现场指挥救灾。妥善安排灾民后，他带头捐出俸禄，重新修建通州文庙和义学。在他的带领下，其他官员和富商大贾纷纷慷慨解囊，其他一些公共设施和建筑也都逐渐得以恢复。史载：

---

① 光绪《通州志》卷十，《艺文·修葺通流闸并改建石桥记》。

② 同上书，《艺文·重修哈叭桥滚水坝普渡桥碑记》。

③ 同上。

④ 同上书，《艺文·重修石路桥坝碑记》。

⑤ 康熙年间有两个于成龙同朝为官，都曾先后担任过直隶巡抚，而且都以清廉著称，为世人称道，并以大、小区分。大于成龙生于山西永宁州，字北溟，曾任直隶巡抚、两江总督等要职，康熙皇帝称其为"天下廉吏第一"。小于成龙生于直隶固安（今河北省固安县），字振甲，号如山，祖籍辽东，为汉军镶黄旗人，曾任通州知州、直隶巡抚、河道总督等要职。

"编氓苦不给，公为之经画区处，均赖以安。捐俸倡募，重建至圣庙，复置义学，其他祠守表坊，靡不次第修整。"①

3. 对明清通州城的管理

在古代，政府对城市管理主要是维护社会治安。为了确保安全，明洪武元年（1368年），在筑通州旧城时专门在城墙内侧修建了巡城马道，供主管安全的官员巡视专用。根据文献记载，清代康熙年间开始，直隶巡抚于成龙在直隶地区推行保甲制度，通州知州于成龙贯彻得很彻底。后来，小于成龙就任直隶巡抚后，继承了大于成龙的保甲制度，并且在顺天府开创性地设置四路捕盗厅，维护社会治安。

康熙二十七年（1688年），直隶巡抚小于成龙在顺天府特设东、西、南、北四路同知，又称四路（捕盗）厅。捕盗厅设立之初，其领导班子为千总一名、把总一名。雍正十一年（1733年）增加外委一名，额外外委三名。清代统治者将四路同知视为"甸服之屏障"，分路驻守京畿。

其中，东路厅驻通州，分管通州、三河、武清、宝坻、香河、蓟州、遵化等州县。东路厅总指挥部在通州城内，捕盗厅下设驻兵所，相当于今天的派出所。东路厅下面配备了八哨人马。②兵员平时住在驻兵所，负责巡查、通盗。东路通州本营驻一哨人马，负责城内的社会治安。

为了加强对驻兵的管理，达到维护社会治安的目的，小于成龙还亲自指导制定了《捕盗营章程》。根据该章程，"弁兵如擒马贼一名，赏银四十两；寻常盗犯一名，赏银二十两。惟不得以抄窝为名，私行入村搅扰"③。在管理公务人员方面，尤其是禁止公物私用方面，小于成龙施行了一个行之有效的办法："马匹加一火烙印记，其应用鸟枪、长矛、腰刀、

---

① ［清］高天凤：《重修于襄勤公碑记》，见［清］周家楣、缪荃孙等编纂：《光绪顺天府志》，《地理志五》。

② "哨"是当时部队的建制单位。其兵五人为伍，二伍为一队，一个马队和一个步队合为一哨。

③ ［清］周家楣、缪荃孙等编纂：《光绪顺天府志》，《经政志十·营制》。

双手带、九龙袋、火药葫芦、火药管、铅丸袋、马鞍、号衣，须分东、西、南、北，各以字编号。立簿四，按四路所领器械军装之弁兵姓名填注。"①

顺天府东路厅在顺天府治理体制中有重要地位，正如吏部尚书兼顺天府尹卓秉恬在给道光皇帝的奏折中所言，（东路厅）"职司捕务，督率千把、马步河兵，昼夜游巡，缉捕逃盗，所属州县一切刑钱等案照例核转"。到雍正年间，京畿社会治安明显好转，因此清政府裁减四路捕盗兵员。通过这项制度创新，通州城的社会治安有了明显好转，受到百姓的称赞。

由于通州是漕运仓储之重地，而确保一方平安，尤其是运河河道的安全是通州知州的首要任务，所以知州常常亲自带队巡守河道。朝鲜使臣姜时永在通州偶遇知州巡河，并在《辎轩续录》中记载："知州龙载恬四川宜宾人，分巡通州运河道。"②

进入清末，清政府在城市管理上的很多方面向西方学习。清光绪三十一年（1905年），清政府进一步改革城市管理体制。当时的直隶总督袁世凯建议设巡警部，各地设巡警厅。同时，随着变法的推进，一系列近代城市管理法规被制定了出来。与此前不同，据《清末北京城市管理法规》，城市管理主要有道路交通、医药卫生、饮食服务行业管理，以及市场管理、矫正收容及特种行业管理等六大方面的内容。③但是，由于时局动荡，变法新政在地方上得不到很好的执行，这些管理规章没有得到贯彻落实。

---

① ［清］周家楣、缪荃孙等编纂：《光绪顺天府志》，《经政志十·营制》。

② 林中基主编：《燕行录全集》卷七十三，《辎轩续录》，韩国东国大学出版部2001年版。

③ 田涛等整理：《清末北京城市管理法规》，北京燕山出版社1996年版。

第五章　明清时期通州的商业

　　漕运的繁盛带动了沿线各地商品的流通，对沿线城市的商业繁荣起到了很大的促进作用。通州是漕运仓储的重地，南来的漕船、商船咸集于此，形成了"万舟骈集"的兴盛景象。漕运的兴盛直接推动了通州商业的繁荣和城市的发展。

一、通州商业繁荣的成因

　　通州商业的繁盛与漕运的关系是毋庸置疑的，嘉靖《通州志略》记载："通州密迩京师，当东西南北之冲，水路要会，天下财货集焉。是以逐末者多，务本者少。"[①]清代亦如此，"走集之交，聚会之所；习为商贾，勇于奔竞"[②]。但是要说漕运到底如何促进了通州商业的繁荣，不得不说一项叫作"随船土宜"的制度。

　　所谓"随船土宜"，从字面意思说，就是漕船运粮的同时可以捎带点当地土特产，并且一定数量的土特产可以免征税钞。这种制度早在明代已经形成，但是数量不大，成化时期（1465—1487年），每船准带土宜10石，嘉靖末允许带40石，万历时期（1573—1620年）增加到60石。到清

---

① ［明］杨行中：嘉靖《通州志略》卷一，《舆地志·景致》。
② 康熙《通州志》卷一，《封域志·风俗》。

代，朝廷对漕船携带"土宜"的限制逐渐放宽。之所以这样，是因为朝廷知道运输成本太高，途中各种花费太高，运丁太苦，通过放宽政策，一定程度上保护了运丁的积极性。如雍正七年（1729年）谕令："旗丁驾运辛苦，若就粮艘之便，顺带货物至京贸易，以获利益，亦情理可行之事。"①

从掌握的史料看，各省漕粮由各帮船运丁在各州县将粮食运到通州期间，沿途有关卡闸坝无数，到京通交粮还有仓场衙门和坐粮厅。这里面有两种情况：一种情况是形成政策的，朝廷规定的各种附加费用，如芦席税，无论正改兑漕粮，每两石征席一张，全漕400万石须征席200万张。江南、浙江、江西、湖广等省正兑米石都附加征收楞木松板，每两石征收楞木一根，松板九片。②又如专供运丁运粮沿途开支的费用，有的给米，有的给银两，就是所谓的"漕运赠贴"。因地域不同，称谓也不同。"江南谓之漕赠，浙江谓之漕截，山东、河南谓之漕耗，江西、湖广谓之贴运。"③各省标准不一，或收银两，或收粮米。康熙九年（1670年），朝廷规定："江安、山东、河南每米百石征银五两、米五石。苏、松、常、镇四府，每米百石征银十两、米五石。浙江每石征漕截银三钱四分七厘。江西每石征赠银三分、赠米三升，副耗米一斗三升。湖广无加赠银米。"④每船漕粮按500石计算，数量也大得惊人。

作为雇用舟车的转运费（称水脚银）因地域不同，费用也不同，视距离远近和运送难易程度而论。除以上所规定的附加费用，还有一种情况是给各处官吏的好处费，也就是各种"潜规则"。如领运官、押运官、催攒稽查官的好处费，以及淮安漕督衙门、京通坐粮厅和仓场衙门的贪索费难以计数。在清朝档案中，有这样一件历史档案记录了在各处的打点费用。嘉庆四年（1799年）十二月十六日，陈大文奏查明山东省漕帮旗丁经费陋

---

① 《清朝续文献通考》卷二十九，《征榷》。

② 李文治、江太新：《清代漕运》，中华书局1995年版，第112页。

③ ［清］周家楣、缪荃孙等编纂：《光绪顺天府志》，《经政志三·漕运》。

④ 同上。

图5-1　大运河上的航船和运河西岸堆放物品的情景

图片来源：《百年沧桑——通州历史图片汇编》（通州图书馆编）

规开列清单中记载："通州坐粮厅，验米费银四百两，仓场衙门、科房、漕房等费，自八十两至二十余两不等。又本帮领运千总使费银七百两，及本卫守备、年规四百十二两，生节规十六两。其总漕、巡漕及粮道各衙门皆有陋规。下至班头军牢轿马，自数两至数十两者，不一而足。"①该资料记载了山东漕船帮所花费银，相比之下，湖广、江南漕船的路途更为遥远，所花费用必然更为巨大。

　　在这样的情况下，运丁叫苦不迭，各府州县也有怨言。为了保护运丁的积极性，维持漕运的顺畅运行，从明朝开始朝廷就规定各漕船可以带少量土特产，以贴补途中各项花销。到了清朝，限制逐渐放松。雍正朝规定每船可带土宜100石。雍正八年（1730年）又规定漕船头舵工人（二人）每人准带土宜3石，每船水手合带土宜20石。每船总计所带免税土宜126石。嘉庆朝又准每船增加24石，"共是一百五十石之数"②。道光八年（1828年）增为180石，道光年间漕船以6326只为计，共带免税土宜总计为

---

① 《山东巡抚陈大文呈旗丁应领应用经费清单》，中国第一历史档案馆藏。
② ［清］刘锦藻撰：《清朝续文献通考》卷二十九，《征榷》。

1138680石。① 漕船携带的货物比这个数目要多很多，因为每只船往往都超过规定的量，超过的部分只需按规定缴纳税钞即可。

明代天启年间的工部尚书王佐曾说"漕规每船正粮不过五六百石"，而所装载私货"不啻数倍"。② 这与康熙年间的记载"其夹带之货多于额装之米"③ 相一致。如前所述，清前期漕船在万只以上，雍正以后逐渐减少，从雍正到咸丰前期都能维持在6000只以上。根据研究漕运的专家推算，以道光朝的6326只计算，由南往北，所带各种货物包括自己所带土宜和随载客商货物合计，可能到600万石到900万石之间。④

南方来的漕船携带南方商货到北方，所带货物部分沿途出售，绝大部分都运到通州。所运货物种类繁多，主要有农产、棉纺织品、丝织品、油类、酒类、干鲜果品、各种食物、纸张、竹木藤器、杂货、铁铜器、药材等十二大类货物。其中每一类下面又有若干小类，共计近千种货物。⑤ 仅就纸张来说就有几十种。

漕船到通州土、石二坝交兑完毕后，将北方的商货带回南方，所带商货主要是农产品及农副产品，诸如梨、枣、核桃、板栗、瓜子、柿饼、豆、麦、棉花、烟草等。在携带数量方面，准带60石免税。在规定之外须按章纳税，每石税银4分。⑥ 漕船由北而南系回空，携带商货税额又很低，运河沿线城市尤其是南方经济发达的城市，需求量之大可想而知，所带商货数量必然更大。

遥想当年，万舟骈集于通州城东门外，南来货物汇集于东关码头，然后再从此处运到北方各地。漕船交完粮后，捎带北方货物。北方各地商品

---

① 李文治、江太新：《清代漕运》，中华书局1995年版，第483页。

② 《明熹宗实录》卷二十，天启二年三月庚申条。

③ ［清］王芑孙：《转般私议》，收录在《清朝经世文编》卷四十七。

④ 李文治、江太新：《清代漕运》，中华书局1995年版，第487页。

⑤ ［清］杨锡绂：《漕运则例纂》卷一十六，《通漕禁令·重运揽载》。

⑥ 李文治、江太新：《清代漕运》，中华书局1995年版，第485页。

也聚集在通州，由通州上船，运回南方各地。

这样一来，五岭南北的"广货"，川黔地区的"川货"，塞北的"皮货"，各地的粮食、土特产品，经漕船、商船以及驼队运至通州。南北物资咸集于此，通州不仅成为漕运仓储中心，也是名副其实的南北商贸中心。

二、通州商业的繁荣

漕运的兴盛促进了通州商业的繁盛。明清时期，通州商业的繁盛十分有名，主要表现在以下几个方面：

第一，漕运商业的繁荣催生出了几大产业的发展。随着漕运"土宜政策"的放宽，南来北往的商品云集通州，形成了几个与之相关的商业贸易。

一是粮食交易产业。由于各类物资的交易转运，在通州码头附近形成了不同门类的交易市场。由于土坝、石坝严禁私人船舶停靠，在土坝皇亭子以南，各省运来的麦、稻、杂粮的商船在此停泊。出现了很多粮食交易市场，在东关的"粮食市""江米店"等地名即与此有关。粮食市位于东关运河西岸，为民间粮食存储及交易场所。南方的大米、北方的小麦多运到这里进行批发和销售。清乾隆年间，"凡山东、河南及直隶之大名、天津，江南之徐州"的粮食，都"装运来通"。通州"东关有永茂、永成、福聚、勇源四大碓房"，专供粮商堆贮之用。"每石无论停贮久暂，得价一分租给商人。"[①] 碓房"当年销售大半，至次年新麦运到，即将上年之麦全行粜完，从无堆积，此历年兴贩销售之成规也"[②]。正常情况下，碓房一年贩卖粮食额度在50余万石，也就是6250万斤。如"（乾隆）四十年，运

---

① 光绪《通州志》卷十，《艺文·察办堆房堆贮客麦疏》。

② 同上。

到麦五十五万四千（石）有余，至四十一年春夏之交，全行销售。四十一年所到则有六十四万（石）有余，除当年粜卖，余至四十二年，亦已全卖清楚"[1]。通州东关粮食市是顺天府地区最大的民间私营粮食货栈、市场和批发销售基地，对京师的稳定起着重要作用。

二是日用百货业。在旧城东北部，集中形成了粮食市、江米店、果子市、瓷器市场、鱼市等各类专业市场，专门进行批发和零售。果子市位于东大街东端南北两侧，漕运兴盛时成为商业繁荣区，此地为水果交易市场，曾名果子街。清乾隆初年，以东大街为界分为南果市和北果市，街内有南、北果子栈。清末，尚存果品店20余家。[2]茶叶货栈称茶庄，曾设在通州和张家湾两处。明代始设在张家湾，不叫茶局，而叫茶庄，随着码头的北移而迁到通州。山西茶商开办的茶庄有"大盛川""大德恒""玉川"，是通州茶行中最大的3座，连同北关的"振兴""公祥"等一共8家。各茶庄都设茶栈，每年共批发去往华北、西北、东北乃至俄罗斯的茶叶达10万箱。[3]

牛羊市场在通州旧城南大街北口闸桥南。从元代开始，此处就成为回民聚集之地。随着漕运兴盛，越来越多的回族群众到此聚居，在通州旧城东南部形成了回民居住区，形成了"十八个半截"胡同。在居住区的北端，也就是闸桥南侧，逐渐形成牛羊市场，此处地势较高，因此也被称为"牛市岗"。形成的胡同，称作牛市胡同。后来牛羊市迁到城北，胡同改名为回民胡同，但人们仍称胡同西口为牛市口。

瓷器市场位于通州旧城东北部，北大街东侧，漕运兴盛时期形成瓷器专业市场。江西景德镇等地的瓷器经大运河运抵通州汇集于此，形成专门的批发销售市场。瓷器运抵通州后有瓷器商收购，向北方地区批发或者就

① 光绪《通州志》卷十，《艺文·察办堆房堆贮客麦疏》。

② 周良：《通州漕运》，文化艺术出版社2004年版。

③ 同上。

地零售，从而垄断瓷器市场，从中牟利。

另外，城内有木器商、盐商、烟酒商、布商等，控制通州商品交易市场。茶商多为安徽人、山西人，瓷器商以江西人居多，粮商以山东人为多，杂货多为天津人、山西人经营。这些商业以收购批发为主，近销京城各地，远销张家口、热河、绥远。直到民国年间，"城关商号共九百余家"，分别有杂货业、竹木业、当估业、猪肉业、染端业、锡铜业、首饰业、鞋帽业、牛羊肉业、卷烟业、油果业、鲜鱼业、斗店业、旅店业、药业、澡堂业、饭馆业、山货皮麻业、烧锅业、布业、煤业、粮业、钱业、铁业、棉业、陶器业，等等。①

三是运输业。伴随商业的兴盛，带动了运输行业的发展。从通州往南方有运河，从通州往北只有依靠陆运，近则用大车，远则用骆驼。因此在张家湾和通州都形成了大型的骆驼店，每个店都有百头到数百头骆驼。最大的是张家湾的骆驼店，有400多头骆驼。在通州北关一带有18家骆驼店，位于牛作坊、马厂、皇木厂、前空、后窑等处。其中天庆店最大，有100余头骆驼，还设有乾元、德聚、太和、三和、德丰、通顺等号。②

除租用业务外，还代办销售手续、报单纳税、找寻拉运业务等以收取费用。仅光绪二十一年（1895年），俄国商人在天津收购海运南方茶叶90万担，运至通州后再用骆驼运回本国。③往北京及京郊较近的地方运输，主要用大车，因此在通州四关及货船码头都设有大车店。

第二，随着经济的繁荣，通州形成了几个商业繁华区域。根据资料考证，至少形成了东关商业区、闸桥商业区和鼓楼商业区。

一是东关商业区。在通州东关地区形成了粮食市、江米店、果子市、

① 金士坚：《通县志要》卷九，《风土·工商》。
② 周良：《通州漕运》，文化艺术出版社2004年版。
③ 同上。

图5-2　通州城外的驼队（明信片），图片由刘福龙先生收藏

瓷器市场、鱼市等各类专业市场，专门进行批发和零售。永茂、永成、福聚、勇源四大碓房就在此商业区。该商业区十分繁华，不仅有岸上的商业市场，还有河上的流动商船停泊。如朝鲜使臣所见"沿河而进，见巨舰累百只泊在岸下，上设彩阁，甚坚□，此乃江南商船"①。

　　二是闸桥商业区。据嘉靖《通州志略》记载，早在明代，在闸桥地区就有不少专业的商业市场。如在闸桥北为布缕市，在闸桥南为杂货市，在城中十字大街有牛市，杂粮市在牛市东。骡马市在杂粮市东小巷内。②到了清代，专业市场有了变化，例如杂粮市由闸桥商业区转移到东关，形成了通州东关集场，骡马市转移到南关药王庙前。③但是牛市仍然在通州十字街，这是一处老市场，紧邻南大街回民聚集区。到了清代，随着杂粮市、骡马市等大型市场的转移，闸桥商业区逐渐汇聚了一批高端商号，走高端

---

　　①　林基中主编：《燕行录全集》卷七十六，《梦游燕行录》，韩国东国大学出版部2001年出版。

　　②　［明］杨行中：嘉靖《通州志略》卷一，《舆地志·市集》。

　　③　光绪《通州志》卷一，《封域·市集》。

路线。闸桥商业区的商号都有高大的门面，它们都十分重视门面的楹联。好的楹联既能提升文化气质和形象品位，也可进行有效的广告宣传。商家往往不惜重金请学养深厚的学者撰联，并请著名书法家书写。这些商号早已不复存在，但是商号楹联保留了下来，所以商号的名称随着楹联而被后人所知。下面试举几例①：

天聚首饰楼（闸桥北路西）

天宝地灵精华固类萃；

聚珍藏美运会与时新。

通合居酱园（闸桥北路西）

一

市上数百家此是李翰林乐处；

瓮边尺寸地可做毕吏部醉乡。

二

芍药瓮香不用微生劳转气；

齑盐鼎食须知宣圣未尝离。

泰山涌冷食店（闸桥北路东）

巧夺天工六月居然上冻；

事由人作泰山能涌甘泉。

① 此处选录的几副楹联都来源于郑建山先生编著的《通州民俗文化》，漓江出版社2013年版。

宝源金店（闸桥南路东）

一

宝业无疆云蒸霞蔚；
源通有道松茂竹苞。

二

金柳若摇燕莺欲语；
银花如锭蝴蝶相寻。

宝源首饰楼（闸桥南路东）

宝源巧制龙似舞；
银楼奇镶凤如飞。

景春茶庄（闸桥南路西）

景宜竹径桐阴里；
春在冰瓯雪椀中。

济生堂药铺（闸桥南路东）

一

济世无私当归汝；
生涯有道独活人。

二

济生刘阮逢仙术；
生具韩康稳市心。

三是鼓楼商业区。明朝时期，此处仅有米市（在钟鼓楼前）。[①]后来，在鼓楼前西街形成了鱼市。到了清中后期，南北果子市从通州东门搬到鼓楼后。[②]逐渐形成了以鼓楼为中心，辐射南北大街的一个繁华商业区域。到了民国时期，此处经营范围更加多元，但是规模更小了。主要有服装鞋袜店、水果干果店、糕点铺、药铺、煤店、漆店、颜料铺、书店等商铺。

除此以外，在通州的南关、北关等地区也形成了专业市场，如柴市最早在北门大街，明嘉靖时期改在南门内大街，到清光绪年间改在了南门外石桥南。[③]又如明清时期，猪市在南门外，清代中后期骡马市在南关药王庙前。但是南关和北关的市场规模相对较小。

不仅通州城区商业发达，周边市集发展得也非常成熟。尤其是张家湾地区，除了张家湾集场，还在张家湾南门外大石桥形成了几个分工明确的专业市场，分别为菜市、猪市、草市、骡马市。其他周边集市还有燕郊集场、宏仁桥集场、西仪集集场、塯城内集场、永乐店集场、马头店集场、牛堡屯集场、于家务集场。[④]

据民国时期的《通县志要》记载，周边手工业也得到很好的发展。白庙及周边地区形成了编荆条、柳条的产业区域，"白庙……居民四百余户，除务农外，兼营编柳条罐；北刘各庄……居民除务农外，兼营编柳条笊篱；枣林庄……居民除务农外，兼营编荆条筐"。邢各庄的花炮业"种类颇多，销路亦广"。孙各庄编制的竹耙"销于冀东各县"[⑤]。在通州流传着一首民间歌谣与史料相印证：

① 　［明］杨行中：嘉靖《通州志略》卷一，《舆地志·市集》；光绪《通州志》卷一，《封域志·市集》。

② 　光绪《通州志》卷一，《封域志·市集》。

③ 　［明］杨行中：嘉靖《通州志略》卷一，《舆地志·市集》。

④ 　光绪《通州志》卷一，《封域志·市集》。

⑤ 　金士坚：《通县志要》卷九，《风土·工商》。

白庙的筐箩枣林的筐，

北刘庄的笊篱不漏汤。

邢各庄爆竹赛鸟枪，

师姑庄出了帮打渔郎。①

第三，通州地区分布着众多商业管理和服务机构。通州商业的繁荣带动了商业会馆和银号、当铺等商业服务机构的发展。

（1）明清时期通州的9座会馆

这些会馆大部分都随着岁月的流逝，被淹没在历史的尘埃中，相关资料很少，只能从碑刻等文物中管中窥豹。

晋翼会馆在北大街西侧，是山西晋城和翼城两地商人的同乡会馆。乾隆四年（1739年）春，在乡人薛愲老先生的倡议下，"同事诸公，尚义输财，共襄胜举。……阅三月而告成"②。道光十七年（1837年），该会馆得到重修，并在会馆东侧新建一座"布行议事之所"。竣工后，立有重建晋翼会馆碑和新建布行公所碑。根据《新建布行公所碑记》，晋翼会馆设立之初就有"火德真君、关圣大帝、增福财神神位"，每到三神诞辰时，在通州的山西布商都到这里祭拜，顺便"商议公事"。由于没有正式祭拜场所，如遇雨雪天，十分不便。所以在此次重建会馆时，一并新建布行公所。可见，会馆对同乡商人来讲，不仅是其精神家园，也是其交流信息和维护自身利益的地方。会馆早已不存，现仅存碑刻三通。

许真君即东晋时期的道士许逊，传说他曾镇蛟斩蛇，为民除害，道法很高，被尊为净明教教祖。传说许真君很长寿，所以江西会馆又被称为许真君庙、万寿宫。清乾隆三十年（1765年），江西省13个运粮船帮集资

---

① 孟宪良：《浅谈通州地区的民间歌谣与民间谚语》，载《文史选刊》2000年第19、20期。

② 《创建晋翼会馆碑序》，该碑现镶于通州区工商联院内南墙。

兴建会馆，道光元年（1821年）重建，其位置在旧城北部，今新华大街北侧，为三进院落，有戏楼。①万寿宫的戏楼时常吸引很多人，如各种商贩，说书唱戏的人，表演杂技耍猴的人，变戏法、拉洋片的人，肩挑贩佣和民间艺人多集于此，形成了通州最繁华的街区。1952年万寿宫才被拆除，2005年，曾出土"万寿宫"石匾。

山左会馆即山东会馆，因会馆主要拜祭刘备、关羽、张飞三位义士，故称"三义庙"。会馆位于通州新城南门外东，坐南朝北，一进院落。明万历九年（1581年）创建，清康熙十八年（1679年）地震倾圮。雍正六年（1728年）重修。嘉庆二十三年（1818年）于通州置义冢地14亩。1935年，国民党二十九军部分官兵驻扎于此，与城内日伪军对峙，直到1937年7月驻军从此处被迫撤离。2001年，三义庙被公布为通州区文物保护单位。

江苏和浙江的漕运总局也是由两省漕运运丁建立的会馆。江苏漕运总局设在旧城北门贡院胡同，还有一处分局（分馆）设在北关下关

图5-3　三义庙，该图由杨家毅摄

① 周良：《旧时通州的商业会馆》，收录于《周良文史选集》，漓江出版社2015年版。

处。浙江漕运总局位置不详，其分局在北关砖厂。在通州的山西会馆最多，除了位于城内的晋翼会馆，在张家湾、马驹桥各有一处会馆，现仅存石碑。①

（2）通州的银号

由于南、北方物资在此交易，钱币流通业务量巨大，为便于商业往来，银行的前身银号曾遍布通州城内外。银号是旧中国的一种信用机构，出现在明代中叶以后。清代光绪以前关于通州银号的资料很缺乏。根据《通县志》记载，光绪十四年（1888年）到清末，通州城内有十几家银号。1912年，县内在册有15家银号，分别为人和号、万丰号、元成号、天兴号、天和号、同济号、宏兴号、阜成号、益成号、泰兴号、泰兴德、通兴号、乾和号、裕泰号、裕恒号。②现北大街保存下来的宝通银号并没有名列其中，应该为民国时期成立的金融机构。除此以外，据老人回忆，西大街有裕兴银号，南大街有春和银号、通丰银号等。可见，当时通州的银号很多，商业繁荣。

（3）通州的当铺

"南通州北通州，南北通州通南北；东当铺西当铺，东西当铺当东西"的名联将通州与当铺联系在一起。历史上，通州的当铺确实有名。康熙五十四年（1715年），曹頫的奏折中说："奴才到任以来，亦曾细为查检，所有遗存产业，惟京中住房二所，外城鲜鱼口空房一所，通州典地六百亩，张家湾当铺一所，本银七千两，江南含山县田二百余亩，奴才问母亲及家下管事人等，皆云奴才父亲在日费用很多，不能顾家。"③可见，早在康熙年间，通州典当业就有了一定的规模。清光绪十四年（1888年），通州有当铺24家，然而到1900年八国联军将通州城洗劫一

---

① 周良：《旧时通州的商业会馆》，收录于《周良文史选集》，漓江出版社2015年版。
② 《通县志》第十编，《财税·金融》，北京出版社2003年版，第290页。
③ 《江宁织造曹頫复奏家产折》（康熙五十四年七月十六日），见《关于江宁织造曹家档案史料》，中华书局1975年版。

空，劫后仅有5家重新开业。①

（4）通州的关榷

早在永乐年间，朝廷在通州张家湾设竹木局，征税比例"有二八、一九之额"。"栲筏至者，各列其材板枋之多寡、长短、阔狭、厚薄之差等，以达之关司长。关司长据所差等校勘虚实，而上之巡仓御史。御史据所陈报而下之。竹木局使如例抽之。"②到清光绪年间，张家湾宣课司一年征收商税的额度为"正余银二千四百七十九两二钱，铜钱二百八十八万七千七百六十二文"③。

据《明史》记载："宣德四年，以钞法不通，由商居货不税。由是于京省商贾凑集地市镇店肆门摊税课……悉令纳钞。"宣德年间，设关地区以北运河沿线水路要冲为主。从宣德四年（1429年）到正统十一年（1446年），在漷县设有钞关，对过往商船设卡收税。正统十一年后，漷县钞关移至河西务。

正德年间，曾于张家湾设皇后榷，"商贾舟车微至担负，亦皆有税，中外怨之"④。由于税负过重，商贾意见很大，万历初年，神宗皇帝命令取消通州的榷关，"令商货进京者，河西务给红单，赴崇文门并纳。……其不进京者，河西务只收正税，免条船二税"⑤。但是到万历二十四年（1596年），又恢复了在通州的税关。

明清时期，朝廷在通州设坐粮厅关，由通州坐粮厅兼管。在通州城及周边设有税口。光绪年间，摊派给通州坐粮厅"税务正税银六千三百三十九两二钱六分，盈余银六千两。税口设在通州四门、杨富店、洪仁桥、浮桥、张家湾、新河口、崔家楼、东岳庙南北鹅房等处征收税银，晏公桥征收粮税，水

①　《通县志》第十编，《财税·金融》，北京出版社2003年版，第290页。
②　[清]周家楣、缪荃孙等编纂：《光绪顺天府志》卷十一，《京师志十一·关榷》。
③　同上。
④　同上。
⑤　同上。

南设役巡查,其税课仍归新河口报纳"①。以上关榷直接归户部管辖,税款为"国税",直接上交朝廷。除此以外,还有上交顺天府通永道的"地税","通永道税务额征木税银七千一百十五两有奇;盈余银三千九百两,遇闰加增五百九十二两钱八分"②。

在我国的史料中,很少有反映通州商业繁荣的资料。但是我们的藩属邻邦使臣对通州的繁盛有不少记载。试举几例:

万历二十九年(1601年),李安讷作为进贺使书状官从辽东陆路来华朝贡。李安讷分别著有《朝天录》和《朝天后录》,对通州的繁华感叹不已,留下了这样的诗句:"邑屋临河上,河流入海长。帆樯蔽云日,车马隘康庄。渠转江南粟,市藏天下商。城门夜不闭,灯火烂星光。"③从诗中,我们可以看到当时漕运的繁盛而有序的状态。为了完成各种运输任务,通州城门四开,彻夜灯火辉煌,其繁忙程度可见一斑。不仅如此,李安讷还观察到通州人民富足而多彩的生活,他写诗记录:"燕赵多美女,幽并多侠儿。喧嚷大都会,相与竞奔驰。绣户轻罗帐,银鞍白马羁。笙歌无日夜,行乐太平时。"④

万历三十二年(1604年),朝鲜闵仁伯副使入明朝贡,关于通州漕运的盛况,闵仁伯这样记载:"到通州城下画船千余艘俱什物。家居东西。沿江上下几二十余里,舳舻相接,帆樯如攒……真壮观处也。"⑤

明万历四十八年(1620年),朝鲜使臣黄中允出使燕京。当他来到通州,他写道:"今见通州,则山海关又不啻山店贫村。其人居屋舍可以十万计,彩胜银幡,令人夺目。帆樯满江,簇簇如藕……至于城中街市则

---

① [清]周家楣、缪荃孙等编纂:《光绪顺天府志》卷十一,《京师志十一·关榷》。

② 同上。

③ 林中基主编:《燕行录全集》卷十五,《朝天录·通州行五首》,韩国东国大学出版部2001年版。

④ 同上。

⑤ 同上书卷八,《朝天录》。

绣堆金窟，左右炫眼……秦之说‘挥汗成雨，连衽成帷’为过于夸张矣。于今始信其不诬也。”[①] 黄中允在自己的记录中十分形象地描述了通州的繁荣富庶。

朝鲜使臣李宜显在《庚子燕行杂识》中说：“曾闻通州船樯，有如万木之森立，为天下壮观云。今来见之，不尽如此。”[②]

不仅如此，通州的夜市还非常有名，“夜必张灯为市，五色琉璃灯随灯色燃烛，纱灯之方者、圆者，不一其形，画山水、楼台、人物、草虫于纱面，对对成双，列挂厂铺，焜朗洞澈，如同白昼”[③]。还有随行人员以诗歌的形式描述通州商业繁盛的景象。一名叫申政的朝鲜使臣曾写了《通州盛时歌》（五首）。[④]

之一

通州自古盛繁华，扑地闾阎十万家。
日出市门堆锦绣，满城光艳绚朝霞。

之二

通衢遥接蓟门长，表里山河护帝乡。
日夜江南常转粟，百年红腐海陵仓。

之三

楼台参差飐锦幖，绿杨低拂赤栏桥。

① 林中基主编：《燕行录全集》卷十六，《西征日录》，韩国东国大学出版部2001年版。

② 同上书卷三十五，《西征日录》。

③ 姜长焕：《北辕录·通州夜市记》，见林中基主编：《燕行录全集》卷七十七，韩国东国大学出版部2001年版。

④ 林中基主编：《燕行录全集》卷二十二，《燕行录》，韩国东国大学出版部2001年版。

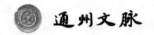

东南贾客纷相集，白日车尘涨碧霄。

之四

青山如黛水如天，粉堞周遭带晚烟。
日暮帆樯齐泊岸，胡姬争迓浙江船。

之五

旗亭百队夹途傍，处处游人典鹔鹴。
日暮歌钟喧四里，夜深灯火烂星光。

三、通州老字号

由于有良好的商业环境，通州诞生了数不胜数的商业字号。绝大部分都被淹没在历史的尘埃中，仅有少数保留了下来，成为通州商业文化遗产，其中以有"通州三宝"之称的"大顺斋糖火烧""小楼烧鲶鱼""万通酱豆腐"为代表。因本文介绍的是明清时期的通州商业，"万通酱豆腐"创始于民国初年，故此处仅介绍创始于明末的大顺斋和创始于清末的小楼。

1. 大顺斋糖火烧

大顺斋南果铺建于明崇祯十年（1637年），距今已有380年的历史。毫无疑问，大顺斋是中国历史最悠久的老字号之一，创始人刘刚是回族人，乳名大顺。由于明朝的国都从南京迁移到北京，有不少南京人北上寻求新的发展机会，刘刚就是其中一位。他怀揣着梦想，沿京杭大运河前往北京寻找发财机会。当他到达通州，发现这地方太好了，舟车辐辏冠盖交驰，粮山货海游人如织，于是他就决定在此落脚安生。但小本经营，他没钱开店，好在他有过硬的手艺。

刘刚在落脚的地方做卤火烧、炸油果子等清真小吃。然后挑着担子，走街串巷地卖。刚来通州不久，有一天全家人腹泻闹肚子，也没时间去药铺，他吃了自制的糖火烧，没想到腹泻好了。他将麻酱、红糖混合在一起，添加桂花之类的佐料，烤制出来味道又香又甜，而且还有温补功效。以后他就用这种方法制作糖火烧去卖，每次很快就卖光了。刘刚制作的糖火烧不仅味道甜美、营养价值高，而且容易保存，很受本地人和南来北往的客商欢迎。

一年下来，刘刚的腰包鼓了起来，他有了创业的"第一桶金"。于是，他在回民聚集的南大街找了一个地方，开了两间门面的铺子，以自己的乳名命名，叫大顺斋。大顺斋的产品物美价廉，又有保健功效，而且讲信誉，童叟无欺，还让那些贫苦小贩赊欠，这样大顺斋的糖火烧就火了起来，尤其是深受回族同胞的喜爱。一个偶然的机会，大顺斋的名声传播到了阿拉伯地区。

崇祯十三年（1640年），通州清真寺阿訇到麦加朝圣，携带大顺斋糖火烧作为旅途食用的干粮。从通州西行，沿丝绸之路到麦加，经过沙漠地带。路上很多阿訇所带干粮都变质了，而通州清真寺的阿訇所带的大顺斋糖火烧仍然新鲜美味。于是大顺斋糖火烧就在同行的阿訇中名声大振，也让大顺斋糖火烧走出国门，声名远播阿拉伯地区。

到乾隆初年，刘家第八代传人刘岗经营的大顺斋生意更兴旺了。他扩大经营规模，在回民胡同西头牛市口路北置了几间房，把大顺斋门市迁到此处。乔迁新址的大顺斋又增添了几个点心品种和大小八件、月饼、蛋糕等。这些糕点很受欢迎，大顺斋生意兴隆，据说平均每天能卖100吊钱。大顺斋门市北向临街，砖券木门，上嵌有砖匾"大顺斋"三字，每一字一块方砖，阳文雕刻，砖边长52厘米、厚5.5厘米，背有长方印记"细泥足尺七方砖"。门侧纵刻嵌砖对联，有广告作用，左为"本斋专做细巧糟糕什锦炉食一应俱全"，右为"本斋专做大小八件龙凤喜饼一应俱全"。[①] 每

---

① 现存通州博物馆。

块长条砖刻二字，由方砖开条精磨而成，似出于清代名家手笔。现在大顺斋新华大街门市悬挂的"大顺斋南果铺"匾额是晚清著名书法家吴春鸿题写的。

随着大顺斋市场的发展，原料需求越来越大。为保证原料的安全和质量，也为了节约成本，大顺斋在同治年间开设了"大来号"油面铺，紧邻大顺斋东侧，自磨面粉和芝麻酱，主要供应大顺斋糕点制作。

清末至民国，大顺斋命运多舛。1900年，八国联军血洗通州城，大顺斋虽躲过一劫，但从此之后很长一段时间生意十分萧条。民国元年（1911年），驻通的毅军姜桂题部哗变，烧毁大顺斋。同年，在原址对面重建大顺斋糕点铺，"大来号"仍在对面。但是由于时局动荡，大顺斋勉强维持。1920—1937年，大顺斋多次濒临倒闭。1937年后由刘赞池和其弟刘俊接管，生意很有起色。兄弟俩在牛市口外路西开设了分店，在牛市口内设油面铺，在南街设大同茶庄。1949年，刘姓家族分家后，大顺斋油面铺和"大同号"茶庄由刘俊和刘英甫经营，大顺斋由刘赞池之子刘书绅经营。

1955年年初，新生的人民政府在大顺斋进行公私合营试点。同年3月21日，大顺斋实现了公私合营，隶属于通州糕点总店。在1960年困难时期，大顺斋几乎停业。"文革"期间，大顺斋合并到通县食品厂。直到改革开放以后，大顺斋才迎来了新的发展机遇。

2.小楼饭店及其烧鲶鱼

小楼饭店坐落在通州区南大街12号，东靠通州清真寺，西朝通州南大街，北邻清真寺胡同，是京东第一家有百余年历史的老字号清真饭店。小楼饭店的小楼烧鲶鱼被称为饮食界的"通州三宝"之一，其制作工艺已经被列入北京市非物质文化遗产名录。

按通常说法，小楼饭店创建于清光绪二十六年（1900年）。但是饭店创始人的后人、曾多年担任小楼饭店负责人的李润昌有不同说法。他曾提起小楼饭店是二次开张，作为饭店创始人之一的李振荣的父辈就曾在此经营饺子兼卖茶水。陈乃文先生说得就更远了，其祖传的"军粮经纪密符扇"上就有小楼的符号，这一下子提前到了乾隆三十年以前了。即使按通常的说法，小楼饭店距今也有110多年的历史了。

　　小楼饭店原名"义和轩羊肉馆"，其创始人是回族人李振均、李振荣、李振富、李振宗四兄弟。李氏是厨艺世家，人称"厨子李"。开业之初的饭馆只有一间门面，勾连搭房两间，门前设摊，兼营茶水。代表食品有烧鲇鱼、肉饼、炸肉火烧、肉粥、烧卖、栗子糕、糖锅盔、焦熘肉片等。①

　　"义和轩"后来为什么改称为"小楼"？这与李氏四兄弟中的李振荣是分不开的。由于有过硬的厨艺，加上李振荣善经营，时间长了，回头客越来越多，生意越来越好，原有店面不够用了。义和轩的门面扩为2间，店堂扩为6间，共120平方米，人员增至10人。②义和轩的北面是有3间宽大的门面、高两层的庆安楼，比义和轩气派多了。庆安楼是多年的老字号，据说其匾"南楼"为明代奸相严嵩所题，人们习惯称其为"南楼"。义和轩之"楼"较之"南楼"自然小多了，所以人们就称义和轩为"小楼"。尽管在后来的发展中，小楼多次扩建，"小楼"的名号却一直沿用至今。

　　在20世纪30年代，随着经营的扩大，小楼又进行了扩建，人员增至30人。在激烈竞争中，小楼紧跟市场，以质取胜，越做越大。这时的小楼，除保持传统菜点外，新增加了焦熘羊肉片、炸羊尾、炸年糕、艾窝窝、卷糕、白蛋糕等60多种菜点。③

　　1933年，李振荣收购了"老对手"庆安楼，与小楼连成一体，饭店面积扩大到480平方米，从业人员增至72人（其中庆安楼52人）。④与此同时，竞争对手庆安楼、巨英楼、大方楼、四名楼、德益楼等则相继破产。这时的小楼已成为通州餐饮界的"第一名店"了。1947年，李振荣病故，他的儿子掌管小楼。此时，小楼饭店遇到了前所未有的挑战。由于时局动

---

①　王振宇：《北京通州小楼饭店》，载《商业文化》1999年第3期。

②　同上。

③　同上。

④　同上。

图5-4　摄于20世纪50年代的小楼饭店，该图来源于《通县志》

荡，小楼生意萧条，从业人员锐减。

1956年公私合营时，小楼饭店合并了明来顺、通顺兴、云成轩等32家饭店，职工增至60多人。第二年，小楼翻扩建为600平方米，经营有了发展，特色菜点得到恢复。1958年，刘少奇视察通州，品尝了小楼烧鲇鱼，并给予了好评。北京市的领导人彭真、万里、孙孚凌、王宪、封明为等也先后品尝过小楼的烧鲇鱼。1966年，小楼建了一个240平方米的制作室，饭店面积扩大到840平方米。"文革"期间小楼停业。

1984年，小楼进行了翻建和扩建。2006年，通州区将"小楼烧鲇鱼"申报为北京市非物质文化遗产。饭店以此为契机，加强经营管理，提高菜品质量，加大宣传力度。小楼饭店又迎来了新的春天。

小楼饭店的招牌菜是烧鲇鱼，而回民禁食无鳞的鱼。为什么在清真饭店里会有这样一道菜，而且还成了招牌菜呢？据老人回忆，早年回民饭馆的"烧鲇鱼"供应回族以外的人。后来，随着时代的变化，通州的回民在很多方面越来越包容，如在回汉通婚方面逐渐突破了回汉不婚的限制。在饮食上也一样，一些回族群众逐渐接受了"烧鲇鱼"这道菜。

旧时，做这道菜所用的原料是北运河中的活鲶鱼。这种鲶鱼生活在活水中，土腥味很少，肉多刺少，质白细嫩。经过手艺高超的厨师精心烹调，就成为色泽金黄、外焦里嫩的招牌菜了。据说"小楼烧鲶鱼"这道菜推出来后，经顾客口口相传，很快就名扬京东。很多人来通州特意到小楼饭店点"烧鲶鱼"这道菜，一时间食客络绎不绝。

根据小楼饭店的大厨介绍，"小楼烧鲶鱼"的烹制过程极为考究。先去掉鱼的头和尾，将中段切成连刀块，用料酒去其腥味，再用淀粉（烧鲇鱼所用的淀粉是绿豆粉8成、豆粉2成）裹衣，然后放到香油锅里炸。炸时要经过"三蹲""三熸"，即用热油炸一下后在温油中蹲一下，再放到文火上熸片刻，如此反复三次，也称"三起三炸"或"三凉三热"。然后放入调料葱、姜、蒜、料酒等熘炒勾芡，烧熟出锅即成。

除了烧鲶鱼，小楼饭店的炸羊尾、糖卷果、艾窝窝、栗子糕等特色佳肴都广受好评。

第六章　古代通州的交通及明清时期
通州的中外交流活动

　　明清时期是古代东亚朝贡关系史上最后一个高潮，有庞大的海外使臣到北京来朝贡。①明朝是中国有史以来与友邦建立外交关系最多的封建王朝。洪武初年，明太祖朱元璋以祖训的形式确立对当时周边15国实行怀柔政策。因郑和下西洋的缘故，与明朝建立外交关系的国家越来越多，如周边的日本、朝鲜、琉球、安南、缅甸、老挝、暹罗、吕宋等东南亚国家，还有南亚、非洲东部的一些王国。清朝是中国与外国有朝贡关系的最后一个王朝，它与朝鲜、琉球、缅甸、安南、老挝、暹罗等亚洲东部国家，以及尼泊尔、不丹等南亚国家建立了外交关系。

　　与明清两朝建立外交关系的国家不少，但是能够长期坚持的并不多。在明朝郑和之后，很多国家就不来朝贡了。到明中期以后，中日关系恶化，日本从朝贡者变为征战者。与明清两朝长期保持朝贡关系的主要有朝鲜、琉球、安南等国。到清中后期，随着鸦片战争的爆发，清朝从天朝上国变为任列强宰割的弱国，朝贡关系结束。

　　由于独特的区位特点，通州在全国交通体系中处于水陆交汇的重要结点，是朝鲜使臣和南方诸国使臣朝贡的必经之地。明正德吏部尚书、大学者李东阳

---

　　① 本文主要探讨明朝和近代以前的清朝，以朝鲜和琉球两国为例，介绍通州在中外交流中的独特地位。

曾多次写诗描述在通州见到外国使节的情景。留下了"中华使者尘随节，南海倭儿布裹头"①"使节南行又北旋"②等诗句。当时，通州是国际化程度很高的城市，经常可以看见来自朝鲜、琉球、安南、日本等国的使团和商队。

一、通州在全国交通中的位置及通州与京城的联系

早在秦朝，秦始皇以咸阳为中心，修建通往全国的驰道。其中从蓟城（今北京城广安门一带）到辽东的襄平（今辽宁的辽阳地区）的驰道，称为"蓟襄驰道"。据学者考证，该驰道经过今天的通州地区。

在辽金两朝，北京成为辽南京和金中都，通州的重要地位得到显著提升。金朝时期，通州是从金上京到金中都的重要一站。"自上京至燕，二千七百五十里，上京即西楼也。⋯⋯四十里至三河县，三十里至潞县，三十里至交亭，三十里至燕。"③这条通道对中都城十分重要。辽朝末年，金军沿着这条大道进攻燕京。定都燕京后，这条通道也是金王朝控制其后方的大动脉。这条通道上的榆关、平州、滦州等都是天然的险要地带。尤其是位于中都城东的潞县，在历史上是东部重要的门户。唐末赵德均利用这座城池阻止契丹向幽州进攻。在金代，金军是先拿下潞县再进攻辽南京的，金末蒙古军队也是首先攻下通州城，而后进军金中都。

从元朝开始，随着统一大王朝定都北京和京杭大运河的贯通，通州成为名副其实的水陆要冲，交通十分便利。由于元代统治者来自北方蒙古地区，所以他们十分重视大都与北京（大宁城，今内蒙古自治区赤峰市宁城县大明城）及其东部和北部的联系。通州是元大都到元北京乃至东北地区的重要一站。"大都东，四十里至通州，六十里夏店，一百二十里蓟州。

---

①　［明］李东阳：《夜宿潞河驿》，收录在《李东阳集·北上录》，岳麓书社2008年版。

②　［明］李东阳：《归至张家湾舟中作》，收录在《李东阳集·南行录》，岳麓书社2008年版。

③　［宋］洪皓撰：《松漠纪闻续》。

至此，分四路：一路正东，至遵化，转东北至北京"，及"东北行八十里
遵化，九十里东北滦阳，六十里富民，百二十里宽河，一百里神山，一百
里富峪北京，今大宁"①，是为此线。根据《析津志辑佚》记载，从大都经
通州到冀州后通往东北地区有4条具体路线：一路正东至遵化，转东北至
北京。一路东南至玉田，东北行至永平，正北至北京。一路东北行（八十
里）遵化、（九十里东北）滦阳、（六十里）富民、（百二十里）宽河、
（一百里）神山、（一百里）富峪北京（今大宁）、玉田、（正东八十
里）丰润七个岭、（八十里）水平、（正北五十里）建昌、（四十里）上
滦、（八十里）大姑、（九十里）新店、（七十里）木思、（六十里）甜
水、（六十里）家店、（七十里）城子、（八十里）大部落北京（至北分
二路：一路正北至阿木哥大王府，一路正东行至驿安）。②这更清楚地表明
了通州在元大都与东北地区联系中的重要位置。

明成祖朱棣迁都，构建以北京为中心，依托长城，以辽东都司辽阳、大
宁都司大宁城、北方重镇开原三个驿传节点，辐射东北地区和朝鲜半岛的交
通和驿传系统。依托京杭大运河及沿线各城市，构筑辐射南方各省，并与福
州、泉州等海港建立起通畅的联系。从东北地区、朝鲜半岛通向北京的陆路
和南方相关各省、海上航路通向北京的水路都要在通州交汇。鉴于通州在京
城对外交通中的独特位置，从明永乐初年起朝廷在通州设潞河驿。

从陆路看，从北京到大宁城，从北京到辽阳再到开原，并以此为中心
连接东北地区和朝鲜半岛，都要经过潞河驿。从北京至大宁沿用元大都—
遵化—大宁驿路，具体为：顺天府四十里潞河驿，潞河驿五十里夏店驿，
夏店驿五十里公乐驿，公乐驿五十里渔阳驿，渔阳驿六十里石门镇驿，遵
化驿七十里滦阳驿，滦阳驿五十里富民驿，富民驿六十里宽河驿，宽河驿
六十里柏山驿，柏山驿六十里会州卫，会州卫六十里季庄驿，季庄驿六十

---

① ［元］熊梦祥撰：《析津志》。
② ［元］熊梦祥撰：《析津志辑佚·天下站名》。

里富峪卫，富峪卫七十里大宁都司。①

从北京到辽阳的具体路线：会同馆四十里至通州潞河驿，七十里至三河县，七十里至蓟州渔阳驿，六十里至阳樊驿，二十里至玉田县，四十里至永济驿，四十里至丰润县，三十里至义丰驿，七十里至七家岭驿，六十里永平滦河驿，六十里至芦峰口驿，六十里至抚宁榆关驿，六十里至山海关，六十里至高陵驿，六十里至沙河驿，六十里至曹家庄驿，六十里至连山岛驿，六十里至杏山儿驿，六十里至小凌河驿，八十里至十三山驿，七十里至板桥驿，七十里至沙岭驿，八十里至牛家庄驿，九十里至海州卫，九十里至安山驿，六十里至辽阳城。②

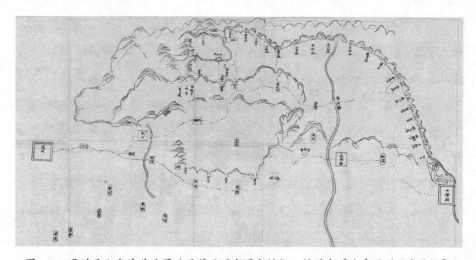

图6-1　通州至山海关道路图（现藏于国家图书馆），转引自《北京通州历史舆图》
（北京燕山出版社2017年版）

辽阳的战略位置十分重要，以其为中心，发散为四条驿路干道：东路到鸭绿江西岸，南路到旅顺口，西路到山海关，北路到开原。③明代开原

---

① ［明］黄汴编纂：《一统路程图记》卷四，《各边路》。
② ［明］魏焕：《皇明九边考·蓟州考》《皇明九边考·辽东考》。
③ ［明］杨正泰撰：《明代驿站考·明代驿路图》（辽东督司驿路分布图）。

（今属铁岭开原市）是东北政治经济中心、军事重镇和交通要道。明代以开原为中心，形成6条辐射驿路干线，延伸至东北全境，并与朝鲜半岛连接起来。其中 "开原东陆路"是明初建州左卫的朝贡道。"纳丹府东北陆路"是明初建州卫、毛岭卫的朝贡道。"开原西陆路"是明代从开原通往蒙古坝上草原的交通线。"海西西陆路"是明初兀良河等卫的贡道。

明朝政府十分重视对辽阳和开原等地的经营和管理，尤其是对连通东北地区及朝鲜半岛的驿路十分重视。明代蒋一葵在《长安客话》中记载："洪武四年，以都指挥使马云、叶旺等率兵渡海，自金州而抵辽阳，设定辽都卫，既而分设定辽左等五卫，并东宁卫，金复盖海四卫于沿边。已而改设都指挥使司而统属之。招降纳附，开拓疆宇。复于辽北分设沈阳、铁岭、三万、辽海四卫于开原等处，西抵山海，分设广宁及左右中卫，义州、宁远、广宁左右中前后五屯卫于沿边。星分棋布，塞冲据险，且守且耕，东踰鸭绿而控朝鲜，西接山海而拱京畿，南跨溟、渤而连青冀，北越辽河而亘沙漠。又东北至奴儿干涉海，有吉列迷诸种部落。东邻建州、海西、野人、女直并兀良哈三卫。"[①]京师通往东北地区、朝鲜半岛驿路的贯通，为朝鲜使臣朝贡提供了陆路交通的便利条件。

从水路看，从北京到京杭大运河沿线各城市都要经过通州。随着金灭辽及北宋，占据了黄河以北大部分地域，从而利用潞水东南部的入海口和通向潞河的各漕河把粮草物资经潞河运往通州，所以通州成为金中都东部的漕运重地。金海陵王南侵，在通州建造战船，经由潞水出海到前线。到了元代，随着京杭大运河的贯通，通州的水运地位更加重要了。

明清时期，朝廷十分重视运河驿传系统的建设，在通州设立了潞河水马驿。明代从顺天府（今北京）到应天府（今南京）设置水驿40余所，具体路线：顺天府—通州潞河驿—和合驿—河西驿—杨村驿—杨青驿—奉新驿—青县流河驿—兴济县乾宁驿—砖河驿—新桥驿—连窝驿—良店驿—

---

① ［明］蒋一葵：《长安客话》卷七，《关镇杂记·古榆关》。

德州安德水驿—梁家庄驿—甲马营驿—渡口驿—临清州清源驿—清阳驿—东昌府崇武驿—荆门驿—安山驿—开河驿—济宁州南城驿—鲁桥驿—沙河驿—沛县泗亭驿—夹沟驿—徐州彭城驿—房村驿—新安驿—邳州下邳驿—直河驿—宿迁县钟吾驿—古城驿—桃源县桃源驿—清河县清口驿—淮安府淮阴驿—宝应县安平驿—界首驿—高邮州盂城驿—邵伯驿—扬州府广陵驿—仪真县仪真水驿—龙潭驿—南京应天府龙江驿。① 可见，通州潞河水马驿不仅承担陆驿的功能，还是运河水路系统的重要节点。

图6-2　明朝通州在全国交通体系中的位置

图片来源：［明］杨正泰：《明代驿站考》

---

① ［明］黄汴编纂：《一统路程图记》卷五，《江北水路》。

关于运河上的水驿，曾流传的《水驿捷要歌》概括了南北大运河全部驿程。这首歌谣不仅为运河上的商旅行人简介了交通形势，也为我们今天研究运河驿站提供了难得的资料。这首歌的歌词如下：

> 试问南京至北京，水程经过几州程？
> 皇华四十有六处，途远三千三百零。
> 从此龙江大江下，龙潭送过仪真坝。
> 广陵邵伯达盂城，界首安平近淮阴。
> 一出黄河是清口，桃源才过古城临。
> 锺吾直河连下邳，辛安房村彭城期。
> 夹沟泗亭沙河驿，鲁桥城南夫马齐。
> 长沟四十到开河，安山水驿近章丘。
> 崇武北送清阳去，清源水顺卫河流。
> 渡口相接夹马营，梁家庄住安德行。
> 良店连窝新桥到，砖河驿过又乾宁。
> 流河远望奉新步，杨青直沽杨村渡。
> 河西和合归潞河，只隔京师四十路。
> 逐一编歌记驿名，行人识此无差误。[①]

在顺天府地区仅有潞河水马驿一处，在京杭大运河上仅有通州的潞河水马驿和临清州的清源水马驿两所。由此可见潞河水马驿在交通史上的重要地位。

由于水马驿的功能特殊，官府在配置上极为重视，既配有马匹，也配有船只。嘉靖《通州志略》对潞河水马驿的配置有详细记载："上马九匹，马夫九名，铺陈、什物各九副；中马三匹，马夫三名，铺陈、什物各

---

① ［明］程春宇：《水路捷要歌》，收录在程春宇所著的《士商类要》一书中。

三副；下马十八匹，马夫十八名，铺陈、什物各十八副。骡二十七头，骡夫二十七名，铺陈、什物各二十七副；驴三十五头，驴夫三十五名，铺陈、什物各三十五副。站船十六只，水夫一百三十六名，铺陈三十二副，什物十六副。军夫三十三名，馆夫五名，斗级一名，铺陈库子四名。"①根据明朝驿站管理规定，陆路以马、驴，水路以舟，都有编制和待遇。"上马一匹，编粮三百五十石；中马一匹，编粮三百石；下马一匹，编粮二百五十石；骡一头，编粮一百石；驴一头，编粮五十石。站船一只，编粮四百五十石。潞河驿有上中下马二十六匹，驴八十九头，站船水夫一百二十名，共粮一万七千五百五十石，还有银钱几千两。"②

关于潞河驿的结构布局，嘉靖《通州志略》记载："潞河水马驿有正厅七间，后堂十间，正厅前廊房东西各五间，后堂前廊房东西各三间，仓库厨共二十四间，驿丞厅三间。"③潞河驿西为总会铺，也叫递运所，应是放置传递物品的地方；东为来宾馆，后改为抚夷馆，功能类似于今天的接待室或者招待所。

从名称看，最初外来宾客都可以在此下榻，所以叫来宾馆。后来改为抚夷馆，"夷"是明朝政府对外国使臣的称谓，说明后来成为外事接待的专门场所。从宣德八年（1433年）八月的一条史料也能得到印证："时行在工部奏：通州水马驿俱隘陋弊坏，外夷朝贡使臣往来多无宿顿之舍，请曾广并为一所。上命尚书李友直督本州民，同通州五卫军士协力营之。"④可见，潞河驿不是一处普通驿站，而是明清时期对外交流的重要场所。

为确保水马驿正常运转，朝廷对水驿和马驿的配置有明确规定。明洪武二十六年（1393年），规定马驿设置马、驴不等。对马匹、马夫及设备的使用有明确规定："各驿马匹，须分上中下三等。马膊上悬挂小牌，明

① ［明］杨行中：嘉靖《通州志略》卷四，《贡赋志》。
② 同上。
③ 同上书卷二，《建置志》。
④ 《宣宗实录》卷一〇四。

写等第、凭符应付；各驿马夫，须置铜铃。遇有紧急公务，将悬带马上。前路驿马专以听候铃声，随即供应，致妨误；各驿马鞍，已置木绵及毡塌软坐。经过使客，不许将毡衫于马鞍上垫坐。如遇阴雨，方许给付毡衫雨帽。"①关于水驿，明朝廷详细规定："凡水驿设船不等。如使客通行正路，或设船二十支、十五支、十支。其分行偏路，亦设船七支、五支，大率每船该设水夫十名。于有司人户纳粮五石之上、十石之下点充。不拘一户二户相合，俱验所该粮数，轮流应当。"②

通州在全国交通体系中的独特地位与通州的地理位置是分不开的，为了充分发挥通州的战略作用，京通间的交通十分重要。据考证，早在秦朝，连接广阳郡蓟城到辽东郡襄平的蓟襄驰道就将蓟城（今北京）与通州紧紧联系在一起。辽金时期，北京成为辽南京和金中都，通州的地位随之进一步提升。自辽代开始，位于今天通州的延芳淀成为皇家狩猎之地。"每季春，弋猎于延芳淀，居民成邑、就城，故潞阴镇，后改为县。"③可见，延芳淀与辽南京之间有密切的交通联系。

辽南京成为陪都后，随着政治、经济地位的不断提高，粮食供应成为统治者不得不解决的一个大问题。当时霸州白沟河以南都是宋朝疆土，辽南京的粮食供应只能从北方大本营运送。为此，在南京专设燕京转运司掌管水运，包括转运粮食、盐、铁及其他货物。从辽东地区运往辽南京，先走海路，然后走河运。

辽国往南方经海运输送粮草始于辽初。后来由于辽宋关系紧张，又开辟了一条由辽东到平州（辖境相当于今河北省陡河流域以东、长城以南地区）的渤海运输线。但是平州距离南京较远，海船继续南行，从沟河口靠岸，然后改为内河船运。由沟河逆流而上，到了宝坻后就需要开辟新的

---

① ［明］申时行等修：《大明会典》卷一百四十五，《驿传一》。

② 同上。

③ ［元］脱脱等：《辽史》卷四十，《志第十·地理志四》。

图6-3 萧太后运粮河现状

运河，才能运往南京。这条新开辟的运河就是萧太后运粮河。可见，在辽代，京通之间不仅有陆路联系，还有便捷的水路交通。

到了金代，京通之间有陆路官道，其路线是从金中都出发，30里到交亭（今朝阳大郊亭），再30里到潞县。从"金都于燕，东去潞水五十里……然自通州而上，地峻而水不留，其势易浅，舟胶不行，故常徙事陆挽，人颇艰之"①的记载看，京通间除了驿路，还有商民运粮的陆路。由于金初京通间的水路已不通，而金中都人口剧增，物资需求很大。为了解决这个问题，金世宗时期做了几次"请开卢沟金口，以通漕运"的努力，但是由于地势高峻，水性浑浊，永定河泥沙太大，河岸土质疏松，导致不能行船。泰和四年（1204年），金章宗命乌古伦庆寿疏浚通州漕河。其后又命翰林供奉韩玉疏浚通州潞水漕渠，使"船运至都"取得成功。泰和八年（1208年）六月，通州刺史张行信言："船自通州入闸，凡十余日方至京

———————
① ［元］脱脱等：《金史》卷二十七，《志第八·河渠·漕渠》。

师，而官支五日转脚之费。"① 至此，京通之间至少有两条陆路和一条水路连接。

到了元代，定都大都后，粮食供应成了头等大事。忽必烈下令修复了由杭州至通州的大运河，保障南粮北运。但通州至大都城仅靠陆路则十分不便。

忽必烈到大都后不久，在著名水利专家郭守敬的主持下，将玉泉水经高粱河北支入坝河，作为运道。后来由于修建金水河，玉泉水大部分入大都城内供皇城使用，坝河漕运受到严重影响。至元十六年（1279年），大力疏浚坝河，筑坝7座，改行驳运，分段行船。坝河一直发挥着运输功能。

但是仅靠坝河，运量有限，而且经常淤浅不能行舟。陆路运输，则道路不平，到了雨季，更是不能通行。这时，郭守敬通过详细勘察和科学设计，成功解决了水源问题，开凿了通惠河。完工后，积水潭成了漕运码头，运至大都的粮食大增，每年在300万石以上。可见，从元大都到通州，除了一条驿路和运粮陆路，还有两条水路，分别是通惠河和坝河。可见通州对于大都的重要作用。

明清时期，京通间的联系在元代的基础上得到进一步加强。鉴于通州地处水陆要冲，明初朝廷在通州设潞河驿、和合驿。潞河驿为水马驿，在旧城东关外运河西岸。"明永乐中置"，"隆庆中被火，万历五年秋，因旧址兴工"②。和合驿在通州东南35里，旧名合河驿，"以白、榆、浑三河合流而名"③。明万历年间，合河驿移至张家湾，改为和合驿。清康熙三十四年（1695年），迁潞河驿于和合驿，沿用潞河驿名称。

明初对运河的治理十分重视，但是元代的通惠河淤塞，不能通舟。永乐十年（1412年）四月，疏浚了积水潭至张家湾河道10737丈。④ 永乐

---

① ［元］脱脱等：《金史》卷二十七，《志第八·河渠·漕渠》。

② ［清］于敏中等：《钦定日下旧闻考》卷一〇八，《京畿·通州一》。

③ 同上。

④ 《明太祖实录》卷一二七，永乐十年夏四月庚申条。

十五年（1417年），陈瑄还曾利用通惠河运输木材，但因水小，运粮十分有限。

嘉靖七年（1528年），吴仲重修通惠河。侍郎王轼、何诏和吴仲一起考察地势后提出："大通桥地形高白河六丈余，若浚至七丈，引白河达京城，诸闸可尽罢，然未易议也。计独浚治河闸，但通流闸在通州旧城中，经二水门，南浦、土桥、广利三闸皆阛阓衢市，不便转挽。惟白河滨旧小河废坝西，不一里至堰水小坝，宜修筑之，使通普济闸，可省四闸两关转搬力。"[①]也就是将通惠河口由张家湾移至通州城北。第二年六月，通惠河疏浚成功。

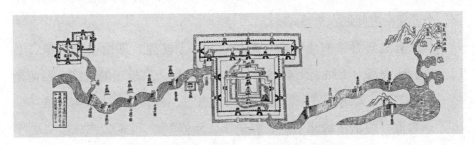

图6-4 通惠河源流图，该图来源于《通粮厅志》

与此同时，京通间的陆路继续存在，"为国东门孔道，凡正供输将、匪颁诏粯，由通州达京师者，悉遵是路"[②]。可见，此路作用十分重大。但是，以前是土路，经过"轮蹄经涉，岁月滋久，地势渐洼，又时雨即降、积雪初融之候，停注泥淖中，有一车之蹶需数十人之力以资牵挽者矣"[③]。

清代雍正年间，雍正皇帝命令修通州至朝阳门的石道。该工程始于雍正七年（1729年）八月，至雍正八年（1730年）五月告竣。"石道自通州新城西门到朝阳门长五千五百八十八丈有奇，宽二丈；两旁修土道各宽一丈五尺，长亦如之。"京通石道修通后，"此道行人既多，且系京城大小

———————————

① 《明史》卷八十六，《志六十二·河渠四》。

② 《通州御制石道碑碑记》。

③ 同上。

官员支领俸米必由之路，著由朝阳门至通州大道皆铺墁石块，酌量可容二车，两旁土道，亦著修理平整"①。

朝鲜学者李德懋曾写道："（五月十五日）疾驰入朝阳门，盖自通州大道，铺白方石迄于此，凡四十里。"②40里石道具体路线是什么样的呢？朝鲜使臣也有详细记录："通州（石路始此）八里至八里桥（永通桥），一里（至）管家庄，二里（至）杨家闸，二里（至）三间房，三里（至）定府庄，三里（至）大王庄，二里（至）太平庄，二里（至）十里堡，三里（至）八里堡，二里（至）红门，三里（至）弥勒院，三里（至）东岳庙，五里（至）朝阳门。"③可见，这条路不仅是京通间运粮通道，也是驿路，海外使臣由此进入京城。

从已有史料看，明清时期京通间还有一条陆路，即由张家湾到广渠门大道。此大道为土路，是琉球、日本等国使臣入京所走的道路。根据光绪《通州志》，此道为"张湾进广渠门大道"，命名为"张家湾土道"，由于该大道"为京东最洼之区，乾隆二十年修"④。可见，在乾隆二十年（1755年）之前，就有从张家湾到广渠门之间的大道。据史料记载，这条大道在明朝就有了，如嘉靖十九年（1540年）三月初朔旦（初一），日本使臣策彦周良一行抵达张家湾，他对当时的情形有这样的记载："辰刻，车马簇簇，先俾进贡物盘运。二日巳刻，发张家湾，车马如云。车以载货，一辂马，九疋挽之。马以驮人。"⑤策彦周良一行所走的大路可能就是此道。

由于此道为土道，加上地势低洼，所以路况很差。乾隆二十八年（1763年），直隶总督方观承上奏，在旧道偏南另垫一条大道。《通县志

① 光绪《钦定大清会典事例》卷九三二，《工部桥道》。
② 林中基主编：《燕行录全集》卷五十七，《入燕记》，韩国东国大学出版部2001年版。
③ 同上书卷一百，《燕行路程纪》。
④ 光绪《通州志》卷二，《建置·道途》。
⑤ 牧田谛亮：《策彦和尚〈入明记〉研究》。

要》记载："张家湾进广渠门大道，于乾隆二十八年在旧道旁边另垫一道。"① 在光绪《通州志》中也有记载："经总督方公观承奏明，于旧道偏南另垫一道。自张湾之大兴县荒厂交界止。计长二十四里九分有奇，合长四千四百九十三丈五尺。"② 修建此大路的资金由商绅捐助，修路余下了部分银两，其中部分银两被拨给通州，"拨给通州银三千两，交当生息以资岁修，兼栽道旁柳株之费"③。

图6-5　御制通州石道碑，该图由通州博物馆提供

乾隆三十一年（1766年），通州知州万廷兰建立护路队："每二里一名，共十二名。给工食银四分，责成修垫灌溉。"④ 该大路一直沿用到民国时期，但是"与乡间大车道无异，已无人负责修垫灌溉矣"。然而此大道仍发挥了重要作用，"由张家湾进广渠门仍取道于此"⑤。

---

① 金士坚主编：《通县志要》卷四，《交通·公路》。
② 光绪《通州志》卷二，《建置·道途》。
③ 同上。
④ 同上。
⑤ 金士坚主编：《通县志要》卷四，《交通·公路》。

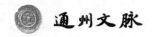

二、朝鲜使臣眼中的通州

朝鲜位于东北亚，是中国近邻，与中国的关系源远流长。"周封箕子于此……秦属辽东……唐征高丽，拔平壤，置安东都护府……元至元中，西京内属，置东宁路总管府，划慈岭为界。"① 中国的明清时期正值朝鲜历史上最后一个封建王朝——朝鲜王朝（1392—1910年）时期。朝鲜王朝主要通过定期朝贡来维系与中国的宗藩关系。明初定都南京，朝鲜主要通过海路直接前往金陵。明成祖迁都北京后，朝鲜使臣由陆路入京遂成定制。这一时期朝鲜使臣入京路线：从九连城一路北上至辽阳，然后由此西行经过鞍山、牛家庄、沙岭、广宁、小凌河、沙河等驿入山海关，再经过抚宁、石门、渔阳、三河、通州等驿入京。明末清初，由于东北女真族与明朝发生战争，因此入京路线有所变化。清军入关后，朝鲜使臣行驶路线基本沿袭了明代陆上朝贡路线。但是以康熙十八年（1679年）为界，略有变化。清军入关后至康熙十八年（1679年），他们的路线是经过海州、盘山、山海关到达北京。具体路线：鸭绿江—镇江城（九连城）—汤站—栅门—凤凰城—镇东堡（薛刘站，朝鲜人称松站）—镇夷堡（通远堡）—连山关（鸦鹘关）—甜水站—辽东—沙河—鞍山—海州（海城市）—平家庄—沙岭—高平驿—盘山驿—闾阳驿—石山站（十三山）—小凌河—杏山驿—连山驿—宁远驿—曹庄驿—东关驿—沙河驿—前卫屯—高岭驿—山海关—深河驿—抚宁驿—永平府—七家岭—丰润县—玉田县—蓟州—三河县—通州—北京。②

康熙十八年（1679年）以后，路线改为辽阳、盛京、广宁至山海关，

---

① ［明］严从简：《殊域周咨录》卷一，《朝鲜》。

② 徐东日：《朝鲜使臣眼中的中国形象——以〈燕行录〉〈朝天录〉为中心》，中华书局2012年版，第19页。

再到北京。具体路线略有变化，从辽阳到间阳驿之间变为十里堡—盛京—边城—巨流河（朝鲜人称周流河）—白旗堡—二道井—小黑山—广宁，其余都不变。

朝鲜使臣将其在华时的所见所闻著录成书，一般将访问明朝的记闻称为《朝天录》、访问清朝的记闻称为《燕行录》。韩国东国大学教授林基中教授将其编纂形成《燕行录全集》，并于2001年出版，为研究清代中朝文化交流提供了重要参考。

通州是朝鲜使臣入京的最后一站，也是回程的第一站，通州对他们来说具有独特的意义。使臣们到了通州，要办理入京前最后一道公文手续。如朝鲜使臣李廷龟在万历四十八年（1620年）出使北京，在日记中他记载四月十二日到达通州，"往衙门讨得礼部印，颁通报一纸"[①]。从这条记载看，礼部在通州设有办事机构，负责审核把关，待验证合格后，盖印表示可以进京，并颁发通报。然后由使臣将通报呈给礼部，然后从通州启程进京。并不是所有人都可以进京，有一部分人要留在通州负责安排相关工作。嘉靖十六年（1537年），书状官丁煥随团出使北京，根据其在《朝天录》中的记载，他们来到通州"投宿厘肆中人家"，第二天，"圣节使通事金句监官郑蕃来谒"。又过了一天，"早遣洪谦、李宝先往朝阳门呈报单于宫官之司察者"[②]。由此可见，在通州，朝鲜方面安排了专门的工作人员。

从史料看，使臣离开通州之时，礼部或者鸿胪寺派人送至通州。根据苏巡在《葆真堂燕行日记》中的记载，嘉靖十二年（1533年），苏巡一行出使北京。离别之时，鸿胪寺负责接待的序班到使臣下榻的玉河馆送别，并派人一直送到通州。"夏、李两序班到馆握手惜别，令馆夫郑甫元、于达等控别至通州。"[③]

---

①　林基中主编：《燕行录全集》卷十一，《庚申燕行录》，韩国东国大学出版部2001年版。

②　同上书卷三，《朝天录》。

③　同上书卷三，《葆真堂燕行日记》。

到了通州之后，入驻通州潞河驿的"抚夷馆"，郑甫元等人把苏巡一行照顾得很满意。苏巡在日记中写道："郑甫元跪地进红消梨数十个，饴糖一盘，尤见盛恩之探也。夕食后，陪出门外，江青月白，远望无际，画船簇簇，迷于上下。遂登舟玩月，风怡波静，游鳞跳跃，商歌渔唱，闻于两岸，真天下胜地。平生游赏之兴，尽于此矣。"① 从朝鲜使臣的记载看，在通州活动期间，使臣们或住潞河驿，或住旅馆，或投宿民家，并无定制。但潞河驿是他们公务活动的重要场所，也是与其他国家使臣交往的场所。如成化十七年（1481年），成伣一行在通州潞河驿遇见安南使臣，他们不仅互有交往，还写诗互赠。成伣的诗《通州驿馆次安南使韵》：

车书盛治喜遭逢，玉帛东南此会同。

宾馆笑谈何款款，驿亭车马忽匆匆。

他年魂梦青天外，此地情怀白日中。

莫向南楼作别离，潞河初涨夕晖中。②

安南使臣写诗回赠，其诗为《次安南使阮伟挺夫韵》：

玉节天南使，金台路山逢。

语因风土异，心共性天同。

喜接城南杜，还惭吴下蒙。

□瑶携满袖，十袭以归东。③

---

① 林基中主编：《燕行录全集》卷三，《葆真堂燕行日记》，韩国东国大学出版部2001年版。

② 同上书卷一，《辛丑朝天诗》。

③ 同上。

使臣们到了通州，对通州的一切都抱有好奇心，并记录了下来，为我们留下了难得的资料。关于通州的见闻涉及方方面面，归纳起来，主要有以下几个方面。

一是运河舟楫。通州是漕运仓储重地，除漕船外，还有公务用船、商船、民船、贡船等各类船只咸集于此，形成了"万舟骈集"的景象。朝鲜使臣感到极为震撼，在日记中多有记载。如道光十二年（1832年），时任冬至兼谢恩使一行书状官的金景善就描述道："沿江数十里，帆樯簇立，所装皆载米谷与材木，自南方运至者也。皆木绵为袋，或扛下江边露积，往往如丘陵。木则输入江岸木厂，而未及者，亦露积如山。皆长松作板或圆柱，连数十里不绝。其余杂物不可殚记。船之大小虽或不同，制样则如一：船底先排横木，上布松板，以防浸湿。上加板屋，为货物装积之所。"①

咸丰庚申年（1860年），冬至兼谢恩正使申锡愚对运河漕船景象称奇，特作《潞河漕船记》："潞河在通州为漕运凑泊之所。游中国者，以潞河舟楫之盛为壮观，并称于皇都之神丽，辽野之旷阔。则其千艘万舻齐舣，汀步之时，骈樯嵬峨，楼橹宏状。首尾相连，当如群龙戏海，六鳌鼇天矣。"②当时刚刚经历了英法联军入侵北京，火烧圆明园，所以停泊了一个船队仅6只船，申氏一行参观了最壮观的扬州漕船之领运船。当天"领运官入皇城，……有从者一人导余周览：船长十余丈，上铺板建曾屋，雕栏画栋，文窗绣闼，宛若仙居。屋中排列椅床、帷帐、器玩、书画，俱极华美，□料船中装点如是工妙。问他船所饰亦皆如此乎？对之者曰：余船皆此船所领，而船制皆同，屋中所列，无与此比。板底名为舱艎，直泻谷物于其中矣。近□漕米多以折银代纳，故此船所领亦只有五六艘云"③。

---

①　林基中主编：《燕行录全集》卷七十二，《出疆录》，韩国东国大学出版部2001年版。

②　同上书卷七十三，《辖轩续录》。

③　同上书卷七十七，《入燕记》。

除了领运船，普通漕船是什么模样，燕行使也有记载。徐有素在《燕行录》中记载："出东门观舟泊处，沿江上下十余里，舸舰簇列，皆施丹腰，设蓬处施栏杆窗户，炕在其内，隔间分区。船上立大旗竿，高出于樯。以锦辐为旗，各书其标船上什物、樯桅橹柁之属。具精巧：其缆非棕榈，毛则野枲练葛。"①

除了漕船，还有各类公务用船。道光三年（1823年），书状官徐有素在日记中描述了他所见的公务船只。"有一船旗面大书刑科给事中，船上置尤精丽，又设文房诸具。所谓给事中不在，惟其从者五六人守船。迎余辈坐椅，遍劝茶，茶味佳。其傍有船，旗面书曰：江苏织造船。其华丽与已见船无异。"②

咸丰三年（1853年）八月初二日，姜时永再次来到通州，特意到河边观赏各式船只。他对所见公务船只有详细记载："故乘一小艇，泛向中流，则诸帆簇立，各悬一旗，旗皆彩缎。有曰内阁侍读，有曰刑部主政，有曰某县知县。其称不一，而既是湖浙士夫之率眷供仕者，故家眷在船内，身则赴公供职，而下班则还为来住矣。"③ 这是朝廷和南方各地负责漕务的官员，在每年南方各地漕粮抵通期间在通州办理公务而临时居住之所。此类船只内部设置如何，朝鲜使臣已有记载："大抵船上板屋，绣户雕窗，重重开设，内外各有房舍，设厨设库，无异陆地。所居篷索皆以铁为之，下碇而立，风雨不动，真所谓浮家泛宅。"④

有一种各地给皇宫进贡的贡船也引起了使臣的注意，并有详细记录。如朝鲜使臣姜时永于道光九年（1829年）十一月初一，以进贺谢恩使书状官赴京，十二月二十三日到达通州，在《辀轩续录》中他记载了在通州的

① 林基中主编：《燕行录全集》卷八十一，《燕行录》（八），韩国东国大学出版部2001年版。

② 同上。

③ 同上书卷七十三，《辀轩三录》。

④ 同上。

见闻，对苏州贡船进行了考察："上设船屋，有屋，有房，有厨，有楼，有库。制极奇巧，彩亦鲜丽。衣粮家伙无不存焉。四围作交疏，涂以青纱，张之则四望，阖之则如房屋，都是文木造成，宛是山亭水树，古所谓浮家泛宅者，真此也。吴太史瑗诗曰：都会燕京第一州，万家城郭枕河流。中原漕转空齐盗，甸服衣冠捻剃头。蔽日帆樯迷翠渚，笼烟杨柳拂红楼。繁华未改皇朝旧，慷慨谁知远客忧。"①

停在运河岸边的商船十分壮观，道光年间，朝鲜使臣李遇骏到通州，所见"沿河而进，见巨舰累百只泊在岸下，上设彩阁，甚坚□，此乃江南商船"②。有一种从南方来的商船，分上、下两层，称为楼船，十分壮观，无不称奇。某使臣特意写下了《江南楼船记》，为今人留下了江南楼船的详细资料："江南楼船，间间连舳，望之如画图中。东人初见，莫不叫奇，遂登船。船制极精致，设二层，下层载物，上层设门扉。入其中，四面开窗，窗皆贴琉璃。其中设椅桌、器玩、笔床、茶炉、名画、法书，板壁簾楹，皆涂丹腹，映水照耀。又有内室厨房馈龛，间架井井。"③

这类楼船不是普通民船，不仅体量大，而且生活设施一应俱全，可以供一家人在上面生活。朴齐仁一行考察了此类船："船样与我国有异。狭而且长，广可四五间，长可十余间……皆以铁钉装造，画彩龙雀，漆以朱紫，用铁为锭，一本四钩，缆用连环铁索，帆用白布。船楼之制，皆以板木为障，壁为仰板，为舻板。载谷物于舻板之下处，篙工于舻板之上。左右皆设纹窗，雕镂'卍'字梅菊之状，以琉璃涂以金彩，无异陆宅。窗内所设虽不侈丽，而如体镜、画瓶、茶锺、□床、交椅及鸡犬花卉之属，无不毕具。船窗之最一隅，即厨灶也。锅釜之属，酱醋之需，亦无不具备。上层设彩龛，妥奉□神。"④船上所置极为齐备，无异陆地。更有甚者，

---

① 林基中主编：《燕行录全集》卷七十三，《辖轩续录》，韩国东国大学出版部2001年版。
② 同上书卷七十六，《梦游燕行录》。
③ 同上书卷九十八，《燕纪程》。
④ 同上书卷七十六，《燕行日记》。

"设菜田于其中"①。

有人看准了"万舟骈集"的商机。由于船上以男性居多，常年在河上行走，难免潮气很大，所以对白酒的需求量很大。运丁不能随意离船，于是就有人主动送酒上船，形成了特有的"酒船"。"又有酒船五六来泊。方开，沽买者云集。"②

这些船都来自哪些地方呢？燕行使对这个问题很感兴趣。有人就做了调查："盖众船相接，江上便成陆地，周行观览甚是便好。所到处问其所从来，则皆称江苏船，山东、江西、闽浙、广东、湖广、河南、云南船间颇有之。"③

二是通州城池盛景。使臣们对通州重要的战略位置有深刻的了解和详细的记载。如郑元容在《燕行日记》中记载："州是临江而城，如我东之箕城，天下漕运尽泊于此。北通辽海，南接江淮。陆走皇城，一息余路，上铺石以避泥泞。且掘渠达于皇城，以达舟楫。城址壮固繁华，佳丽与金陵相甲乙。云是时江南船只来泊，倚岸系缆。而船上设二层楼，并施金银□，其制度亦奇妙耳。"④"通州介于燕蓟，兼通水陆，商贾之所辐辏，漕运之所转轮，即燕京之咽喉也。尝闻通州江水直通于大内，锦帆牙樯，来泊如云。人言四五月间，漕船到来时然也。"⑤李遇骏在《梦游燕行录》中说："盖此距皇城不远，为一大都会，而兼为漕船到泊之处，以胜地有名。……故自业门筑石为路。出西门以达于皇城。遂得一律曰：长河十里抱城流，燕蓟中间第一州。市辟波斯悬表榜，潮通海路泊鲁舟。轮蹄杂还时无绝，歌吹争喧夜不休。到此行人辛苦尽，明朝歇泊正阳楼。"⑥

---

① 林基中主编：《燕行录全集》卷九十五，《燕中见闻》，韩国东国大学出版部2001年版。
② 同上书卷八十一，《燕行录》（八）。
③ 同上。
④ 同上书卷六十九，《燕行日记》。
⑤ 同上书卷七十，《燕行录》。
⑥ 同上书卷七十六，《梦游燕行录》。

乾隆年间，金士龙入燕，在《燕行录》中认为"（通州）仓廪之富，实甲于燕。盖天下漕运之船，云集江边。百官颁禄自此中辨出，而春夏之间，帆樯如束，连续十余里。云南城门，楼高两层，匾曰新京左辅。初来时，晓色喜微，不能领略矣，今则详视城池之壮，人物之众，店坊车马之络绎，下于燕京，而似胜于沈阳"①。金景善在《燕辕直指》中也说："城周二十里，殷富瑰丽，胜于盛京、山海关。跨大街建两□高楼，亦有一白塔，高耸入云霄。"②甚至还有使臣认为通州的繁华与皇都不相上下，如清光绪年间出使燕京的柳厚祚就是其中一位，他在《燕行日记》中写道："入其城，左右市廛，饰以黄金。物货之盛，人物之繁，与皇城几为相等。"③

李在学在《燕行日记》中写道："人物城池，极其富丽。货铺之间，至开夜市。街巷灯辉，尚如元宵。物货无所不有，钢铁佩香之属又胜于他处，故行中多贸去者。衙门在北城之内，牌门匾'日下冲繁第一州'七字。"④

三是通州夜市。通州夜市十分有名，朝鲜使臣对此印象深刻，并兴致勃勃地体验一番。如清乾隆壬子年（1792年），金士龙一行经不住"（通州）夜市自古有名"的诱惑，"初更时，（从）共松园东谷行，出店门。市肆上下烛光照耀，开门迎客。有卖针者，有卖茶者，有击钟诵经者，到处如是，可谓不寂寞"⑤。如朝鲜使臣成祐曾写下了《夜市在通州》："脚蹬红烛市街明，人去人来到五更。□事书生眠不得，隔窗连续卖糕声。萝蓄团团满小篮，红如猩血碧如蓝。尽日街头呼买卖，先抽刀子破三三。"⑥

又如姜时永记载了他逛通州夜市的情形："遂骑马由东门入城，从者于扇子店中买进一把扇，即所谓折叠扇，……此时日已昏黄，路傍市肆栉

<hr />

① 林基中主编：《燕行录全集》卷七十四，《燕行录》，韩国东国大学出版部2001年版。
② 同上书卷七十二，《燕辕直指》。
③ 同上书卷七十五，《燕行日记》。
④ 同上书卷五十八，《燕行日记》（下）。
⑤ 同上书卷七十四，《燕行录》。
⑥ 同上书卷六十九，《茗山燕诗录》（地）。

比，金碧照耀，比沈阳不知几倍。而各铺各店张灯点蜡，一铺所燃，大约为数三十，而都是羊角灯，上下四旁通明如昼，无微不烛。夜亦交易，肩磨毂击而绝无喧哗，俗谓通州夜市者此也。未知成都、广陵比此何如，而此是两京通货水陆都会，故人殷物富，自尔如此。"①他们一行意犹未尽，待住宿安顿好后，他们结伴继续逛通州夜市，有了更深入的体验："夜与从者数三人便服出门，登所谓茶楼，店主泼茶以待，其味香洌，比他尤倍。楼左右积贮茶属，凡天下奇茗异芽无不存焉，可谓充栋汗牛矣。楼上即店主所居，文房四具，精洁清雅，座傍有《文文山集》。余抽阅数板而归。〔按：宋宝祐四年登科录，文天祥、谢枋得、陆秀夫同傍，忠节萃于一榜，洵为千古美谈。而文山之弟璧号文溪，仕于元，亦异哉。〕楼下即茶铺，买茶者夜未填门。茶保数十人一边秤茶，一边纸裹，一边绳封，未有暂暇。夜深始歇，收钱于地，贯之以索，积堆如阜。凡夜市之诸肆，交易莫不类此。"②

因姜时永一行抵通时间是农历腊月二十三，临近中国传统佳节"新年"，当晚他们在运河边目睹了密集燃放"纸炮"的情景。所谓"纸炮"，实为一种烟花爆竹。史料记载："是夜，纸炮发于四邻达宵，聒聒无以着睡。盖以岁除不远，故家家被禳。其制包纸数十，重环束其两端，长为数寸，其围如一指之大，包火药于纸头，引火远掷，则火射而声发，震动山谷。是日在路有诗曰：凌晨膏秣候明行，入栅居然一月程。到处门庭皆正正，历来川陆尽平平。村雄关庙争新福，里列墩台各记名。闻说归期无有定，东天五见玉轮盈。"③

道光二十八年（1848年），第一次鸦片战争后清王朝处在内外交困中，可是通州的夜市似乎没有受到什么影响。李遇骏在《梦游燕行录》中

---

① 林基中主编：《燕行录全集》卷七十三，《辀轩续录》，韩国东国大学出版部2001年版。

② 同上。

③ 同上。

图6-6　朝鲜使臣对通州夜市的记载

记载：“（通州）城内外相连，百货摆列。每夜各铺悬羊角灯数十，照耀如昼。往来交易至晓不绝，故通州夜市名于天下。”① 咸丰三年（1853年），当时正值太平天国起义爆发，姜时永再次入燕路过通州，发现通州夜市繁华不减。“至通州城，则夜已三更。所过市肆，只见灯烛炫煌，略卞招牌，夜市繁华不减。昔样都会之地不以贼警有损矣。”②

----

① 林基中主编：《燕行录全集》卷七十六，《梦游燕行录》，韩国东国大学出版部2001年版。

② 同上书卷七十三，《辖轩三录》。

即使到了咸丰十年（1860年），英法联军入侵北京，在通州爆发了张家湾之战和八里桥之战，但是通州的夜市仍然存在，但是不能与之前相比。申锡愚游历通州夜市后写下了《通州夜市记》，他写道："夜必张灯，为市五色琉璃灯，随等色燃烛。纱灯之方者、圆者不一。其形画山水、楼台、人物、草虫于纱面。对对成双，列挂厂铺，煜朗洞澈，如同白昼。及英夷之乱，通州先被其锋，特无抢掠焚烧，故市廛依旧。逃散之民，近始还集，稍稍开市，尚多闭铺者。昼之所见已是寥阒，乘昏出见，夹路左右，张灯者十之二三。……潞河之舟，通州之灯，今不足为观。"①

四是与漕运有关的基础设施。通州因漕运而兴盛，使臣们在领略运河舟楫和通州盛景的同时，深入考察了与漕运有关的诸如闸、桥、道路、粮仓等基础设施。他们认为通惠河虽水量不大，但是能够顺利地将大量的粮食物资运至京城，这是因为设置了水闸的原因。"其深不能寻丈，然万斛之船，蚀水数丈，无沙礁壅阏之患者，用水闸之功也。"②进而考察闸的具体形制："其制筑石堤于两崖，中河为门，其广恰容两船。削石为囗，横铺于河底，夹堤而立两石柱，下阏于囗。然后以大木为闸，纳于囗，广夹均迪于两柱之中。令承接而无罅缝，具两环于闸之首，设辘轳堤上，而启闭之。维不免洿流之渗减，而能横绝混混之流，一瞬之顷，浸成四五丈，海子舟流点滞。不以风涛而倾摧，不以旱涝而增减。前闸才泄，后闸随畜。能以一勺之多，而致千里之远。禁中之太液池，西山之昆明湖，及玉河城壕之水，其源不过滥觞，而皆汇为巨浸。舸舰纵横，尽良工而博利也。"③

从通州到朝阳门为40里石道，乘车行进在石路上是一种什么样的感受呢？朝鲜使臣多有记载。"通州至北京四十里路，皆铺石。日夜为车辙所

① 林基中主编：《燕行录全集》七十七，《入燕记》，韩国东国大学出版部2001年版。
② 同上书卷九十八，《燕纪程》（天）。
③ 同上。

磨砺，往往有嵌缺处，车行其上，摇荡欹侧殊可苦。"①

还有某使臣在《燕纪程》（天）中言："车中和睡之际，一行车辙轰轰如雷声。警问之，已到通州，而石路自此筑至皇城五十里。而石载车辙，故有轰轰之声。"②

使臣注意到城内"虹桥"，根据其描述，从东门入城，所见跨城中大川之桥，极有可能是连接北大街和南大街的闸桥。"由通运门而入，即通州城东门也，门设曲城，谯楼坏毁。廛市殷丽，民居稠叠，通衢之上铺以砖石。有大川跨割城中，而来筑以虹桥。桥边设彩木为栏，桥下筑石贮水。水声碌碌，如临巨瀑。"③

除此以外，使臣们还注意到其他服务于漕运的设施。如朴齐仁在《燕行日记》中记载："见城下民居栉比，商船货物多聚于此。有大王庙，设以二层门，覆以黄瓦，题以'护漕利运'四字，庙盖龙神庙。而每于漕船之来泊也，赛报于此。云沿江店舍，有题户部税所、工部税所者，似是收税于江上者也。"④

对通州的粮仓有这样的描述："有三所仓廒，制如城楼。上设疏窗，以泄积气。墙壁垂穿旁穴，以疏湿气。引水环仓，以备火患。"⑤

五是社会生活。使臣们在通州看见南方富商的楼船，不仅装饰华美，还畜养美人，十分羡慕这样的生活。某使臣在《燕纪程》中毫不掩饰自己对这种生活的向往："又有内室……妇女妍美，皆锦衣绣鞋，拓窗窥外，见人不羞。……余曰：范蠡泛五湖，想必如是也。今江南商人长居好楼阁，饭稻羹鱼，衣锦绣畜美人，遨游湖海，以送平生，不知一片画船外，复有功名富贵是何等物，岂非水上仙耶？"⑥有这种想法的人不止一个，崔

① 林基中主编：《燕行录全集》卷七十一，《燕辕直指》卷三，韩国东国大学出版部2001年版。

② 同上书卷九十八，《燕纪程》（天）。

③ 同上书卷七十六，《燕行日记》。

④ 同上。

⑤ 同上书卷七十二，《燕辕直指》。

⑥ 同上书卷九十八，《燕纪程》。

秉翰也有这样的想法。他在《咏白河楼船》中言："江南贾客大红船，来泊通州已二年。万里图书浮白浪，一春家眷坐青天。县门郎识征租吏，平地能成化羽仙。侬若有钱从汝去，买舟不欲买良田。"①

通州乃交通要道，除了水上交通工具外，还有各种陆上交通运输工具。燕行使对行驶在通州的陆路交通工具也有研究。如姜长焕记载："见大车载物多用骏马，否则用骡驾车，率皆以骡，骡力甚大故也。远行则驾用两骡，近行则用一骡。赶车的执丈，余之（执）鞭，坐车前，鞭其不尽力者。皆入范驱，齐力而行。车轮俱无辐，但置木一纵二横，以纵者为毂，方其孔，使轮钮回转。裹轮以铁，周围加钉，极其坚固。虽行累千里，亦无磨破之弊。又有独轮车，一人从后而推之，可载百余斤矣。"②

他们在通州也发现一些讲排场而生活奢靡的场景，从描述的语气看，他们对这种风气显然是不以为然的。富人出行前导后随，排场很大。"见一美人乘车而过，前有两骑麾鞭导之，后又五六骑随之。"③使臣经常看见办丧事的场面也很大，以至于堵塞了交通。"一丧行当前，……一行威仪连亘五里。后车数百辆，大半皆妇人也，填塞前路殆难行。曾已经屡见丧行，而其随丧者非但男子，妇女尤多，盖其俗然也。"④

在燕行使看来，通州老百姓生活很有品位，室内布置很精致，还有花卉装扮，市容环境很典雅。使臣们记载："行到通州陈姓人家，炕宇虽窄，颇精洁。"⑤"城外人家亦皆临水，茶房酒楼联带如画。城内花铺多畜佳菊，其白者曰通州白，红者曰通州红。其余黄黑诸色，亦皆仿此。"⑥

绝大部分燕行使对通州城市景象给予了关注，也有人把注意力放在了

---

① 林基中主编：《燕行录全集》卷九十八，《燕纪程》，韩国东国大学出版部2001年版。
② 同上书卷七十八，《燕槎从游录》。
③ 同上书卷八十一，《燕行录》（八）。
④ 同上。
⑤ 同上书卷六十一，《燕行日录》。
⑥ 同上书卷七十二，《燕辕直指》。

通州农村。有人记述了农人利用畜力的情况，并与朝鲜国内进行比较。例如，对驴的使用上，姜长焕在《北辕录》中记载："驴，人骑之外，驾车耕田亦多用之，驼水碾磨并皆以驴。碾粟则以扁圆大石置地，中央插一木柱，用数尺许大圆石，穴其中，贯以木作活机。以其一头系于柱，一头驾驴而辗之，碾粟成米是为碾家。此外，又有磨，其制与我国同。而皆用驴转碾，时皆笼其目，一人执鞭而临之，终日不息。"①

如何照料交通运输所用牛、马、驴、骡等牲畜，燕行使也有观察和记载："马之远行者，在途不饲草豆，时或饮水，至宿所歇过一两时方卸鞍，以谷和草而饲之。夜深复饮以冰水，至晓又饲草豆饮水。若其着铁，则立小柱四个，量其足长，置马于四柱之内，以绳缚之。及其加铁，解一足而笼铁，笼讫旋缚。次加三蹄亦如之。"②

燕行使发现停泊在通州运河的船上的女眷与北方女人有一个不同点："南船之载货者，不止千数。船中多妇人，见我人，避入于内篷，此皆南方女子，故见人羞避，异于北方之俗。"③

六是热点时事。使臣们在通州还注意到当时发生的一些重大事件和社会变化情况。如康熙十八年（1679年），京东地区发生了大地震，以三河、通州受损最严重。地震后不久，朝鲜派出使团，他们记录了途中关于地震的见闻。尽管遭遇地震，但是通州的社会秩序井然，尤其是各地来的商船似受影响不大："见商船贾舶无数来泊，船制与我国不同，皆以彩色画于头尾，其妻孥亦皆率来。篷窗之下，或有刺绣女人。过涉时，有傍近船数只，问其本土则，一则自扬州来，一则自杭州来。云其他许多船，可知其自远方来也。"④ 这与当时朝廷积极采取措施有直接的关系。朝鲜使臣也注意到康熙王朝强有力的应对机制，为应对地震，朝廷"方避殿露处以

---

① 林基中主编：《燕行录全集》卷七十七，《北辕录》，韩国东国大学出版部2001年版。
② 同上书卷七十七，《北辕录》。
③ 同上书卷八十一，《燕行录》（八）。
④ 同上书卷九十六，《燕中闻见》。

镇定民心为务，至于甲军，月料比以前优给"①。

早在所谓的"康乾盛世"的乾隆末期，朴齐仁在《燕行日记》中描述在通州运河上发现了大批流民："沿江上下，多来往之人，有若流民之状。盖南有诸匪，且近有天津洋匪，方创攘于百里之内，南民及沿海诸民之逃难者，多从水路而来聚于此。"②朴齐仁还与船上人员交流，进一步了解了社会动荡给社会底层老百姓造成的影响。"有三个女子屏坐于厨灶之傍。其中一女子年可五六十岁，自言本以南京人，曾于九年前率子女无人来泊于此，近因南边之扰攘，不得回去云。又有一年少船工……自言姓李，名处高，船名满江红。久滞未归，浮家资活，生计淡然。"③可见，"康乾盛世"也潜藏着巨大的社会危机。

嘉庆四年（1800年），朴齐仁出使燕京，从京城回程，通州途中发现八旗兵赴天津剿匪行进的情况，从其描述可以看出，八旗兵表面虚张声势，其战斗力及装备实则很差。正如所记："沿路所经店村街上及店舍门上，皆插小旗，书以团练二字，或书以巡拿奸匪等字，盖此时贼警方急，将欲点查奸匪之意，而皆即本也。始到通州，见无数军兵，弥满城中。问之则自皇城调发八旗兵，往赴天津者。而总数则或云八千，或云五千，未知实数多少。皆着戎衣，持兵器来往于街上者甚多。所着服色无被坚之物，头戴帽子，身着长袍，背着坎肩。衣或青本红禄，或红本青禄，皆应方色，谓之八旗者，此也。手持小铳一个，腰带短剑一口而已，亦无执铳之物，而所骑之马，尽肥胖矣。"④

到了清朝末期，清政府内外交困，通州作为京城的东大门，最能感受到时局的变化。光绪十三年（1887年），朝鲜使臣李承五随团出使北京，过了燕郊就感受到兵马调遣的步伐声如"白日雷霆"。在通州发现"吉林二万兵

---

① 林基中主编：《燕行录全集》卷九十六，《燕中闻见》，韩国东国大学出版部2001年版。
② 同上书卷七十六，《燕行日记》。
③ 同上。
④ 同上书卷七十六，《燕槎录》。

今宿城中"，导致使臣们在城内无处可住。"于是，回转出城北。"①

七是文化交游。燕行使中有很多人都是学者，对中国文化有很深的研究，对中华文化进行考察学习也是其重要目的。通州作为南北文化交流重地，自然是他们文化交游的重要一站。明中叶以来，明朝思想界的阳明学作为与程朱理学相对立的学说风靡一时，在信奉朱子学的朝鲜学术界引起极大反响。因此，前往明朝的使臣将阳明学作为考察的热点。

万历二年（1574年），前往明朝的使者赵宪、许篈就是带着这样强烈的目的来到燕京的。在八月二日，他们行进在蓟州与通州的途中夏店小憩时，遇见浙江杭州府国子监生叶本，他前往三河县探亲，正返回北京，遂请他们坐路旁树荫下叙话。许篈直奔主题："今闻王阳明从祀文庙，而命其裔袭爵云，未审此事定于何年？而出于谁人之建明乎？"②叶本对阳明学予以高度评价，认为王阳明"天赋挺秀，学识深纯，阐明良知圣学，又有攘外安内之功"，并针对许篈的提问，回答说：关于阳明"宜从祀孔子庙廷，圣旨谕礼部，尚未覆，此其大较也。若欲备知，有《阳明文录》，又有年谱，可买查之"。而许篈仍固执地认为："阳明之所论著，篈尝略窥其一二矣，千言万语，无非玄妙奇怪之谈，张惶震耀之辨，自以为独得焉。"③双方辩论看似心平气和，实则针锋相对。

第二天，许篈在通州遇见陕西籍举人王之符，相谈甚欢。许篈视其为知音，在日记中详细载录他们之间的笔谈内容：余（许篈）问曰："陕西大地，而长安周汉旧都，其流风余韵，想未斩焉，感发而兴起者必有其人，尊崇古昔何圣贤？"之符曰："皆尊孔孟程朱之道。"余曰："近世有为陆子静、王阳明之学者，异于程朱所为说，后生莫不推以为理学之宗，先生其亦闻之否？陕西之人亦有仰慕者乎？"之符曰："陆子静是禅

---

①　林基中主编：《燕行录全集》卷八十六，《燕槎日记》，韩国东国大学出版部2001年版。

②　同上书卷七，《荷谷先生朝天记》（中）。

③　同上。

教，王阳明是伪学，吾地方人则皆辟之矣。"余曰："阳明良知之说，是乎非乎。"之符曰："良知之说，倚于一偏，非伪而何？……然则阳明之学，决知其文饰于外者多矣。迩来请从祀者，徒以阳明之弟子多在朝者，故欲尊其师，而廷议或不直之，是以巡按御史上本已久，而礼部尚未定夺矣。"①由此可见，王之符是位固守程朱理学的士人，他将阳明学斥为伪学，这对恪守信奉程朱学的许篈来说无疑是莫大的欣慰。他在日记中写道："方今人人皆推王氏之学，以为得千古之秘，而之符独排之，可谓狂流之砥柱也。余行数千里，始得此人，岂非幸哉。"②

朝鲜著名文人李德懋一行在通州登上山东等处督粮道兼管德常临清仓事务加二级何裕城的船，受到好友何裕城的热情款待。何裕城各送了一同登船访问的三位使臣扇子一把、清心丸三枚。离船后，李德懋一行回到住处，何裕城派女婿鲍紫卿"乘马而来，书二、纸一、赵松雪诗一，词笔势翩翩，可爱亦秀雅。三使设小馔待之，又各赠扇、药、墨、笔、纸。时，紫卿持赠绿纱于三使，各一疋。盖其妇翁回报周中所赠扇、药也。"③双方交往馈赠以文化用品和书画作品为主，可见大家性情志趣相投。李德懋感到很不好意思，因为"去者薄而来者厚，甚不相称。三使命译官洪命福伴紫卿，还其纱于舟中"④。

在通州，李德懋还与孙有义等人交往甚密。他在《入燕记》中记载："孙有义，字心裁，号蓉洲，居三河，……昨夜余逢蓉洲于通州，蓉洲以为：洪公前托余得湖州士人严铁桥（诚）遗集及小照，我已得之，寄置于三河盐店吴姓人。君过三河，可以索之，归传洪公。及到三河，馆之比邻孙嘉衍，即蓉洲之从弟也。盐店吴姓人已闻朝鲜人将回，置蓉洲所托铁桥

---

① 林基中主编：《燕行录全集》卷七，《荷谷先生朝天记》（中），韩国东国大学出版部2001年版。

② 同上。

③ 同上书卷五十七，《入燕记》（上）。

④ 同上。

遗集、小照于嘉衍之家，余乃索来，此亦奇也！"①其中的"铁桥遗集"，即《铁桥集》，亦作《（严）铁桥全集》，该书第四册和第五册为《日下题襟集》，收录有严诚与朝鲜使者交往的书信诗文。

到了通州，大部分人都抓住机会领略通州繁华的街市，尤其是夜市。但是仍有不少使臣有逛书市的习惯。成仁浩就是其中一位。他到通州后，尽管通州夜市很迷人，"灯烛之辉煌，车马之喧阗，通宵不息，亦一壮观也"。但是他"仍入书肆阅书半晌而归"②。

可见，通州在明清时期的中朝关系中发挥了不可替代的作用。

三、张家湾与明清时期的中琉关系

明清时期，中琉交往主要是朝贡与册封关系。这种关系始于洪武五年（1372年），明太祖遣行人杨载以即位建元诏谕其国，琉球中山王察度则遣其弟泰期随杨载入明进贡方物；洪武七年（1374年），中山王察度又遣泰期奉表、贡马及方物，并上皇太子笺，明太祖赐其大统历及金织文绮、纱罗等，从此确立了两国的朝贡关系。永乐二年（1404年），中山王世子武宁遣使告父丧，明成祖命礼部派人前往，诏武宁袭中山王位，此为明朝与琉球正式建立册封关系。③

中琉之间这种友好交往一直持续到1875年7月日本政府严令琉球彻底断绝与清朝的朝贡和册封关系为止，前后长达500年之久。在这5个世纪的历史里，明清两朝的册封使臣、闽人三十六姓及其后裔与琉球的贡使、留学生等穿梭于两国之间，把中国文化传播到琉球，对琉球民族文化的形成以及社会发展起到了重要影响。

---

① 林基中主编：《燕行录全集》卷五十七，《入燕记》（上），韩国东国大学出版部2001年版。

② 同上书卷七十八，《游燕录》。

③ 黄景福：《中山见闻辨异》，见王锡祺编：《小方壶斋舆地丛钞》第十帙，学生书局1975年版，第443页。

由于通州独特的地位，从南方来的琉球、安南、日本等诸国使臣都要经过通州。使团进贡的所有进贡物都在张家湾卸下，然后由陆路运往京城。使臣完成任务后离开北京，由陆路经潞河驿，然后到张家湾上船，沿运河南下。总之，南方诸国的使臣来往北京都要经过张家湾。这其中以琉球国的使臣与通州（张家湾）关系尤为密切。

1.出使琉球的著名外交家建造了张家湾城

郭汝霖是明代著名的外交家，嘉靖四十年（1561年）作为正使率领500人的庞大使团出使琉球。①据史料记载：因"（琉球国）国王尚清薨，遣使告哀"。明世宗应其所请，命选派使臣册封琉球。正使原定吴时来，因严嵩诬陷"其畏航海之役，故生事妄议"，被"谪戍广西"。②按《明史》记载，嘉靖三十七年（1558年）派吏科左给事中郭汝霖为正使、行人司行人李际春为副使，为册封使出使琉球。

郭汝霖离开北京时写下了《奉使琉球出都门》，"难易非所择，夷险又何忡"，又写了《奉京中诸老》称为国"柔怀属夷，不负平生"，可见其英迈豪气。从张家湾码头上船，经运河南行。登舟临行前，他写下了《奉使琉球潞河解缆》，表达了自己的坚定意志，其诗文如下：

> 风静波恬晓放舟，夹堤垂柳隐鸣鸠。
>
> 晴云渐隔长安望，彩鹢新贪天汉流。
>
> 杳袅岸花开远树，英明使节起轻鸥。
>
> 人生踪迹真难拟，笑向沧溟万里浮。③

郭汝霖在福建准备舟船、给养时，遇风向不顺，未能及时出发。嘉靖

---

① 徐恭生、谢必震：《论郭汝霖〈重编使琉球录〉的史料价值》，载《海交史研究》1996年第2期，第63—64页。

② ［明］严从简：《殊域咨周录》卷四，《琉球》。

③ ［明］郭汝霖：《石泉山房文集》卷四。

四十年（1561年）郭汝霖等人乘船驶向琉球，经过近一年漫长而艰险的海上航行，第二年夏天郭汝霖一行终于抵达琉球国。郭汝霖不顾海上航行的辛苦，"（六月）初二十九日，乃行封王礼"①，郭汝霖代表明朝廷正式与琉球国建立了外交关系。郭汝霖不仅出色地完成了外交任务，而且树立了大国使臣的良好形象，为中琉关系进一步发展做出了积极贡献。

据史书记载，琉球国国王得到了明王朝的赐封后，非常高兴，为表达敬意，特意铸造了40两马蹄形黄金赠送郭汝霖。郭汝霖坚决不受。第二天，国王又派法司、大夫、长史等官拿着40两黄金，恳请郭收下。郭汝霖仍然拒绝，并写了一封信给国王。在信中，他写道："虽贤王好我之诚，而不受笃宝，实使人自守之矩，且天朝清议光昭，非礼授受，具有明辞。余虽欲于王，如朝廷之大法何？……《传》有之，私惠不归德，君子不自留焉。"②国王见郭汝霖如此清正廉洁，非常感动。

郭汝霖一行完成使命后乘船回国，于第三年回朝复命。一同前来的琉球国大使向嘉靖皇帝禀告了郭汝霖在琉球国的出色表现。嘉靖皇帝特恩赐给郭汝霖白金、苎丝以资表彰。

回国后，郭汝霖著《重修使琉球录》。该书具有十分重要的史料价值。郭汝霖的著作中介绍了琉球社会的各个方面，如对琉球的宗教信仰、律法、民俗、物产、建筑等方面都做了描述。在郭汝霖的笔下，琉球的宫室建筑、民居风格，尊崇汉学之风尚，历法编制之进步，都可一览无遗。郭汝霖还开列了历次册封琉球的中国使臣的姓名与籍贯，这为日后出使琉球者在撰写使录时竞相仿效。

更为难能可贵的是，该书已经成为解决钓鱼岛及附属岛屿归属问题的重要历史依据。郭汝霖在该书中记载："闰五月初一日，过钓鱼屿。初三日，至赤屿焉。赤屿者，界琉球地方山也。再一日之风，即可望姑米山

---

① ［明］严从简：《殊域咨周录》卷四，《琉球》。

② ［明］郭汝霖：《重修使琉球录》，转引自《殊域咨周录》卷四，《琉球》。

（久米岛）矣。……初六日午刻得风乃行，见土纳己山。土纳己山，琉球之案山。"①文中的"案山"在古代汉语中即"界山"之意。土纳己山，即琉球的"渡名喜岛"，这段话清楚地证实了当时中国已将钓鱼岛列岛中最靠近琉球的赤尾屿作为与琉球分界的标志，而"渡名喜岛"与久米岛一样被视为琉球界上岛屿之一。郭汝霖在同一时期撰写的不同文献中指出"涉琉球境界地，名赤屿"，"赤屿者，界琉球地方山也"，意即赤尾屿是与琉球分界的中国岛屿，而非琉球的岛屿。

郭汝霖回国后不久，嘉靖癸亥（1563年）农历十月，鞑靼兵攻破墙子岭，京师戒严。由于张家湾是"水陆之会，而百物之所聚之所"，世宗皇帝"以有警，诏发营兵戍之"②。但是，由于没有坚固的城池，第二年春，世宗皇帝"敕顺天府丞郭汝霖、通判欧阳昱，以二月二十二日始，……越三月，遂以告成"③。在当时紧急的状态下，郭汝霖不仅按时完成了张家湾城池的修建工作，而且还大大节约了开支。史载："命督修通州湾城，议者谓非二十万不可，霖力裁之，费止三万有奇。"④他是如何做到的呢？大学士徐阶在《张家湾城记》中记载："事财取诸官之赎及士民之助者；木取诸营建之余；砖取诸内官厂之积；石取诸道路桥梁之废且圮者；夫取诸通州之卫卒。及商若民之饶于赀者，工既举而财不时集，阶具以闻，诏光禄寺出膳馐之余，金三万两贷款之。于是，诸臣咸悦以奋。"⑤

建成后的张家湾城："周九百五丈有奇，厚一丈一尺，高视厚加一丈，内外皆甃以砖。东南滨潞河，阻水为险；西北环以壕。为门四，各冠以楼，又为便门一、水关三。而城之制悉备，中建屋若干楹。"⑥并且，朝

---

① 〔明〕郭汝霖：《重修使琉球录》，转引自《殊域咨周录》卷四，《琉球》。

② 〔明〕徐阶：《张家湾城记》，见光绪《通州志》卷十，《艺文》。

③ 同上。

④ 陶成等纂：《雍正江西通志》卷七十九，见文渊阁《四库全书》本。

⑤ 〔明〕徐阶：《张家湾城记》，见光绪《通州志》卷十，《艺文》。

⑥ 同上。

图6-7　张家湾古城及通运桥遗址，通州博物馆供图

廷为了使张家湾城发挥预期的作用。加强了其守备和应急功能，"遇警则以贮运舟之粟，且以为避兵者之所舍。设守备一员、督军五百守之"。从此以后，"而湾之人南北之缙绅，中国四夷朝贡之使，岁漕之将士，下逮商贾贩佣胥，恃以无恐。至于京师亦隐然有犄角之助矣"①。

2. 张家湾有琉球国人墓园

在出使过程中，一些琉球国官员、留学生、商贾等人因疾病等各种原因永远留在了中国。因此，在我国形成了不少琉球国人的墓地，主要有"福州的仓山白泉庵""北京通州张家湾""福州至北京的官路上""中国东南沿海地区"等四大区域。其中，在通州张家湾琉球国墓地上的葬者主要是出使北京的使臣和在北京学习的留学生。

据周良先生的考证，张家湾琉球人墓园至少有杨联桂、梁允治、蔡宏训、程允升、夏瑞龙、郑国观、金型、郑孝思、王大业、林世功和几位不

① ［明］徐阶：《张家湾城记》，见光绪《通州志》卷十，《艺文》。

知名的官生等13位墓主人。①这里面不仅有琉球国出使中国的官员和在中国学习的官生，还有一位琉球国的民族英雄林世功。在这里略作介绍。

林世功自幼在明伦堂学习汉语、汉文，在官生科考试中金榜题名。同治八年（1869年），林世功与其同伴到达京师（今北京），入学国子监。在国子监期间，他主要学习经史子集及诗赋文章，学业非常出色。在中国期间，他的汉诗就以《琉球诗课》与《琉球诗录》之名刊行于世。同治十二年（1873年）夏，林世功毕业，学成归国。

而此时，琉球国受到日本的觊觎。1872年，日本将琉球国改为琉球藩，开始了吞并琉球的进程。1875年，日本强迫琉球断绝与中国的宗藩关系。琉球国据理力争，谈判破裂后，国王尚泰一方面派官员直赴东京请愿，另一方面派遣紫巾官向德宏秘密出使中国，林世功以陈情通事的身份随同前往。光绪三年（1877年）4月12日，向德宏、林世功等一行共19人到达福州。他们将尚泰的密信呈给闽浙总督何璟，并提出直赴京师请愿。经何璟上奏后，清廷才知道事情的原委。然而，清政府此时已自顾不暇。

光绪五年（1879年）4月，日本将琉球国王等文武官员掳劫而入东京，强行占领琉球国土。得知噩耗后，林世功等即刻前往北京。同年10月19日，林世功一行到达京师，诚切请求清廷与日本交涉，恢复琉球国。清廷派李鸿章出面与日本谈判。日本想出了一个"分岛改约案"，即将琉球南部的先岛群岛让给中国；作为交换，中国修改《中日修好条规》，给予日本片面最惠国待遇。清政府有意接受，并试图在先岛群岛恢复琉球国。光绪六年（1880年）9月28日，林世功等向总理衙门递交反对分割琉球的请愿书，称先岛群岛贫瘠不能立国，请求恢复琉球全境。②

请愿书没有改变清政府的决定，林世功决定以死殉国。当年11月20日（阴历十月十八日），他以个人名义向总理衙门呈递了一封请愿书，

---

① 周良：《张家湾琉球国墓》，载《运河》2015年第3期。

② 赖正雄《清末琉球王国在华的复国运动》，载《中国边疆史地研究》2015年第7期。

写道：

　　琉球国陈情通事林世功谨禀，为一死泣请天恩，迅赐救亡存国，以全臣节事：窃功因主辱国亡，已于客岁九月，随同前往进贡正使耳目官毛精长等改装入都，叠次蒭叩宪辕，号乞赐救各在案，惟是作何办法，尚未蒙谕示。昕夕焦灼，寝馈俱废，泣念奉王命抵闽告急，已历三年，敝国惨遭日人益肆鸱张，一则宗社成墟，二则国王、世子见执东行，继则百姓受其暴虐。皆由功不能痛哭请救所致，已属死有余罪，然国主未返，世子拘留，犹期雪耻以图存，未敢捐躯以塞责，今晋京守候，又逾一载，仍复未克济事，何以为臣？计惟有以死泣请王爷暨大人俯准，据情具题，传召驻京倭使，谕之以大义，威之以声灵，妥为筹办，还我君王，复我国都，以全臣节，则功虽死无憾矣！谨禀。①

　　当日上午，林世功自杀殉国，留下绝命诗（辞世诗）二首：

之一

古来忠孝几人全，忧国思家已五年。
一死犹期存社稷，高堂专赖弟兄贤。

之二

廿年定省半违亲，自认乾坤一罪人。
老泪忆儿双白发，又闻噩耗更伤神。②

---

　　①　蔡大鼎：《北上杂记》，冲绳县立图书馆藏。转引自赖正雄：《清末琉球王国在华的复国运动》，载《中国边疆史地研究》2015年第7期。

　　②　同上。

林世功之死触动了中国最高统治者，慈禧太后叹道："此诚忠臣也！实属可悯。"遂赐银200两，将其安葬于通州张家湾琉球国人墓园。[①] 后来"分岛改约案"没有签署，但琉球复国大业没能完成。从那时起，有识之士一直在为"琉球复国"不懈努力。[②]

清朝时期，朝廷十分重视对张家湾琉球国人墓地的保护。为加强对墓地的保护，雍正年间通州政府曾立"告示牌"：

顺天府通州正堂加一级纪录四次黄为公务事，炤（照）得琉球国已故贡使，蒙荷格外殊恩，盖造坟茔房屋。恐有无知棍徒，在彼骚扰作践，偷盗物料，合行严禁。

为此，示仰该地保正，务须亲身不时巡查，如有前项棍徒，立刻锁拿赴州，以凭从重究治，如敢狗（徇）隐放纵，一并究处不贷！[③]

抗日战争时期，村民将琉球国人当成日本人，对琉球国人墓地没有进行保护。1945年8月15日，日本帝国主义正式宣布无条件投降后，当地村民将此处琉球国人墓碑全部推倒。

随着历史变迁，墓园已不复存在，但这段历史被记录在历史文献中，也记在关心琉球国命运和中琉关系的有识之士的心里。有不少研究中琉关

---

① 蔡大鼎：《北上杂记》，冲绳县立图书馆藏。转引自赖正雄：《清末琉球王国在华的复国运动》，载《中国边疆史地研究》2015年第7期。

② 自洪武十六年（1383年）起，中国对琉球的藩属关系持续了5个世纪。1872年，日本将琉球纳入其版图，成为其所谓的"内藩"。1879年，日本正式侵占琉球。中日甲午战争前，清政府与日本就琉球问题多番谈判未果，甲午战争后，清政府不仅对琉球失去发言权，还被迫割让台湾及澎湖列岛给日本。1945年，日本战败，《开罗宣言》和《波茨坦公告》规定日本必须放弃侵略所得土地，只能保留本州、北海道、九州、四国，随后美国对钓鱼岛及琉球实施"托管"。部分琉球人主张并积极努力结束"托管"状态，永续以独立国家存在。但1970年美日签订《美日旧金山和约》，日本窃取琉球及钓鱼岛。至今，琉球群岛的主权未定，中国从未承认日本对琉球的主权，而琉球也一直存在"琉球复国运动"。

③ 周良：《张家湾琉球国墓》，载《运河》2015年第3期。

系史和琉球国历史的专家学者对张家湾琉球国人墓地给予了关注和研究，特别是琉球国人后裔曾多次到访张家湾，寻找琉球国人墓地的遗迹。1992年以来，通州著名文史专家周良先生曾多次接待个人和民间考察团，为他们讲述张家湾琉球国人墓地的情况。2014年5月13日，来自北京大学、青岛大学、琉球龙谷大学、冲绳国际大学及冲绳琉球民族独立研究学会事务局等机构的一行16人来到通州张家湾琉球国人墓地寻访。当时有一位叫川满信一的老者在参观墓址时即兴赋诗：

> 四时代序逝不追，日日昏昏漏未央。
> 黄菊残花谁欲诗，思妇捣衣正堪悲。①

　　张家湾琉球国人墓地早已尘封在历史的深处，现在仅剩下一块王大业墓碑，被保存在通州博物馆内。但是，关于琉球国的历史和张家湾在中琉关系中的地位不应被遗忘。

---

①　周良：《张家湾琉球国墓》，载《运河》2015年第3期。

第三篇

文化根脉

第七章　通州文化览略

文化是一个内涵很丰富、外延很宽泛的概念，所以本章标题为"通州文化览略"。"览略"一词来自《文心雕龙·杂文》中"或览略篇章"，意思是览其大略。限于篇幅，本文不可能对通州的文化做全面系统的介绍，仅选取了"史志编修与文史研究""宗教与民间信仰""文学和艺术""文化交流"等几个方面，权作引玉之砖。

一、史志编修与文史研究

《周礼·春官》中有"外史掌四方之志"的说法，到了西汉和魏晋时期，方志尚处于形成阶段。当时，方志属地理书，其内容主要记叙地区的方域境界、山川物产、风俗民情。隋唐时期，图经盛行，以志、记为名的方志书也发展起来。到宋代，方志成为史学的一个分支。明代明确提出"志书"属于"史"的范畴。明清时期，朝廷十分重视修志工作，全国有一统志，各省普遍修总志或通志，省以下的府、州、县亦多次修志，甚至出现了边关志、村镇志等。

1. 明清及民国时期的通州志书

从目前的史料看，通州史志编修始于明初。明初编有《通州图志》，后又有永乐年间修纂的《通州志》。① 弘治年间，"州人周通曾创为稿，所具皆当今之事"②。很可惜这三部志书都没有留下来。明万历年间，张祥、徐珒、魏之干、艾友芝等分别纂修《潞县志》，卷不详，均佚。清康熙十三年（1674年），通州知州阎兴邦主持、周士仪等增修明《通州志略》，得稿13本，卷目不详，未刊刻，已佚。

明清至民国时期流传下来的通州志书包括明代3部、清代5部、民国2部。

（1）嘉靖《通州志略》

明朝嘉靖《通州志略》是通州现存最早的通州方志。明嘉靖二十四年（1545年）冬，原扬州府海门县知县汪有执升任通州知州。他到通州之初，便着手检阅州内文书档案，并遍访州中吏胥乡绅，发现通州已无志书留存。汪有执认为，通州为畿辅首邑，地位显要，不可无志。于是与州同知张仁、节判施天爵，及州学正张应瑞，司训刘从谏、何世熙、巩有年等人合议，决定邀杨行中编纂州志。杨行中又请吴邦重、蔡天禄、马遂、王智宗、张德元等五人搜罗往籍，参互考订。对当时的事情，知州汪有执派人走访核实。③

该志从嘉靖二十五年（1546年）冬月开始编修，历时一年，至嘉靖二十六年（1547年）编撰完成。该志忠实地记载了从秦汉到明代嘉靖时期通州各方面的历史，尤其是对明朝中前期通州的历史有很详细的记载。此书分为舆地（一卷）、建置（一卷）、漕运（一卷）、贡赋（一卷）、官纪（三卷）、兵防（一卷）、礼乐（一卷）、人物（二卷）、物产（一卷）、艺文（一卷），共13卷，对通州的政治、经济、军事、文化等进行了全面的记载，具有十分重要的历史价值。嘉靖二十八年（1549年）二月，杨行中以新任都察院左副都御史的身份为书稿作序。他在序言中自谦

---

① ［清］周家楣、缪荃孙等编纂：《光绪顺天府志》，《艺文志》。

② ［明］杨行中：嘉靖《通州志略》（凡例）。

③ 同上书（序）。

道："兹举也荒采于往昔者，陋遗实多，掇拾于见闻者，疑信相袭。博雅君子，后必有作之者。"①故将该书定名为《通州志略》。

历史上北京地区的志书或近似于志书形式的典籍，至今留存的有元代《析津志典》的辑佚本，其中散佚颇多，实为残本。明代的永乐《顺天府志》，实为清代缪荃孙从《永乐大典》中辑出的部分，也是残本。此后便是嘉靖年间刊行的《通州志略》和《隆庆志》了。两书均刊刻于嘉靖二十八年（1549年），但《隆庆志》卷端已残，无序言、凡例，目录也部分缺失。而《通州志略》则为全本，其前言、后序、凡例、图卷、正文俱在，所以有学者认为该书为第一部留存完整的北京方志。②

历史上《通州志略》传本极为罕见，相关记载也不多。在相当长的时间内，人们认为该志已经遗失，如《光绪顺天府志·艺文志》云："汪有执、杨行中《通州志略》，佚。卷数无考。今志存行中一序。"改革开放后，海内外学术交流增多，有关专家得知此书在日本前田育德会尊经阁文库藏有一部，为世间孤本。1989年，在时任首都图书馆馆长冯秉文先生的努力下，通过与日本东京都中央图书馆的文献交换，获得了其复制件。此复制本亦是国内仅有，十分珍贵。2007年，古文献专家刘宗永先生点校了《通州志略》，并于当年年底由中国书店出版社出版。至此，大众得以见到这套失传已久的文献古籍。

（2）《通惠河志》

明嘉靖初年，巡按直隶监察御史吴仲力排众议，重开通惠河后，恐日久法废，撰写《通惠河志》（二卷，附录一卷）。上卷载建置及开浚事宜，首列源委图考，内容涉及闸坝建置、修河经用、夫役沿革等；下卷收录历次奏议、碑记诗文。卷后以通惠河有关文献摘录为附录。该书成为今天研究通惠河的重要史料。收录在《四库全书总目提要》中的《通惠河

---

① 　［明］杨行中：嘉靖《通州志略》（序）。
② 　高希：《嘉靖〈通州志略〉考述》，载《兰台世界》2014年1月下旬。

志》是两淮马裕家藏本。20世纪90年代初，由段天顺、蔡蕃点校的《通惠河志》由中国书店出版社出版，使该志得以流传，成为研究通惠河的珍贵史料。

（3）《通粮厅志》

《通粮厅志》十二卷，由明万历年间户部郎中周之翰编撰。周之翰，吴县人，曾与其父合撰《周氏遗芳集》（五卷）。万历二十年（1592年）他为第二甲第28名进士，官至户部郎中。万历三十二年（1604年），户部郎中周之翰奉使通州坐粮厅。到任后，周之翰发现没有《通粮厅志》，处理政务需要典章制度等十分不便。"余受事之初，兢兢以悉心经理为己任，而头绪棼然，莫可究诘。历询掌故，……凡有关于本厅者，悉行采入，括为十志。"① 所以下定决心编撰《通粮厅志》，一年后编撰完成。

图7-1 《通粮厅志》

---

① ［明］周之翰撰：《通粮厅志》（序）。

该志总目分为敕命、佐辅志（建置、城池）、仓庾志（仓址、廒座、建仓、修仓、斗斛、窑厂、库藏）、秩官志（部使、题名）、漕政志（议单、漕额、出纳、关支、职掌）、河渠志（河图、河道、河防、河地、河浅、河司、河工）、公署志（部馆、分署、别署、官厅、号房、祠庙、坊额）、统辖志（郡属、卫属、仓属、河属、委官、总属）、服役志（厅役、号役、闸役、仓役、河役、外役）、艺文（奏疏、论揭、文移、碑记、诗赋）、备考志（官制、仓漕、运道、名臣、杂记）。①其中，艺文志分为上、中、下三卷，所以共计为十志十二卷。

该志资料主要来于《大明会典》《户部会计录》《太仓考》《议单》《漕乘》《大明律》《大明官制》《宪章录》《皇明大政纪》《大明一统志》《方舆胜览》《皇舆考》《丘琼山衍义补》《文献通考》《续文献通考》《元史》《通州志略》《通惠河志》《密昌二镇漕河志》《河防一览》《司农奏议》，各署建置题名碑记，还有通粮厅并通州参府各衙门文卷。②有些资料，至今颇为罕见。

《通粮厅志》传本十分罕见，目前仅见清初黄虞稷《千顷堂书目著录》，台湾"中央"图书馆藏有明万历三十三年原刊本，1960年由台湾学生书局影印出版。目前，北京市地方志办公室正在组织学者点校。

（4）康熙《通州志》

清康熙三十六年（1697年），知州吴存礼主持，陆茂腾等人在周士仪旧稿和艾友芝《潞县志》稿的基础上编撰而成。"本朝康熙初，衡阳周子士仪应聘修辑，广为搜存，稿十有三。本可谓博矣，特以辞藻冗长，未付剞劂。"③编撰主持人吴存礼认为志书应该明洁简要，嘱咐"删繁就简，仅存旧稿三分之一，增入三十年来循良乡彦节孝事迹"等。④又由于清初潞邑

---

① ［明］周之翰撰：《通粮厅志》（总目）。

② 同上书（纂）。

③ ［清］吴存礼纂修：康熙《通州志》（凡例）。

④ 同上。

并入通州，所以该志在各条之下，加入了明万历《潞县志》的内容。万历《潞县志》早已不存，而康熙《通州志》保存了其主要内容。

该志分为封域志、建置志、漕运志、田赋志、礼乐志、兵防志、官纪志、选举志、名宦志、人物志、祲祥杂志、艺文志，共十二卷，每卷一志。[①] 在封域志前有志图考，分别记载了星野图、州境图、州城图、州治图、学宫图、潞邑图。该志因保存了明末清初的许多珍贵地方史料，故价值较高。如前代佚文、清初的圈地政策等，都有很高的史料价值。但因该志编修仓促，仅用三个月时间便修纂而成，故讹错较多。因吴存礼坚持"志体贵明洁简要"，因而对部分史料删削较大，使一些史料遭到损害。

根据《中国地方志联合目录》记载，中国国家图书馆、首都图书馆和台湾地区有康熙《通州志》藏本。另外，在哈佛燕京大学图书馆也有藏本。

（5）雍正《通州新志》

该志由时任通州知州黄成章主修。黄成章，字子达，四川绵竹人，康熙朝举人。康熙五十五年（1716年），黄成章任顺义知县。雍正元年（1723年），黄成章升任通州知州。在通州知州的五年任职期间，他缮城墙、桥梁、道路，建书院、学校，修编史志，做了许多好事。

黄成章上任后不久即着手修编《通州新志》，第二年该志完成，并刊行。全志共九卷：卷一为上谕、清官，卷二为题名、名宦，卷三为科目、封赠，卷四为节孝、义烈，卷五为诰敕、奏疏等，卷六为碑记，卷七为差科、诗文、墓文等，卷八为杂言，卷九为杂咏、匾对。

因此，志纂修亦属仓促行事，资料多追求明代遗文遗事，对当时资料搜求不多，故只能对康熙《通州志》起拾遗补阙的作用。补充的主要是人物志与艺文志内容。首都图书馆藏有清雍正二年（1724年）刻本。

（6）乾隆《通州志》

乾隆《通州志》由高天凤修、金梅等纂。高天凤，乾隆四十三年

---

① ［清］吴存礼纂修：康熙《通州志》（总目）。

（1778年）任通州知州，乾隆四十八年（1783年）主持编修《通州志》。金梅，乾隆丁酉举人，任通州拣选知县。本志根据康熙《通州志》纂修，参考了雍正《通州志》修正补定，加入新的资料，增续康熙以来大量关于历史典故、经济、人物等方面的内容。该志书篇目与康熙《通州志》基本相同。

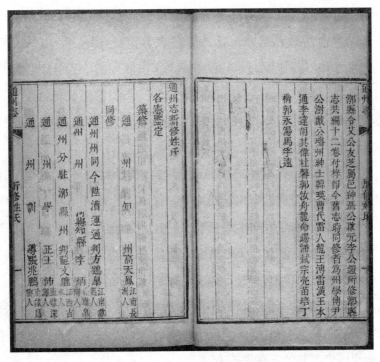

图7-2　乾隆《通州志》（局部）

　　乾隆四十八年（1783年）刻本正文十卷、首一卷、末一卷，八册一函。卷首为恩泽、宸章，卷末为杂识、逸事，正文为封城志、建置志、漕运志、赋役志、学校志、官师志、选举志、人物志、风土志、艺文志。由康熙《通州志》至本志历经七八十年，有一些新的内容入志，再加上为政的官吏，广集资料，准备充足，使质量比前志有较大提高，使其体例多为后代通州志书所沿袭，也是通州诸志中史料比较丰富的一部。礼部侍郎金士松序云："自康熙年至今诸事迹莫不粲然大备，且于旧志辨其讹舛，补其缺佚，条分而缕析，言近而理赅，而于漕运、赋役二门尤考据加详焉。"①

乾隆四十八年（1783年）刻本藏于中国国家图书馆、首都图书馆、北京大学图书馆、中国科学院文献情报中心。道光十八年（1838年），李宣范又重刻此本，八册，藏于北京师范大学图书馆。

（7）《潺阴志略》

该志由通州州判管嗣许主持，著名学者管庭芬纂。一般认为该志为道光十一年（1831年）刊行。②管庭芬，字芷湘，浙江省海宁县海昌人，是清代著名的学者、画家、藏书家，著述很多，室名曰"花近楼"，曾编撰《花近楼丛书》，亦为抄本。此外，还撰有《天竺山志》《宋诗钞补》等书。

《潺阴志略》是现存唯一的潺县志书，其珍贵性不言而喻，其资料来源较为广泛，且所辑资料均注明出处。《潺阳志略》本身不足万字，没有官司、选举、田赋等诸政治经济要目，正如管庭芬自己所说，《潺阴志略》不能称为完书。该书志体不备、条目不全，缺乏应有的延续性，因而大大降低了它的史料价值。

据《中国地方志联合目录》（初稿）著录，《潺阴志略》有各种传抄本，较为有名的为近代小清仪阁黑格抄本、朵云轩抄本和《花近楼丛书》本等。通州区史志办公室存手抄本。

（8）光绪《通州志》

光绪《通州志》由英良、高建勋修，王维珍纂，光绪五年（1879年）刊行。此志与高志体例一致，卷亦相同，小目则比高志有所增加。因去高

---

① ［清］高天凤纂修：乾隆《通州志》（序）。

② 古文献专家刘宗永先生认为，《潺阴志略》没有道光十一年刻本，因为管嗣许"《潺阴志略》序"和管庭芬"书《潺阴志略》后"都写得很明白。即使后来因"潺之士咸欲付诸枣梨"而刊刻之，也只能在道光十一年之后。

志已有百年，纂修者于志中续补了一些新的地方史料，如《潞城考古录》的作者刘锡信传。此志刊刻四年后，光绪九年（1883年）经李培祜、薛福辰、陈镜清再续修，又出版了增刻本，计12卷，图5辐，表6张。首一卷（二目）、封域志（十目）、建置志（十八目）、漕运志（七目）、赋役志（八目）、学校志（九目）、官师志（十目）、选举志（四目）、人物志（九目）、风土志（二目）、艺文志（十一目）、末卷（二目）。[①]增刻本刻板精细，印刷精良，错讹较少，因而流传较广。

（9）《民国通县志稿》

初名为《通县编纂（河北）省志材料》（以下简称《材料》），是当时通县政府组织人员为编修《河北省志》所提供的县情资料。1932年，通县县长何绍曾主持，刘鹗书等纂，油印二册。上册包括疆域、气候、人口、物产、实业、行政、教育、风土，8门46目；下册包括人物、通县庚子殉难记、著述书目、艺术、金石、大事记、通县辛亥革命始末记、表类，8门25目。全书较为系统地记述了清末至1932年通县各方面的主要情况，已粗具县志雏形。据《材料》记载，原计划在完成向河北省提供资料任务之后，依据这些资料编修县志，但因翌年的长城抗战而中止。

《材料》始设经济门类，设表格39张，分别记述了产业、经济情况、政府财政情况、匪情、庚子事变中殉难平民名录、水旱兵灾赈济、历年驻军情况等，并对八国联军洗劫通州、辛亥革命通县起义等重大事件详加记载，其史料价值十分重大。

但是由于种种原因，其存在的问题也是显而易见的，主要存在两个方面的问题。一是历史观的问题。例如，关于"义和团"，《材料》中多次出现"拳匪""贼"等字样。为抗击八国联军英勇牺牲的义和团民被归为"匪"类。而在第二次鸦片战争中，勾结英法联军的通州知州肖履中被归为"名宦"，并为其立传。由此可见，其历史观是反动的，其政治立场是

---

① ［清］王维珍纂：光绪《通州志》（总目）。

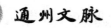

反人民的。二是在史料、史实方面存在不少谬误的问题。

《材料》为油印竖排，没有标点，藏于首都图书馆。2001年11月至2002年2月，通州区史志办将《材料》进行点校整理，并于同年4月作为内部资料刊印，刊印时更名为《民国通县志稿》。

（10）河北省《通县志要》

1941年，伪县长金士坚主持，徐白等修撰，共10卷，每卷一志，共10志，分别为疆域志（八目）、政治志（四目）、建置志（十二目）、交通志（五目）、赋役志（三目）、文教志（五目）、警备志（三目）、人物志（三目）、风土志（五目）、艺文志（六目）。该志有一定史料价值，而且也有创新和亮点，例如该志对通县水系记载较详，且绘有彩图。但是该志掩盖了日本侵略者所犯罪行和全县人民所受非人的苦难，粉饰太平，在研究中要谨慎使用。

2. 中华人民共和国成立以后的通州志书

中华人民共和国成立以后，尤其是改革开放以后，通州区在史志编修方面取得了显著成就。不仅有《通县志》全面反映通州政治、经济、社会、文化的志书，还涌现出了《北京市通县地名志》《通县水利志》《通县公路志》《通县劳动志》《通县卫生志》《通州军事志》《通州文化志》《通州文物志》《通县教育志稿》等针对某一个领域而编写的志书。值得欣喜的是，一些乡镇也积极开展志书编写工作。如张家湾镇编写了《北京古镇图志：张家湾》，潞县镇也在积极组织志书编写工作。由于篇幅有限，本文仅对几部有代表性的志书进行介绍。

（1）《通县志》

该志编写工作始于1981年，到2003年出版，历时20余年。该志时限上至远古时期，下至1996年，以1949年后的历史为主。全志计27编106章，第一编前有"概述"和"大事记"，末编后附有"漕运"等5个专记，共计135万字，是有史以来内容最详尽、篇幅最大的一部志书，为通州从1949年后到通州撤县设区前这段历史留下了难得的资料，具有十分重要的史料价值。

（2）《北京市通州地名志》

该志是在1981年地名普查的基础上，经过反复核实，广泛搜集相关资料而形成的一部关于通州地名的志书。该志本为《北京市地名志》的一部分，为了更好地发挥其作用，通县县委、县政府决定单独成册，编辑出版。该志的编写工作从1981年算起，到1992年出版，历时10余年。该志正文包括当时通县全境912平方千米的聚落地名、自然地名、经济地名、文化地名、历史地名五大部分，条目877条，约70万字。附篇包括具有地名意义的部分企事业单位和地名专题文章、地名工作文件汇编等七项内容。该志还收入了现状和历史地图39幅，照片百余张。随着近几十年的剧变，有不少地名已经消失，该志的历史文化价值很大。

（3）《通州文化志》和《通州文物志》

这两部志书由时任通州区文化委员会主任杜德久先生主持，分别由通州区文化专家郑建山先生和文物专家周良先生执笔编写，对全区文化文物进行了全面梳理和记载，具有十分重要的历史文化价值。

《通州文化志》于2004年启动编写，到2007年出版，历时三年，四易其稿。正文分为"文化行政机构""社会教育机构""文化事业（企业）机构""其他文化机构""文化社团""文化设施""大型群众文化活动""文艺活动""其他文化活动""民间文学""民间音乐""民间舞蹈""民间工艺美术""民间习俗""方言、歇后语、谚语""档案与史志""文化出版""广播与电视""文化市场管理""文化名人"等20章，在正文之前还有"概述"和"大事记"。全书共计80万字，还配有千余幅图片。

《通州文物志》历时约两年，于2006年由文化艺术出版社出版。正文共8章52节。第一章为古遗址，下设古城址、古漕河遗址、古仓储遗址、古码头遗址、其他遗址、窖藏，六节；第二章为古墓葬，下设墓群、墓主不明的古墓、宗室墓、官吏墓、名人墓、异国人墓，六节；第三章为古建筑，下设衙署、会馆、书院、庙宇、关帝庙、清真寺、桥梁、楼亭、民居，九节；第四章为古石刻，下设墓志、经幢、碑刻、圆雕浮雕、匾额，五节；第五章为近现代文物，下设名人故居、革命指挥部旧址、革命战斗遗址、洋楼、日寇侵华罪证、革命烈士墓、其他，七节；第六章为馆藏及零散文物，下设陶瓷器、金银玉饰品、铜铁器物、古币、其他，五节；第七章为漕运文物，下设沉船、石杈、花板石厂遗石、皇木与印记城砖、运河出土泊修器具、通州出土瓷片、漕帮条规、潞河督运图、其他相关文物，十节；第八章为通州名胜及古树名木，下设通州八景、潞县八景、文昌阁十二景、古树名木，四节。正文前有"概述"和"大事记"。正文后有"附录"，分别为通州区内北京市文物保护单位名单、通州区内北京市地下文物埋藏区名单、第一批通州区文物保护单位名单（1959年7月24日公布）、第二批通州区文物保护单位名单（1985年9月17日公布）、第三批通州区文物保护单位名单（2001年9月21日公布）、通州区第三次文物普查综合统计表（1998年10月10日）、通州区第三次普查中实存文物建立档案情况统计表（1998年10月10日）。该志是迄今为止对通州区文物介绍最为系统全面的一部书，对研究和保护通州文化遗产具有十分重要的作用。

3. 通州的文史研究

通州自古以来文人众多，有文史研究的传统。尤其是明清以来，除了由政府主持修志，系统梳理通州历史文化，民间的不少文人也热衷于文史研究，此风一直流传至今。

除了上文提到的编修了通州史志，还有不少通州人在外地为官时主持参与编写了当地地方史志。明正德进士、通州人李钦参与编修了正德《大同府志》（十八卷）。清顺治举人、通州人丁林声参与编修康熙《筠连县志》（四卷）。清道光举人、通州人詹桂参与编修《遵化州志》。

根据《通州文化志》记载，从元代以来，在文史研究方面成果十分丰硕。限于篇幅，本文仅列举部分文史研究方面的成果。例如元代客居通州的学者郝径著有《续后汉书》《易天秋后传》《太极演》《原古录》《通鉴书法》《玉衡贞观》。明代通州漷县人岳正著有《类博杂言》《类博稿》等著作。杨世扬著有《妪解集》《潞水之什集》《东郊凤雅集》《瘿瓢集》《兰亭帖注》《淳化帖注》《杨世扬集》。

　　清代康乾时期客居通州的李锴编著有《含中集》、《南史稿》、《睫巢诗》（十卷）、《睫巢文集》、《原易》（三卷）、《春秋通义》（十八卷）、《尚史》（七十卷）、《江兰社诗》、《鹰雅菊谱》。乾隆时期通州人雷镈著有《古经服纬》，其子雷学淇编著有《经说》（十卷）、《夏小正经传考》（二卷）、《夏小正本义》、《古今天象考》（十二卷）、《顺天府志经传考》（二卷）、《竹书纪年考证》（五十三卷）、《纪年义正》、《校辑世本》（二卷）、《图说》（二卷）、《亦嚣嚣斋经义考》、《文集》（三十二卷）。乾隆时期通州人刘锡信著有《蕴香集》、《关中吟》、《座右箴铭》、《潞城考古录》（三卷）、《历代（史）地理志考证》、《菱溪笔记》、《历代讳名考》、《煮石山房诗稿》。监生白曾川著有《字学源流考》、《经音偶抄》（六卷）、《燕市琐言》、《奇字抄》、《字典读广辨似》、《俗书质疑》。道光年间，通州人杨静亭编写的《都门纪略》刊印问世。《都门纪略》分上、下两册：上册正文包括图说、风俗、对联、翰墨、古迹、技艺、时尚、服用、食品、市廛、词场；下册是歌咏京师风俗事物的竹枝词约百首。此书为中国第一部旅行指南，为当时的士子客商入京游览提供了方便，也为今天提供了难得的史料。

　　民国时期，曾任通县农工银行经理的卓定谋著有《通县农工银行十年史》。通县人李景汉编著有《定县社会概况调查》《北京郊区农村家庭之今昔》等。

　　1949年后，通县师范学校校友张中行著有《文言津逮》《作文杂谈》《佛教与中国文学》《负暄琐话》《负暄续话》《负暄三话》《文言和白话》《禅外说禅》《诗词读写丛话》《顺生论》《谈文论语集》《留梦集》，主编有《文言文选读》《文言常识》《古代散文选》《文言读本续编》。生于宋庄大兴庄的著名学者、革命家刘贯一先生著有《帝国主义侵略西藏简史》《新四军及华东七省市地区敌军工作史》《冯玉祥选集》（主编）。毕业于潞河中学的著名学者侯仁之先生著有《天津聚落之起源》《历史地理学的理论与实践》《历史上的北京城》，主编有《北京历史地图集》。著名文物鉴定家陈玉栋有专著《文物话春秋》《古玩谈旧闻》《骨董说奇珍》《古玩史话与鉴赏》。著名文物专家周良先生著有《通州文物志》《通州漕运》《通州文物》《通州名人》等。

近些年，通州区对文史资料的征集和文史研究工作十分重视。文化、史志、档案和政协文史委等部门积极推进这方面的工作，整理出版了一大批成果。以区政协文史委为例，截至目前，共征集各类文史资料2万余篇，近千万字，图片资料1600张，共出版《文史选刊》26期，专辑11部13册，总发行量超过4万册。在此基础上，通州区政协文史委还牵头整理了古镇文史资料丛书，已经出版了《漕运古镇张家湾》《千年古镇潞县》《京畿古镇马驹桥》《检粹新华》。中仓街道系统梳理了本地区的历史文化，整理出版了《中仓》一书。另外，西集镇、永乐店镇等乡镇街道的文史研究工作正在进行。区文化委除了编辑出版《通州区文化志》和《通州区文物志》外，还整理出版了"运河文化系列丛书"（十册）、"北京城市副中心通州历史文化丛书"（三册）。此外，通州区文化委还支持老学者、老艺术家相继出版了《周良文集》《刘祥文集》《郑建山文集》《刘康达剧作集》《楚学晶文集》等。

二、宗教与民间信仰

通州的宗教呈现出多元并包的特点，佛教、道教、伊斯兰教、基督教等宗教在通州和谐并存。[①] 1949年以前，通州城乡都有很多的寺庙。根据王文续先生在《寺庙杂谈》中考证，清末民初，通县全境有460余处寺庙，其中城关有108处（不含五道庙、仓神庙等小庙）。中华人民共和国成立后，由于中国共产党以马列主义为指导思想，多数人选择信仰共产主义。党和政府十分重视宗教工作，保障人民享有依法信教和选择信仰的自由。

一是佛教。约东汉末年传入通州地区。东汉至曹魏时期，在今甘棠乡建有甘泉寺。康熙《通州志》有"甘泉寺在甘棠乡，汉魏古刹"的记载。[②] 北周时期，通州的佛教已经有一定影响力，通州燃灯佛塔就建于此时。根据光绪《通州志》等史料记载，唐代贞观年间，尉迟敬德曾督修甘泉寺和燃灯佛塔，在唐中后期，在今张家湾村附近建有净业院和林皋寺，说明唐代通州的佛教十分兴盛。

辽金时期，佛教在通州有了进一步发展，寺院更多。根据文献记载，辽统和年间，在今于家务乡西垡村建有天宫寺，乾统二年（1102年）在今宋庄镇富豪村建有普通寺，天庆十年（1120年）在今西集镇望君疃村建有寿安寺等。[③] 1988年12月，在宋庄电信局后院施工中发现辽塔地宫，平面呈圆形，直径约5米，宫内置青砂岩棺形子母石函，石函四面刻有生肖。经考证，地宫为辽圣宗统和末期至开泰年间所造。[④] 金代的通州地区，佛教十分兴盛。在今宋庄双埠头村建有隆兴寺，大定年间，在通州城内建有静安寺，在今马驹桥建有崇觉寺，在今小窑各庄建有永庆寺等。

元、明、清时期，佛教寺院遍布通州城乡。根据光绪《通州志》等史书记载，几乎每个村都有寺庙，有的甚至不止一座。有的寺庙势力很大，拥

---

① 通常将儒、释、道统称为三教，但是儒家是否为宗教还存在争议。著名学者任继愈等主张儒家思想是宗教，在海外也有孔教会等组织，但是学术界一般将儒家思想视为一种教化思想，而不是宗教。本文也认为儒家思想不是宗教，所以在此不将儒家列入。

② 康熙《通州志》卷二，《建置志》。

③ 通州区地方志编撰委员会编：《通县志》，北京出版社2003年版，第598页。

④ 周良、姚景民：《通县出土罕见辽塔地宫石函》，载《北京文物报》1989年第6期。

图7-3　燃灯佛塔

有大量财产，十分富有。凡持有衣钵戒牒的僧人都可以在此免费食宿，如位于现中仓小区的华严寺有香火地千余亩，位于现西营地区的王恕园有香火地800余亩，位于南城外的三义庙约有地50余亩。也有些庙很小，没什么影响力。

二是道教。道教是我国土生土长的宗教，其思想和道术主要来源于远古时期的鬼神思想、巫术和神仙方术、谶纬之学和黄老思想。[1]道教产生以后，形成了以炼丹求仙为主的丹鼎派和以画符念咒为主的符箓派。古代统治阶级一般认为道教有被农民起义利用的教义和制度，所以总体上对道教采取压制的态度。[2]但是道教是中国土生土长的宗教，有广泛的社会基础，所以在古代深受民间老百姓的青睐。

道教何时传入通州，没有明确记载。通州博物馆藏有一方西汉石质

---

[1]　张岂之主编：《中国思想史》（上卷），西北大学出版社2012年版，第414页。

[2]　也有某些特殊原因，统治阶级推崇道教。例如唐朝对各教都很重视，各教也都很繁荣。唐朝重视道教的一个重要原因是王室自称是老子的后代。其他王朝在某一个时期也有重视道教的现象，但是总体上比不上对儒家思想和佛教的重视。

图7-4 紫清宫

墓门即线刻有类似方士仙鹤的图案，作为道教思想来源的神仙方术早在西汉就在通州流传。北朝时期，著名道教学者寇谦之的祖籍为今北京昌平地区，说明当时北京地区已经有浓厚的道教气息。唐朝十分重视道教，在通州有广泛的信众，但是缺少这方面的文献和考古资料。通州地区最早的道教庙宇——隆禧观为辽代所建，而最大的道教庙宇为元代所建的里二泗佑民观。据传元代张瑄督海运到张家湾，海神妈祖信仰也传入此地。里二泗庙内供奉天妃神像，该庙故名天妃庙。明嘉靖十四年（1535年），道士周从善赐额观曰佑民，从此以后称为佑民观。

明清时期，通州的道观很多，也很受民众欢迎。马驹桥地区的碧霞元君庙在当地信众中很有影响力。碧霞元君即泰山娘娘，在北方拥有广泛的信众。在京畿地区有数量众多的娘娘庙，其中有五处著名的娘娘庙被称为"五顶"，即东直门外的"东顶"、蓝靛厂的"西顶"、安定门外的"北顶"、马驹桥的"南顶"、右安门外草桥的"中顶"。每年农历四月十八日为娘娘庙诞辰，在农历四月各顶都有娘娘庙会。马驹桥娘娘庙会的繁华程度超过其他诸顶，其盛况"先期，香首鸣金号众，众率之，如师，如长令，如诸父兄。月一日至十八日，尘风汗气，四十里一道相属也"①。

三是伊斯兰教。随着金末元初回民逐渐迁入通州城内居住，伊斯兰教也随之传入通州。在通州城的东关、北关、西关也有相对较小的回民居住区。除此以外，在通州地区的于家务乡、张家湾、马驹桥等地都有回族群众安居于此。

在回民居住的地方都建有清真寺，最著名的为位于通州南城的通州清真寺。通州清真寺历史悠久，是北京地区最古老的清真寺之一。根据考证，通州清真寺始建于元朝延祐年间，因此地当时称为牛市口，所以被称为"牛市口礼拜寺"。② 明正德十四年（1519年）重修，该寺改称为朝真寺。万历二十一年（1593年），在"诏修天下清真寺"之际，该寺得以扩建，改称清真寺。清康熙五十年（1785年），康熙皇帝曾到过此寺。同治初年，增修邦克楼。道光年间，办"义学"增建房舍。光绪元年（1875年）增修，1931年重修。1933年春，日寇侵入运河东畔，炮轰县城，炸毁清真寺礼拜殿，起火殃及北教长室。1945年再修。1949年前，曾在寺内开设穆光小学校，1949年后改称"回民小学"，1959年公布为通州区文物保护单位，1985年被列为北京市文物保护单位，1998年正院南跨院建仿古女寺。

回族群众大部分信仰伊斯兰教，他们崇拜真主。在日常生活中，他们将《古兰经》教义内化为道德行为准则。伊斯兰文化在语言、教规、节庆、民俗等很多方面有自己独特的形式，与通州地域文化相结合，形成了独具特色的文化风景。伊斯兰文化中有很多理念和社会主义核心价值观有相通之处。我们应该加深对伊斯兰文化研究，引导其在北京城市副中心建设中发挥更大的作用，为社会主义现代化建设服务。

四是基督教。基督教最早传入中国是在唐代，当时传入的景教是基督

---

① 刘侗、于奕正：《帝京景物略》，《城南内外·宏仁桥》，上海古籍出版社2001年版。

② 朱向如：《北通州回族史事》，载《回族研究》1996年第2期。

教的一个分支。在元代和明末清初，基督教也有两次传入的经历，但是都没有持续多久，因各种原因而中断。基督教传教士第四次来华传教是在鸦片战争前后，而基督教得以在华真正立足则是凭借着鸦片战争后签订的不平等条约。在这一时期，天主教各修会的传教士相继来华。基督教各传教会在中国各地建堂创会，通州的基督教就是在此期间传入的。天主教于清嘉庆年间首先传入宋庄堤子村（今六合村），后来传至今潞城镇的贾后疃村，蔓延至通州牛牧屯、龙

图7-5　通州天主教堂
图片来源：《百年沧桑——通州历史图片汇编》
（通州图书馆编）

庄、王庄、永乐店、麦庄、张村、通州城、大高村等村镇。①

　　第二次鸦片战争后，美国基督教公理会到通州传教。为了便于传教，传教士将西方的教育、医学带到通州，建立医院和学校，发展成为今天的潞河医院和潞河中学。清末庚子年（1900年）义和团运动驱逐洋教，焚烧教堂。八国联军入侵北京后，强迫清政府签订不平等条约。传教士强迫通州地方政府赔偿6万两白银，并割占通州新城南门外大片土地（被称为"南地"）。传教士利用赔款重建被毁的教堂、医院和学校。到民国时期，通州基督教分布情形为"基督教公理会系统属英者，……救世军会员四十五

---

　　① 通州区地方志编撰委员会编：《通县志》，北京出版社2003年版，第601页。

名。基督教公理会系统属美者，……会员一百二十余人。基督教正道堂系统属美国公理会，……会员七百二十七余人。基督教神召会系统，……会员百余人。西门外天主教堂系统属于义国，会员三千三百一十二名。贾后疃天主教系统属于义国罗马教会，会员八百余人"①。

中华人民共和国成立后，我国实行宗教信仰自由政策。改革开放以后，贾后疃教堂、牛牧屯教堂、龙庄教堂逐步恢复教务活动。

宗教对通州的文化有十分深远的影响，在语言（方言）、饮食、建筑、艺术等方面都有体现。各教与通州运河文化结合，形成了独特的文化形态，也丰富了通州的文化。根据光绪《通州志》记载，通州庙宇数量和种类都很多，部分庙宇为官方祭祀机构，如社稷坛、风云雷雨山川坛、先农坛、厉坛、文昌祠、工部福德神祠、城隆庙、土地祠、八蜡庙、马神庙、关帝庙、火神庙、药王庙、名宦祠、乡贤祠、忠义祠、节孝祠等。而绝大多数非官方祠祭庙宇，反映了通州地区民众的信仰特色。从数量上看，建造最多的道教庙宇为关帝庙，最早的建于元代。光绪《通州志》记载，"一在州治南，元天历二年建"。还有"一在州城南运河西，向为僧人施茶处。称茶棚关帝庙。一在州新城南门外王恕园，……一在州东关，……一在州东关粮食市内，……一在州旧城堂子胡同，称白马关帝庙……一在州新城，称回马关帝庙。一在州西关五里店。一在州东门外新庄菜园子。一在州南门外，明万历间塑武像，国朝康熙二十五年重建更塑文像，称双关帝庙。一在州南门外窑厂。一在州北门外竹木厂。一在孙各庄，……一在潞县十字街。一在石槽。一在港北村，……一在侉子店。一在州东隄子庄，……一在燕郊镇，……"②。

通州为大运河北端码头，是漕运仓储重地，在通州有大规模粮食市场。由斗局建造的祖斛庙，供奉庄子，相传过量用斛为其创制。守卫粮仓

---

① 金士坚主编：《通县志要》卷六，《文教·宗教》。

② 光绪《通州志》卷二，《建置·坛庙祀宇》。

的官兵则建有仓神庙。其他的还有悟仙观、万寿宫、东岳庙、天齐庙、龙王庙、火神庙、马神庙、八蜡庙、灵官庙、鬼王庙、真君庙、灶君庙、三士庙、城隍庙、天后宫、天妃宫、大王庙、小神庙、玉皇庙、三官庙、三皇庙、真武庙、土地庙、五圣庙、七圣庙、财神庙、监斋庙、九神庙、娘娘庙、宴公庙、张相公庙、福德庙等。① 通州老百姓根据需要，结合通州地域文化，体现了通州地区独特的民间信仰。

图7-6　20世纪30年代的通州城隍庙

图片来源：《百年沧桑——通州历史图片汇编》（通州图书馆编）

在通州地区，各庙根据自身情况，举办各类宗教活动以吸引信众和百姓参与，形成了具有运河文化和通州地域文化特色的庙会文化。庙会原是为祭神而举行的集会，地址一般设在庙会场所及附近地方，会间往往还要唱大戏，后来渐渐有商贩加入，便形成了祭祀神仙、游玩娱乐、商业贸易的"三合一"的成式。在旧时，庙会不仅是一个地方文化繁荣、精神生活

---

① 通州区地方志编撰委员会：《通县志》，北京出版社2003年版，第599页。

丰富的体现，也是该地商客人流大、商贸经济发达的产物。

史料记载，清乾隆年间，通州一年至少有22次庙会，时间累计达96天，一年平均每四天就可以赶一天庙会，最长的一次庙会持续一个月。同时，通州的庙会有强烈的季节性。农历正月、二月是庙会比较集中的时段，共有5次庙会，这些庙会都和民俗节日有直接关系，如元旦、元宵节、二月二等。这个时段的庙会以"祭祀神仙、游玩娱乐"为主，兼有商业贸易等内容，主要是迎祥祈福，表达人们对生活的美好愿望。农历三月到五月是庙会最集中的时期，共有13次庙会，一月内往往有几次庙会，累计时间达61天，占整个庙会时间的2/3。这些庙会绝大多数与漕运有直接的关系，以商业贸易为主要内容，如王恕园关帝庙庙会时间持续一个月，主要活动为"会陈积百货互相市易，演剧礼神游入杂沓"。每年的农历三月初一举行开漕节，迎接开河后第一批粮船到达通州，标志着一年漕运的开始。之后，南方的货物和人流迅速汇集到通州，促进了通州地区商业的繁荣，从而也带来了文化的交流和繁荣，成为这个时段庙会繁荣的重要原因。六月、七月各一次，之后只有十月有两次。不仅如此，通州庙会活动的内容和形式都十分丰富，主要是以各种特殊的民俗节日为内容，以各种庙宇为场所，在不同的日子和不同的场所有不同的形式。

三、通州的文学和艺术

元、明、清时期，通州在漕运系统中处于独特地位，不仅南、北物资在通州汇聚，不同地域的文化也在通州交流，故通州在文学艺术方面表现得十分多元，艺术门类十分丰富。郑建山先生执笔的《通州文化志》有详细记述，本文限于篇幅，仅列一二。

1. 文学

自古文史不分家，古代学科分类不如今天细。古代通州很少有今天所谓的专职作家，但是不少作品得以流传下来。以诗歌为例，以通州为题材的古诗词很多，散见于《钦定日下旧闻考》《光顺天府志》，各朝《通州志》和各人的文集等，李广成先生等将其整理为《通州诗抄》，虽然只是部分诗作，但也有几百首之多。文学作品更是难以计数，如李三才官至工部尚书，在其家乡张家湾开办双鹤书院，著有《无自欺堂稿》《双鹤轩诗集》《诚耻录》等。又如明代通州潞县人岳正著有《深衣纂误》《类博稿》《类博杂言》等。

大文豪曹雪芹的祖上曾长期任江宁织造主事，在京杭大运河的北端码头通州张家湾置办大量产业。曹𬖆在给康熙的奏折中称"通州有典地六百亩，张家湾当铺一所"①。到曹雪芹父辈，家道已经中落，曹家从江南回到北京居住。曹雪芹常与朋友爱新觉罗·敦诚和爱新觉罗·敦敏等好友到通州游玩。曹雪芹病逝后，由好友安葬于通州张家湾曹家墓地。②

除了曹雪芹，清代的通州还有不少文人学士。例如清初颜李学派的代表人物李塨及其弟子臧琳曾任通州学正，主管通州地区的文化教育，对通州学术的发展有很大的影响。清乾隆朝任国史馆纂修的王大鹤著有《爱吾庐及思存集诗》《啸笠山房诗集》。民国时期通州人傅绍曾著有《南洋见闻录》等。

新中国成立后，通州作家人才辈出。曾任中国作家协会名誉主席的刘白羽先生著有长篇小说《风风雨雨太平洋》，散文集《红玛瑙集》《海天集》《秋阳集》《腊叶集》，短篇小说集《草原上》《兰河上》《五台山下》《太阳》《幸福》《扬着灰尘的道路上》《晨光集》，报告文学集《刘白羽东北通讯集》《环行东北》，短篇小说《无敌三勇士》《政治委

---

① 康熙五十四年（1715年）七月十六日《江宁织造曹𬖆覆奏家务家产折》："所有遗存产业，惟京中住房二所，外城鲜鱼口空房一所，通州典地六百亩，张家湾当铺一所，本银七千两，江南含山县田二百余亩，芜湖县田一百余亩，扬州旧房一所。此外并无买卖积蓄。"

② 关于曹雪芹是否葬于张家湾，学术界尚有争论。随着1992年曹雪芹墓葬刻石的出现，此争论受到社会广泛关注。现在争论的关键为墓葬刻石的真伪。笔者认为从曹雪芹去世到墓葬刻石的发现有200多年的时间，针对200年前的字口与200年后的字口，利用科技考古学的手段鉴定刻石的真伪及其年代并不难。

1953年版《青枝绿叶》

图7-7 刘绍棠的作品《青枝绿叶》

员》，散文《长江三日》《日出》等，多种作品被译成英、俄、德等多种语言出版。中国著名乡土文学作家、荷花淀派代表人物、大运河乡土文学体系开创者刘绍棠先生以大运河为背景，创作了大量散文、小说，如《刘绍棠文集》12卷，其中长篇小说《京门脸子》获北京优秀作品奖，中篇小说《蒲柳人家》获全国优秀作品奖，短篇小说《娥眉》获全国优秀作品奖，其作品被译成多种文字出版。

长期在通州工作的浩然先生，代表作有短篇小说集《喜鹊登枝》《杏花雨》，长篇小说《艳阳天》《金光大道》《苍生》，自传体长篇小说《乐土》《活泉》《圆梦》等，其主要作品被改编成电影、电视剧、连环画，并译成多种文字出版。此外，高占祥先生、李希凡先生、房树民先生等都是通州文学的代表人物。

新一代运河文学的旗手王梓夫先生的主要作品有长篇小说《漕运码头》《漕运古镇》，长篇报告文学《生命之光》《大运河启示录》，纪实文学《净化神圣的国土》，中篇小说集《昨夜春风》，话剧《夏威夷酒家》《红河谷》等剧本。被誉为运河文学"老母鸡"的通州作家协会主席刘祥先生以《运河》杂志和"运河文库"为平台，为发现和培养新人做出了巨大贡献。在前辈们的带动下，通州区涌现出几百人的作家群，每年都有约百部作品问世，通州区因此有"中国文学之乡"的美誉。

2. 戏剧

历史上，通州境内主要流行京、评、梆三大剧种。明代著名思想家李贽的好友、大戏剧家汤显祖曾到访通州，在通州有不少崇拜者。清康熙年间，江西粮帮在通州建万寿宫祭祀，有大戏台，常有剧团来此演出。后来此地逐渐成为娱乐场所，有通州"小天桥"之称。乾隆年间，四大徽班由京杭大运河到通州，由此进京。早期京剧"老生三杰"之一的张二奎（与程长庚、余三胜齐名，号称"京剧三鼎甲"）曾在通州演出。清光绪年间，著名河北梆子演员"五月鲜"等经常来通州演出，中国戏剧研究所保存了其在万寿宫刊印的戏剧演出本。

根据通州民俗专家郑建山先生考证，清末民初通州出现许多闻名全国的戏剧表演艺术家。如许德义以演黑头著称，张春彦以演老生闻名，吕月樵是著名的海派演员。还有一代名伶杨翠喜，河北梆子演员范文英、于德芳，京剧演员梁连柱、姜铁麟，有"天桥马连良"之称的梁益鸣。

清代通州戏剧演出活跃。演戏前"戏班"事先递出"戏折子"，交首事人（经办人）点戏，剧目名称便流传开来。通州朱向如藏有手稿《戏海》《剧目集锦》各一册，记载了当时所见剧目，500余目。以《戏海》（296目）为例，现录如下：

刺汤	烧灵	射雁	祭姬	拷红	赐福	访贤	赐马
赏军	打父	射戟	思春	拷童	喂药	跑坡	卜卦
梦榜	封侯	楼会	琴挑	观阵	醉写	饯别	荣归
戏妹	杀嫂	湘山	借箭	摇会	佳期	思凡	独占
夺魁	坝桥	现报	六殿	嫁妹	送女	祭靴	摔靴
吃醋	吃面	骂女	捉妖	活捉	舟配	扣当	三气
挑袍	练山	樊城	照关	敲醋	算卦	扫松	蟒台
投文	杀虎	铡侄	截江	闯宴	吃糠	小宴	过江
女店	回龙阁	金钟罩	闺房乐	雌雄标	封神榜		
春秋笔	富贵图	朱砂痣	鸳鸯瓶	阴家堡	赵公明		
瓦岗寨	度林莺	草桥关	绝缨会	金瓜会	英雄会		
河梁会	蟠桃会	湘江会	临江会	父子会	绒花记		
药茶记	薰香记	西厢记	罗衫记	空城计	双沙河		

高乐关	白良关	出潼关	昊天关	凤鸣关	天水关
宁武关	南阳关	单刀会	洒金桥	江东桥	太平桥
打龙袍	打棋盘	打面缸	打扛子	打樱桃	打连香
打沙锅	红桃山	出祁山	五挡山	罗汉山	卖绒花
卖胭脂	卖饽饽	借□□	下河东	下河南	万家春
对银杯	戏木莲	望儿楼	五丈原	通天犀	双雄梦
紫霞宫	反延安	凤仪亭	借荆州	神州擂	龙虎斗
送盒子	抱盒子	出菅阳	胭脂褶	胭脂血	大湖船
请宋灵	反唐遗	画春园	何珠配	四朗案	巧姻缘
金刀阵	下边廷	文王卦	战北原	请清兵	罗家凹
取荥阳	夺太仓	女弹词	破洪州	梅玉配	花田错
杀四门	德义缘	红銮喜	彩楼配	斩豆嫁	岳家庄
温明园	反西凉	现完城	药王卷	全家福	恶虎村
盗魂灵	河间富	祝家庄	艳阳楼	陈宫记	斩黄袍
伐东吴	让成都	马蹄金	战长沙	战太子	四进士
盘河战	白门楼	黄金台	祭东风	宝莲灯	十全福
断双丁	木虎关	双卖艺	闹昆阳	英云梦	雅观楼
赠绨袍	卖甲鱼	千里驹	紫金冠	反大同	瞧亲家
淤泥河	背手剑	金钗计	闫王乐	青龙棍	双锁山
海潮珠	鸳鸯楼	背棒槌	姑苏台	演火棍	红梅山
铁龙山	攻潼关	竹木记	射红灯	拿猴魂	女三战
大王庙	捉刘氏	七成功	反五关	七人贤	斩丁香
大报仇	百草山	搜孤儿	打肉郎	打衣箱	捕三店
五福堂	打瓜园	三批关	凤台关	五明驹	绿牡丹
开药铺	百花亭	翠花宫	佘唐关	报灵牌	伐子都
双梅画	黑风帕	虹霓关	八蜡庙	九龙杯	清官册
定军山	钓金龟	状元谱	娘子军	织女桥	虎囊弹

雁门关	飞义阵	滚鼓山	梅玉佩	紫金冠	铡美案
打彩楼	黄鹤楼	翠屏山	蝴蝶梦	琵琶行	沙它国
□球山	血手印	发顶珠	法门寺	清河桥	扎銮驾
打金枝	打花鼓	挑滑车	玉堂春	花蝴蝶	玉玲珑
双铃记	丹桂缘	劝柴沟	快活林	灵官庙	御国园
五雷阵	二龙山	游武庙	赶三关	罗四虎	锁五龙
天门阵	界牌关	蔡天化	穆桂英①		

中华人民共和国成立之初，通州先后有通县专区文工团、通州市评剧团、通县专区河北梆子团、通县评剧团、通州专区评剧团职业剧团演出，修建大华戏院、新通剧场、通县礼堂等演出场所。著名戏剧家尚小云、马连良、谭富英、张君秋、奚啸伯、李万春、谭元寿、吴素秋、姜铁麟、李多奎、李世济、邢韶英、陈素真（豫剧）、童祥龄、李忆兰（评剧）、新凤霞等经常来通州演出。通州同时创办了河北梆子、评剧两座艺术学校。1949年前业余剧团有57个，1954年城乡业余剧团有352个。

改革开放以后，通州区戏曲票友日益增多。在这种情况下，2007年9月通州区戏剧协会成立，现有会员近百人，著名剧作家刘康达先生任主席。刘康达先生是新时期通州戏剧界代表人物，其作品有广播剧《山里娃的老师，儿的娘》《马克思的一天》《向天歌》《运河人》《柳州刺史柳宗元》《走出草地的小红军》等约60部，曾多次荣获"五个一工程"奖、"群星奖"等大奖。

3. 美术与书法

从通州博物馆馆藏文物看，汉代的石刻墓门上线刻人物、朱雀等图案线条流畅，栩栩如生。从2016年上半年北京文物研究所在潞城镇地区考

---

① 北京市通州区文化委员会、北京市通州区文学艺术界联合会：《通州文化志》，文化艺术出版社2007年版，第179、180页。

古时发现的东汉陶屋、陶灶、人物俑、动物俑来看，当时通州的雕塑水平已经很高，与同时代中原地区不相上下。唐代的三彩俑造型生动，惟妙惟肖。可见汉唐时期，通州的绘画、雕塑等具有较高水平。辽代重建的通州燃灯塔造型挺拔俊秀，砖雕工艺有浮雕、圆雕等，图案优美。通州博物馆馆藏辽代扁形陶壶，说明通州当时受北方游牧文化影响很深。

元、明、清时期，随着漕运的繁盛，书画大家往来于通州。元代著名书法家鲜于枢曾随侍皇帝入住通州柳林行宫，并留下了《驾畋柳林随侍》诗，其中一句为"千官捧日临春殿，万骑屯云动晓沙"。可见当时柳林行宫的建筑十分壮观精美。中国古代皇家建筑凝聚了当时最高的艺术水平，包含了绘画、书法、雕刻、园林等多门艺术。当时通州的美术、书法艺术应该代表了当时中国的最高水平，可惜没有实物流传下来。

明代大画家徐渭、文徵明都曾与通州文人有交流。例如大画家文徵明与通州人杨行中交往甚密，曾为杨行中画《潞桥图》，并题诗：

> 百尺飞桥潞水隈，尚书　畔草堂开。
> 横空仿佛晴虹见，落日遥分野色来。
> 一笑休论题柱事，百年自是济世才。
> 主人漫有幽居念，身系苍生未许回。[1]

通州本土也不乏著名画家，如明代永乐店人岳正以画葡萄闻名。岳正的重孙岳梁"能文章，尤善书法，所著有《东湫杂咏》《梅花百咏诗》行世"[2]。清代通州人郭汝舟"兼通古文及韵语，嗜米南宫书法，颇得其神"[3]。道光时期工部尚书、林则徐恩师、通州人白镕的书法很有影响力，

---

① 光绪《通州志》卷十，《艺文·诗》。
② 同上书卷八，《人物·文学》。
③ 同上。

有作品传世，颇受追捧。通州人郭汝舟学米芾的书法，并且得到其神韵，可见其水准之高。不仅如此，郭汝舟还精通古文和音韵，可见他是一位综合素养很高的书法家。刘均涉猎广泛，不仅是一位广受欢迎的书法家，也是当时颇具盛名的收藏家，史载其"博涉群书，工诗、赋、杂文，尤喜书法，家藏古帖极多。善作擘窠大字，求书这踵户外"①。通州人王振声（进士）以画兰草著称，于立埔所画花木鸟兽惟妙惟肖，世人以得其画品为幸。民国时期回族画家张舒和，别号潞水十洲客，以画近时人物为主，兼画花鸟虫鱼，尤精篆隶铁笔，"画宗古法渊雅静穆"，"力量宏深，襟怀高旷"，诗文医理亦有所长，名噪一时。民国时期，中小学生设有美术课，民众教育馆也进行美术知识教育。

中华人民共和国成立初期，群众美术、书法活动以绘制幻灯片、写黑板报等方式普遍展开，在"抗美援朝""爱国卫生""三反五反"等运动中发挥宣传作用。20世纪50年代末至60年代后期，美术和书法被直接当成政治宣传工具。1964年9月，中共北京市委"四清"总团在通县主办大型"阶级教育展览"，其中文化馆编绘的一套连环画《忘本回头》，被调往中国美术馆参展。②

"文革"结束后，通县美术和书法等艺术迎来了发展的春天。1978年，通县文化馆举办了"通县第五届美术摄影展览"，展览打破常规，增加了书法和泥塑作品。著名书法家欧阳中石在通县师范任教，著名画家郭笃民在通县青少年宫授课，他们为通州区培养了大批书法、美术人才。如师从欧阳中石的薛夫彬，师从郭笃民的彭仕强、贯会学等，现在成为通州本土书画界的代表人物。通州区涌现出庞大的画家、书法家队伍，有不少在国内外艺术界崭露头角。"通州八家"是当前通州本土画家群体的代

---

① 光绪《通州志》卷八，《人物·文学》。

② 北京市通州区文化委员会、北京市通州区文学艺术界联合会：《通州文化志》，文化艺术出版社2007年版，第199页。

表，活跃在北京画坛。[①] 还出现了一些精通多门艺术门类的书画家，如张原先生既是著名书法家、画家，也是著名奇石收藏家。还出现了植根传统、开创新书体的书法艺术家，如孙敦秀先生不仅在硬笔书法理论上有较深的研究，也发展了汉简书法艺术。

不少国际知名艺术家，如黄永玉、韩美林等居住在通州，为通州的美术和书法等艺术的发展做出了巨大的贡献。从20世纪90年代初开始，通州宋庄画家村逐渐形成，目前有各类艺术家约5000人，被称为世界上最大的当代艺术家群落。

4. 音乐和舞蹈

一般认为，早在原始社会就产生了统一劳动节奏的号子和相互间传递信息的呼喊，产生了原始的音乐。而舞蹈一般认为起源于原始社会的巫术祭祀活动。在古代丧葬文化中都有音乐舞蹈，表达人们对亲人的思念和对鬼神的敬畏。佛教、道教等宗教都将具有经文、符咒的吟唱和具有仪式感的舞蹈作为传播教义的辅助手段。

自古以来，通州就是各民族交流融合的重要场所，尤其是北方游牧民族能歌善舞。古代通州音乐舞蹈的繁荣程度可想而知，可惜没有留下记载和考古资料。辽代的通州是皇家活动的重要场所，朝廷在通州设有柳林行宫，时常上演宫廷音乐舞蹈。

根据文献记载，明代通州出现了著名的音乐家，如刘彦达、李时敬"俱通州人，知音善歌，时宛平李通妙声律，其音属羽，名贯蓟北，彦达、时敬不出通下"[②]。

通州的音乐教育可以追溯到元代，因为在元代通州建立了文庙。在古代儒学教育中，音乐是儒生的必修课，而且在每年春秋两次祭孔仪式中，

---

① "通州八家"即通州土生土长的八位画家，分别是彭仕强、山建宁、贯会学、郝邦义、郭永利、张国图、杨锦苑、王石染。

② 光绪《通州志》卷八，《人物·技术》。

要随音乐起舞，举行祭祀仪式。近代音乐教育始于清末，光绪二十九年（1903年）通州官立小学设有音乐课。民国时期，通州歌咏活动多在学校开展，节假日有学校师生到民众教育馆礼堂等处为群众演唱。其中通县女师附小音乐教师的表情演唱（即表演唱）颇为精彩。潞河中学十分重视音乐教育，培养了不少音乐人才，有"西部歌王"之称的王洛宾就是其中的代表。

中华人民共和国成立初期，通县专区文工团演出歌剧《白毛女》引起轰动。同时，群众性歌舞活动形成热潮，《没有共产党就没有新中国》《歌唱祖国》《团结就是力量》等革命歌曲响遍城乡，至今广为传唱。

改革开放以后，通州的音乐舞蹈艺术蓬勃发展，尤其是群众歌咏、舞蹈活动丰富多彩，老百姓广泛参与。通州本土的民间音乐如运河号子、道教音乐等被列为非物质文化遗产，被抢救保护下来。通州艺术家刘祥、常富尧创作了大量以运河文化和通州历史文化为题材的歌曲，如《运河组歌》《大顺斋糖火烧》《我的大运河》等广受好评。另外，自20世纪90年代开始，北京现代音乐学院落户通州区梨园镇，该校培养了大量音乐舞蹈人才，并且吸引了大量人才聚集在学校周围，形成了九棵树现代音乐聚集区。

5. 民间艺术和曲艺

通州的民间艺术十分繁荣，历史十分悠久，种类十分繁多。从考古发掘资料看，早在汉代，甚至更早，在青铜器铸造和陶塑制作方面，达到了很高的水平。

元、明、清时期，通州的曲艺和民间文化艺术因京杭大运河而兴盛。根据朝鲜使臣记载，在通州的市场上能看见各种各样的工艺品。在通州的庙会上也有各种各样的文艺活动。

根据《通州文化志》记载，通州曲艺活动始于清中叶，盛行于民国初年。万寿宫戏台、荣庆戏园、吴记书馆、永顺轩、增盛号书馆、德庄茶

图7-8　汉代陶鸡,体现了当时泥塑技艺水平,该图由北京市文物研究所提供

社、松竹梅书馆、马记茶馆、同乐社、琴心坤书社、文明轩、绿声坤书馆……这些演出场所与打地摊的艺人和其他商户融为一体,成为民间艺人的重要活动场所。

清代的曲艺堂会十分盛行,内容广泛,大体有清音大鼓、岔曲、琴腔、马头调、古彩戏法、相声,后来又增加了单弦、连珠快书等。到了民国初年,曲种、曲目更加丰富新颖,如京韵大鼓、乐亭大鼓、北京琴书、滑稽大鼓、西河大鼓、唐山大鼓、天津时调、河南坠子、太平歌词、竹板书、双簧、杂技等。①

通州的民间艺术十分发达,艺术门类繁多,包括民间音乐、民间舞蹈、民间文学、民间手工艺等。民间音乐种类很多,有号子、花会歌、小调、叫卖歌、风俗歌、儿歌等。民间舞蹈有龙灯、小车、秧歌等。民间文学有传说、民间故事、楹联、谚语等,其中民间传说十分丰富,郑建山先生搜集整理了近百篇,并出版了《大运河的传说》。通州的民间手工艺历

---

① 北京市通州区文化委员会、北京市通州区文学艺术界联合会:《通州文化志》,文化艺术出版社2007年版,第198页。

史十分悠久，从考古资料看，在通州曾出土了春秋战国时期的青铜器、瓦当、陶器，制作技艺精湛，说明当时青铜制作、制陶等行业已经形成。通州的民间工艺还包括面塑、风车、风筝、剪纸、毛猴、陶塑、青铜铸造、料器、花丝镶嵌、景泰蓝、玉器等。

通州民间艺术家善于吸收借鉴，推陈出新，诞生了不少民间艺术大师。单琴大鼓创始人翟青山先生（1903—1952年）就是其中的代表。翟先生初学西河大鼓和落腔调，在演出的实践中，他和同行们在落腔基础上创造出"奉调大鼓"。后来，他在西河大鼓与乐亭大鼓的基础上将两种唱腔融合在一起，并用一架扬琴伴奏，成为一种新唱腔，即"单琴大鼓"。翟青山除创造新唱腔外，还与同事们共同改善扬琴形制，使其更适合演唱、表演。原来的扬琴是两排弦，每排8路，每路4根弦，共计64根弦。经他改造后，虽仍有两排弦，但每排9路，每路4根弦，共计72根弦。如此则更能满足单琴大鼓唱腔音域的需要，给演唱增加色彩。值得一提的是，著名曲艺表演艺术家关学曾先生在翟青山先生的基础上又创造出北京琴书，深受京城百姓欢迎。

又如面塑艺术家汤子博（1882—1971年）的作品题材广泛，技艺精湛，是"面人汤"技艺的创始人。民国时期著名学者刘文典先生、刘半农教授等曾对其给予很高的评价。汤先生曾为著名艺术家徐悲鸿先生、梅兰芳先生塑像，受到他们的赞扬。1949年后，中央工艺美院成立汤子博工作室，进行专职创作，并培养了一批面塑艺术家。此外，花丝镶嵌工艺大师白静宜、风车大王梁俊等都是享誉海内外的工艺美术大师，也是通州工艺美术的代表。

另外，通州的民间体育种类丰富多彩，深受大众喜爱，有武术、摔跤、放风筝、踢毽子、抖空竹、掷沙包、踩高跷、舞龙、舞狮、滚铁环等项目。这些体育项目也是民间文化活动的重要内容，不少已经列入非物质文化遗产名录。尤其是武术项目，在通州受众很广，如通州张家湾陆辛庄的武林会、永乐店鲁城村的任氏拳法等是其中的代表。

四、文化交流

古代通州处在游牧文化与农耕文化的交汇处，也是汉族与北方少数民族交流的重要地区。尤其是元、明、清三个统一的大王朝定都北京以来，随着京杭大运河的开通，通州以其独特的地理位置，不仅成为漕运重镇、交通要道，也是京师文化交流的前沿阵地。

1. 多元思想文化在通州交流共存

文化的表现形式具有多样性，仅从表面很难判断其文化是开放的还是封闭的，只有从文化的内核即其深层次的思想才能准确判断。有的地区文化外在形式很丰富，但实际上被一种信仰、一种思想、一个学派所主导。而通州文化的多元性不仅体现在外在形式上，还体现在其思想的兼容并包上。如前所述，从信仰上看，历史上的通州不仅有儒、释、道三教，还有伊斯兰教和基督教，它们相互之间不仅不排斥，相互间还有交流。

从思想史的角度看，我们会发现一个很有趣的现象，即很多地区历史上曾有一个主流的学派，塑造了当地独特的文化，例如关中学派、浙东学派、湖湘学派等。而在通州的历史上并没有被某一种思想所主导，同时期不同的思想都能在通州有一定的领地。以明末清初的通州为例，当时不仅有以程朱理学为指导的正统思想，也有泰州学派的李贽在通州讲学、著述（详见《李贽与通州》）。东林党的重要人物李三才是通州张家湾人，与东林党首领顾宪成来往密切，明史记载："是时顾宪成里居，讲学东林，好臧否人物。三才与深相结，宪成亦深信之。"[1]他曾在通州张家湾创办双鹤书院，宣讲东林党的思想主张。清初通州还有以批评理学，主张经世致用的颜李学派在通州有很大的影响，颜李学派的代表人物李塨曾任通州学正，对通州文化教育的发展有一定影响。

---

① ［清］张廷玉等：《明史》卷二百三十二，《列传一百二十·李三才传》。

李贽去世后，因其思想被当朝者定为异端，其书籍禁止出版，其思想被压制，但是通州人暗中保护其墓地。不少当时学术界大家都有朝拜李贽墓的记载，并留下了不少诗篇。如公安学派的爱国诗人乌坦在李贽去世五年后拜谒李贽墓，写下了《过卓吾师墓》：

痛哭西州路，于今又五年。

惊魂终不定，苦胆尚高悬。

墓碣犹无字，园松今过肩。

无端孤愤泪，不独伯牙弦。[①]

甚至有朝鲜使臣到通州来朝拜李贽墓、读李贽的著作，并将其书籍和思想带到朝鲜。明万历年间出使北京的许筹就是其中一位，他曾写下《读李氏焚书》：

清朝焚却秃翁文，其道犹存不尽焚。

彼释此儒同一悟，世间横议自纷纷。[②]

清康熙年间，通州知州、后官至江苏巡抚的吴存礼对李贽思想推崇备至，曾写下了《过卓吾师墓》：

世无卓吾师，天地苦萧索。

如神龙难驯，如鸷鸟难攫。

敝踪视功名，尘寰等糟粕。

读书万卷余，文成风扫扫。

---

① 康熙《通州志》卷十二，《艺文志·诗类》。

② 林基中主编：《燕行录全集》卷七，《朝天录》，韩国东国大学出版部2001年版。

> 荐悠幻泡身，何用多束缚。
>
> 生寄与死归，放眼皆娱乐。
>
> 徘徊瞻墓田，浩气犹磅礴。
>
> 月明潞水滨，华表来飞鹤。[①]

据通州学者、李贽研究专家刘福田先生考证，明清时期前来墓冢致祭的包括李卓吾家族后人，以及许多文人墨客，光是题李卓吾墓的诗就有上百首之多。可见，李贽墓是追随者朝拜的一个圣地，也是通州的一个文化标志。

通州也是中国南北方文化、游牧文化与农耕文化的交汇之地，在语言、民间艺术等很多方面都有体现。

2. 通州是中华文化对外传播的窗口

明清时期，东亚地区不少国家如朝鲜、日本、琉球、安南等国向中国朝贡，对中华文化十分推崇。尤其是当时的朝鲜，自称"小中华"。朝鲜使臣到北京朝贡，十分注重学习中华文化，并通过各种途径带走了不少文献典籍。北京琉璃厂是使臣们搜罗文献的重要场所，通州也是朝鲜引进中国文化的中转站。

《入燕记》记载，有一次李德懋前往琉璃厂，发现"陶氏所藏，尤为大家"。陶氏也就是著名的"五柳居"书商陶庭学，原籍浙江乌程县（今属湖州），自其祖父移居姑苏，遂占籍于苏州。因姓陶，遂以五柳先生陶潜后裔自况，在苏州开"五柳书居"。乾隆三十八年（1773年）开四库馆，因陶氏擅长版本鉴定，朱筠推荐他到京师为四库馆鉴别并搜访异书秘本。陶庭学与儿子陶蕴辉一起进京，在琉璃厂开张"五柳居"书肆。[②]据

---

① 康熙《通州志》卷十二，《艺文志·诗类》。

② 关于五柳居陶氏的详细情况，参见瞿冕良《试论陶庭学父子及其与黄丕烈的关系》，载《苏州大学学报》1995年第1期。

《入燕记》记载，陶氏自称有书船从江南来，泊于通州张家湾，运抵北京的书籍多达4000余卷。可见，北京的书市与南方各地的出版印刷业有着密切的关系。据王振忠教授考证，乾隆时代在北京琉璃厂与江南各地，存在着图书流通的网络。综合考察中朝各类文献，可清晰地勾勒出中国汉籍流播的一个重要流向轨迹：江南藏书家—湖州书贾船只（经运河）—通州张家湾—北京琉璃厂—朝鲜。① 以"五柳居"为例，其不仅在张家湾泊有书船，在通州城内有图书销售网络，并开展送书上门的业务。李德懋在《入燕记》中记载，李德懋在"五柳居"订购了大量图书，离京路过通州时，"五柳居陶生使其戚人，袁姓。载书装所购书于车，追及通州"②。

3. 通州是国际文化交流的前沿阵地

明清时期，东亚地区的文化随着朝贡使臣传入北京，通州是其重要阵地。当时中华文化处于强势，他们是来朝贡学习，所以这种交流主要是输出型的交流。明末，徐光启在通州练兵，将西学传入通州。到了鸦片战争以后，西方列强与清王朝签订了一系列不平等条约，西方传教士不仅允许在华传教，并享有种种特权。在这样的形势下，美国传教士在通州传教，并建立了医院和学校，潞河医院和华北协和大学是其重要成果。这不仅为通州带来了西方先进的科技文化，对整个华北地区都有十分重要的影响。例如华北协和大学的大学部在民国初年被合并到燕京大学，1949年后燕京大学又被合并到北京大学。从这个意义上说，通州在中国近现代教育史上有着十分重要的地位。

1949年后，尤其是改革开放以来，通州各行各业都十分注重学习国外先进技术和知识，尤其是在规划、教育、医学、农业等方面成果突出。通

---

① 王振忠：《朝鲜燕行使者所见十八世纪之盛清社会——以李德懋的〈入燕记〉为例》，见尹忠男（Choong Nam, Yoon）编：《哈佛燕京图书馆所藏朝鲜资料研究》（哈佛燕京图书馆学术丛刊第三种），韩国景仁文化社2004年版，第135—171页。

② 林基中主编：《燕行录全集》卷五十七，《入燕记》（上），韩国东国大学出版部2001年版。

州区与美国弗吉尼亚州亚历山大市、佛罗里达州奥西奥拉郡、法国圣康坦市、意大利罗马市第八区、丹麦亚默湾自治市、韩国首尔九老区等十余个城市成为友好城市，相互之间的交流往来日趋频繁。

在文化交流方面，通州是北京地区文化交流的重镇。从20世纪90年代初期开始，一批当代艺术家逐渐聚集在宋庄地区，到目前为止，有来自几十个国家和地区的超过5000名艺术家在此生活、创作。通州也因聚集了众多的艺术家和有异常活跃的艺术氛围而引起国内外艺术界和文化界的极大关注，被世界美术史学家称为世界上规模最大的艺术家群落，并将其与法国的巴比松、美国的东村、德国的达豪和沃尔普斯韦德相提并论。

随着通州被定位为北京城市副中心，市级机构入驻通州，通州文化在北京文化中的地位进一步提升，在一定程度上代表了北京的文化，将在北京文化交流中发挥更重要的作用。

第八章　通州教育事业发展述要

中国素有尊文重教的传统，倡导"文以载道""文以化人"，所以文化和教育是分不开的。通州自古以来是水陆要冲，战略要地。自辽将燕京确定为南京后，通州不仅成为京师的"左辅雄藩""漕运重镇"，也成为文教兴盛之地。这从很多方面都可以得到体现：通州的文庙是北京地区设立最早的文庙之一；明朝的北京地区有8所书院，其中有4所在通州；明清时期的通州贡院是顺天府所属州县（除大兴、宛平两京县外）乡试之所。

一、元、明、清时期通州的教育

辽代以前，关于通州教育有关的史料十分有限。辽代建立后，将儒学确定为官学。辽圣宗时期，儒学获得较大发展，这主要出于统治的需要。宋人使辽，看到辽人把孔子的故事用杂剧的形式表现出来，而杂剧当时主要流行于燕京地区。当时的南京设有太学、州学、县学。到了金代，统治者仍以儒学为统治思想，学校教育以经、史儒家典籍为主。金天德三年（1151年）潞县升格为通州后，通州设有州学，有专人负责教育。

明清时期，地方按照行政区划设府、州、县学，传授儒家经典和宋明理学，统称儒学。"各学教官，府设教授、州设学正、县设教谕，各一，皆设训导佐之。"① 学生分为三等：附学生、增广生、廪膳生。学习内容主要有《四书》《五经》《性理大全》《资治通鉴纲目》《大学衍义》《历代名臣奏议》《文章子宗》《卧碑文》《圣谕十六条》《圣谕广训》《大清律》等。

乡镇地区设社学，招收乡村12～20岁以下子弟入学，学习优异者可考入各地方官学。义学初设于京师，后各省、府、州、县渐设立。乡镇官学和私人举办的私塾一起构成了蒙学教育体系，其教学内容包括识字教育、知识教育、阅读写作、道德教育，教材主要有《三字经》《百家姓》《千字文》《千家诗》《弟子规》《蒙求》《古文观止》等。

生员凡在学宫入学的称为入泮，有廪膳生员（廪生）、增广生员（增生）、附学生员（附生）等类别，统称诸生，俗称秀才、庠生。明清时期，通州（含潮县）生员定额为廪生40名、增广生30名、附生23名、童生20名。② 据嘉庆《钦定学政全书》载，该年"定直隶、各省儒学，视人文多寡，分大、中、小学；取进童生，大学四十名，中学三十名，小学二十名"。同时还确定廪膳、增广生员的数量："直省各学廪膳生员，府学四十名，州学三十名，县学二十名，卫学十名，增广生员名数同。"按此标准，通州州学属"大学"规模。

明清时期，通州的教育机构主要有文庙（学宫）、书院、义学、私塾四种。

1. 文庙（学宫）

文庙，又有孔庙、夫子庙等称谓，是纪念和祭祀我国伟大思想家、教育家孔子的祠庙建筑。根据其性质，可以分为三种类型：一是孔氏家庙，二是国庙，三是学庙。历史上，通州地区有两座文庙，分别是通州文庙和潮县文庙，都属于学庙，又称学宫，是地方官办学校。

通州文庙（学宫）位于通州城北，州衙署西侧，燃灯佛塔南侧。史

---

① 赵尔巽：《清史稿》志八十一，《学校》。
② 光绪《通州志》卷五，《学校·学额》。

载："（学宫）在州治西，元大德二年，知州赵居礼建。"①通州学宫经过多次修缮和扩建。如元至治二年（1322年），学正杨齐贤修，翰林直学士吴澄撰写碑记。根据碑记，当时修缮用了一个月时间，"七月役兴，八月绩成"。具体修缮情况："孔庙正殿，东西两庑，爰及外门，上瓦下甃，杇墁一新。讲堂敞坏，盖覆而涂墍之。前后窗牖，中外甃砌，悉备其所未备。其南则敞门塾一间，其北则续檐宇三间。学者遂有藏息之所庙。"②

明嘉靖年间，文庙规制齐备。据《通州志略》记载，先师殿5间、东西庑各5间、戟门3间、棂星门3间、御制敬一碑亭1间、明伦堂5间、日新斋3间、时习斋3间、进德斋3间、启圣公祠3间、库房3间、学正衙1所、训导衙3所、仪门1间、大门1间。东庑后，有号房一联24间，号房前射圃，对号房有省牲房3间。③

到光绪年间，通州学宫仍完整保留，根据光绪《通州志》的记载，其规模与明嘉靖时期的规模相当。

图8-1　通州文庙（大成殿）

---

① 光绪《通州志》卷五，《学校·学官》。
② 同上书卷十，《艺文·记·吴澄：重修文庙碑》。
③ ［明］杨行中：嘉靖《通州志略》卷二，《建置志·学校》。

通州学宫不仅规模较大，各种礼乐器齐备，而且藏书丰富。尊经阁专为由顺天府学宫转发礼部颁发的份额书籍，以备教学之用。根据光绪《通州志》记载，有藏书《圣谕广训》2本、《上谕》2部、《御纂周易折中》3部、《钦定诗经传说》2部、《钦定书经传说》3部、《钦定汇纂春秋传说》3部、《御纂性理精义》3部、《日讲四书解义》1部、《驳吕留良四书讲义》1部、《御批资治通鉴纲目》2部、《御纂诗义折中》1部、《御纂周易述义》2部、《钦定春秋直解》3部、《御制通鉴纲目三编》4部、《续纂修例》1部、《督捕则例》1部、《账纪》2部、《留养案记》1部、《册结款式》1部、《坛庙祀典》1部、《畿辅通志》1部。[①]

为了保证州学有稳定的经济来源，除了政府拨款外，还配置有学田。通州学田的确立早于学宫。据光绪《通州志》记载："学田，元至元十三年，以榆河之西间（闲）田拨隶州学，后为（漕）运官侵造庐舍。至治初，学正杨齐贤言于部，复原田。"[②] 吴澄在《重修文庙碑记》中也有类似说法："初，榆河之西有间（闲）田，钦依至元三十一年诏旨拨隶州学。后运官夺取造庐舍而私其僦利。齐贤诉于官，户部礼部暨监察御史直其说，以畀州学如初。"[③] 两说时间不一，应以碑记为准，因为吴澄在写碑记时距离此事仅十余年，更为可信。

清末，随着科举制度废止，通州文庙（学宫）的原有功能不复存在，每年春秋两次祭孔仪式也逐渐远去。

根据光绪《通州志》记载，漷县文庙始建于元代，"旧在河西务。明洪武四年迁（漷州）城内西北隅。漷州同知杨思贤建"[④]。洪武十四年（1381年），漷州降为漷县，漷州文庙变为漷县文庙。明代6次重修改建，分别是"永乐四年，教谕杨溥修。正统七年，知县王文修。天顺八年，知

---

① 光绪《通州志》卷五，《学校·书籍》。

② 同上书，《学校·学田》。

③ 同上书卷十，《艺文·记·吴澄：重修文庙碑》。

④ 同上书卷五，《学校·学田》。

县贾贞修。万历三年，知县李子跃修。三十二年，知县霍梓邑、绅张详等修。三十七年，李太后以潞为发迹地，给内帑改建，规模大备"①。

明刑部尚书、潞人董方在《潞县重修学宫记》中记载了天顺八年（1464年）的修缮情况。贾贞就任潞县知县后，率领官员参拜文庙，发现文庙破败不堪，于是"（贾）候乃谋于主簿张杰、典史颜镜、相与协谋"，筹划修缮文庙事宜。工程从天顺八年（1464年）二月开始，到第二年四月完工。具体修缮情况："市材木，鸠工徒。陶土为甓，冶铁为钉，炼灰为垩，卜日而兴焉。中为大成殿，翼以两庑，后为明伦堂，夹以两斋殿，之前为棂星门。储粟有廪，会馔有堂，教谕训导有廨庖，湢库厩以序而作。又建文昌祠于学宫之左。或因其旧而修之，或撤其腐而新之合之。为屋凡若干，楹砌以坚甓，绕以崇墉，圬以素垩。"②修缮后的潞县文庙，面貌为之一新，"栋宇翚飞，藻绘炳焕。观者以为自有县以来，未之有也"③。

嘉靖《通州志略》对嘉靖时期的潞县文庙进行了详细记载："先师殿三间、东庑五间、西庑五间、棂星门三间、御制敬一碑亭三间、明伦堂三间、（东西）两斋共□间、东西号房共十间。"④经过万历年间的3次修缮，尤其是李太后给内帑改建后，规模就更大了。

万历年间，邑绅张祥捐置潞县学田2顷81亩8分3厘，清顺治十六年（1659年）裁潞县并入通州管辖后，将其学田1顷61亩为州学田（每年地租银8两零5分，散助贫生造册报销），余下的1顷20亩8分3厘作为潞县文昌祠义田，每年租银作潞县文庙春秋丁祭用等。⑤

明朝末年，潞县文庙渐渐坍圮。到了清代，"顺治间，殿庑俱倾"。康熙年间，潞县文庙经过几次修缮。康熙十一年（1672年），潞县境内儒

①　光绪《通州志》卷五，《学校·学官》。

②　同上书卷十，《艺文·记》。

③　同上。

④　［明］杨行中：嘉靖《通州志略》卷十，《人物志·选举》。

⑤　光绪《通州志》卷五，《学校·学田》。

生捐资修缮。康熙十八年（1679年），京东爆发大地震，潞县文庙"尽圮，诸生曹见龙等劝捐重建"①。过了一些年，潞县文庙"又圮，（康熙）三十五六年间，州学正尹澍、训导戴璿重修"②。经过康熙年间的几次修缮，潞县文庙的规制："大成殿三间、崇圣祠三间、东西庑各三间、名宦乡贤各三间、岳文肃公祠一间、泮池一座、戟门三间、大成门三间。"③

乾隆四十五年（1780年），潞县遭遇水灾。潞县文庙"周围墙垣尽行倒坍"。驻潞县的通州州判龙文镰督修潞县文庙。咸丰十年（1860年），通州州判胡世华重修潞县文庙。光绪年间，潞县文庙"尚存土房三层（进）：前二间、中五间、后三间。房前房后有隙地，或出赁民人盖房，及种园。皆潞邑斗门经理"④。可见，此时的潞县文庙已经很破落了。

清末，随着科举制度废止，新学逐渐兴起，文庙丧失了教育功能。如今，潞县文庙已不存。

2. 书院

书院是中国古代特有的教育机构，伴随着儒学的复兴而出现。书院最早出现在唐朝，正式的书院则是由理学代表人物朱熹创立。当时，最著名的书院有江西庐山的白鹿洞书院、湖南长沙的岳麓书院、江西上饶的鹅湖书院、河南登封的嵩阳书院等。通州的书院始于明代"通惠书院"，正如杨行中在《通惠书院记》中所讲："通旧无书院，虽建有儒学，而黉舍未备，士子有志向学者，往往僦僧房道舍，以时讲学。"⑤

明朝北京有8所书院，其中有4所在通州，分别是通惠书院、杨行中书

---

① 光绪《通州志》卷五，《学校·学官》。
② 同上。
③ 同上。
④ 同上。
⑤ ［明］杨行中：《通惠书院记》，见光绪《通州志》卷十，《艺文·记》。

院、闻道书院、双鹤书院。①清朝时期思想控制较严，通州地区只有一所潞河书院，但是在京东地区的影响很大。士大夫们前后相继，保证了潞河书院薪火相传，弦歌不绝。

一是通惠书院。明嘉靖二十七年（1548年），巡仓御史阮鹗主持创办于文庙右侧（西），为准备科举而讲学之所。创办者阮鹗（1509—1567年），桐城（今安徽省桐城市）人，既是官员，也是学者。他少时好阳明心学，著有《礼要乐则》二卷、《枫山章文懿公年谱》二卷。他是嘉靖二十三年（1544年）进士，授南京刑部主事，后提升为御史，巡按顺天府。嘉靖二十七年（1548年）九月，阮鹗到通州粮仓视察，首先到了文庙，拜谒先圣。"既毕，升堂讲学，闻诸生肄业无所，慨然念之，就学宫右地大为创辟。既成，名曰通惠书院。以地迩通惠河，且其河为督仓察院所经理者也。"②

嘉靖二十九年（1550年），阮鹗"复奉天子命，督理京畿学政，阐道术以淑士习，崇节行以励风俗。而通惠书院乃其所肇建者，尤属意焉"③。在阮鹗的关注下，通惠书院得到很好的发展。杨行中在碑记中记载了学生们学习和祭拜贤哲的场景："诸士子朝升于堂，得以正其业于师；退息于院，得以考其道于友。时修祀事，又得以景行先哲，以起其效法之思。"④

但是这种欣欣向荣的局面并没有持续多久，十几年后，知州张守中见其破败不堪，遂在其址上改建为文庙的明伦堂。此事在《钦定日下旧闻考》中明确记载："嘉靖四十二年，知州张守中撤而新之，改建文庙明伦堂之基。学西旧有通惠书院，去之，改建明伦堂于其址。"⑤

巧合的是，其创办者阮鹗的命运与他所创办的通惠书院一样，境遇凄

① 赵连稳：《北京书院史》，研究出版社2014年版，第56页。

② ［明］杨行中：《通惠书院记》，见光绪《通州志》卷十，《艺文·记》。

③ 同上。

④ 同上。

⑤ ［清］于敏中等：《钦定日下旧闻考》卷一〇八，《京畿·通州一》。

凉。他任福建巡抚期间，倭寇犯福州。阮鹗用金银等财物贿赂敌人，敌寇方撤退。后来他因无能及贪污被御史宋仪望等弹劾，结果被逮交刑部，黜为民。通惠书院被废止后第四年，阮鹗辞世。

通惠书院从嘉靖二十七年（1548年）创办，到嘉靖四十二年（1563年）改建为明伦堂，共存在了15年。虽然通惠书院存续的时间不长，但在通州教育史上有开创性意义。为通惠书院撰写碑记的杨行中在此后不久创办了杨行中书院。

二是杨行中书院。该书院为嘉靖时期督察院右佥都御史，通州乡贤杨行中先生在嘉靖末年创办，位于通州旧城水月庵。关于该书院的史料十分缺乏，在乾隆《通州志》中有简单记载："水月庵，一在州城东北隅，明为州绅杨行中书院。行中孙世扬舍作佛地。"① 从这条史料可知，杨行中书院存在时间不长，其孙杨世扬把书院改为佛地，将杨行中书院改建为水月庵。

杨行中（1489—1572年），字维慎，别号潞桥。光绪《通州志》载，杨行中"中正德十五年会试，嘉靖二年廷试，赐进士"②。杨行中曾"任浙江山阴县知县，征拜陕西道监察御史、太仆寺少卿，转大理寺右少卿，迁南京右佥都御史，提督操江，兼管巡江，都察院右佥都御史，佐理院事"③。但是杨行中生性耿直，不攀附大奸臣严嵩，被弹劾去职。著名文学家、思想家、左都御史王廷相"称其刚直明练"④。

归乡后，杨行中将精力放在兴办教育和编修志书上。在兴办教育上，他不仅开办了私人书院，还积极为官办教育献计出力。杨行中倡建学宫，修建文昌阁，主持编撰了嘉靖《通州志略》。杨行中去世后，入祀通州文

---

① 乾隆《通州志》卷二，《建置·寺观庵堂》。

② 光绪《通州志》卷八，《人物·乡贤》。

③ ［明］杨行中：嘉靖《通州志略》卷十，《人物志·选举》。

④ 光绪《通州志》卷八，《人物·乡贤》。

庙乡贤祠。①

　　三是马闻道书院。又称闻道书院，由通州乡贤马经纶于万历十九年（1591年）创办。马经纶去世后，"门人私谥闻道先生"②。因此，该书院被称为"马闻道书院"。马经纶生前，此书院为何名称，不得而知。

　　关于马闻道书院，光绪《通州志》对其进行了考证：

　　旧志载闻道书院在文昌阁，废，址存。考《居易录》载，兵部职方司督捕主事康庄说，马诚所经纶御史别业在通州城中东南隅，近文昌阁，滨水曰"莲花庵"，今袁氏园亭。按此，则旧址应在东南角楼文昌阁前。今袁氏园亭无考，即国朝乾隆二年于东南角楼文昌阁建立潞河书院，亦未引为闻道书院旧基，想系闻道以别业为读书地，并非课士书院耳。③

　　书院与马经纶的别墅合一，为马经纶先生的读书之所，兼作文友交流之地，其址位于旧城东南隅文昌阁附近，今中仓街道莲花寺地区。万历二十九年（1601年），他将好友李卓吾接到自己家中。到通州后，李贽就住在莲花寺马经纶的别墅里，其实就是马经纶创办的书院里。每日与马经纶研读《易经》。为了给李卓吾先生提供一个舒适的安享晚年的地方，马经纶特意将他的别墅进行了布置，专门为李卓吾先生改造了适合老人生活的居所，并划出果园菜圃和另一块土地雇人耕种，保障老人的日常生活。

　　李贽先生在此生活、讲学、著述，度过了人生中难得的惬意日子。但是他知道自己年岁已高，他抓紧时间写作，继续修改《易因》，这是他最后的学术著作。写完《易因》书稿后，他请马经纶给他提建议。马经纶建议将书名改为《九正易因》。听到好友的建议，李贽非常高兴，他把这件

---

　　①　光绪《通州志》卷八，《人物·乡贤》。
　　②　《明史》卷一百二十二，《列传第十·马经纶》。
　　③　光绪《通州志》卷五，《学校·书院》。

事的原委记录在这本书的《自序》中。李贽写道：

《易因》一书，予既老复游白下（今南京）而作也。三年就此，封置
箧笥。上济北，读《易》于通州马侍御经纶之精舍，昼夜参详。更两年，
而《易》之旧者存不能一、二，改者且至八、九矣。侍御曰："乐必九奏
而后备，丹必九转而后成。宜仍其名《易因》，而加'九正'二字。"予
喜而受之，遂定其名曰《九正易因》也。[①]

书院创办者马经纶（1562—1605年），字主一，号诚所，顺天通州
人。他从小就聪明好学，性格直爽。17岁考取州庠生，23岁中乙酉科乡
举，27岁登己丑科进士，初在工部实习观政。万历十七年（1589年）至万
历二十二年（1594年）任肥城知县，官声颇佳。万历二十二年，经州府、
司道、吏部层层考选，以才、守俱优而入朝进都察院任河南道监察御史，
在当御史期间因言获罪，被贬为民。马经纶被削为民后，回到通州的家
中，终日诵读经书史籍。他曾迁葬工部左侍郎李钦，安葬老师李春雯、挚
友武含春等，又置立义地，葬埋穷人，而且每年要接济贫士。他为通州
林氏妇女撰写的《列妇林氏墓碑记略》收录在光绪《通州志》中。万历
二十九年（1601年），他将好友李贽接到自己家中，共同研究《易经》，
帮助李贽完成《九正易因》。

万历三十三年（1605年），他病重在家，友人张祥来探望，他说：
"学道有年，到此时才是学道。"他正容端坐而卒，时年44岁。听到他的
死讯，通州人如丧考妣，无不痛惜。在他生前曾工作过的肥城，不少百姓
前来吊丧。《明史》为其立传，入祀通州文庙乡贤祠。

马经纶去世后，闻道书院由其子马建顺维持经营了一段时间。

---

① 李贽：《九正易因》序，见《李贽文集》第7卷，社会科学文献出版社2000年版，第
89页。

马经纶高尚的人格和精神受到后世的推崇，其墓在清代为不少文人士子瞻仰朝拜，如康熙年间文士邱垣膜拜过马经纶的墓，并写有《吊马侍御墓》：

> 天高不可问，心折只如迷。
>
> 沉积三年病，今题数字诗。
>
> 墓门芳草合，松径夕阳迟。
>
> 一掬伤心泪，坟前燥土知。①

可见马经纶在文人心中的位置。马经纶的精神和闻道书院已经成为通州的文化基因。在新的时代，将会焕发出新的光辉。

四是双鹤书院。位于张家湾城内，由李三才创办。万历三十九年（1611年），李三才因反对明神宗所派太监充当矿监税使而获罪，回到家乡，讲学授徒，在自家双鹤轩内创办书院，因名双鹤书院。《天府广记》对双鹤书院有简单记载："双鹤书院在通州张家湾城内，万历中淮抚李三才建。"②

李三才（1554—1623年），字道甫，号修吾。李三才籍贯为陕西临潼人，随其父亲前往通州。光绪《通州志》记载："父由（陕西）临潼徙通，为州人。"③万历二年（1574年）进士，授户部主事。万历二十七年（1599年）以右佥都御史总督漕运，巡抚凤阳诸府，裁抑矿税使。与东林党人顾宪成结交，臧否人物，议论时政，以治淮有大略，得名心，屡加至户部尚书。万历三十八年（1610年），时论欲以外僚直内阁，意在三才，然忌者谤议四起，次年引退。

隐退后的李三才回到通州张家湾，"归而置双鹤书院，讲学其中"④。

① 光绪《通州志》卷十，《艺文·诗》。

② 《天府广记》（上）卷三，《书院》。

③ 光绪《通州志》卷八，《人物·乡贤》。

④ 陈鼎：《东林列传》卷16，《李三才传》。

李三才著有《双鹤轩诗集》《无自欺堂稿》《诚耻录》等诗文集。①

在李三才归乡期间，朝廷因辽东经略乏人，欲加荐用，以议论相持未决而罢。天启三年（1623年）起用为南京户部尚书，未赴任而死。《明史》为李三才立传，入祀通州文庙乡贤祠。

双鹤书院延续时间仅十余年，李三才死后便停办，但是李三才的精神和双鹤书院永载史册。

五是潞河书院。清康熙五十九年（1720年），仓场总督张仪朝、知州朱英，在通州旧城西门内主持创办了潞河书院。光绪《通州志》记载了创办和运作的具体情况："设法购建借动坐粮厅库银四百五十两，暂典旗人刘姓房屋，并添造中间一层，以作书院。并延请主讲。"②就这样，潞河书院就创办起来了。

可是，很快因资金不足，难以为继。"每年修金四百两，膳金二百四十两。每月会课六次，需银六十两，共计需银一千三百六十两。知州公捐，行仅一年，费大不支。"③又因坐粮厅亏欠国库银子，以书院作为抵押。可见，潞河书院开办不久就被迫关门。

雍正三年（1725年），通州知州黄成章赎回书院房屋，并重新开讲。此事在光绪《通州志》上有记载："知州黄成章酌议赎回房屋，并修缮，各费共需银五百两。除自捐银二十两，通永道高公矿捐一百两外，尚少银三百两。申请仓督核酌公捐，（恐）嗣后案据无考。此潞河书院设于州城西门内之原委也。"④

乾隆二年（1737年），通州知州韩亦诗修缮了位于城墙东南的文昌阁，并将潞河书院迁至此处。通永道鄂昌亲自为新落成的潞河书院题写"潞河书院"匾额。光绪《通州志》对此事有记载："知州韩亦诗

---

① 光绪《通州志》卷八，《人物·乡贤》。
② 同上书卷五，《学校·书院》。
③ 同上。
④ 同上。

偕州绅士，始建书院于州城东南角之文昌阁。通永道鄂公昌书'潞河书院'额。"①

图8-2　潞河书院匾
图片来源：《百年沧桑——通州历史图片汇编》（通州图书馆编）

因种种原因，潞河书院不久又陷入困境。乾隆十一年（1746年），知州杜甲带头捐出俸薪，募集资金修缮，州绅士周、刘、魏三姓协捐，延师设课，但是不久就因故中止。乾隆二十三年（1758年），通永道王检募集资金，对书院进行了修复。关于这次修缮，尤其是募集资金的情况，史书有详细记载：

（乾隆）二十三年，通永道王公检捐银一百两，东路厅范公延楷捐银六十两，复禀督宪方公观承，于东路厅及遵化州所属盐当办公项下，酌量公捐。东路则三河、宝坻、蓟州各八十两，武清一百两、香河四十两，遵化则州捐一百两，玉田、丰润各八十两，共捐银九百六十两。交州经办，延请主讲。其后，十州县共捐银八百两，岁以为常。②

乾隆三十年（1765年），通州新、旧二城合一。第二年，知州万廷兰在空城基南重建潞河书院。但是"不足三年拆毁，以工料改修文庙宫门及

---

①　光绪《通州志》卷五，《学校·书院》。
②　同上。

尊经阁，凡肄业者仍在东南角文昌阁书院中"①。

乾隆四十三年（1778年），知州高天凤接任。因文昌阁失修坍塌，迁书院于学宫西偏文昌祠。之后上报通永道盛住，延请主讲，潞河书院又重新开学了。高天凤在通州工作期间做了很多事情，来通州后第二年，改建常平仓，第二年重修于成龙纪念祠，第三年捐廉改建烈妇祠和学宫。后来他还与金梅等人纂修了乾隆《通州志》，也被称为《通州高志》。

乾隆四十六年（1781年），通永道台李调元上任，见潞河书院破败不堪，凑集700两银子，买了天恩胡同（后改为靳家胡同）东端北侧陈桐家瓦房31间、灰房4间。"以本年六月兴工，十月竣工。通永道李仍额之曰'潞河书院'，颜其堂'通惠'，撰碑文勒石，载艺文志。"②

李调元在《新修通州潞河书院碑记》中，对重建书院进行了详细记录。新建成的书院大门3间、二门2间、学舍10间、住宅8间，还配备有澡堂和食堂。光绪《通州志》对新建成书院的格局进行了详细记载：

大门三间，二门两间，讲堂三间（堂东西各一间），东西厢房各三间，后层住房无间（内一明间，西一暗间，东一暗间，半西稍一间，东过道一间），西首小厨房一间，后边西小库房二间，后门三重。③

为了确保新建成的书院有序运转，李调元一方面"奉禀请督宪每岁各属添捐银八两，共五百八十两，著为定课"④。另一方面，他亲自制定了《经费支发章程》：

院长修金膳资银，共三百二十两，三节节礼银共十八两；

---

① 光绪《通州志》卷五，《学校·书院》。
② 同上。
③ 同上。
④ 同上。

肄业诸生额缺十名，每名月给膏火银一两五钱，共银一百八十两；

附课十名，以次补充；

备赏花红纸笔银，十四两；

月课汤饭银，十二两；

门役一名，工食银，十二两；

茶夫一名，工食银，十二两；

水火夫二名，工食银，共十二两。[①]

经过这样的努力，书院“文风渐盛，肄业者日增”[②]。

道光八年（1828年），因肄业者增多，书院显得面积狭小。东路厅同知辛文沚，典得南门内四眼井胡同刘姓房屋一所，建立分院。道光末年，房屋被赎回，书院迁回天恩胡同。

光绪四年（1878年）九月，书院增设“鸿文社”，由通州知州高建勋捐廉创办。高建勋每月对生徒月课两次，并亲自修改评定生徒作业，对成绩优秀者给予奖励。“并为久远计，倡捐银千两，发商生息，以备社中经费，士林悦之。”[③]光绪六年（1880年）至光绪十五年（1889年），书院因经费不足而停办。光绪十七年（1891年），通永道杨宗濂在靳家胡同原址上重建潞河书院。[④]

光绪二十九年（1903年），按光绪帝诏旨，将潞河书院改称为“通州官立小学堂”，时俗称“洋学堂”，潞河书院被赋予了新的生命。

3. 义学

义学也称“义塾”，始于北宋名相范仲淹，是一种专为民间孤寒子弟所设立的学校。义学后来发展成为古代教育制度中重要一部分，主要靠政

① 光绪《通州志》卷五，《学校·书院》。

② 同上。

③ 同上。

④ 赵连稳：《北京书院史》，研究出版社2014年版，第70页。

府投入或官员、士绅捐助而设立，为贫寒子弟提供免费教育。

清代以前，通州有义学，但资料十分有限。从光绪《通州志》记载看，明代通州有数处义学，其中至少有6处在康熙年间重新设立。这6处分别是："（康熙）三十五年，知州吴存礼，复于旧城西门内华严寺，设义学，延师。（康熙）四十年，知州靳让复设义学四处：一在旧城药王庙、一在张湾接待寺、一在燕郊东岳庙、一在新城旧义馆基，每学延师一人，每年捐送修金各二十四两，立学规十条，悬挂各义学。……（康熙）五十一年，直隶督学陈公璋通饬兴立社学。知州王友直以查明文庙后向有义学一处，经前通永道白公为玑捐俸修整，未及延师，申覆。"①

根据光绪《通州志》记载，康熙年间除了这6处义学是在以前的基础上复设的，还新设了6处："（康熙）二十年，知州于成龙择启圣祠西堂舍，为诸生课读所。（康熙）二十五年，通永道宋公荦、知州傅泽洪，即其他，置义学，延请教授。（康熙）三十五年，知州吴存礼……嗣准潞民张国标等呈，恳在潞邑设立义学一处，一体捐费延师。（康熙）五十四年，……知州王友直共设义学三处：一在新城，一在燕郊，一准耆民郭宗周等呈请，设在小东各庄。每学延师教授。"②

由此可知，康熙年间在通州地区共有12处义学。这里要重点说说清代通州第一家义学，即康熙二十年（1681年）通州知州于成龙将位于文庙启圣祠西面的堂舍辟为诸生课读所，此为有历史记载的清代通州第一家义学。通州知州于成龙（史称"小于成龙"），在通州知州任上时间不长（从康熙十八年底到二十一年初），但是政声颇佳，并受到直隶巡抚于成龙（史称"大于成龙"）的赏识。清朝，在通州流传过"前于后于，百姓安居"的民谣。

小于成龙是康熙十八年（1679年）年底到通州出任知州，在之前的农

---

① 光绪《通州志》卷五，《学校·义学》。
② 同上。

历七月二十八日京东地区发生了地震，震中在三河，通州损失重大。上任伊始，他带领官员现场指挥救灾，搭起临时办公场所，晚上也住在竹席栅栏搭起的棚子里。史载："当地震后，官廨未治，席棚以居。"①然后，他妥善安排灾民，老百姓很快就进入正常的生产、生活状态。不仅如此，他还带头捐出俸禄，重新修建通州文庙和义学。在他的带领下，其他官员和富商大贾纷纷慷慨解囊，其他一些公共设施和建筑也都逐渐得以恢复。史载："编氓苦不给，公为之经画区处，均赖以安。捐俸倡募，重建至圣庙，复置义学，其他祠守表坊，靡不次第修整。"②在他率先垂范和统筹调度下，通州较快地恢复重建，焕发出新的生机。

众所周知，通州的地位十分重要，过去有"一京二卫三通州"的说法。小于成龙任通州知州期间，社会治安良好，经济繁荣，文教兴盛，百姓安居乐业，大家交口称赞，也受到当时直隶巡抚大于成龙的器重。大于成龙被提拔为两江总督后，向康熙皇帝上书，推荐小于成龙出任江宁知府。康熙皇帝同意了大于成龙的请示，着吏部即刻调任小于成龙到江宁府赴任。消息传到通州，大家依依不舍。"去通之日，士民遮道攀辕，感激不忍忘。"③通州士民感念他的德政，为他建了于公祠。④于公祠的位置在他创办的义学东不远处。

由于康熙时期，通州义学发展迅速，基本满足了寒门士子的求学需求。之后很长一段时间，政府推进力度不大。仅"雍正初年，州判巫柽孙分立蒙义学、经义学，捐俸延师授课"⑤。另有通州民间绅士自发在城乡间设立义学。

---

① ［清］高天凤：《重修于襄勤公碑记》，见《光绪顺天府志·地理志五》。

② 同上。

③ 同上。

④ 据《光绪顺天府志》载，于公祠在州署土地祠内，始建于康熙年间，乾隆四十五年通州知州高天凤重建。清末始废。

⑤ 光绪《通州志》卷五，《学校·义学》。

从道光年间到光绪初年，通州义学发展迎来了另一个高峰，共设立24处义学：

一处在南关王恕园庙内，计房三间，并置西关铺面房九间，租钱作延师经费。道光二十七年，绅士等公捐一，在城内北街州署之左。道光二十九年，州绅士王士街立，一在永乐店庙内，一在城内东南隅礼拜寺庙内，一在北关岳家庄吕祖祠庙内，一在城内西北胜教寺庙内，一在平家疃村内。本州贡生刘凤苞、蔺福昌立一，在新城敦化堂。同治六年建一，在东门外法盖寺。八年，州绅蔺福昌等捐建一，在新城内正阳祠。九年，州绅万光晖等捐建一，在州城右营署内。光绪二年，守备王名岗捐廉建一，在东关慈云寺。三年，州绅薛浚汉等捐建，一在北后街烈妇叶氏祠，一在堰上村。腾玉山捐建，一在北门外玉泉庵，一在新城延寿寺。光绪七年，顺天府兼尹毕府尹周，奏设义学，一在长营，一在普济闸。八年，坐粮厅额公勒精额，设育仁义塾于新城法华庵。自行捐廉一千两，交通州发商一分二厘生息，作塾中经费。移厅州存案归东路厅经理。是年，州人苍浚朱笔点于旧城南门内四眼井胡同，设正育义塾。九年，通永道李公培祜建设义学四处：一在城内通州卫药王庙，曰启蒙；一在新城南街皂君庙，曰正蒙；一在西门外天成庵，曰养蒙；一在北门外吕祖祠，曰发蒙。自行捐廉二千两，发交滦州富商，一分二厘生息，作各塾经费。通详立案，自是以后凡无力供读之家，均得附学以图上进。[①]

义学为寒门子弟求学提供了帮助，是旧时通州教育的重要组成部分，具有不可或缺的作用。随着新式教育制度的兴起，到民国以后，通州的义学教育渐渐退出了人们的视野。

---

① 光绪《通州志》卷五，《学校·义学》。

4. 私塾

私塾是我国古代家庭、宗族或教师个人所设的教学场所。在我国2000多年的历史进程中，它对传播传统文化、促进文教事业发展、培养启蒙儿童，使学童在读书识理方面起过重要的作用。

关于通州地区私塾教育的资料十分有限，根据《通县志》记载，通州地区早在春秋时期就出现了私塾，至明清时期相当发达。至辛亥革命时，全县683村，仍有私塾680处。[①] 根据一些通州籍老学者和老人回忆，旧时通州的私塾教育很发达，以经费来源区分，一为富贵之家聘师在家教读子弟，称坐馆或家塾；二为地方（村）、宗族捐助钱财、学田，聘师设塾以教贫寒子弟，称村塾、族塾（宗塾）；三为塾师私人设馆收费教授生徒的称门馆、教馆、学馆、书屋或私塾。据史料记载，元代即有潞县人李秉彝举办学馆，授弟子经并创"粘合之门"。[②] 塾师多为落第秀才或老童生，学生入学年龄不限，自五六岁至二十岁左右的都有，其中以十二三岁以下的居多。学生少则一二人，多则可达三四十人。

就私塾教材而言，有我国古代通行的蒙学教本"三百千"，即《三字经》《百家姓》《千家诗》《千字文》，以及《女儿经》《教儿经》《童蒙须知》等，学生进一步则读"四书五经"、《古文观止》等。但在教材的选取和讲课内容上，老师有很大的灵活度。著名红学家、文学史家李希凡先生的父亲就曾开办过私塾。根据李先生的回忆，我们可以从中了解到通州私塾的一个侧面。

李希凡先生的父亲叫李炳文，自号癫甫。他考上京师大学堂，接受了新式学校教育，但是国学功底十分深厚。迫于生计需要，李炳文先生曾开办私塾。根据李希凡先生回忆，他在通师附小上完二年级就辍学在家，他和二哥就来到父亲的私塾上学。父亲在两个方面很特别：

① 　《通县志》第二十一编，《教育·私学》，北京出版社2003年版，第630页。

② 　光绪《通州志》卷八，《人物·乡贤》。

一是在教材的选取上，与当时很多私塾不同，李父并非"夫子派"。他不教《三字经》《百家姓》《千字文》的"蒙学课本"，也不把重点放在讲授"四书五经"上，只是让学生先通读《论语》，然后再进行简单讲解，再选几篇《孟子》讲解。在古代散文方面，他选了《出师表》《讨武曌檄》《吊古战场文》《祭十二郎文》等名篇，还有《滕王阁序》和《聊斋志异》若干篇。在诗歌选取方面，他不选当时很多私塾热衷的杜甫的诗，而主要是李白和李商隐的诗。在词的选取上，李父讲岳飞的《满江红》和《木兰辞》等具有爱国主义的诗词。这与当时的时代背景有关系，当时外敌入侵，国难当头。从选取的教材就可见他的爱国情怀。

二是在教学方法上，李父也很有特色。他喜欢《聊斋志异》，就选取若干篇，让学生"默写"。所谓"默写"就是他把原文随口翻译成白话文给学生，然后让学生用文言与之对，并用毛笔写在白漆板上。答对了，他点头再说下一句。答不对，他摇头，让学生回去苦思冥想。全文默写完毕，他再讲一遍。长一点的篇目往往要十几天才能默写一遍。《聊斋志异》是拟古体小说，语言很有特点，个性化很突出，非常美。李父就因为这个原因而对《聊斋志异》很推崇。经过这样扎实的训练，学生们就牢牢记住了。到现在，李希凡先生对默写过的篇目如《婴宁》《陆判》《嫁狐女》《席方平》《小翠》等，还能背出某些经典的段落。在一次访谈中，李希凡信口就来了一段"历城殷天官，少贫，有胆略。邑有故家之第，广数十亩，楼宇连亘。常见怪异，以故废无居人；久之，蓬蒿渐满，白昼亦无敢入者"。这是《聊斋志异》卷二《嫁狐女》中的开篇语，李希凡的背诵与原文一字不差。可见，这样的教学方式为李希凡先生的古文功底打下了很好的基础。李希凡先生15岁前就读了大量中国古典小说，如《三国演义》《水浒传》《西游记》《镜花缘》《封神演义》《东西汉演义》《说岳全传》《说唐》《三侠五义》《彭公案》《施公案》等。[①] 在私塾的学习

---

① 杨家毅：《中仓》，北京出版社2014年版，第292—293页。

让李希凡先生一生受益，也留下了十分美好的记忆。

可见，私塾是很灵活的教育机构，没有统一的教材，教什么、怎么教都由私塾先生确定。由于私塾先生接受了以儒家为主的传统文化教育，所以在教学内容上以儒家经典为主。私塾这种教育方式，为中国古代文化传承和教育的发展起到了很重要的作用。

随着时代变迁，新式教育兴起，1949年后私塾教育退出了历史舞台。

5. 通州贡院

由于通州教育发达，朝廷在通州设贡院，用来承担顺天府科考的功能。通州贡院起初是明代监察御史到通州巡视的临时驻所，习惯上称这里为察院，后来改为试院。光绪《通州志》（卷二，《建置·试院》）有"旧察院改作试院"的记载。

通州贡院不仅是小考（县考、府考、院考）试院，而且是顺天府乡试试院。根据明清科考制度，乡试为全省考试，应该在省城所在地考试。直隶省都应该在省城保定考试，鉴于顺天府所属州县距离保定太远，规定顺天府除大兴和宛平两京县之外，其他22州县的秀才都在通州参加乡试。考中者称为举人，可以参加在京城举办的会试。

朝鲜使臣姜时永在日记中两次记载所遇乡试的情景。一次是道光十年（1830年）二月初四，从京师办完事到通州，正好见到乡试武科的情景："到城外河边见沙场设练武场，以芦簟设假厅，有数三官人踞坐椅上，临试武艺。场之中，左右分立刍人，如我国龙须烟桶样，拈出举子五人为一队，背上各插大羽箭三枝，以次较艺。跨马扬鞭，弯弓射之，射必三中，即我国骑蒭也。问之，则以为此是乡试武科，而岁科文试则五日设场，昨已放榜，盖乡会试顺治中满人汉人分为二榜。康熙庚戌科以后，满汉同一榜皆试汉文矣。"[①]另一次是咸丰三年（1853年）八月，姜时永先生再次

①　林中基主编：《燕行录全集》卷七十三，《辖轩续录》，韩国东国大学出版部2001年出版。

来到通州，又见到通州举行乡试，"适值岁科文武举子闲聚于此，来时店舍，无以要宿，择一间僻屋子留住"①。

为确保考试顺利进行，从乾隆三十八年（1773年）开始，"每逢考试之前，先于通永、霸昌二道，库贮棚建项下，藉拨银两应用，再按大中小治提解归欵。岁试摊银八百二十五两，科试摊银六百二十两"②。如果需要大修，另行摊派银两。

据文史专家统计，金、元、明、清四代通州有贡监生1497名、文武进士175人、文武举人688人。魏藻德、梁国治分别在明崇祯十三年（1640年）、清乾隆十三年（1748年）考取状元。③

二、西方教育制度传入通州

第二次鸦片战争后不久，列强取得在华传教的权利。因传教需要，传教士在各地建立教堂、医院、学校。西方教育就是在这种背景下传入通州。有明确记载清同治六年（1867年），美国基督教公理会最早在通州设立了宣教站，由姜戴德牧师（Rev. Lyman Chapin）夫妇负责。他们在从事宣教工作的同时，于当年年底开办了一所男童寄宿学校，中文名称"潞河男塾"（亦称"潞河男学蒙馆"），招收街头流浪儿入学，免费为他们提供食宿、衣物和教育。《民国通县志稿》记载："其教属于公理会，牧师为姜戴德、富善，租西街民宅，以临街之房为教堂。"④

清同治八年（1869年），传教士谢卫楼（Devello Z. Sheffield）来到通

① 林中基主编：《燕行录全集》卷七十三，《辋轩三录》，韩国东国大学出版部2001年版。

② 光绪《通州志》卷二，《建置·试院》。

③ 通州区地方志编纂委员会：《通县志》第二十一编，《教育》，北京出版社2003年版，第630页。

④ 金士坚：《民国通县志稿》（人口），通州区史志办公室，2002年4月整理，第46页。

州，接手了潞河男塾。谢卫楼在通州及周边地区直接宣教的效果不甚理想。于是他就把更多的精力投入办学上，试图以教育打开局面。在谢卫楼等传教士的努力下，潞河男塾稳步发展。同治十年（1871年），华北公理会决定在通州建立一所神学院，由各传教站派人来学习，训练布道师。第二年，华北公理会又做出决定，华北公理会教育工作集中于潞河男塾和贝满女塾。同治十二年（1873年），美国基督教公理会正式在通州建立"八境神学院"①，传教士富善（C.Goodrich）任院长。潞河男塾实为八境神学院的预备学院，两个学校一起发展，互相帮助。第二年，潞河男塾第一名毕业生全启（字耀东）转入八境神学院就学。到光绪十三年（1887年），潞河男塾23名毕业生全部转入八境神学院。同年，潞河男塾正式改名为"潞河中斋（学）"。

光绪十四年（1888年），年轻的传教士麦美德（S. Luella Miner）被派往该校，协助谢卫楼教学。作为一位女传教士，她在那儿教授地质学和心理学。后来，麦美德成了中国近现代著名教育家，他的事业起步于通州潞河中学。光绪十五年（1889年）五月，华北公理传教年会通过决议，规范华北公理会各教会办学工作："诸处教会宜设立蒙馆，有四年之课程，四年功毕，则能升至通州中斋。中斋则定三年之课程，三年功毕，则能升至潞河书院。书院即定四年之课程，四年功毕，各学生随意定其一生之事业。然多得教会之培植，多明圣道之义理，则望其能专竭一生之力，或教读，或如道学院，以备日后传道，或在医学院以备施医。"②在本次年会上，华北公理会建立了从蒙馆到中斋再到书院的比较完备的教学体系。潞河书院在这一体系中的地位十分重要，从潞河书院毕业的学生既可以走向社会，选择合适自己的工作，也可以进一步在道学院深造，成为传道者。

---

① 根据潞河中学历史教师、潞河中学历史专家耿宝珍先生在《清末民初欧美文化传到通州》中的考证，因为神学院为通州、保定、张家口、太谷、汾州、临清、德州、天津八个地区培养传教士而得名。

② 《潞河书院之来历》，见《潞河书院名录》，藏于美国哈佛大学哈佛燕京图书馆。

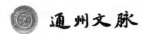

同年10月，美部会年会做出决议，支持创办潞河书院的计划，并拨款用于购买土地和建造校舍。第二年，哈佛大学毕业生都春圃（Elwood Gardner Tewksbury）前来通州协助工作。

光绪十七年（1891年），美国基督教公理会在通州西门外以南买下10英亩土地，修建新校舍。到光绪十八年（1892年），该校学生人数达到62人，其中10人已具大学程度。除8人来自通州本地外，其他人分别来自天津、北京、张家口和保定府等地，他们都是各地公理会教会保送入学的基督徒子弟。光绪十九年（1893年），新校舍建成使用。通州学校由"潞河书院"（North China College）和潞河中斋两部分组成。八境神学院改为戈登纪念神学院（Gordon Memorial Theological Seminary），学制三年。

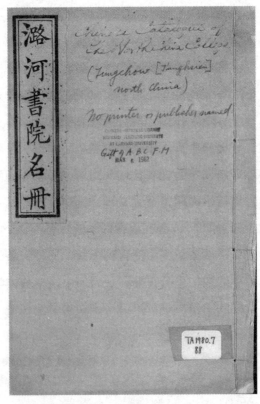

图8-3 《潞河书院名册》，现藏于美国哈佛大学哈佛燕京图书馆

光绪十九年（1893年）五月，华北公理会年会制定《潞河书院之典章》，规定设立董事会代表华北公理会主理书院与中斋事务。董事会"人数或十名，或十余名，且自华北公理传教会中精选六名，而众理事均宜驻扎华北境内，以便查办"①。涉及书院与中斋的重大事项，如"有如何先生、如何房屋、且当有几何款项、以备书院之需费等"，董事会必须向华北公理会汇报。对于一些日常事务，有董事会负责处理，例如"院长与中外之诸教习，均由诸董事提举，而传教会选定课功会宜相议，各位教习所当教之学科将所议者，举陈于诸董事之前，听其活许定，或更张"②。

　　学校完全按照美国大学的管理方式运转，学校采用董事会领导下的校长负责制。董事会成员由潞河书院校长、戈登纪念神学院院长、华北公理会有关人员共5人组成。谢卫楼被选为潞河书院院长，富善被选为神学院院长。新产生的董事会修订了学校的章程，规定通州学校由潞河书院和戈登纪念神学院两部分组成。

　　根据学院宪章，潞河书院的办学宗旨是"输送有基督教信仰的人去开展基督教的各项工作"；基本目标是"培养青年成为教会工作人员，以满足教会日益增长的需要"。与一般较为开放的教会大学不同，谢卫楼为潞河书院制定的校规非常严格，要求学生必须服从师长，每个学生都必须要参加学校举行的包括主日崇拜在内的全部宗教活动。

　　尽管传教士强调教会学校的教学严格限于基督教教育，但同时也强调知识的重要性。所以在服务宣教事业的大前提下，学校的教学中也包含了西方近代学术文化的内容。潞河中斋的课程基本上包括三方面的内容：即中国的"四书五经"、历史、古文、时文、诗文等；《圣经》研读等神学课程；西国纲鉴、算法与格致等学科。从这几方面内容来看，在学校的教学中，西学内容在中学、大学阶段占有重要的位置，包括地理、代数、

---

　　① 《潞河书院之典章》，见《潞河书院名录》，藏于美国哈佛大学哈佛燕京图书馆。

　　② 同上。

植物学、动物学、地质学、西国史、格物学、三角学、天文学、化学、体学、是非学（伦理学）、万国公法、富国策等课程。[①]由此可见，虽然通州的传教士一直强调基督教教育为直接的宣教目的服务，但所谓世俗知识还是在其学校课程中占了相当大的分量。

图8-4　潞河中学红楼

光绪二十六年（1900年）6月8日，义和团运动席卷通州，传教士和大部分师生离开通州前往北京上课。潞河书院被义和团烧毁。接着，八国联军相继入侵通州、北京，逼迫清政府签订《辛丑条约》。书院负责人都春圃回到通州逼迫知州赔款16万两白银，并将后南仓官地划归公理会使用，准备建新校舍。1902年秋，美国基督教公理会、长老会、英国伦敦联合会在通州重建学校，将"潞河书院"改为"协和书院"，设有大学和中斋二部。

1905年，柯慕慈女士（Sarah Boardman Clapp）创办了安士学道院。关

---

①　《潞河书院之来历》，见《潞河书院名录》，藏于美国哈佛大学哈佛燕京图书馆。

于安士学道院及其创办者的资料十分有限。这是一所寄宿制教会女校，也是通州富育女中的前身，其创办者柯慕慈女士来自威斯康星州，毕业于伊利诺伊州的洛克福德女子神学院（Rockford Seminary for Women），是富善牧师的第三任妻子。

在通州早期传教过程中，传教士采取各种办法传播基督教教义，也为通州带来了教育、医学等西方知识。

三、清末和民国的通州教育

清末，中国内忧外患，为延续统治，光绪二十七年（1901年）慈禧太后宣布实行"新政"。"新政"的一个重要内容是废科举、开新学。同年9月4日，清政府命令各省城书院改成大学堂，各府及直隶州改设中学堂，各县改设小学堂，并多设蒙养学堂。12月5日，颁布学堂科举奖励章程，规定学堂毕业生考试后可得进士、举人、贡生等出身。第二年2月13日公布推广学堂办法。8月15日颁布《钦定学堂章程》。

在这种背景下，以科举为导向、以儒家思想为主要内容的传统教育模式发生了剧变。按《钦定学堂章程》要求，通州先后成立了州立高等小学堂和初等小学若干所。"光绪二十九年，创设州立高等小学堂。"[①] 光绪三十年（1904年）二月，通州劝学所成立，负责劝导地方政府和有条件的绅民兴办学堂。

在政府的鼓励下，新学堂如雨后春笋般建立起来。"三十年秋，添设城内六处初等小学。"[②] 光绪三十一年（1905年），在城关增设初等小学堂4所，在剪子巷开办公立潞贞女学堂。[③] 据《通县志》记载，仅光绪三十二

---

① 金士坚：《民国通县志稿》（人口），通州区史志办公室，2002年4月整理，第101页。

② 同上。

③ 通州区地方志编纂委员会：《通县志》第二十一编，见《教育》，北京出版社2003年版，第633页。

图8-5　20世纪三四十年代通州学区分划
图，该图来源于《河北省通县志要》

年（1906年），在张家湾等乡村新建公立初等小学堂89所。也就是这一年（还有一种说法是1905年），东路厅同知许东藩、通州张子明、香河乔书阁在通州大红牌楼建立东路厅中学堂和附设初级师范班，教习3人，学生40人。第二年改为东路厅初级师范学堂，这是通州师范的前身。光绪三十三年（1907年），通州城乡共有小学堂113所，其中高等小学堂2所，初等小学堂111所，就读学生1210人。但是由于战乱等多种原因，不少学校刚刚设立就停办，所以数量变化很大。到光绪三十四年（1908年），城乡小学堂锐减到39所，其中高等小学堂2所，初等小学37所，含女学堂3所、半日学堂1所，就读学生910人。到辛亥革命前夕，学堂数量和就读人数又有所上升。如宣统二年（1910年），通州城乡有小学堂57所，学生1175人。①

民国时期，通州教育分为学校教育和社会教育，并且都有一定发展，但随着抗战的爆发，这一探索被迫中断。日伪时期，伪政权推行奴化教育，但不屈不挠的共产党人秘密传播先进思想，进行抗日爱国的伟大斗争。

为培育新国民，民国初年，蔡元培先生任教育部部长期间，主张同时推行社会教育和学校教育。社会教育方面，在通州设有民众教育馆等机构，还有各类短期小学。本文主要介绍学校教育。学校分为省立、县立、

---

① 通州区地方志编纂委员会：《通县志》第二十一编，见《教育》，北京出版社2003年版，第633页。

私立三种，学校数量增加，入学人数也进一步增加，培养了大量时代所需的人才，并且有不少人在各领域做出了突出贡献。

1. 中小学教育

1912年，临时政府规定将学堂改为学校。通州城乡共有小学49所，学生减至892人，占当时学龄儿童总数25266人的3.53%。[①]

1913年12月到1921年10月（1915年6月到1916年5月由汤铭鼎署理），李杜任通县知事（县长）。李杜原籍为四川巴县，前清举人，有较深的文化修养，十分重视发展教育。在他的推动下，通县的教育事业迅速发展。1914年，回民阎振声在南大街四眼井胡同创立普育女子小学，开本地回族女童入学之先例。1915年3月，初等小学校改称国民学校，全县恢复开办90所，其中高级小学校2所，就读学生总计2810人。1916年3月，通县恢复劝学所，建学务委员会，负责各区、乡开办学校事务。此举成效显著，当年全县小学校发展到209所，学生5977人。1923年，全县小学分别改称为高级小学和初级小学。1932年，高级公立小学改称为完全小学校。1933年，全县小学校有353所，学生有13849人，入学率达70%。[②]

清末至民国期间，很多小学诞生，有几所小学存续至今，如后南仓小学、通州贡院小学、通州区教师研修中心实验学校、张家湾镇中心小学、中山街小学。后南仓小学的前身是光绪二十九年（1903年）由美国传教士创立的教会小学校，初名"蒙馆"，后改为"端蒙小学堂"，1918年改为河北省通县私立潞河中学附属小学（又名潞河小学），1930年迁至今址（北苑街道新仓路），1949年后改名为后南仓小学。贡园小学的前身是光绪二十九年（1903年）在通州潞河书院基础上创立的通州官立小学堂，科举制度废除后，明清时期的贡院旧址成为该小学的操场。1969年依地名改

① 通州区地方志编纂委员会：《通县志》第二十一编，见《教育》，北京出版社2003年版，第633页。

② 同上。

为贡院胡同小学，简称贡院小学。通州区教师研修中心实验学校的前身是光绪三十年（1904年）在东关药王庙兴办的"东关初等小学堂"，几经变迁，2013年4月改为今名。张家湾镇中心小学的前身是创立于光绪三十二年（1906年）的镇立张家湾初等小学堂，校址在张家湾村关帝庙。中山街小学的前身是1912年在卢沟桥建立的京兆师范学校附属小学，1920年迁入通州城内中山街今址，1969年改为中山街小学。[①]

建于清末至民国的中学数量相对较少，除了前面提到的潞河书院（潞河中学的前身），还有富育女中、东路厅第三中学和两所师范学校的附中。

辛亥革命后，基督教公理会、伦敦会、长老会协商决定联合办学，原协和书院改名为华北协和大学，由美国牧师高厚德任校长。1917年，华北协和大学与北京汇文大学合并，1918年改名为燕京大学。原华北协和大学产业移交给协和中斋，不久改称通县私立潞河中学。1926年教育部规定，外国人在华捐资设立的学校必须办理立案手续，校长必须由中国人担任。校董会选派陈昌祐为校长，并报请立案。根据陈昌祐先生的回忆，潞河中学校董会约于1928年正式成立，其组织办法规定：校董会由地方代表4人，校友代表2人，公理会代表2人，公理会干事或总干事2人，共9人组成，任期为2年，每年改选1/2，可连任。陈昌祐任校长后，对学校进行了整顿，由过去的四年制中学改为三三制的初、高两级的完全中学。在课程方面，取消了长期以来以培养传教士为目的的宗教课。在整个教学过程中，本着潞河中学"循循善诱，三育（即智育、德育、体育）全备"的传统方针施教。潞河中学很快成为国内一流的中学。1930年在校学生由过去的250多人增加到600多人，1932年增加到800多人。据统计，几乎全国各省市都有学生来这里求学。[②]

1911年，东路厅初级师范学堂改为东路厅第三中学，1914年改称京

---

① 中共北京市通州区教育工作委员会、北京市通州区教育委员会：《通州百年老校》（内部交流），2016年。

② 陈昌祐、刘汝英：《通县私立潞河中学》，收入《文史资料选编》第16辑，1983年版。

兆第三中学校，当时有学生99人，毕业生47人，教职员10人。1920年正月十四日，京兆师范（原顺天府西路厅师范学堂）由卢沟桥迁入通州，与京兆三中合并，新学校定名为京兆师范学校。

1927年，成立富育女中，其前身为1904年由富善夫人成立的"安士学道院"。1914年，安士学道院扩建后改名"女蒙馆"，并开始招收女童入学。1923年，改为六年制小学。1927年，正式定名为"富育女子中学"。20世纪30年代，富育女中初中三个年级，有学生84人。[①]学校虽小，但是培养了不少人才，新中国首任卫生部部长李德全、著名妇幼卫生专家杨崇瑞曾就读于此校。

图8-6　通州富育女校校址

1930年，河北省立第六女子师范附设初中班，1933年河北省立通县师范附设初中班。两校各有初一年级2个班，初二、初三年级1个班。[②]

① 通州区地方志编纂委员会：《通县志》第二十一编，见《教育》，北京出版社2003年版，第639页。

② 同上。

2. 师范专业教育和职业技术教育

通州师范专业教育起步很早。早在光绪三十一年（1905年），在新城北街建立东路厅中学师范班，两年后建立东路厅初级师范学堂，1914年改为京兆第三中学。1920年，卢沟桥京兆师范学校迁入该校址。1928年奉令改为河北省立第十师范学校。1931年，有三三制前期师范六班，后期师范三班，共计学生332人。① 1933年，改名河北省立通县师范学校。

1915年，河北涿县人尚伯良受京兆尹公署委派，来通州筹建京兆女子师范学校。该校初名京兆女子师范讲习所，该校为京东最早培养女师人才的学校。先开办的是讲习所和女子职业两个班，各招收50人，设国学、算术、修身、缝纫、烹饪等课程，为学生升入师范做准备，尚伯良聘请了一批德才兼备的师资队伍，包括教育家杨秀峰②等人。1918年冬，讲习所与职业班修业期满，改招师范预科生，学制一年，同年又设本科，学制四年，更名京兆公立女子第一师范学校。1928年，京兆区裁并河北省，改名为河北省第六女子师范学校。1933年，改名河北省立通县女子师范学校，同时在西仓西南建楼设分校。

通州的职业教育始于清末。根据《通县志》记载，宣统元年（1909年），在通州城内回回胡同（今回民胡同）建立初等商业学堂，设两个班，学生82人，教职员2人。1918年2月，在城内延寿寺建立乙种工业学校。1925年乙种商业和乙种工业学校合并为通县职业学校。1929年，华北基督教农村服务部联合会冬期农业学校在复兴庄开办，每年冬闲期间举办2个月，他们通过办培训班培养农业技术员，改良农业品种，搞农牧业改良试验。

---

① 通州区史志办公室整理：《民国通县志稿》（内部交流），2002年，第103页。

② 杨秀峰（1897—1983年）是久经考验的无产阶级革命家、忠诚的共产主义战士，是我国杰出的教育家、法学家。1949年后，他曾任河北省人民政府主席、高教部部长、教育部部长、最高人民法院院长。

图8-7　河北省立第六女子师范学校学生课间操

图片来源：《百年沧桑——通州历史图片汇编》（通州图书馆编）

　　抗日战争时期，有条件的学校如通县女子师范学校前往北京城内，潞河中学迁往西安。伪冀东防共自治政府建立期间，学校成了日伪推行奴化教育的工具。但是学校师生们不甘当亡国奴，采取各种方式与伪政府进行斗争。

　　抗日战争胜利后，小学校改称中心国民学校和国民学校。据《通县志》记载，1946年通县城乡建立中心国民学校26所、国民学校228所、私立国民学校7所、省立师范附小2所，共263所，学生14594人，入学率约68%。1945年年底，潞河中学从西安返回通县复课。其他中学、师范学校等也都相继恢复教学。至1948年，潞河中学、富育女中河北省立通师、省立女师共有中学生1493人，其中初中25班1176人，高中6班317人。①

――――――――――

　　① 通州区地方志编纂委员会：《通县志》第二十一编，见《教育》，北京出版社2003年版，第639页。

由于国民政府腐败无能，随着物价飞涨，人民生活水平普遍下降，学生入学率锐减。在校学生在进步人士的影响下从1947年开始走上街头，揭露国民政府的腐败，发出自己的呼声。如1948年7月，潞河中学学生参加"反迫害"运动，要求和平民主，校方迫于压力强令250名学生退学。[1]

中华人民共和国成立以后，通州的教育事业发生了翻天覆地的变化。经过几十年的努力，通州区在扫除青壮年文盲的基础上已经实现了全民义务教育。这是通州历史上前所未有的一项壮举。

目前，通州区已经建立了涵盖学前教育、义务教育、职业教育和成人教育、高等教育以及特殊教育和课外教育等完善的教育体系。随着北京城市副中心建设的推进，北京的优质教育资源如中国人民大学及其附属中学正陆续进驻通州，通州本土学校的综合实力也在不断提升，通州区的教育正在实现新的跨越。

---

[1] 通州区地方志编纂委员会：《通县志》第二十一编，见《教育》，北京出版社2003年版（大事记），第28页。

第九章 古代"通州八景"及其价值

全国很多地方都有"八景"。"八景"这种文化现象是怎么产生的呢？目前较一致的看法是"八景"的由来与特定的文人绘画紧密相连。古人有在屏风上作画的习惯，而一座屏风一般为四扇。用于宽大厅堂时，要将两座屏风接连起来，合为八扇。在相连接的八扇屏风上，绘一组内容相互关联、风格统一的系列画，或山水或人物或花鸟。[①]

最早将"八景"绘成画的是北宋时期的画家宋迪，他将湘阴、岳阳、衡山、衡阳、桃园、零陵等七地八景点的优美风光绘成潇湘八景图。沈括在《梦溪笔谈·书画》中记载"度支员外郎宋迪，工画，尤善为平山远水，其诗意之作有平沙落雁、远浦归帆、山市晴岚、江天暮雪、洞庭秋月、潇湘夜雨、烟寺晚钟、渔村夕照，谓之八景"。"潇湘八景"一问世就受到社会追捧，并被争相效法。各地的人们纷纷找出本地的"八景"，并用四言诗句命名。

说起"通州八景"，有不少人已经很陌生了，因为随着自然环境的变化和历史的演变，有很多景致都不存在了。"通州八景"植根于通州独特的文化土壤中，有丰富的文化内涵，体现着通州的历史底蕴和文化基因。

---

① 高巍、孙建华：《燕京八景》，学苑出版社2008年版。

一、古塔凌云

——无恙蒲帆新雨后，一枝塔影认通州

"古塔凌云"指位于通州北城的燃灯佛塔景观。关于这座塔，有很多神秘的文化现象值得深入探讨。

燃灯佛究竟是什么佛呢？燃灯佛（Dipamkara），又叫定光如来、普光如来。《过去现在因果经》卷一记载，此佛初生之日，四方皆明，日月火珠复不为用。以有此奇特，故名为普光。《大智度论》卷九亦云，燃灯佛生时，一切身边如灯，故名燃灯，成佛后亦名燃灯。燃灯佛在过去世为释迦牟尼佛授记，《金刚经》云："善男子，汝于来世，当得作佛，号释迦牟尼。"

燃灯佛为释迦牟尼佛授记，这在不少佛教经典中都有记载。依《修行本起经》卷上所述，很久以前，提和卫国（Dipavati）有圣王，名灯盛。临命终时，将国政嘱咐太子灯（锭）光，太子知世间无常，更将国政授予其弟，即时出家，成佛后，游行世界，开化众生。当时，有梵志儒童，值灯光佛游化，乃散花供佛，并解髻布发于泥道上，请佛蹈之，佛乃为儒童授来世成佛之记。此儒童即释迦牟尼佛。《增一阿含经》卷十三、《四分律》卷三十一等亦述及燃灯佛之本缘，但所说略有差异。大概意思是说，当年释迦牟尼成佛前曾遇到燃灯佛游于世间，他买来五枝青莲，献给燃灯佛。又传说在过去无量劫中，有一天，一童子在路上行走，正巧遇到燃灯佛在路上走着。童子发现地面有一滩污水，心想佛是赤足行走，这污水一定会弄脏了佛的双脚。于是童子亲身扑在地上，把自己的头发铺在污水上面，请燃灯佛从他的头发上走过去。当时燃灯佛看到这种情景，就为童子授记。此童子即为释迦牟尼佛。经过九十一劫时，昔日的小童子果然成佛，佛教经文中称其为现世佛，与过去世佛燃灯佛和未来世佛弥勒佛统尊为三世佛。

根据"劫世"理论，燃灯生在过去世庄严劫。他预言九十一劫后，释迦牟尼将成佛。释迦牟尼"成佛"的时间是公元前五世纪，距今2000多年。燃灯是九十一劫前作的授记，按照佛经上最保守的推算方法，一劫为43.2亿年，师徒俩的那次谈话至少是在3900亿年以前。

图9-1　费利斯·比托摄于1860年的燃灯佛塔

通州燃灯佛塔历史悠久，民间有"先有燃灯塔，后有通州城"之说。燃灯佛塔已成为通州的标志，在过去，人们看到燃灯佛塔就知道通州到了。可见，燃灯佛塔在通州历史上和通州人民心中的地位。那么，燃灯佛塔有什么来历呢？为什么会建在通州呢？

关于燃灯佛塔的来历有很多传说，其中流传较广的是这样一个版本：在古时候，通州城东的白河里有一条害人的白龙，常施法术以制造水患危害两岸百姓。玉皇大帝体恤民情，就派天兵天将下凡至人间，建造镇河塔，镇压河中白龙。在一个月光皎洁的夜晚，天兵天将在离通州城不远的白河岸边建造镇河塔。建座什么样的塔呢？天神商量还是建燃灯佛塔，燃灯佛是释迦牟尼的老师，出生时身边出现明光，故名燃灯佛。白龙给千家万户带来灾难，再加上苛捐杂税、兵荒马乱，通州人民处在水深火热当中，建座燃灯佛塔不正好吗？

据说，除了白龙，通州还有旱、风、沙、霜、雹、虫等七种灾害，这八大害使百姓不得安宁，天神决计将塔建成八角，以消除八大灾害。第二天清晨，通州人突然发现一座高塔矗立在运河岸边，全城沸腾，都说那是镇河塔。通州塔镇住了白龙，从此通州人不再受白龙祸害。

然而好景不长，白河又来一条鲇鱼精，它总把船掀翻。白河里有鲇鱼是有根据的，"通州三宝"之一——小楼烧鲇鱼，就是来自白河的鲇鱼。于是，天神就在塔下挖了一眼深井，将鲇鱼精诱到井里，用一条大铁链紧紧锁住，使它动不了。谁想鲇鱼精才老实，又来了一条大蟒，兴妖作怪。一天，金朝大将杨彦升带兵路过通州，正要乘船南行，忽见大蟒正伸出头来到塔下井中喝水，便拉弓射箭，穿透蟒身，大蟒立即逃走，再也不敢来了。

这个传说给我们的信息是，塔是一夜之间建成的。这反映了人们的浪漫主义情怀，也恰恰说明，在很早以前人们就关注燃灯佛塔的来历，但是没有一个令人信服的解释。

美丽的传说给燃灯佛塔增添了些许神秘色彩，但关于燃灯佛塔的来历仍然是个谜。或许正因为这样，燃灯佛塔吸引着天下无数的信徒来顶礼膜拜。对于他们来说，燃灯佛塔的来历并不重要，重要的是在这里能找到精神寄托，为心灵找到豁然开朗的世界。

还有个问题，塔里面到底有没有燃灯佛的舍利呢？舍利，是梵文sarira的音译，又有设利罗、室利罗、实利等多种翻译，意译为体、身、身骨或灵骨。正常死亡的人都会留下尸骨，却不能说舍利人人皆有。舍利原本是指释迦牟尼佛圆寂火化后留下的遗骨和珠状宝石样生成物，后来泛指佛陀或高僧圆寂后遗留下来的身骨、头发或遗体在火化后结成的珠状结晶体。《金光明经》卷四云："舍利者，乃无量六波罗蜜功德所熏，是戒定慧之所熏修，甚难可得，最上福田。"《大智度论》卷五十九云："供养佛舍利，乃至如芥子许，其福报无边乃至苦尽故。"

在释迦牟尼佛生活的时代，古印度有四种葬法：火葬（梵言"荼毗"）、水葬、土葬、林葬（弃之森林）。而佛陀把火葬列为诸种葬法之首，其俗一直延续至今。释迦牟尼佛的舍利作为佛教中的圣物，受到了特别的尊崇。根据《长阿含经》（卷四《游行经》）所述，释尊涅槃后，佛舍利八分，由八个国家各自起塔供养。另据《阿育王传》卷一载，佛灭度百年后，阿育王搜集佛遗存的舍利，建造8.4万座宝塔供养之。

根据佛教常识，我们知道佛教的创始人是释迦牟尼，最早的舍利就是指释迦牟尼佛圆寂火化后遗留下的尸骨结晶体。根据佛教教义，燃灯佛是释迦牟尼的老师，是过去佛，燃灯佛是九十一劫前作的授记（预言），按照佛经上最保守的推算方法（一劫为43.2亿年），燃灯佛至少生活在3900亿年以前。释迦牟尼佛生活在距今2500年前，历史上确有其人，俗名叫乔达摩·悉达多，是古印度一个王国的王子。燃灯佛是佛教中的佛菩萨，是不是真有这样一个人，人们不难判定。

很多历史文献都将此塔称为燃灯佛塔。《日下旧闻考》就有"燃灯佛塔在潞河城北，敦峻多级，外剥内文，中空下实，非十丈梯不能上"的记载。这里就明确称燃灯佛塔，而没有"舍利"二字。难道是称呼习惯的问题？现在通州人还这样简称之。但是在这样很严肃的史书中，不用正式名称似乎不合常理。

但是为什么通州塔被称为燃灯佛舍利塔呢？有明确记载，塔内有舍利。史书记载："明成化间，州训导杨明有《重修舍利塔记》，塔顶藏舍利数百粒，如小米，色淡黄微红，莹彻如珠，又佛牙一，长三寸许。国朝康熙十八年地震，塔顶舍利佛牙俱坠地，人皆见之，存胜教寺中。知州吴存礼捐募重修塔成，仍置于其上。"[①]

光绪《通州志》中关于燃灯塔舍利的记载是不可信的，该书的编撰者将其放在《逸事》篇中就说明了问题，这在当时也只是一种传闻。从已

---

① 光绪《通州志》卷末，《逸事》。

有的考古资料看，将舍利置于塔顶是不合常理的。从目前发现的舍利情况看，绝大部分出土于塔下地宫，例如陕西法门寺释迦佛指舍利、杭州雷峰塔释迦佛螺髻发舍利等。有极少部分出现在塔身三层以下，例如苏州虎丘塔迦叶佛舍利。至于佛塔三层以上发现舍利，到目前为止，还没有见到这方面的实例。此外，舍利的数量也不可信，舍利是十分珍贵的圣物，即便是一般的高僧也不可能将几百粒舍利供奉一处，更何况是燃灯佛呢？

但是也不能因此得出没有舍利的结论。康熙十八年（1679年）到1987年期间，燃灯佛塔多次修缮，这期间有没有发现舍利，并没有记载。也许在某一次修缮中发现了，为了保护圣物，主持修缮者秘密地将舍利放到某一隐蔽处。这种可能性只存在理论上，实际上不可能。因为发现、转移舍利是一件大事，不可能在历史资料中没有一点蛛丝马迹。还有一种可能，即此塔有舍利，但不是燃灯佛的舍利，而是历史上某高僧的舍利，假托燃灯佛舍利之名而建塔。结果如何，还要借助考古的手段才能揭开"燃灯佛舍利"的神秘面纱。

通州燃灯塔是八角密檐式实心塔，具有典型的辽代建筑风格，已成为通州的标志。所谓密檐式，简单地说就是塔的每层都是由密密的椽子构成的屋檐。塔本身是一件精妙的艺术作品，每个部分构思极为精巧，工艺十分精细。从细部看，塔座下腰上部有砖雕大力士像，为典型辽代力士像，其上砖雕斗拱，整个设计既合理又富有艺术感，就像是大力士背负着斗拱。斗拱之上为砖雕仿木勾栏，三抹两层，下层为几何纹装饰，上层为望柱浮雕宝瓶，栏板的浮雕是折枝瓶菊、二龙戏珠、朱雀衔芝等有着古典吉祥寓意的图案。

塔身收分极小，几乎为直上直下的柱状，建筑的技术要求极高，不禁使人对中国古代建筑更加佩服，也更加为之感到自豪。比起西安唐代大雁塔的粗犷大气，燃灯塔显得清秀挺拔，砖雕也精巧了许多。塔座为双束腰莲花座，共有13层，抬头仰望，宝塔直入云霄，在蔚蓝天空的背景下，白云缓缓浮动，被塔刹分割，微风拂过，铃音清脆，甚是壮观，这就是"古塔凌云"景观。清光绪年间通政司副使王维珍有诗云：

> 千尺巍峨塔势雄，层霄矗立障天风。
>
> 半空铃语云间碧，元夕灯光顶上红。
>
> 多宝自应真佛现，题名不与曲江同。
>
> 潞亭作镇城楼北，终古祥雯五色龙。①

通州燃灯佛塔建于北周宇文氏。到明末，塔下有石碑明确记载为北周时期，只可惜字迹风化严重，"续续字间存，周某号几年，……此北周宇文氏也"。②北周又称后周、宇文周。由西魏权臣宇文泰奠定国基，由其子宇文觉于557年建立，历五帝，581年灭亡，共24年。佛塔具体建于哪一年呢？查阅通州历史，不难推测。南北朝时期，通州先后属北魏、东魏。北齐天宝元年（550年），潞县入北齐。北周建德六年（577年），北周灭北齐，潞县入北周。建德是北周武帝的年号，历史上有"三武灭佛"③的说法，所以在北周武帝时期（561—578年）修建燃灯佛塔的可能性很小。只有可能在北周宣帝和静帝时期，也就是在579年至581年间。所以燃灯佛塔极有可能建于580年前后，距今1400余年。

唐贞观年间，尉迟敬德重修。至今在塔下还有一块"唐贞观尉迟敬德重修碑"，虽然风化严重，但是还能依稀辨认出字迹。也有说该塔建于贞观七年（633年），但是清代学者朱溶考证，这种说法是不对的，他认为该塔应该建于北周年间。④

后来，佛塔毁于战火，辽代重建，现在的燃灯佛塔为辽代风格。根据文

---

① 光绪《通州志》卷十，《艺文·诗》。

② ［明］刘侗、于奕正：《帝京景物略》，上海古籍出版社2001年版，第532页。

③ 这是北魏太武帝灭佛、北周武帝灭佛、唐武宗灭佛这三次事件的合称。这些在位者的谥号或庙号都带有个"武"字。若加上后周世宗时的灭佛则合称为"三武一宗灭佛"。

④ 光绪《通州志》卷十，《艺文·朱溶：燃灯佛舍利塔记》。

物专家鉴定其基座仍为辽代遗存。史书记载，元大德年间（1297—1307年）都哩都尔苏（蒙古语，又译为笃列图述）再次修复。[①] 当时的主持为月潭，具体执行者为海渊、湛堂两位僧人。[②] 明代成化二十年（1484年），文珍和李升等又进行修缮，通州训导杨明撰写了《重修舍利塔记》。[③] 清初，该塔损毁严重。根据康熙《通州志》记载，康熙九年（1670年），黄花山僧智亭主持再次修复。[④] 这次修缮不仅修复了塔本身，还用剩余的经费修建了廊道，铸冶铜质塔铃。康熙十八年（1679年），京东发生了大地震，通州受损严重。康熙三十年（1691年），僧人照盛募建，自三十年始，每年建塔一层。[⑤] 此举感动了通州知州吴存礼。康熙三十五年（1696年），知州吴存礼倡议公捐落成。

八国联军入侵通州时，燃灯佛塔未能幸免。在通州博物馆收藏的塔铃上留下的弹孔就是最明确的罪证。1976年，唐山大地震波及通州，燃灯佛塔损毁严重。1987年，在北京市文物局的支持下佛塔才得以恢复。2017年，通州燃灯佛塔又迎来了一次大修。

通州燃灯佛塔的知名度很高，是通州的标志，有"一枝塔影认通州"的说法。著名古建筑学家罗哲文先生给予通州燃灯佛塔很高的评价，收录在其著作《中国古塔》中。通州燃灯佛塔和临清舍利宝塔、扬州文峰塔、杭州六和塔并称为"运河四大名塔"，为运河岸边的标志性建筑。

值得一提的是，北京大学的博雅塔乃仿照通州燃灯佛塔而建。博雅塔建于1924年，是为了解决燕京大学师生用水问题。捐资人是美国人James Wolcott Porter，中文名叫"博雅各"。燕京大学是美国教会主办的学校，他们有个传统，就是新修建的建筑物以捐资人的名字命名，所以这座水塔叫"博雅塔"。

水塔的设计者是博雅各的侄子Lucius Chapin Porter，中文名字叫"博晨

---

① ［清］于敏中等：《钦定日下旧闻考》卷一百九，《京畿·通州二》。
② 光绪《通州志》卷十，《艺文·朱溶：燃灯佛舍利塔记》。
③ 同上。
④ 康熙《通州志》卷二，《建置志·寺庙庵堂》。
⑤ 同上。

光"。他生于天津，在中国度过童年时光后回到美国，先后就读于伯洛伊特学院（Beloit College）、耶鲁大学神学院（Yale Divinity School）。毕业后，博晨光返回中国，从事中国基督教教育事业将近41年，直到1949年后才离开。他曾在通州华北协和大学工作，后任燕京大学哲学系教授兼系主任。他和冯友兰先生有过密切的交往，二人曾合作将《庄子》等中国古代哲学文献译成英文。

博晨光对中国的佛教思想有一定研究，在华北协和大学工作之余，对通州燃灯佛塔很感兴趣，有深入研究。1916年，北京汇文大学、通州华北协和大学、北京华北女子协和大学合并成立燕京大学。随着华北协和大学迁入城内，博晨光也到新组建的燕京大学工作。在这期间，为解决学校师生的用水问题，博晨光动员他叔叔捐资，并由自己主持修建博雅塔。他首先想到了通州的燃灯佛塔，并模仿修建了实用性和艺术性完美融合的"博雅塔"。1949年后，燕京大学被并入北京大学。北京大学从沙滩红楼迁到现址，所以"博雅塔"就成为北京大学的标志了。

经历1000多年的风雨，燃灯佛塔经过了数次毁坏，每次都如凤凰涅槃，获得新生。至今，燃灯佛塔依然矗立在通惠河与北运河交汇处，是通州城的标志性建筑。

二、长桥映月

——月落年年人迹古，往来疑在画图中

此处景观即通州八里桥。八里桥正名叫永通桥，因位于"州城西行八里许"而被老百姓惯称为"八里桥"。远观此桥为拱形石桥，横跨通惠河上，桥面铺上了沥青，与两边的公路连接，车来车往，与普通桥梁并无不同之处。实际上，此桥大有来头。明代国子监祭酒李时勉撰文的《敕建永通桥碑记》中对八里桥的建造缘由、过程都有详细记述：

通州在京城之东，六合之上。凡四方万国贡赋由水道以达京城者，必荟于此，实国家之要冲也。由州城西行八里许有河，盖京都诸水会流而东者。河虽不广，而水潦沮洳。每夏秋之交雨水泛滥，尝架木为桥，或比舟为梁，以通道往来。数易而速坏，舆马多致覆溺，而运输者尤为艰阻，劳费烦扰，不胜其患。

内官监太监臣李德等以其事闻，上欲于其地建石桥。乃命司礼监太监臣王振往经度之。命总督漕运都督臣武兴发漕卒，都指挥佥事臣陈信领之，工部尚书臣王卺等会计经费，侍郎臣王永和提督之，又命内官监太监臣阮安总理之安。谓众曰："朝廷迁都北京，建万万世不拔之丕基，其要在于漕运，实军国所资。而此桥乃陆运之通衢，非细故也。宜各尽乃心，已成盛美。"众咸曰："然"。

于是厄群材，集众工，诹吉兴，役万夫齐奋，并手偕作。未及三月而工就绪。桥东西五十尺，为水道三券，券与平底石皆交互通贯，锢以铁。分水石护以铁柱，当其冲。桥南北二百尺，两旁皆以石为阑干。作二牌楼，题曰永通桥。盖上所赐名也。又立庙祠河神，而以元帝镇之。坚壮完固，宏伟盛丽。经始于正统十一年八月二十七日，告成于十二月十九日。[①]

图9-2　摄于1900年的八里桥
图片来源：《百年沧桑——通州历史图片汇编》（通州图书馆编）

---

① 光绪《通州志》卷十，《艺文·记》。

碑文内容信息很丰富，有几点对我们很有意义。一是此桥是在皇帝的亲自过问下修建的，属于敕建，而且皇帝亲自赐名，说明此桥不同于一般的桥。二是此桥始于正统十一年八月二十七日（1446年9月7日），告成于十二月十九日（1447年1月5日），建完桥后还修建了河神庙和牌楼，说明朝廷是十分重视的。三是从技术上说，此桥采用三券石拱方式建造，不仅有利于承重，而且有利于减少水的阻力，符合力学原理。券与平底之间镶嵌铁进行固链，为提高分水的坚固度，又在分水尖上加三角铁柱，有效减少了河水对桥墩的冲击。据有关资料，此技术在卢沟桥也曾应用，这在当时是比较先进的技术，也是很成熟的技术，体现了高超的智慧。

在民间，八里桥曾经还有一个名称，叫"扒拉桥"。这个名称来源于一个曾经广为流传的民间故事。^①据说在修建八里桥的时候，某一天早上，在建桥的工地上来了一个白胡子老头，说是没有盘缠了，请求工头把他留下，打点零工。工头把他留下了，并没有给他派什么活。

白胡子老头来到一个不引人注意的角落，找了块石头开始敲打。一个小石匠看到这个陌生的老头，就问："老爷爷，您从哪儿来呀？"老头哈哈一笑，抬头看看小伙子，用手指指天。小石匠笑了，说道："从天上来！那您就是神仙啦。"老汉笑而不语，小石匠好奇地问："您敲这玩意儿干什么呀？"老头又笑了："后生，你听说过女娲补天的故事吗？我这块石头就是补天呀！哈哈哈！"说完，老头又低头敲打起来。吃饭时间到了，小石匠心里惦记着老头，左找右找，哪还有老头的影子？只有那块石头被敲打得方方正正。

不久，桥基打好了，两小一大三个桥拱成形了。就在中间那个大桥洞快要完工的时候，有个窟窿说什么也堵不上。这可把工头急坏了，他猛然想起那个白胡子老头，见他凿过一块石头。正在这时，小石匠将那块石头搬过来，往里一放，窟窿被堵上了。可是似乎稍微小了点，石头还能晃

① 中国民间文艺研究会北京分会编：《北京风物传说》，中国民间文艺出版社1983年版。

动，既掉不下去，也拿不出来。

大石桥建成了，桥洞上面那块显眼的石头一扒拉就晃动，就这样，八里桥就有了"扒拉桥"的绰号。人们都说造石头的老头是鲁班下凡。

修建后的八里桥为京东的要塞，同京西的卢沟桥、北部的安济桥和朝宗桥、南部的宏仁桥（又叫马驹桥）并称为拱卫京城的五大名桥。八里桥是进出京师的要塞，又控制京通的粮道，战略地位十分重要。明清时期，朝鲜使臣在日记中多次记载八里桥，称八里桥"宏敞延袤，非他桥可比"[①]。还有使臣对八里桥进行了详细考察："桥在通州城西八里故名，一称永通桥。长四十余步，广可五轨。左右设石栏，栏头坐狻猊，刻镂之巧，如图章细钮。"[②]"高可通舟，自白河运漕入京之道也。……正统十二年所建，而祭酒李时勉撰碑记事，左右皆设栏，极精侈。自此路上铺大方石，六面相次排比。"[③]据当时的朝鲜使臣徐长辅描述："天下漕船皆萃于此，桥南数□立石，而题其面曰：漕船大泊处。"[④]可见，八里桥是京通间一处重要建筑，从通州石坝码头到京仓漕船都要从桥下经过，它也是京通40里石道起始处的标识。

当时的八里桥异常繁华，朝鲜使臣柳厚祚记载："南京货商彩船，来留此河云，故一行已先进北门，余则向东门而下，河水稍减。南船不能来到，但燕船之泊于河岸者，难数其几许。而皆□帆铁索，船上覆长板，板上作屋，且仓廪之富实，甲于燕京。盖天下漕运之船，云集江边，百官颁禄自此中辨出。而春夏之间，帆樯如束，连续十余里。"[⑤]从八里桥开始，

① 林中基主编：《燕行录全集》卷七十四，《燕行日记》，韩国东国大学出版部2001年版。

② 同上书卷七十二，《燕辕直指》。

③ 同上书卷六十六，《蓟山纪程》。

④ 同上。

⑤ 同上书卷七十五，《燕行日记》。

"此路左右，第宅相望，朱门粉壁，照耀人眼"①。

传说乾隆皇帝曾带着刘墉、和珅路过八里桥。见到壮观的八里桥，乾隆皇帝心情大悦，突然想出一上联："八里桥何为八里？"命二位爱卿对下联。和珅想了半天没对上来，只好叫刘墉来对。刘墉早想好了下联，说道："三间房岂止三间？"不仅对仗公正，而且八里桥和三间房都是通州的两处地名。可见，刘墉不仅才学高，而且对通州的历史、地理了然于胸。这当然只是民间传说，在《清实录·乾隆朝实录》等正史上都没有记载。

关于"长桥映月"景观，历史上不少文人雅士都有诗文记述。例如，清代通州知州吴存礼这样写道：

> 银河忽驾彩虹来，俯瞰波光曙色开。
>
> 历历清霜晴草木，晖晖皓月照池台。
>
> 桂宫若引浮槎客，蟾窟应舒题柱才。
>
> 吟眺壕染莹洁甚，冰心相映即蓬莱。②

清朝后期，随着国势衰微，扼守京师东大门的八里桥见证了近代中国屈辱的一幕。1860年8月21日，英法联军自天津登陆，北犯京城。清政府派僧格林沁率领曾经战无不胜的八旗兵在此阻击洋鬼子的长枪利炮，这就是历史有名的"八里桥大战"。

从史学家的视角看，这次战争的结局是必然的，这是落后的封建王朝和新型的资本主义军队之间的战斗。但是正义的中国军民为保卫自己家园表现出来的同仇敌忾、奋勇抗争的爱国热情和民族精神是可歌可泣的。

第二次鸦片战争期间，天津大沽失陷后，僧格林沁率领17000余名蒙古精兵布防在张家湾和八里桥一带。八里桥之战从早上7时打到12时，十分激

---

① 林中基主编：《燕行录全集》卷六十六，《蓟山纪程》，韩国东国大学出版部2001年版。

② 康熙《通州志》卷十二，《艺文志·诗类》。

烈。战争打响后，清军马队按原定部署立即由正面冲上去，由于火枪装备有限，就手持长矛、弓箭，一部分骑兵冲至离敌人四五十米的地方，有的甚至冲到敌人指挥部附近。但清军马队遭到据壕作战的联军步兵密集火力的阻击，伤亡惨重。但是，蒙古骑兵在战斗中表现得异常勇敢，冒着敌人的密集炮火，多次冲向敌军阵营进行英勇的战斗。随行的法国翻译官伊里松写道：

在桥的正中央，冒着枪林弹雨，他们的一位官长骑着马站在前面；他挥舞着黄旗表示挑战，尽管隆隆的炮声盖过一切，可是他还在高声呼喊着。在这位英勇的官长的周围，桥栏的大理石块四散飞舞，我们的炮弹造成了成批的杀伤。死神一刻也没有歇手，却并没有吓倒这些不灵活，却勇敢的斗士，他们寸步不退。现在，运河的两边和桥上已堆满了被可怕的杀伤弄得残缺不全的尸体。

桥头站着一个身材极为高大的鞑靼人，他看起来像是总司令的旗手。他手执一面写有黑字的大黄旗，并且把这面旗帜不时指向所有的方向。此乃僧王之旗，所有官长的眼睛都注视着它，因为它正在向全体中国军队下达着命令。此刻，敌人已告全面撤退，而且战场上，全军精锐亲自所保卫的那座桥也业已堆满尸体，然而这个鞑靼人尽管已孑然一身，却仍挺立在那里，可能正在传达僧王的最后命令。子弹、炮弹在他的周围呼呼作响，飞啸而过，而他却依然镇静不动。孟托班将军情不自禁地说，在我看来，这个人确有过人之勇。有几个士兵冲向前去，想把他活捉。而在这时候，好像为了使我们有时间能把这英勇身影留在脑海里而有半小时没去碰他的炮弹，却正打中了他，把他击倒在地。于是大旗也向一旁倒去，随着它的旗杆而去的是一只紧紧抓住它的痉挛的手……"[①]

① ［法］莫里斯·伊里松著，应远马译：《翻译官手记》，中西书局。

1938年，也就是日本发动全面侵华战争的第二年，日军为侵略需要，修筑京通间柏油路，将桥两边垫高，将桥陡形削平，"修筑京通间之柏油路时，将其陡形削平，往来称便"①，就形成了现在的模样。

鉴于八里桥的重要历史价值，1984年永通桥（八里桥）及石道碑被列为北京市文物保护单位。由于历史的沧桑巨变，八里桥周围环境变化很大，通惠河早不行船，水草丛生，"长桥映月"的美景很难寻觅。幸好桥栏望柱上的石狮子和桥下四只圆雕镇水兽依然坚守于此。

三、柳荫龙舟
—— 君王不作横汾曲，锦缆年年锁潞河

此处景观是指通州城北的黄船坞，就是民间俗称的皇家码头。此码头专为皇室服务，停泊的船都是皇家专用的龙舟，因为周围广植杨柳，故有"柳荫龙舟"一景。

明嘉靖七年（1528年）以后，吴仲重修通惠河，通惠河的河口由张家湾移到通城北。这一变化使得各类码头也随之北移，直接促进了通州城市的繁荣。根据历史记载，通惠河口以南依次形成了石坝码头、土坝码头以及各类民用码头。我们可以想象，每年三月开漕以后，南方漕船、各类商船来到通州，一派繁荣的景象。

黄船坞实质上也是码头，主要停泊皇家用的龙船，但是为了与普通码头区分开，以体现皇家的尊严，所以称为黄船坞，但是民间仍然称为皇家码头。据《钦定日下旧闻考》卷一百九《京畿》的记载："通州城北五里有黄船埠河水潆洄，官柳荫映。永乐中设黄船千艘，以其半轮往江南织造，俗名黄船坞。"光绪《通州志》有大致相同的记载，只是黄船的数量为"十艘"。我推断"十艘"记载准确，"千艘"可能是笔误，因为龙船

---

① 金士坚等：《通县志要》卷三，《建置·桥梁》。

体量较大，如果是千艘，黄船坞未必能停下。而且如果有千艘黄船，应该在周围形成保卫给养配套的设施设备，甚至会形成村落。但是历史记载和考古资料都没有相关的证明。

《钦定日下旧闻考》仅有短短不足百字的记载，但是包含的内容很丰富。根据城北五里的记载，我们可以推断其位置在今天的北关闸西侧。据周良先生介绍，1960年修北关闸时，曾发现不少条石，应为黄船坞遗物。[①]这样设计，"如星之北辰，居其所，众星拱之"，体现了中国古代以北为贵的思想。可以想象黄船上的主人面南背北，看到"万国梯航""天下朝宗"的景象，君临天下的气势自然而生。其实，还有一个更大的好处，就是便于管理，大运河西岸，从通惠河口以南，黄亭子以北，老百姓称为外河沿（因通惠河又称里河，其河岸称里河沿），分别安排了石坝和土坝。黄亭子以南的河岸称为大河沿，为民用码头所在地。也就是说，以黄亭子为界，只有漕船、黄船等官船才能驶入，而民用船只不能驶入黄亭子以北。

根据"永乐中设黄船十艘"的记载，黄船坞产生于永乐年间，也就是明成祖朱棣迁都北京后不久就在此设立了黄船坞，这比嘉靖七年（1528年）通惠河口北移至通州城北还要早100多年。在黄船坞周围"官柳荫映"，说明这里的柳树和一般的柳树不一样，是官家栽种在黄船坞周围的，自然就带有皇家血脉了。在许多关于"柳荫龙舟"的诗作中都描写了柳树。试举几例，"御船连泊俯清漪，垂柳阴阴翠作围"（王宣诗）；"杨柳青青翠欲浮，堤边景缆系龙舟"（尹澍诗）。清代通州著名的知州王维珍也有"柳堤飞絮白满天，低荫龙舟景缆牵"的诗句。天下有那么多名贵树木，为何皇家独垂青柳树呢？而且"柳荫龙舟"还成了通州一景。

柳树是景观树，有欣赏价值。可以想象，在春夏之交，蓝天白云倒映

---

① 北京市通州区文化委员会、北京市通州区文学艺术界联合会编：《通州文物志》，文化艺术出版社2006年版，第32页。

在绿色的水面上，在运河北端停泊着黄色琉璃瓦的黄船，周围是婆娑多姿的柳树，该是一幅多么美丽的风景画啊。而且柳树容易栽种，不论南、北方，只要有水就很容易成活。有句常说的话叫"有心栽树树不活，无心插柳柳成林"。

当然，黄船坞周边的柳树不是因为好看，而是易栽种。如果是这样的话，有很多树木都符合这样的条件。我认为除了好看，还有文化传统的原因。在中国古代，达官贵人、文人雅士有折柳送别的习俗，而且这一习俗源远流长。《三辅黄图·桥》记载："灞桥在长安东，跨水作桥，汉（代）人送客至此，折柳相赠。"这段记载说明，至少在汉代，折柳相赠的习俗已经形成了。

隋唐时期，这种习俗甚为流行，在不少古典诗歌中都有体现。隋代一无名氏作诗《送别》："杨柳青青着地垂，杨花漫漫搅地飞。柳条折尽花飞尽，借问行人归不归。"当我们今天读到这首诗，穿越时空，还能感受到折柳赠别、依依不舍的真挚情怀。唐代李白在《忆秦娥》中有"年年柳色，灞陵伤别"的句子。灞陵指汉文帝的陵寝，因毗邻灞河而得名。大家一定很纳闷，唐代人为什么要在这里分别。实际上这里的灞陵是指灞陵桥，也叫灞桥，建于汉代，在中国桥梁史上有重要影响。汉唐时，长安是全国的都城，灞桥是西安通向外界的重要路径，灞桥两边栽种柳树。送行人送至灞桥分手，以"折柳"的形式赠别，著名典故"灞桥折柳"就来源于此。古人认为柳树有辟邪的作用，而且"柳"与"留"谐音，表达依依惜别之情。

那么，黄船坞周边的柳枝也是用来离别相赠的吗？清人戴璿的《柳荫龙舟》中有"长夏浓阴分柳色，满江瑞霭护宸游。丁宁陌上还培植，不是河桥送别秋"①的句子，说明"柳荫龙舟"之"柳"除了有景观欣赏的作用，也有离别相赠、寄托情意的作用。

---

① 康熙《通州志》卷十二，《艺文志·诗类》。

其实不仅在黄船坞周围种植柳树，在运河两岸也广种柳树，有诗为证。明代钱塘人陈师在《潞河舟中作》中有这样的诗句：

夹岸杨柳青可怜，出门仍是葛衣天。

乡书不到东吴雁，客梦重寻潞水船。[①]

明人许天锡在《晓发张湾诗》中有这样的描述：

黄鹂啼歇晓阴开，两岸杨柳荫绿苔。

叶底轻花看不见，暖风吹入短篷来。[②]

这是作者描写早上从张家湾出发的情景，当时运河两岸都是柳树。

吴莱的《过漷州诗》有"数株杨柳弄轻烟，舟泊漷州河水边"的诗句。说明漷县运河两边也是广植柳树。这又是为什么呢？

运河两边的柳树除了有欣赏和文化价值外，还有实用价值。重开通惠河的吴仲在《通惠河志》中记载，在码头附近要栽种麻和柳树。麻可以拧搓成绳子，在漕船上很多地方都能用得上，比如纤绳等。柳条可以编织成筐子，在治理河道过程中挑夫用于挑泥沙、挑石头。如果遇到溃堤、溃坝的情况，泥沙、石块很容易冲跑。柳条就用来编成大筐，里面填塞石块，大量抛下便于固定，在治理决口等情况下很见效。中华民国成立以前，在运河边的一些村落，农民除务农外还兼营柳条编制。

黄船坞的黄船有什么用呢？当然是为皇帝服务的，《钦定日下旧闻考》记载一半是去往江浙织造。江浙织造是明清时期主要为皇帝提供和搜罗丝绸、奇珍异宝等生活用品的机构，又称江南织造，是江宁织造、苏州

---

① ［清］于敏中等：《钦定日下旧闻考》卷一百九，《京畿·通州二》。

② 同上。

织造与杭州织造的总称，又有"江南三织造"的称谓。

江南织造局负责搜罗贡品，然后由黄船从南方运到通州。有不少文献记载了黄船的运输情况，如张岱的《石匮书》记载了明朝时期黄船供应新鲜果品的情况。"以从供鲜品者也。驾以京卫军船"，朝廷对黄船也很重视，"（每船）为军二十，行有工食，居有月廪。隶兵部。十年一造，五年一修，而工部主之。凡修船则军卒守之，月廪如故"①。但是到明成祖朱棣迁都北京以后，从南方运鲜果品成本太高，且民怨甚大："往来既久，动称上用河道，旁午所过州县，牵挽之卒以千百。附近州县出银济之，一岁间，自仪征抵通州，费不下数十万。里河军民甚困。"②加上北方也有替代果品，"若青梅、小竹笋、莲藕、薹菜、宣州梨，盖太祖都南时所用。今京师菜品、菜蔬、雪梨、青杏比南尤佳"③。弘治末年，礼部尚书马文升上奏皇帝，"请以永乐旧例裁之，时所裁省，弘治中，十之四省；正德中十之七"④。皇帝欣然采纳此奏，之后贡船的数量更加减少。也就是说，黄船虽被用来供皇帝使用，但在大多数时间主要用于运输贡品。

黄船是什么模样呢？朝鲜使臣在日记中有记载："龙船一只泊在江浒，悬金牌于船头，书'上用水殿'四字。窗户玲珑，涂以云母。"⑤

大家所熟知的大文学家曹雪芹的祖父曹寅、曹寅的儿子曹颙和曹頫就长期掌管江宁织造，而且兼理过"巡盐"、承办过铜斤等经济要务。虽然到曹雪芹的父辈开始衰落，但正是这样的生活经历为曹雪芹创作不朽名著《红楼梦》提供了素材。

黄船坞是京杭运河北端一处很重要的服务设施，"春深碧沼恩波近，

---

① ［明］张岱：《石匮书》卷三十六，《漕运志》。

② 同上。

③ 同上。

④ 同上。

⑤ 林中基主编：《燕行录全集》卷十，《梨川相公使行日记》，韩国东国大学出版部2001年版。

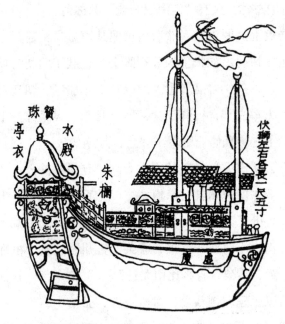

图9-3 黄船模型图，该图来源于《龙江船厂志》

定拟君王壮胜游"，黄船坞承担着直接为皇帝服务的重要任务。"柳荫龙舟"也成为"通州八景"中直接体现皇家文化和运河文化的景观。

四、波分凤沼
——吟诗便起乘槎头，欲问当年博望侯

"波分凤沼"是指通惠河流经通州城北形成的景观。历史上的通惠河完全不是今天的景象，是与国都的安危联系在一起的。说起通惠河不得不提到两个人，即开凿元代通惠河的郭守敬和疏浚明代通惠河的吴仲。

随着元朝统治者将大都确定为政治中心，大都人口剧增，对各类物资的需求日益增加。虽然有西郊的高梁河和重开的金口新河、金水河等运渠，以供运输和城市用水，但是仍然满足不了需求。在这种情况下，著名水利专家郭守敬深入实地勘察后，于至元二十八年（1291年）正式向忽必烈建议开凿通惠河。疏浚旧有通往通州的漕河，引玉泉水解决水源不足的问题，这样可以节约陆运费用。元世祖忽必烈同意此建议，并派郭守敬主持此项工程。疏通通惠河的工程于次年八月正式开工。

经过郭守敬的巧妙设计，引昌平附近的白浮和西山诸泉，开白浮瓮山河，向西至西山麓复折而南经瓮山泊（今昆明湖）流入玉河至西水门（大都和义门）入都城，南汇入积水潭（今北京什刹海），东南出文明门（今北京崇文门北）南水关。出城后入金代所开的金口河（闸河）东流至通州城南十六七里处的高丽庄入白河（北运河故道），即《元史·河渠志》所载："东至通州高丽庄入白河。"全程贯通历时一年余，用工285万余人，耗银152万锭，粮食约3.9万石，全长160余里，设闸24处，至元三十年（1293年）八月完工。史载元世祖见积水潭上"舳舻蔽水"，一片繁忙景象，十分高兴，就欣然将此河赐名为"通惠河"。①

元代开凿的通惠河，到了元末明初，由于战乱和自然灾害，通惠河日渐荒废，通州至京师的粮米皆由陆运。陆运不仅运费高昂，而且容易受到天气的影响，遇到雨天，道路泥泞，不能及时到达京城，于是先后在通州城外设置大型粮仓。若有敌兵越关，轻骑兵几日便可到达，控制粮仓，则京师就很危险了。鉴于此，巡按直隶监察御史吴仲向明世宗建议重修通惠河。此建议得到采纳。

工程于嘉靖七年（1528年）二月四日开工，五月二十二日竣工。为解决水量不足的问题，改变元代提闸过船的办法，改为人力搬运过闸的办法，达到了"通州而抵京仓，可朝发而夕至"，"一日而立，致四五万石，岁省脚价十二万两"的效果。明代通惠河将河口移到通州城的东北，就是今天通惠河的走向。

新开通的通惠河不仅有利于京城的物资供给，保障了都城的安定，而且为普通老百姓也带来了直接的利益。尤其是对通州人民来讲，直接促进

---

① ［明］宋濂等：《元史》卷六十四，《志第十六·河渠一·通惠河》。

了通州城市的进一步繁荣。

正因为有了这两个人，才有了通惠河，才有了"波分凤沼"的美景。但是"波分凤沼"到底在哪个位置呢？有人说是指整个通惠河的水，也有人说是八里桥至通惠河口这一段。更多的人认为是在现在的葫芦头遗址处，这里是通惠河故道，靠近通惠河河口的位置。明代吴仲重修通惠河后，采用人力搬运粮食过闸，在通惠河口有一道石坝。这里的水应该比北运河水位高，是通惠河的下游，也是通惠河水量最充足的地方。在这里形成了一个水量充足的"沼"，因为水是从太液池流出来的，所以称为"凤沼"。

为什么从太液池流出来而形成的水面叫"凤沼"呢？这得从太液池的来历说起。有人认为太液池的名称来自"象阴阳津液以作池也"，这个说法是否正确，我没见到确切的出处。"太液池"的来历还要追溯到秦王嬴政。秦始皇统一天下后，听信方士关于东海有长生不死的神仙的传说，派徐福领着3000名童男童女前往东海仙山，以求长生不死的灵药。始皇帝开了头，历代皇帝便纷纷效仿，到了汉武帝时，长生不死的仙丹还是没找到。为了慰藉一下自己失落的心情，汉武帝下令在皇宫北面挖了一个大水池，命名为"太液池"。自此以后，汉武帝的做法被历代皇帝沿袭，在建造皇宫别苑时都不忘挖一个大蓄水池，并以"太液池"命名。根据文献资料，汉代的太液池位于长安故城之西、建章宫之北、未央宫的西南。池中筑有三座山，象征瀛洲、蓬莱、方丈。据记载，汉成帝在秋日常同赵飞燕在池上游玩，以沙棠木制成船，以云母装饰成鹢首，称为云舟。成帝怕船行轻荡而使飞燕受惊，命人以金锁缆云舟于波涛之上。清风吹过的时候，飞燕几乎随风入水，成帝遂用翠缕把飞燕的衣裾结起来，赵飞燕常说："妾微贱何复得预结缨裾之游。"《三辅黄图》等书中记载，太液池中的避风台就是赵飞燕结裾的地方。

唐代太液池位于唐长安城大明宫北部，是唐代最重要的皇家池苑，是唐代皇帝和宠妃游玩嬉戏的地方。遗址现位于陕西省西安市未央区大明宫乡孙家湾村南，地处龙首原北坡下的低地上。

图9-4　通惠河与通州古城和北运河关系图（康熙年间绘制），该图由
著名运河水利史专家蔡蕃先生提供

北京的太液池在故宫西侧，就是北京著名的"内三海"——北海、中海和南海，合称"太液池"。"太液秋风"是著名的"燕京八景"之一，泛指中南海和北海的广阔水域。清代太液池也称"西海子"，是皇家禁地，其秀美的风光外人是见不到的。可见，太液池就是皇帝和宠妃游玩之处。皇帝平时忙于朝政，太液池实际上就归宠妃专属。在古代，常用凤代称皇后，所以太液池流出的水形成的水面就理所当然地被称为"凤沼"。

不管怎样，"波分凤沼"是与太液池和通惠河密切相关的一处景观，明清时期的不少诗作中就可以证明。例如王宣有诗云："碧水分香出御沟，潞阳城郭界清流。"御沟即指通惠河。周之翰有诗云："一脉香分太液池，瑞烟晴霭浸玻璃。"尹澍有诗云："何处清涟入潞河，遥知太液散余波。"王维珍有诗云："河流通惠旧知名，一派东趋九曲萦。凤沼斜分归板闸，鲸涛远望赴蓬瀛。"戴璿有诗云："河流来自液池边，一带寒波清且涟。仍是玉泉山下水，依然禁苑沼中烟。"

时至今日，历史经历了沧桑巨变，自然环境也经历了很大的变化，"波分凤沼"的美景只存在历史记忆中了。

五、平野孤峰
——漫道平林无限景，千秋屹立佐皇都

通州地处北京东南部的平原地带，地势自西北向东南倾斜，海拔最高26.7米，最低仅8.2米。怎么会有"平野孤峰"的景观呢？

《钦定日下旧闻考》记载 "孤山高二十丈，与三河县交界处"[1]。看来孤山并不是小土丘。在一望无际的平原上有这样一座山峰，应该是很壮观的景象。如清人戴璿描述的那样：

> 孤峰巉巘郁茏葱，地愈平夷山愈崇。
>
> 出郭益知天影阔，倚巅遥敌海潮雄。
>
> 最宜畅饮舒狂客，尤好偷闲话野翁。
>
> 绝景登临堪极目，帝城高在五云中。[2]

但是此孤山和"平野孤峰"中的"孤峰"是什么关系呢？

光绪《通州志》中有这样一段文字："孤山在州城东三十里，与三河

---

① ［清］于敏中等：《钦定日下旧闻考》卷一百九，《京畿·通州二》。

② 康熙《通州志》卷十二，《艺文志·诗类》。

县交界，高可二十余丈。旧传八景中平野孤峰即此。"① 这里不仅说明了孤山的方位，还十分清楚地说明旧传八景中"平野孤峰"即此。孤山不仅是"通州八景"之一，也是明清时期三河县八景之一，名曰"孤山独秀"。②

孤山顶上曾建有一座佛塔，塔旁有古寺。明代成化年间进士马中锡在《登孤山书宝峰寺壁诗》中有这样的诗句：

> 禅宫金碧照林邱，人道重经内监修。
>
> 鹤扰下听僧说法，犬嗥知有客来游。
>
> 山腰石润初过雨，碑额苔深不记秋。
>
> 若少簿书催我去，放歌于此十旬游。③

此诗至少给后人留下了两条难得的历史信息：一是孤峰上的寺名曰宝峰寺。二是明代孤山上寺庙香火很盛，很有人气。但是到了清末，塔和寺都已经破败不堪了。光绪《通州志》记载："今考塔在孤山上，始建年代无考。塔顶今圮，仅存中下几层。塔旁有古寺，佚其名。"④ 想必光绪《通州志》的撰者没有看到马中锡的《登孤山书宝峰寺壁诗》，否则怎么说寺名不可考呢？

关于孤峰的历史记载并不多见，《读史方舆纪要》中有一处记载很有价值，使我对"平野孤峰"的有关历史事件有了更深刻的理解。该书有这样的记载："孤山在州东四十里，四面平旷，一峰独秀，因名。靖难初，李景隆攻北平，燕王自大宁还至孤山，列阵于白河西，即此。"⑤

建文帝第一次北伐失败后，任用李景隆为大将军，进行第二次北伐。

---

① 光绪《通州志》卷一，《封域·山川》。

② 嘉靖《通州志略》卷一，《景致》。

③ 光绪《通州志》卷一，《封域·山川》。

④ 同上书卷十，《艺文·诗》。

⑤ ［清］顾祖禹：《读史方舆纪要》卷十一，《北直二》。

明代"通州八景"之一的"平野孤峰"就见证了其中一场重要的战役。孤山位于当时的通州东部，即现在河北省三河县境内，燕王朱棣与李景隆大军曾在此决战。据记载，这场战斗打得十分惨烈，进行了两天一夜。建文元年（1399年）十一月四日，李景隆率大军驻扎在白河西岸一带，派遣先锋都督陈晖渡河而东。朱棣率军列阵于白河西，并亲自登上孤山观察地形。当天，突降大雪，河面结了厚冰。朱棣果断率师渡河，击败陈晖部。这次战役对朱棣十分重要，时隔16年，也就是永乐十三年（1415年）十月的一天，永乐皇帝到东郊打猎，路过白河，当年的情景浮现在眼前。朱棣触景生情，对身边人说："朕昔靖难时，尝冬月欲渡过此河，甫至而冰合，遂济师。当时亦岂有今日！神明之相，未尝忘也。"[1]这次战争的结果是李景隆不得不退守山东德州。

现在的孤山如它的名字一样成了孤独之山，很少有人知道它的具体位置。随着通州行政区划的调整，"平野孤峰"景观现在属于河北省三河市。

由于孤山产石，常有人来此采石烧石灰。后来，前山被采平了。20世纪70年代，后山上的塔被雷劈掉了一半后塔身被全部拆掉。幸好，后来采石行为得到制止，孤峰才得以保存下来。

六、二水汇流

—— 不有天工亦爱水，每将好景集川流

"二水汇流"是通州特有景观，指潮白河和温榆河两条河流汇流于北运河的景观。北运河的北端就是由此开始的，"富白合流运河由"的说法就是指"二水汇流"景观。

现在仅看到两条河流汇入北运河，如果仅仅如此，这应该是很正常的

---

[1] 《明太宗实录》卷一百六十九，永乐十三年十月甲申条。

事情。为什么把此景观列为"通州八景"之一呢？根据康熙《通州志》记载，原来二河并不是简单地相会流入运河，而是在二水汇流处形成了天然的沙嘴，形如刀削，十分壮观。这样的景观一定很壮观，清人戴璿就有诗句描述当时的情景：

> 不有天工亦爱水，每将好景集川流。
>
> 数株老树摸崖发，几个轻鸥傍水浮。
>
> 断岸住时分峭壁，寒沙涌出敌危楼。
>
> 夜深渔笛知何处，燃竹中流几小舟。[①]

只可惜，随着岁月无情的冲刷，天造沙嘴景观早已荡然无存。但是还能看到二水汇合的景象。二水具体指哪两条河流呢？一说为白河和富河，如王维珍有"二水光拖匹练秋，白河涛逐富河浮"的诗句。还有一种说法是潮白河和温榆河。这两种说法都对，只不过同一条河流在不同时期有不同称谓而已。

温榆河是由很多河流汇聚而成。古人以温榆河为无数泉水汇流而成，谓之"百泉水"，又称"湿水"。它的名称最早正式见于《汉书·地理志》与汉代桑钦编撰的《水经》，首次载于史册之初名为温余水，简称温水。因为该河水温热，寒冬不冰，由此得名。直至辽代，始改今名，又称榆河，俗称富河。在古文献中也有"由顺义南界至通州城东北入白河即通州富河也"的记载。这也就是为什么在很多诗词中经常用富河代称温榆河的原因。

《水经》云："温余水出上谷居庸关东，又东流过军都县南。"这记载的是温榆河的正源，发源于"关山"诸泉之水，汇为一流，南流至军都关即"居庸故关"下入口，称关沟水。关沟水沿西山东麓南流，至居庸关"南流出关，谓之下口"。水流自南口折西东流，"潜伏十许里"，又从

图9-5 1875年京杭运河全图（北京段）反映出"二水汇流"的胜景

地中涌出，"重源潜发，积而为潭，名温余潭"，是谓重源。

温榆河的别源很多，主要出自西山诸泉，其次出自北山诸泉，这是温榆河在水源上最突出的一大特点。其别源诸泉之水分别汇成温榆河上流三大支派，源出西山诸泉之水有二：一支注入正源径流，称北沙河，又称双塔河；一支位于北沙河南面，称南沙河；另外一支源出北山诸泉之水，称东沙河。此三支流至沙河镇东南三岔口合流，称温榆河。

温榆河中游通称沙河，自昌平流入顺义西南境，俗称西河。东南流在通州交界处与潮白河交汇，入通州境，从而形成"二水汇流"景观。温榆河流至州城北关闸，以上河道统称为温榆河，以下河道因为汉代始于其地置"路县"，遂名为潞河。明清时期，潞河变成京杭大运河北端的一段河道，所以又名北运河。

温榆河的开发利用始于汉代。在以后的各朝都有疏浚温榆河以用于向北方运送粮食的记载。到元代时，温榆河漕运的作用就更加突出了，北边的居庸关自元代开始驻屯军把守。为运送军粮，至元元年（1264年），朝廷派兵疏浚昌平双塔河漕渠。双塔漕渠开通后，设有专门负责管理运输的人员。到至元三十年（1293年），因建通惠河，将沿山前泉水包括孟村一亩泉在内都截流入白浮瓮山河。双塔漕河也因浅涩而停止漕运。

元大都建立后，忽必烈非常重视漕运，下令疏通了由杭州至通州的大运河，保障南粮北运。但通州至大都城50多里路程，仅靠坝河运量有限，而且经常淤浅不能行舟。修通这条水道的关键是水源问题。专管水利的都水监郭守敬经过详细踏勘测量，发现在温榆河水系上游，沿北山和西山山前地带有白浮泉等众泉散布。至元二十九年（1292年）春，郭守敬引水济漕，第二年秋完工。完工后，积水潭成了水陆码头，漕运大都的粮食大增，每年在300万石以上。

温榆河不仅运输军饷，还要供应大都的粮食，对开发漕运有大功，解决了大都城的运粮供水。因此它在北京河道中的地位大大提高，为大都城的建设做出了巨大贡献。到明永乐七年（1409年），明成祖朱棣在昌平修建陵寝，需运送大批建筑材料和军粮，便在居庸关建立了边关粮仓。漕粮由通州沿温榆河上溯到沙河巩华城。在巩华城设奠靖仓收纳，再转交驻军或居庸关军仓。明蒋一揆在《长安客话》中有"沙河东注与潞河合。每雨集水泛，商船往往从潞河直抵安济桥下贸易，土人便之"的记载。说明在雨季，商船也可沿温榆河直驶安济桥下。

清代驻军多在清河镇附近。清河是温榆河的支流，由西向东，在今朝阳区沙子营入温榆河。清康熙四十六年（1707年），开会清河，起水磨闸，历沙子营，至通州石坝上止。温榆河水道上段逐渐淤废，到晚清同治年间才停止。虽然温榆河的运输功能已经废弃，但是输水功能仍存在，直到今天仍然是通州的一条重要河流。

"二水汇流"景观中的另一条河流潮白河是由潮河和白河两条支流汇合而成的河流，东支为潮河，西支为白河。按照清代通州学者刘锡信在《潞城考古录》中云："水经原文，沽水、鲍邱水列为二水，各有源流。"这里的沽水就是指白河，鲍邱水是指潮河，两条河有各自的源头和流径。

潮河发源于河北省丰宁满族自治县草碾子沟南山下，经滦平县，自古北口入密云县境，有安达木河、清水河、红门川等支流汇入。潮河古称大榆河、濡河，又称鲍丘（邱）水，因其"时作响如潮"而称潮河。

白河发源于河北省沽源县，经赤城县，于白河堡进入延庆县境，东流经怀柔县青石岭入密云县，沿途有黑河、汤河、白马关河等支流汇入。白河古称湖灌水、沽水、沽河、潞水、潞河、淑水、白屿河。关于白河名称的来历，在康熙《通州志》卷一《封域》中有"两岸白，寸草不生，故一名白河"的记载。可见，白河的来历与河两岸多白色的沙有关。

潮河和白河合流经历了变迁。东汉以前，潮河、白河各自入海，没有汇合。到北魏，潮河与白河在今通州城东北汇合。以后，汇流点逐步向北迁移，至五代时期，二河在顺义的牛栏山汇流。明嘉靖三十四年（1555年），为利用潮白河运输，经人工疏浚，二河汇流点北移至密云县西南18里之河漕村。后来，"至顺义牛栏山汇归南注，是为潮白河"[①]。

民国年间，潮白河多次决口改道。如"（民国）二年，自顺义县苏庄决口，流入潋潋（河），而潮白河干矣。民国三年，北运河务局于苏庄修筑滚水坝。始成四年，河水爆发，滚水坝完全被冲，决口益大。（民国）五年，修筑苏庄大铁闸，……（民国）二十八年，阴历六月初十，潮白河山洪暴涨，苏庄大闸被冲……水势完全入潋潋（河）"[②]。潋潋河也称箭杆河，"发源于顺义县之牛栏山，在牛家务入本县境，……东南流入香河县境。经过本县境内共长二十六里半"[③]。现在潮白河在通州境内借用了原潋

---

① 何绍曾等：《民国通县志稿》，《疆域·河流》，通州区史志办公室，2002年4月整理，第23页。

② 金士坚等：《通县志要》卷一，《疆域·河流》。

③ 何绍曾等：《民国通县志稿》，《疆域·河流》，通州区史志办公室，2002年4月整理，第24页。

洳河的河道，成为通州区与三河市的界河，在通州境内不与大运河交汇。

"二水汇流"景观随着历史的变迁而不复存在，但形成了新的"五河交汇"景观。"五河交汇"中的五河分别指北运河、通惠河、温榆河、小中河和运潮减河。随着北京城市副中心战略的推进，在通州境内的河流水系正焕发出新的生机。

七、万舟骈集

——帆樯林立人如蚁，灯火星罗浪泊鸥

"万舟骈集"景观是指漕运繁盛之时，从南方来的运粮船浩浩荡荡地聚集在运河北端河面上的情景。史载："自潞河南至长店四十里，水势环曲，官船客舫，漕运舟航，骈集于此。弦唱相闻，最称繁盛。"①这就是"万舟骈集"的盛景。随着漕运的衰落，该景象早就不复存在了，只能从一些文学作品和文献记载中寻找当年的影子。

乾隆四十五年（1780年），朝鲜著名学者朴趾源随朝鲜使团来北京祝乾隆皇帝七十大寿，将其沿途所见所闻写成了《热河日记》。使团从东北经山海关而来，当他来到通州看见运河漕船帆樯林立的情景，写下了"舟楫之盛，可敌长城之雄"，"不见潞河之舟楫，则不识帝都之状也"的文字，形象生动地描述了"万舟骈集"的漕运胜景。

那么，"万舟骈集"中"万舟"到底有多少船呢？根据《通漕类编》，成化年间为12114只，嘉靖年间为12140只，万历年间为11688只。到了清代，康熙以前，漕船最多有14505只，雍正以后逐渐减少。雍正四年（1726年）为6406只，乾隆年间增加至6969只，之后，船只数量就呈下降趋势，但是在咸丰前期都能维持在6000只以上。②咸丰后期，漕船数量下

---

① ［明］蒋一葵：《长安客话》卷六，《畿辅杂记·潞河》。
② 李文治、江太新：《清代漕运》，中华书局1995年版，第195页。

图9-6　航行在北运河上的运粮船，摄于20世纪30年代

图片来源：《百年沧桑——通州历史图片汇编》（通州图书馆编）

降趋势就很明显了。通常情况下，为便于管理和服务，大漕船还配备一只小船。

除了漕船，运河上还有其他各类船只。根据推算，漕船的数量仅是大运河上航行船只总数的10%。[1] 其他船只根据功能不同可以分为官船和民船两大类，其中官船又分为贡船和各种朝廷公务用船。明初，贡船分为三类，分别为马船、快船和黄船。根据张岱的《石匮书》记载，马船为"洪武时，为备水战也，驾以江西、湖广二省宁国、安庆太平三府水夫"；快船为"运水军、辎重设也"。[2] 这两类贡船到宣德以后，基本就消失了，原因是"宣德以后，天下泰宁，马船、快船既无所用"[3]。贡船中的黄船出现

---

① ［日］松浦章著，董科译：《清代内河水运史研究》，江苏人民出版社2010年版，第103页。

② ［明］张岱：《石匮书》卷三十六，《漕运志》。

③ 同上。

在永乐初，主要为皇家服务。通州城北有黄船坞，黄船停在此处，并形成了"柳荫龙舟"的景观。

公务用船中有朝廷和相关各省驻通州办理漕务的办公用船。朝鲜使臣曾记载"则诸帆簇立，各悬一旗，旗皆彩缎。有曰内阁侍读，有曰刑部主政，有曰某县知县，其称不一"①。最主要的是保障漕船的辅助用船。漕运辅助用船主要有剥船、瓜皮小艇、戗桩船、打凌船、泓船、堡船等。②剥船（亦称驳船）体量比普通漕船小。因为到了通州，水量减小，大船容易搁浅，就改用剥船搬运粮食。这类船在通惠河上运用较多，为保证通惠河的水量，嘉靖七年（1528年）以后，提闸运粮改为搬粮过闸，两闸之间用剥船往返运粮。瓜皮小艇是坐粮厅官员使用的公务船，这类船都比较轻便，质量好，而且有特殊的标志，与现在的水上派出所巡河用船功能一样。戗桩船护堤打坝，相当于现在的工程用船。打凌船用于破开运河冰凌，相当于现在的破冰船。堡船也就是河道清淤船。除此以外，公务用船还包括政务用船、贡船、驿船（传递政令）、使船（服务使节之用）等。

除上面提到的各类官船（漕船也属于官船的一种）外，还有各种民船。根据功能划分，民船有客船、货船、客货船、采沙船、摆渡船、渔船等。不同种类的民船有不同的名称。日本学者松浦章根据《中国省别全志》③整理出中国民船名称清单。该清单记录北运河上的民船名称大概有以下几种：黄胯船（客货两用）、胯子船、乍拉船（客货船）、粲子船（客船）、山船、小槽子、小舢板、（小）太平船、小马槽、小粮船（帮划）、双船（货船）、大舢板、对马槽、渡船（关设民营）、划子船等。④

① 林中基主编：《燕行录全集》卷七十三，《辖轩三录》，韩国东国大学出版部2001年版。

② 周良：《通州漕运》，文化艺术出版社2004年版。

③ 20世纪初，上海东亚同文书院编纂，全书共18册，涵盖了除东北外几乎所有中国领土的实地调查记录。

④ ［日］松浦章著，董科译：《清代内河水运史研究》，江苏人民出版社2010年版，第357—436页。

从大运河上不同功能的船只看，很显然，大运河除了运粮食外，还运送京城所需的各类物资，例如丝绸、茶叶等生活必需品，以及营建北京城的木材、砖石等物资。因物资中转、加工的需要，在通州形成了不少地名，如皇木厂、粮食市等。

以上考证足见北运河上航行船只的种类和数量之多了。"万舟骈集"何止"万舟"？本文重点介绍"万舟骈集"中的漕船。

漕船大致有三种类型。一类是江广船，主要是江西、湖南、湖北三省的漕船，要航经长江，所以船身大、吃水深，运行不便，但是运量大。另一类是江浙船，指江浙一带所用漕船，因航行要经过太湖，体量次于江广船。还有一类就是山东、河南所用的浅船，体量最小，但是航行最为轻便。①

江广船和江浙船的容积屡次变更。康熙年间曾规定，各省船只以装米400石为标准，船长均为71尺。雍正二年（1724年）规定，江广船船身加长为90～100尺，江浙船仍为71尺。②

图9-7 运河出土的皇木，杨家毅摄于2005年5月

---

① 李文治、江太新：《清代漕运》，中华书局1995年版，第202页。

② 同上。

由于雍正所定规制，漕船体量偏大，吃水太深，运行不便。乾隆年间，朝廷下令缩减尺寸。到嘉庆年间，私自增大漕船体量的现象比较多，经常造成行船搁浅。于是再次下令将船身缩小，对船长、中阔、底长、栈深、篷高等都做了详细的规定。例如江广船全长90尺，中阔16.5尺，船底长70尺，栈深6.6尺，蓬高2.8尺。

每年这条运河要承担多少运量呢？在李文治和江太新两位学者合著的《清代漕运》中，他们依据清代档案，整理出一个"清代漕粮历年起运交仓表"，对每年运粮情况有清楚的统计。根据统计表，可以看到清代漕粮交仓的情况。嘉庆朝前，每年平均在400万石左右。道光朝开始，逐渐减少至300万石，乃至200万石。这也反映了道光朝漕运出现很大问题的史实，以至于漕运弊政和鸦片、盐政一起并列为道光帝"三大难题"。

运送这么多粮食，为防止发生拥挤，根据距离京、通的远近，对行船的顺序、到达通州的时间以及返航的时间都有十分详细的规定。山东、河南帮船在前，江浙帮船靠后，湖北、湖南、江西帮船在后。如果江西船和江浙船一起由瓜州入口，先由江浙船开行。如湖北船先于江浙船到淮安，须在清江闸等河面宽阔处等候，等江浙船过后再尾随而上。一省之中，也按各府路程远近安排行船次序，如浙江省，嘉兴府在前，然后是湖州府，之后是杭州府。当然，如果遇到特殊情况也会灵活应变。例如遇到风浪，前船沉没，后船也会越过前行。可以想象，大运河上长长的船队也是十分独特的景观。正如朝鲜使臣李宜显记载："曾闻通州船樯，有如万木之森立，为天下壮观云。"①

随着运河漕运功能消失，"万舟骈集"景象逐渐尘封在历史的深处。

---

① 李宜显：《燕行杂识》，见林中基编：《燕行录全集》卷三十五，韩国东国大学出版部2001年版。

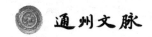

八、高台丛树

—— 戍堠沿堤拥将台，丛林高处护崔嵬

高台建筑在中国有悠久的历史，是中国古代重要的建筑形式。《尔雅》给"台"下的定义为"四方而高曰台"。最早的"台"在上古时期已经出现，是用土夯成的方形土墩，做祭祀或瞭望用。商周以后，"台"有了政治、军事、娱乐等多重功能。老子说"九层之台，起于垒土"，说明在春秋时期，台式建筑已经是常见的一种建筑形式。

在后来的王朝中有几座著名的都城，大都在其西北部筑起一组高大的台。曹魏邺城有"铜雀三台"（分别为铜雀台、金虎台、冰井台），是曹操在建安十五年（210年）所筑。杜牧诗句"东风不与周郎便，铜雀春深锁二乔"中所谓的铜雀便是铜雀台。汉魏洛阳的金墉城和邺城的"铜雀三台"一样也在其西北设有南北向排列的三座建筑。还有隋唐长安城、东都洛阳城都在西北角筑有三台。

通州为平原，历史上境内有几处高台，都是人工筑造的台式建筑，有重要的历史价值和文化内涵。从功能上分，这些台式建筑分为两类。一类是辽金元时期皇家狩猎所用的"台"。这类台都在辽代延芳淀范围内，皇家狩猎时有放鹰台、晾鹰台、呼鹰台，每种有不同的功能。从名称上看可知，放鹰台为放鹰用，呼鹰台为呼鹰用，而晾鹰台为在捕猎期间鹰落停休息用。嘉靖《通州志略》记载有晾鹰台和放鹰台，当时遗址尚存。[1]光绪《通州志》对此三台都有记载，但是呼鹰台和放鹰台遗址已经无考，仅晾鹰台"今考州南六十里德仁务，遗迹尚存，即潞县八景之一"[2]。明清时期潞县八景之一"晾鹰旧台"即此。晾鹰台遗址尚在，是通州重要的文化遗

---

① ［明］杨行中：嘉靖《通州志略》卷一，《古迹》。
② 光绪《通州志》卷一，《封域·古迹》。

产，被列入通州区区级文物保护单位。

另一类是具有军事功能的"台"，如虚粮台、将台等。关于虚粮台，其位置在城东甘棠一带，有十余处高台，为疑兵之计，虚设高台。在很多文献中都有记载。史载："州东甘棠乡隙子里，有台十余座，相传前代驻兵于此，余地相对，因军中乏粮，虚设此台，以张积粮声势。"① 光绪《通州志》对此台记载更为详细："旧志云在州东甘棠乡隙子里，有台十余座，相传赵德均拒契丹，因军中乏粮，筑此台，以张声势。今考其地有土拢七，旁有小土垅一，俗呼为'七疙瘩八疙瘩'，此即台遗址。"② 说明虚粮台在清末还有遗址，但是现在已经不存。

过去，通州地区还有三处"将台"，也称拜将台。史书记载，通州境内有三处将台，"其一在州城西，相传武宁王徐达建，或曰唐薛仁贵征辽所筑，用席垒土为之。其二在州城北，通京师东直门中路。旧传慕容氏拜将台也"③。"高台丛树"中的"高台"是指明代武宁王徐达建立的一个拜将台。《钦定日下旧闻考》载："将台在通州西二十五里，中山武宁王徐达所建。"④

至于通州的拜将台，缺少详细的文献记载，而且也没有遗留下来，所以到底是什么形制、规模都不清楚。但是明代永乐年间文渊阁大学士金幼孜留下的一首诗为拜将台提供了线索，该诗名为《过拜将台追忆先皇作》，全文如下：

忆从先帝北征时，亲奉銮舆誓六师。

戚驾风云严号令，阵分龙虎耀旌麾。

指挥掌握真无敌，驾驭英雄政有为。

---

① 嘉靖《通州志略》卷一，《古迹》。

② 光绪《通州志》卷一，《封域·古迹》。

③ 同上。

④ ［清］于敏中等：《钦定日下旧闻考》卷一百九，《京畿·通州二》。

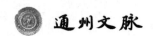

一自鼎湖仙去后，几回过此重增悲。①

诗中所讲先帝北征，发生在永乐八年（1410年）的第一次北征。在此之前，蒙古鞑靼部发生内乱，大汗鬼力赤死后本雅失里继任汗位。新汗王和大明反目，不仅杀了明使臣，还侵犯明边境。明成祖朱棣大怒，御驾亲征，大获全胜。金幼孜此次随朱棣北征，将每日见闻用大事记的形式记录下来，为后世留下了《北征录》等历史价值较高的资料。这首诗就是金幼孜回忆永乐大帝出征前在拜将台检阅部队的情形。

永乐皇帝亲自检阅六师，号令威严，受阅部队斗志昂扬。检阅时，部队摆成龙阵、虎阵等各种军阵。古代打仗主要靠计谋，两军对垒，需要排兵布阵。防者布阵，攻者破阵。军阵在作战中有十分重要的作用，所以检阅部队时主要检阅排兵布阵的操练情况。

对于这次检阅，明人周之翰有诗云："谁把旌旗八阵开，风云犹自拥层台。春来细柳垂金甲，疑是君王按辔来。"②此诗中"旌旗八阵开"是指永乐大帝第一次阅兵的情形。戴璿也有诗云："峻嶒已自别几台，况复乔林绝顶栽。翠樾百年邀驻跸，云霞千载共崔嵬。"③清人王维珍也有诗云："戍堞沿堤拥将台，丛林高处护崔嵬。霜寒鹰隼秋云薄，月满旌旗大漠开。"诗中"月满旌旗大漠开"一句是指北征大军在北方大漠地区大获全胜的史实。

将台设在通州，说明通州的重要战略地位。有明一代，通州一直受到朝廷的重视。明初，中山武宁王徐达攻克通州后，令名将曹良臣守通州。并在通州设四卫，分别为通州卫、通州左卫、通州右卫、定边卫，共有驻军25000余人。永乐年间，由在"靖难"中为朱棣争夺帝位而立下汗马功劳

---

①　［清］于敏中等：《钦定日下旧闻考》卷一百九，《京畿·通州二》。

②　康熙《通州志》卷十二，《艺文志·诗类》。

③　同上。

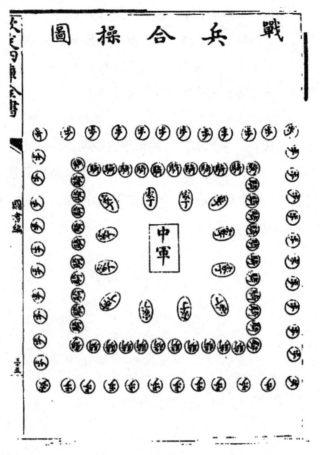

图9-8　明代战兵操练示意图

图片来源：［明］章潢：《图书编》卷一一七

的孙岩守通州。后来，由于近京边塞不安宁，加上漕运安全的需要，朝廷从蓟州、保定和京郊等处抽调一万精兵驻守通州，以备调用。明清两朝，通州守军一直是国都安定的重要力量。

到了清代，此将台已经废弃。《钦定日下旧闻考》明确说"将台故址今存"。《钦定日下旧闻考》成书于乾隆年间，说明到了清代中期，将台只剩下遗址。将台在清代弃用的情况，在一些诗词中也有提及。清康熙年间，通州知州吴存礼有诗云：

何代英雄迹已赊，尚遗废垒枕桑麻。

几回隔陇闻樵唱，犹似当年奏暮笳。

漠漠烟深喧鸟雀，萧萧不落卷沙尘。

欣逢盛世藏弓矢，剩得青葱郊外斜。[①]

　　这首诗用了"废垒"来形容当时的情景，说明在清初此将台就已经破败很久了。1949年后，随着行政区划的调整，"高台丛树"景观被划到朝阳区。现在此景观已经难觅踪迹了，只能在零星的文献中看到一些记载。

---

　　① 康熙《通州志》卷十二，《艺文志·诗类》。

第十章　"三教庙"的文化内涵及其新的时代使命

　　在通州城北的燃灯佛塔下有一片古香古色的建筑，人们称之为"三教庙"。"三教"指的是儒、释、道三教。佛教和道教是宗教毋庸置疑，但儒家是不是宗教，还存有争议。"儒、教"二字相连首先见于《史记·游侠列传》："鲁人皆以儒教。"晋武帝司马炎在诏书中言："燕王师陈邵清贞洁静，行著邦族，笃志好古，博通六籍，耽悦典诰，老而不倦，宜在左右以笃儒教。"① 从此"儒教"正式成为一个词汇。东晋葛洪在《抱朴子·内篇》中使用了"儒教"这个概念。可见，在古代文献中"儒教"并不是指宗教，而是一种思想学说。著名学者柳存仁先生认为："唐代以来的所谓三教，这个教指的是教化的意思，不一定要把儒家看作是宗教。"② 这种说法很有代表性，值得参考。

　　"三教庙"其实为三座庙宇，分别为儒家的文庙、佛教的佑胜教寺、道教的紫清宫。该处的历史文化风貌区是通州古代文化遗存的精华，集中体现了通州历史文化的特征。

---

　　① ［唐］房玄龄等：《晋书》卷九十一，《列传六十一·儒林》。

　　② 柳存仁：《中国思想里天上和人间理想的构思》，见《道教史探源》，北京大学出版社2000年版，第137页。

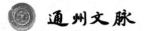

一、从文化遗产角度看"三教庙"

整个"三教庙"呈"品"字形分布。正前方为文庙，是"三教庙"中面积最大者，此庙建于元代大德二年（1298年），是北京地区历史最悠久的孔庙之一。通州文庙经过历次修缮扩建，逐渐形成了一定的规模，在京畿地区有很大的影响力。但是，1949年后不久，在极左思潮的冲击下，通州文庙遭到破坏，其建筑几乎全部被推倒，在其原址上建立了北京花丝镶嵌厂。只有大成殿作为该厂的仓库而幸免于难，其余建筑的地基都被保留了下来。后来的复建工作是在尊重历史、修旧如旧的原则下进行的。从2002年开始到2008年，文庙中轴线上的建筑全部恢复。2015—2016年，文庙西路建筑也恢复完毕。

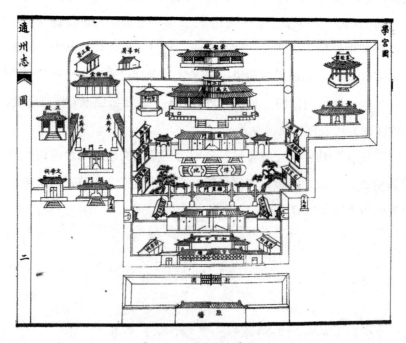

图10-1　通州文庙学宫图
图片来源：光绪《通州志》

目前，中轴线建筑起首为棂星门。根据光绪《通州志》中的学宫图，棂星门前面还有不少附属建筑。最南面有照壁一座，继为设圃，然后为"如日中天"坊，左设忠义祠，右设节孝祠。再为大门五间，大门两侧各立下马碑一座，门内东有"德配天地"匾、西有"道贯古今"匾，继为四根华表横列甬道两侧，然后为棂星门。

进入棂星门，可看见半月形水池。这可不是普通水池，而是官学的标志"泮池"，意即"泮宫之池"。依古礼，天子太学中央有一座学宫，称为"辟雍"，四周环水，而诸侯之学只能南面泮水，故称"泮宫"。又因孔子曾受封为文宣王，依其规建"泮池"。《诗经·泮水》篇有"思乐泮水，薄采其芹"的句子，意指古时士子在太学可摘采泮池中的水芹，插在帽缘上，以示文才。泮池上有一座汉白玉石桥，称为泮桥。科举考试时，学生过桥去祭拜孔子，称为"入泮"。

泮桥的西侧为名宦祠，里面立有通州名宦碑，碑上镌刻着曾经为通州发展做出过贡献的官员姓名。右边是乡贤祠，里面也立有通州乡贤碑，上面刻有通州德高望重的名士姓名。乡贤碑于2004年8月出土，为汉白玉石质，重新立在大成殿西侧。

泮桥北是戟门。戟是一种兵器，也是权力等级的象征。《周礼·天官·掌舍》中有"为坛壝宫棘门"的说法，郑玄注引汉郑司农曰："棘门，以戟为门。"后指立戟之门。到了唐代，戟门立戟形成定制：皇帝之门二十有四，东宫之门一十有八，一品之门十六，二品及京兆、河南、太原尹、大都督、大都护之门十四，三品及上都督、中都督、上都护、上州之门十二，下都督、下都护、中州、下州之门各十。宋太祖建隆三年（962年），诏文庙庙门立戟十六，用正一品礼。徽宗大观四年（1110年）又增加到二十四戟。这种戟是一种礼仪器，木制，无刃，在门庭设专架陈列。

戟门北面为文庙的核心建筑，即供奉孔子牌位的大成殿。"大成"二字来源于《孟子》。《孟子·万章》曰："孔子之谓集大成。集大成也者，金声而玉振之也，金声也者，始条理也。玉振之也者，终条理也。"

这是用音乐来比喻孔子的学问。

　　大成殿前有宽大的月台，也叫杏坛，为了纪念孔子讲学而设立。《庄子·杂篇·渔父第三十一》说："孔子游于缁帷之林，休坐乎杏坛之上。弟子读书，孔子弦歌鼓琴。"按晋人司马彪的注释，杏坛只是指"泽中高处也"，清代顾炎武也认为《庄子》书中凡是讲孔子的都是采用寓言的写法，杏坛不必实有其地。但流行的说法认为杏坛是真实存在的，位于山东曲阜孔庙大成殿前。北宋时，孔子第四十四代孙孔道辅增修祖庙，"以讲堂旧基甃石为坛，环植以杏，取杏坛之名名之"。其后，各地在建孔庙时几乎都设有杏坛。

　　进入大成殿内部，迎面北墙正中为金色幔帐簇拥着供奉孔子牌位的木龛，龛两边的大柱上书名联为"齐家治国平天下，信斯言也，布在方策；率性修道致中和，得其门者，辟之宫墙"。龛内立有"至圣先师孔子神位"的木牌位，这是复原清代的布置。明嘉靖朝之前，北京孔庙大成殿龛内曾立孔子塑像，各地文庙纷纷效仿。由于工匠水平不一，谁也不知道孔子到底是什么模样，结果所塑孔子像各式各样，很不严肃，因此嘉靖皇帝诏令将其改为木牌位。从此供奉"大成至圣先师"木牌位就得到认可，并延续至今。

　　其实孔子长什么样已经不重要了，他创立的儒家思想已经成为中华文化的主要内容，他的智慧在今天仍然熠熠生辉。1988年，75位诺贝尔奖得主曾在巴黎集会，发表宣言称："人类要在21世纪中生存下去，就要从2500年前孔子那里去汲取智慧。"[①]

　　在孔子牌位木龛两旁还设有东西四圣和儒家十二哲人的牌位。根据《通州志》记载，殿内四圣如下：

---

① 1988年1月，在巴黎召开分主题为"面向21世纪"的第一届诺贝尔奖得主国际大会，参会者经过4天的讨论，宣布了16项结论，此为其中一项。

复圣颜子（名回，字子渊，鲁人）、述圣子思子（名伋，字子思）、宗圣曾子（名参，字子舆，鲁人）、亚圣孟子（名轲，字子舆，邹人）。①

殿内东西十二哲如下：

先贤闵子（名损，字子骞，鲁人）、先贤冉子（名雍，字仲弓，鲁人）、先贤端木子（名赐，字子贡，卫人）、先贤仲子（名由，字子路，卞人）、先贤卜子（名商，字子夏，卫人）、先贤有子（名若，字子有，鲁人）、先贤冉子（名耕，字伯牛，鲁人）、先贤宰子（名予，字子我，鲁人）、先贤冉子（名求，字子有，鲁人）、先贤言子（名偃，字子游，吴人）、先贤颛孙子（名师，字子涨，陈人）、先贤朱子（名熹，字元晦改仲，晦婺源人，谥曰文）。②

大成殿内放置礼器、祭器、乐器，皆为祭孔大典时或平时供奉必备器物。根据志书记载，祭器有祝版、祝案、尊案、香帛案、供案、彝几、舝几、茅沙池、尊、筐、彝、斝、勺、爵、坫、登、铏、簠、簋、笾、豆、俎、馔盘、毛血盘、胙盘、燔炉、香鼎、香盘、烛台、花瓶、庭燎、洗罍、盥盘、巾、燎艾、瘗锹、斋戒牌、誓牌、班位牌、拜席。乐舞器有镛钟、鼗鼓、楹鼓、足鼓、靴鼓、搏拊、编钟、编磬、埙、凤箫、洞箫、琴、瑟、笙、箫、节、手版。③

东西配殿各七间，根据光绪《通州志》记载，东配殿祀先贤41人、先儒32人，西配殿祀先贤38人、先儒34人，如下：

---

① 光绪《通州志》卷五，《学校·祀典》。
② 同上。
③ 同上。

东庑先贤：先贤公孙侨（字子产，郑人）、先贤林放（字子邱，鲁人）、先贤原宪（字子思，宋人）、先贤南宫适（字子容，鲁人）、先贤商瞿（字子木，鲁人）、先贤漆雕开（字子开，鲁人）、先贤司马耕（字子牛，宋人）、先贤梁鳣（字叔鱼，齐人）、先贤冉孺（字子鲁，鲁人）、先贤伯虔（字子析，鲁人）、先贤冉季（字子产，鲁人）、先贤漆雕徒父（字子文，鲁人）、先贤漆雕哆（字子开，鲁人）、先贤公西赤（字子华，鲁人）、先贤任不齐（字子选，鲁人）、先贤公良孺（字子正，陈人）、先贤公肩定（字子中，晋人）、先贤鄡单（字子家，鲁人）、先贤罕父黑（字子素，鲁人）、先贤荣旗（字子祺，鲁人）、先贤左人郢（字子行，鲁人）、先贤郑国（字子徒，鲁人）、先贤原亢（字子藉，鲁人）、先贤廉洁（字子庸，卫人）、先贤叔仲会（字子期，鲁人）、先贤公西舆如（字子上，齐人）、先贤邦巽（字子敛，鲁人）、先贤陈亢（字子禽，陈人）、先贤琴张（一名牢，字子开，卫人）、先贤步叔乘（字子车，齐人）、先贤秦非（字子之，鲁人）、先贤颜噌（字子声，鲁人）、先贤颜何（字子冉，鲁人）、先贤县亶（字子象）、先贤公明仪（鲁人）、先贤牧皮、先贤乐正克（孟子门人）、先贤万张（孟子门人）、先贤周敦颐（字茂叔，道州人，谥曰元）、先贤程颢（字伯淳，河南人，谥曰纯）、先贤邵雍（字尧夫，洛人，谥康节）。

西庑先贤：先贤蘧瑗（字伯玉，卫人）、先贤澹台灭明（字伯玉，卫人）、先贤宓不齐（字子贱，鲁人）、先贤公冶长（字子张，鲁人）、先贤公皙哀（字季次，齐人）、先贤高柴（字子羔，齐人）、先贤樊须（字子迟，鲁人）、先贤商泽（字子秀，鲁人）、先贤巫马施（字子期，陈人）、先贤颜辛（字子柳，鲁人）、先贤曹卹（字子循，蔡人）、先贤公孙龙（字子石，卫人）、先贤秦商（字子丕，鲁人）、先贤颜高（字子骄，鲁人）、先贤壤驷赤（字子徒，秦人）、先贤石作蜀（字子明，秦之成纪人）、先贤奚容蒧（字子皙，卫人）、先贤颜祖（字子襄，鲁人）、先贤句井疆（字子疆，卫人）、先贤秦祖（字子南，鲁人）、先贤县成

（字子横，鲁人）、先贤公孙句兹（字子南，鲁人）、先贤燕伋（字子思，秦人）、先贤乐欬（字子声，鲁人）、先贤狄墨（字子皙，卫人）、先贤孔忠（字子蔑，至圣兄孟皮子）、先贤公西葴（字子尚，鲁人）、先贤颜之仆（字子叔，鲁人）、先贤施之常（字子恒，鲁人）、先贤申枨（字子续，鲁人）、先贤左丘明（鲁人）、先贤秦冉（字子开，蔡人）、先贤公都子（孟子门人）、先贤公孙丑（孟子门人）、先贤张载（字子厚，梅县横渠人，谥曰明）、先贤程颐（字正叔，伊川人，谥曰正）。

东配殿：先贤孔氏孟皮（字伯尼，至圣兄）、先贤颜氏（名无繇、字季路，复圣父）、先贤孔氏（名鲤，字伯鱼，述圣父）。西配殿：先贤曾氏（名点，字子皙，宗圣父）、先贤孟孙氏（名激，亚圣父）。

东庑先儒：先儒公羊高（齐人，封临溜伯）、先儒伏胜（字子贱，济南人）、先儒毛亨（鲁人）、先儒孔安国（字子国，至圣十一世孙）、先儒后苍（字近君，东海郯人）、先儒许慎（汉儒，字叔重，汝南邱陵人）、先儒郑康成（北海高密人，名玄）、先儒范宁（字武子，鄢陵人）、先儒陆贽（字敬舆，谥宣公，浙江嘉兴人）、先儒范仲淹（字希文，吴县人，谥文正）、先儒欧阳修（字永叔，庐凌人，谥文忠）、先儒罗从彦（字仲素，南剑人）、先儒李纲（邵武人，谥忠定）、先儒张栻（绵竹人，谥曰宣）、先儒陆九渊（字子敬，金谿人，谥文安）、先儒陈淳（字安卿，龙溪人）、先儒真德秀（字希元，蒲城人，谥文忠）、先儒何基（字子恭，金华人，谥文定）、先儒文天祥（字宋瑞，吉水人）、先儒陆秀夫（宋人）、先儒赵复（字任甫，德安人）、先儒金履祥（字吉甫，兰溪人，谥文安）、先儒陈澔（字可大，都昌人）、先儒方孝孺（字希古，天台人）、先儒薛瑄（字德温，河津人，谥文清）、先儒胡居任（字叔心，余干人，谥文敬）、先儒曹端（明儒，渑池人）、先儒罗钦顺（字允升，泰和人，谥文莊）、先儒孙奇逢（字启泰，容城人）、先儒张履祥（清儒，字考夫，一字念芝）、先儒陆陇其（平湖人，谥清献）、先儒张伯行（仪封人，谥清恪）。

西庑先儒：先儒谷梁赤（字元始，鲁人）、先儒高堂生（字伯，鲁人）、先儒董仲舒（字款夫，广川人）、先儒刘德（汉儒，河间献王）、先儒毛苌（赵人）、先儒杜子春（字时元，河南缑氏人）、先儒诸葛亮（字孔明，琅琊人，谥忠武）、先儒王通（字仲淹，晋阳人，私谥文中子）、先儒韩愈（字退之，河南南阳人，谥曰文）、先儒胡瑗（字翼之，海陵人，谥文昭）、先儒韩琦（字稚圭，河南相州人）、先儒杨时（字中立，将乐人谥文靖）、先儒尹淳（字彦明，洛人，号和靖处士）、先儒胡安国（字康侯，崇安人，谥文定）、先儒李侗（字愿中，延平人，谥文靖）、先儒吕祖谦（字伯恭，金华人，谥忠亮）、先儒袁燮（勤州人，谥正献）、先儒黄干（字直卿，闽县人）、先儒辅广（字汉卿，号潜菴）、先儒蔡沈（字仲默，建阳人，谥文正）、先儒魏了翁（字华父，浦江人，谥文靖）、先儒王柏（字会之，金华人，谥正献）、先儒许衡（字仲平，和内人，谥文正）、先儒吴澄（字幼清，崇仁人，谥文正）、先儒许谦（字益之，号白云，金华人，谥文懿）、先儒陈献章（字公甫，新会人）、先儒蔡清（字介夫，晋江人，谥文庄）、先儒吕柟（字仲木，泾野人）、先儒刘宗周（字念台，谥忠介）、先儒王守仁（字伯安，余姚人，谥文成）、先儒吕坤（字简叔，宁陵人）、先儒黄道周（字石斋，漳浦人）、先儒陆世仪（字桴亭，太仓人）、先儒汤斌（字潜菴，河南睢州人，谥文正）、先儒陈选（字茂烈）。

东庑：先儒周氏辅成（先贤周子父）、先儒程氏珦（先贤二程子父）、先儒蔡氏元定（先儒蔡子父、谥文节）。西庑：先儒张氏迪（先贤张子父）、先儒朱氏松（字乔年，先贤朱子父，谥献靖）。[①]

在考古发掘的基础上，文庙中路建筑及东侧圣容殿和尊经阁，西侧的明伦堂、东西斋房、学正署、训导署、文昌祠等均已复建完毕。

---

① 光绪《通州志》卷五，《学校·祀典》。

自汉以来，尤其宋元明清。各朝都将祭祀孔子作为一项重要活动，"凡春秋二仲月，上丁日致祭"①。每年农历二月和八月的上丁日是祭祀孔子的日子，所以也称为"丁祭"，主要仪式叫"大成殿释奠礼"，按"鸣赞""引赞"的呼吟，整个过程由迎神、初献、亚献、终献、撤馔和送神六部分组成。参祭人员包括主祭官、陪祀官、分献官、通赞、引赞、鸣赞、读祝生、乐舞生。祭孔仪式是十分隆重的活动，"先二日，致斋。祭前一日，省牲"②。在正祭前两日，祭祀者就要行斋戒之礼，以示庄重。前一日，主祭及助祭者须审察祭祀用的牲畜，以示虔诚。

到正祭日那一天，"鸡初鸣，主祭、分献、陪祭各官齐集文庙门外"③。正式祭祀准备就绪。由于祭孔程序均为皇帝钦定，比较烦琐。各地方志中均对此做了记载。例如光绪《通州志》在第五卷专辟"祀典"对祭孔仪式程序进行了详细的记载。

文庙的北侧，燃灯佛塔下有佛教的佑胜教寺。史书记载，佑胜教寺"俗传为塔庵"④。由此推测，佑胜教寺因燃灯佛塔而建。在佛教典籍中，燃灯古佛又叫"定光佛"，属过去佛。据考证，燃灯佛塔始建于北周年间，距今有1400余年的历史，唐代贞观年间尉迟敬德曾修缮此塔。但是随着时间的推移，现已不见北周、唐代的遗物。现在的燃灯佛塔为辽代风格。

该塔是密檐式八角形13层砖木实心塔，全高56米，基围38.4米。下腰正南面嵌砌这一块浮雕独龙的大砖，那是辽代的遗物，年久风化，但仍然透着精美。

佑胜教寺在清末民国战乱时期破坏严重，但仍是不少百姓精神寄托之地。庚子年（1900年），八国联军入侵通州，"外国联军住此，将旧像遗

① 光绪《通州志》卷五，《学校·祀典》。
② 同上。
③ 同上。
④ 同上书卷二，《建置·寺观庵堂》。

弃"。民国军阀混战期间，"每有军人暂用，甚至习艺所厂暂用，各院荒芜不堪"①。1921年，姚云阶从其兄手中接管庙长之职，重设育民和文学两班，学生百名之多。尽管当时处境极为艰难，当时的庙长姚云阶得到社会各界支持，对该寺进行重修。"历数载苦心翻修，正殿重塑三大士罗汉菩萨圣像，山门殿塑弥勒、韦陀圣像，东配殿塑菩提菩萨像，西配殿塑地藏菩萨像。后殿增建楼阁，楼上塑玉帝老君天尊像，楼下塑南极八仙像。此庙全局共房三十三楹，工程浩大，款目甚巨。"②

最近一次大修是在2008年之前。当时"三庙一塔"景区被列入北京人文奥运六大人文景区之一运河文化景区的重要组成部分。市、区两级财政投入巨资，按照文物古建筑修缮规范，对"三庙一塔"进行了大规模修缮。

在文庙的北侧偏东，也就是佑胜教寺正东是道教庙宇，名曰紫清宫。通州民间称其为红孩儿庙，因为其殿壁所绘红孩儿十分生动。关于紫清宫的史料主要来源于两篇碑记。一碑立于佑胜教寺内正殿前，为1921年所立，刻有《敕建紫清宫始末记》。另一块碑立于紫清宫内，是1936年所立，刻有《重修通州佑胜教寺记》。

根据该碑记载，紫清宫供奉紫清真君。"紫清真君者，有宋之白玉蟾道祖也。"③白玉蟾是南宋人，内丹理论家，南宗的实际创立者，创始金丹派南宗，金丹派南五祖之一。这也解决了另一个问题，通州的紫清宫继承的是道家金丹派南宗的衣钵。金丹派南宗为南宋时期形成的道教内丹派别，与北方的全真道相对，该派祖述五代至北宋间道士钟离权和吕洞宾。以北宋张伯端为开派祖师，并提出张伯端—石泰—薛道光—陈楠—白玉蟾的传法谱系。

---

① 《敕建紫清宫始末记》。

② 《重修通州佑胜教寺记》。

③ 《敕建紫清宫始末记》。

南宗奉张伯端的《悟真篇》为祖经，并以之为该宗内丹修炼的理论基础。该书继承钟、吕的内丹思想，先命后性独树一家之学。白玉蟾继承张伯端的丹法思想，在内丹传统的宇宙生成论基础上糅合道儒之学，正式创立金丹派南宗。飞升后封号为"紫清明道真人"，世称"紫清先生"。

　　白玉蟾才华横溢，智慧超群，诗词、书法、绘画、文章无所不通。他有传世的千余首诗词，有诗入选《千家诗》，留有《琼管集》《上清集》《玉隆集》《武夷集》《庐山集》等于世。

　　白玉蟾的哲学思想引儒入道，丹法道儒结合，其思想上宗老子思想。他在《无极图说》中有"夫道也，性与命而已。性，无生也；命，有生也。无者，万物之始也；有者，万物之母也。一阴一阳之谓道，生生不穷之谓易。易即道也。道生一，一者混沌也。一生二，阳奇阴耦，即已二生三矣"。与老子《道德经》中的论述几乎相同，只不过是换了一种说法。他的著作中不仅吸收了很多程颢、陆九渊理学的思想和语汇，如"万法从心生，心心即是法"（《海琼白真人语录》卷四），"至道在心，即心是道，六根内外，一般风光"（《海琼白真人语录》卷三，《东楼小参》）。他还吸收了大量理学家的思想和语汇，如"知止""道心""气""精气"等。

　　关于紫清宫的建造年代，史书记载："（佑胜教寺）久倾圮，同治六年，都人王均瑞偕赵钧捐资重修，添建紫清宫。"[1]可见紫清宫最早并不是独立存在的，而是由王均瑞、赵钧捐资复建佑胜教寺时新建的。关于紫清宫一开始作为佑胜教寺的组成部分而存在的说法，在碑记中也得到了印证："始无专祀，附祀于胜教寺后禅。"[2]紫清宫建成后，信众认为"颇著灵应"，所以紫清真君的朝拜者日渐增多，紫清宫的规模也逐渐扩大。"办善举之斋名即为敬信斋，东西耳房六间，左为翠云斋，右为时

---

①　光绪《通州志》卷二，《建置·寺观庵堂》。

②　《敕建紫清宫始末记》。

雨斋。"①

光绪壬午年（1882年），当时佑胜教寺的庙长姚子固向社会募捐，添建东院紫清宫，将紫清真君供奉于东殿，至此，紫清宫才脱离佑胜教寺，独立门户。究竟是什么原因使得当时的庙长发愿完成此举呢？根据史料记载，这里有一个有趣的故事："子固公以宝荣舍弟患痘，危祷于真君，服药三五帖后，痊。因而发愿募款，为真君建专祀。"②当时的庙长认为紫清真君保佑了其患痘弟弟病愈，所以筹款建专祀。虽然这并不符合科学的精神，但是这里包含了中国人淳朴的亲情和感恩的美德。

建专祀得到了载轩先生的大力支持："捐助之隙地，周围四十丈。"③不久，紫清宫建成，其格局："北殿三楹，山门一座，颜曰：紫霄供复营。东西耳房各三楹，左曰敬信斋，右曰乐善堂。门前照壁嵌以金砖，书曰：清虚洞天，内塑真君像。"④光绪甲午年（1894年），紫清宫进一步扩建："东西配殿六楹。"后来，又"增建南下房六楹"⑤。

紫清宫独立开放后得到了充分利用，主要是举办慈善事业，如"舍药材、施棉衣、施粥、施茶，义材、义地，各项善举，罔不备具"⑥。不仅如此，这位庙长还具有一定的学术修养，为了感恩，他不仅为紫清真君建专祀，还"著《仙踪接脉》四卷，普渡后世"⑦。可见，他具有一种广博的慈爱之心。

在2008年前后的修缮中，有两处重要发现。一是其西厢房中有一井，井深14米，7米以下有水。井口为青石质地，外方内圆形制，圆口直径约50厘

---

① 《重修通州佑胜教寺记》。
② 《敕建紫清宫始末记》。
③ 同上。
④ 同上。
⑤ 同上。
⑥ 同上。
⑦ 同上。

图10-2 "三教庙"全景,该图由通州区文化委员会提供

米,有石质导流小渠通向南墙外。此井没有见于以前的史书,其功能、建造年代都有待进一步考证。还有一处发现,在紫清宫北殿东墙上的"光绪敕建紫清宫碑记"记载了紫清宫被八国联军破坏,后来社会各界捐建的史实。

在古代,儒、释、道三教和谐相处,共同构成中国传统文化的主流。在通州的"三教庙",上至达官贵人,下至黎民百姓,九流三教、社会各界都能在这里找到精神寄托。

二、从中国古代思想史角度看三教关系

三教的关系很复杂,也是中国思想史上一个很重要的问题。为了使这个复杂的问题具有清晰的条理,本文从以下几个方面进行论述。

1. 儒家思想和道教的相互吸收与借鉴

儒家思想和道教是中国土生土长的思想体系,二者虽然有很大差异,但是总体上相处比较融洽。

儒家是先秦诸子百家之一,其创始人是孔子。孔子创立的儒家学说是在总结、概括和继承了夏、商、周三代尊尊亲亲传统文化的基础上形成的

一个完整的思想体系。儒在商代就有了，主要职责是主持祭祀和与祭祀相关的礼宾接待工作。与这两项职责相适应，儒需要掌握那些与原始巫术掺杂在一起的古代天文知识和礼仪规则。那时宗教与政治合一，儒的职责与政治职责是分不开的。①春秋时代的儒，已经不再是与政治结合的教职人员了，而成为以传统礼仪知识谋生的自由职业者。

孔子本人具备春秋时代儒的修养，也做过儒的事情。他经过长期的讲学著述和政治实践，尤其是晚年对六经进行整理，创立了儒学思想。孔子赋予"儒"新的内涵，其思想的核心是"仁"。"仁"是一个十分古老的概念，起源于商代。到春秋时期，"仁"的观念成为社会普遍认同的观念。《国语·周语》曰："言仁必及人。"也就是说，"仁"学是关于"人"的学问，这代表"人"主体意识的觉醒。著名历史学家张岂之先生认为孔子儒学的核心"仁"是"人学"，是关于人的价值、人的理想、个人修养、人际关系以及人与自然关系的学说。②

道教是中国本土宗教，拜老子为祖师，是以老子的"道"为基点建立的思想体系。战国中期兴起了尊崇黄帝和老子的黄老道家，西汉前期的统治者推崇无为而治的黄老之学，造就了"文景之治"的盛世。汉武帝后，黄老学说走向民间，与方仙道合流成黄老道，由政治信仰转变为宗教团体。

由于道家思想是道教的主要思想来源，所以本文在论述儒家思想与道教思想的同时，兼及儒家与道家相互借鉴合流的关系。

鉴于春秋时期礼崩乐坏的局面，儒学创始人孔子立志复兴周礼，可见其思想直接来源于周礼。西周的统治者吸取了商灭亡的教训，在政治上主张德治，形成了"以德配天""敬德保民"等思想。对待不同的思想，主张采取"和"的态度，提出"和实生物"，认为性质不同的金、木、水、

---

① 张岂之主编：《中国思想史》（上册），西北大学出版社2012年版，第42页。
② 同上书，第44—50页。

火、土配合在一起才能生出万物。孔子继承了这样的思想，提出："君子和而不同，小人同而不和。"（《论语·子路》）所以孔子在学术思想上既独立思考，又善于吸收借鉴道家等其他学术思想。孔子说："天何言哉！四时行焉，百物生焉，天何言哉。"（《论语·阳货》）又说："无为而治者，其舜也与！夫何为哉，恭己正南面而已。"（《论语·卫灵公》）这些论述显然受到道家思想的影响。而老子对孔子的"礼"论也没有完全否定。根据《史记》《礼记》等古代典籍，孔子曾亲自向老子请教问道，可见在儒家思想和道家思想的形成初期，二者之间就有深入的交流。

儒家思想和道家思想合流的最重要成果就是魏晋玄学思想的形成。玄学既不是道家学说的变种，也不是儒家学说的延续，而是儒道合流的思想体系。从玄学思想来源看，其思想依据的资料是《老子》《庄子》和《周易》。《老子》《庄子》是道家经典，而《周易》是儒家经典。玄学家一方面以儒家经义解释《老子》《庄子》，另一方面又将《周易》道家化，从而使儒道学说在玄学中融为一体。从玄学思想的体现形式看，玄学主要采用了儒家注释经典的形式，同时又融合了道家抽象思辨的特色。从玄学的思想内容看，玄学家力求将孔子的思想和老子的思想结合起来。[1]

道教产生于东汉末年，根据修行方式不同，主要分为两个派别——丹鼎派和符箓派。丹鼎派是后世对道教中以炼金丹求仙为主的各道派的统称，最早由古代的黄老道家发展而来，其创始人为左慈，早期理论著作是《周易参同契》。魏晋时，丹鼎派进一步发展了金丹派神仙道教，并对其做了理论上的总结。符箓派又称符水道教，是对道教中以符咒等方术治病驱鬼为主的各道派的通称。早期的五斗米道、太平道，以后的灵宝派、上清派直至正一道都属于符箓派。

道教很善于吸收儒家等其他思想，这从道教代表人物的思想理论即可很明显地看出来。丹鼎派理论体系的奠基人葛洪曾接受了系统的儒学教

---

① 张岂之主编：《中国思想史》（上册），西北大学出版社2012年版，第361—362页。

育，从其代表作《抱朴子》的内容看，他是一位儒道合一的道教理论家。《抱朴子》分内篇、外篇。葛洪说："其内篇言神仙方药、鬼怪变化、养生延年、禳邪却祸之事，属道家；其外篇言人间得失、世事臧否，属儒家。"①

《抱朴子》外篇在理论上以"兴儒教"（《嘉遁》）为宗旨。葛洪说："世道多难，儒教沦丧，文武之轨，将遂凋坠，或沉溺于声色之中，或驱驰于竞逐之路。"② 这是促使他"兴儒教"的原因。他所说的"兴儒教"并不是要求人们皓首穷经，而是要复兴以君臣关系为中心的儒家伦理纲常。他不同意当时道家提倡的无君论思想，专门写了《诘鲍篇》，与主张无君论的思想家鲍敬言进行了辩论。葛洪认为"有君"是社会的一种进步现象，认为人类社会不能回到"无君"的时代。著名思想史学家侯外庐先生在《中国思想通史》中说葛洪是"从儒家正宗入手"的道教学者，是很有见地的论断。

南北朝时期，一些道教学者从内部对符箓派进行改造，北朝的寇谦之和南朝的陆修静就是其代表人物。寇谦之吸收儒家的名教，充实他所改建的新道教思想，对天师道进行了改造，做到"儒道兼修"。③据《北史·崔浩传》，寇谦之曾向崔浩请教儒学知识，崔浩向他讲解了儒家名教。从寇谦之留下的著作看，他引儒入道，吸纳了儒家思想。继北朝的寇谦之对天师道进行改造的是南朝的陆修静，针对南朝时五斗米教组织的涣散，他主张从斋戒入手进行整改。为此，陆修静参照儒家的礼仪和佛教戒律，编撰了《陆先生道门科略》《太上洞玄灵宝授度仪》《洞玄灵宝斋说光烛戒罚灯烛愿仪》等有关斋戒仪轨方面的著作百余卷。④

道教对儒家思想的吸收借鉴还体现在许多方面，如儒家经典《易经》也是

---

① 葛洪：《抱朴子》外篇，《自叙》。
② 同上书，《崇教》。
③ 张岂之主编：《中国思想史》（上册），西北大学出版社2012年版，第424—425页。
④ 同上书，第423页。

道家的基本经典,易学理论渗透到神学哲学、符箓丹道和斋醮科仪等各方面。

2. 佛教早期中国化——佛教与道教、儒家思想的融合

汉代是佛教初传中国时期,当时黄老方术思想盛行,人们用已有的黄老思想解释佛教,所以当时把佛教称为"佛道",把佛看作与中国的神仙一样。因此,佛教史学者把汉代的佛教称为佛教方术化时期是有道理的。

著名学者许抗生教授在《汉代佛教与黄老方术思想的结合》一文中对此时佛教思想的特点进行了归纳。一是佛就是中国人所崇奉的"神"。如汉末的《牟子理惑论》认为,"佛"就像中国的"三皇神,五帝圣也"。中国的"神"具有广大的神通和威力,所以汉人也认为"佛"也具有同等的功力。实际上,印度的佛教在初创时,释迦牟尼并不具有神力,在后来的佛教中,释迦牟尼才被神化。传入中国时,佛祖早已被神化,因此人们很自然地将"佛"等同于中国的神仙。二是佛教讲涅槃,汉代人则把它理解为老子的清静无为思想。因此,"无为"成为"涅槃"的古译语。汉代人也常用老子的"无欲去奢"思想解释佛教的基本教义。三是把"大乘般若空观"看作是老子的虚无说。老子认为世界的本源是"无",人们以此解释佛教的真如性空说,把大乘空宗一切皆空的思想说成是老子一切皆本无的思想。四是用中国传统的鬼神说来解释佛教的三世因果报应说。中国的鬼神思想早在商代即盛行,到汉代无论是在正统的儒家思想还是黄老方术思想中,鬼神思想都很流行。人们很自然地用已有的鬼神思想解释佛教的因果报应学说了。可见,汉代的佛教已经不同于印度的佛教,而是黄老方术化了的佛教。[①]

汉魏时期,除了以道解佛以外,尚有以儒解佛的思想。因为在某些方面,佛教与儒家思想具有相似性。如儒家思想十分重视伦理道德,尤其注重孝道,佛教也是以孝为宗、以孝为戒。佛陀在《善生经》中揭示为人子奉养父母,当以五事敬顺。"一者供奉能使无乏;二者凡有所为先白父母;三者

_____

① 许抗生:《佛教的中国化》,宗教文化出版社2008年版,第21—24页。

父母所为恭顺不逆；四者父母正令不敢违背；五者不断父母所为正业。善生，夫为人子，当以此五事敬顺父母。"又如佛教讲因果报应，儒家也有类似的思想，如《周易·坤·文言》："积善之家，必有余庆；积不善之家，必有余殃。"康僧会在讨论佛教的因果报应时引用儒家经典说："《易》称积善余庆，《诗》咏求福不回，虽儒典之格言，即佛教之明训。"①

汉魏（三国）时期，佛法在中国初传，社会影响不大。到了两晋十六国时期，佛教开始在中国兴盛。这有深刻的社会原因，也与当时魏晋玄学风行有直接关系。佛教徒顺应当时思想潮流，用魏晋玄学解释佛教的般若空学，形成了佛玄合流。因此，人们一般把这一时期的佛教称为"佛教玄学化"时期。②这一时期，大乘空宗佛教得到前所未有的发展，出现了所谓般若学"六家七宗"。其中最著名的有三宗，分别是以道安为首的本无宗，以支遁为首的即色宗，以支愍度、竺法温为首的心无宗。这三宗思想都与魏晋玄学有着十分密切的关系。

3.三教思想的合流

儒、释、道三教关系是中国历史尤其是思想史的重要课题。任继愈先生曾说："三教关系是中国思想史、中国宗教史的头等大事。三教合一，则是中国思想史、中国宗教史的发展过程和最终归宿。"③三教合一思想在现实中最直接的体现就是出现了崇奉三教宗主的庙宇。在历史上，尤其是明清时期，三教合一在中国的很多地区成为一种普遍现象，通州"三教庙"就是如此历史背景下的产物。但是随着时代的变迁，从古代保留下来的"三教庙"并不多见。从这个意义上看，通州"三教庙"是体现三教合一思想的重要文化遗产，也为当今社会处理不同思想、宗教、文化之间的关系提供了范例，不仅具有难得的历史意义，也具有十分重要的时代价

---

① ［梁］释慧皎：《高僧传》卷一，《康僧会传》。

② 张岂之主编：《中国思想史》（上册），西北大学出版社2012年版，第401页。

③ 任继愈：《唐宋以后的三教合一思想》，见《汉唐佛教思想论集》，人民出版社1998年版。

值。在这里，有必要将中国古代思想史的三教合一思想进行简单梳理。

　　历史上佛教的传入和道教的形成是在两汉之间，但三教概念的出现和被社会所广泛接受却是在魏晋南北朝时率先由佛教表现出来的。所查到三教概念最早出现在北朝名僧道安的《二教论》中，其中假托逸俊童子问道："然三教虽殊，劝善义一。途迹诚异，理会则同。"这里把儒、佛、道三教看作同一性质的存在，所不同的仅仅是"途迹"。以后"暨梁武之世，三教连衡"①，"三教"频繁地出现于文献中。

　　早在汉代末年，《牟子理惑论》就讨论了儒、佛、道三教的异同。牟子援引《老子》指出，"道"可以治国，也可以修身。因此，佛道和儒道不相违背。尽管如此，但是三教之间的分歧还是很明显的。例如，儒教学者反对佛教的轮回说。南北朝时期佛教十分兴盛，轮回报应的宗教思想广泛存在于社会各个角落，唯有著名思想家范缜主张无神论。永明七年（489年），以竟陵王萧子良为首的佛门信徒与范缜展开了一场大论战。经过这次交锋后，范缜认为有必要将自己的观点加以系统整理和阐述，于是写出了《神灭论》一文，提出"形存神存，形谢神灭"的无神论观点。这也反映了儒佛斗争的激烈程度。范缜以后200年左右的时间里，儒佛二教的理论争论大体重复着前代的结论。

　　至隋唐，三教鼎立的局面达到了高潮，朝廷为了维护统治，十分注重平衡三教关系，三教为了自身发展，也注重与朝廷处理好关系。此时三教的论战时常与政治联系在一起，朝廷多次出面举行三教辩论大会，如唐"贞元十二年四月，德宗诞日，御麟德殿，召给事中徐岱、兵部郎中赵需、礼部郎中许孟容与渠牟及道士万参成、沙门谭延等十二人，讲论儒、道、释三教"。通过彼此辩论，虽然表面上呈现了三教之间的区别与矛盾，但客观上却为三教的思想交流和融合提供了绝好的机会。

　　虽然三教之间有争论，甚至斗争，但是从整体上看，三教之间的交

---

　　①　［唐］释道宣：《广弘明集》卷十一，法林《破邪论》。

流融合是主要的，正如有学者所言"佛教传来以后的中国宗教史，是儒、道、佛三教的交涉史"①。在两晋南北朝时期，道教和佛教作为强大的社会存在已经无可置疑。时人关注三教的关系，并承认三教之间的互补共通之处，尤其是"南朝人士偏于谈理，故常见三教调和之说"②。在儒、释、道三家中，都出现了不少融通三教的人物。南北朝时期，道安法师提出内教和外教之说，以佛教修心，道、儒等中国九流修身治国。史载："周武天和四年，帝命儒、僧、道申述三教利病。沙门道安作二教论二十篇，以儒、道九流为外教，佛教为内教。"③又如沙门昙度"善三藏及《春秋》《庄》《老》《易》。宋世祖、太宗并加钦赏"④等。

著名道教思想家陶弘景既著"《孝经》《论语》集注"，又"诣鄮县阿育王塔自誓，受五大戒"⑤。陶弘景继承了老庄哲学和葛洪的神仙理论，并吸取了儒学和佛学的观点，主张儒、释、道三教合流。他说："万物森罗，不离两仪所有；百法纷凑，无越三教之境。"⑥这表明他对儒、释、道三教采取了兼容并包的态度，反映出南朝士族融合三教的企图。

儒家学者中提出三教合流思想的不乏其人。颜之推就是代表人物，他把儒家的"五常"与佛教的"五戒"相比附，其目的就是以儒家思想证明佛学，也表明他融佛入儒的立场。对道教成仙之说持存疑态度，但是又表示"神仙之事，未可全诬"。颜之推认为对道家思想不能全盘否定，尤其是道家的养生方法有益于身心健康。儒家主张"三教合流"的另一个代表学者是隋唐时期的王通。他认为三教不可废，但是三教均有缺陷。最好的

---

① 窦德忠：《金代的新道教与佛教》，见《日本学者研究中国史论著选译》第七卷，中华书局1993年版。

② 汤用彤：《汉魏两晋南北朝佛教史》第十三章，《佛教之南统》。

③ 念常集：《佛祖历代通载》卷十。

④ 《高僧传》卷七，《宋京师灵根寺释僧瑾传附昙度传》。

⑤ 《南史》卷七十六，《隐逸陶弘景传》。

⑥ 陶弘景：《茅山长沙馆碑》。

办法就是在儒学的基础上把三教统一起来，做到"通其变"，提出"三教可一"的思想："子读《洪说党义》，曰：三教于乎可一矣。"①

隋唐时期，三教关系成为社会各界，尤其是思想界的热点话题，朝廷也多次组织三教代表人物举行大讨论。隋朝开皇年间的三教辩论大会，隋大业年间关于沙门、道士致敬王者而引发的争论。唐代首创三教讲论之制为高祖李渊，武德七年（624年）高祖在颁发的诏书中讲："自古为政，莫不以学；则仁义礼智信，五者具备，故能为利博深。朕今欲敦本息末，崇尚儒宗，开后生之耳目，行先王之典训。而三教虽异，善归一揆。"②这是关于唐代三教辩论的最早记载。

经过多次辩论，到唐后期，三教一致的思想逐渐占据主流，但是三教中以谁为主，还有一个变化过程。唐初期，李氏王朝自称为道家思想家李耳的后代，所以崇奉道教，故讲论席次，以道士居首，以沙门殿后。这种安排直到武则天当政以后才改为佛先道后。罗香林先生考证："高祖崩后，继以武后临朝，与改称皇帝，以其人家世信佛，故特为沙门所拥护。……每信徒并集，武后辄令释先道后。"③在这期间，儒家处于什么地位呢？儒家朝臣辅佐朝廷举办研讨辩论，而儒学者援佛入儒，以李翱为代表，此外王维、柳宗元、刘禹锡、白居易都不同程度地肯定或倾心佛教。道教学者大多吸收儒家的忠、孝、仁、义等伦理观念，儒学者也多认为儒道同归。前者如吕岩将忠孝纳入道教教义中，后者如柳宗元的诸子之流佐世论。④

三教讲论导致了学者以释道义理解释儒家经义，从而促进了儒家思想的转变。到了唐末北宋时期，随着儒学融合佛道，形成新儒学——宋明理

---

① ［隋］王通：《中说》，"问易篇"。

② ［宋］王钦若：《册府元龟》卷五十，《帝王部·崇儒术第二》。

③ 罗香林：《唐代三教讲论考》，见《中华丛书唐代研究论集》（第四辑），新文丰出版公司印行。

④ 《柳宗元集》卷二十五，《送元十八山人南游序》："余观老子，亦孔子之异流也，不得以相抗，……然皆有以佐世。"

学。正如很多学者已经指出的那样，它的形成是吸收了不少佛、道二家思想的结果。元明以后，佛教与道教衰落，理学勃兴。宋明的新儒学由于种种原因成为一家独大的社会统治意识，完全改变了魏晋南北朝时期的三教格局。佛、道二家逐渐在三教中沦为配角的地位，这也降低了它们作为宗教在社会上的影响力。三教合一思想实际上演变为三教归儒思想。明代的儒、佛、道三教合流是以儒家为中心，并由众多名僧、方士参与，互相交游，互为影响，最终导致佛、道的世俗化以及儒学的通俗化。

在儒、佛、道三教合一观念的深化中，大儒王阳明起到了至关重要的作用。在他以前，固然明太祖、成祖倡导三教合一，亦有学者宣扬三教合流。采用的方法亦不过是流于表面的援佛、道助儒。而王阳明则不同，他是援佛、道入儒，创制心学，其影响波及整个晚明思想界。阳明学术得益于佛、道之处颇多，尤其与禅宗的关系更深。他的心学即由禅宗"即心即佛"发展而来。

在晚明，以王门后学为中心，学界三教合一之说十分流行。如王门后学李贽就提出"三教归儒说"，指出："儒释道之学一也，以其初皆期于闻道也。"①

将孔子、释迦、老子并祀于一堂的现象，在元代已见其例。到明代则蔚然成风，这表明三教合一思想已经有了广泛而深厚的社会基础。

三、通州"三教庙"新的时代使命

通州"三教庙"是历史留给今人的宝贵财富，它的价值绝不仅仅是一处文化遗产那么简单。在新的时代条件下，应体现出其时代价值。如习近平总书记所指出的："让文物说话、把历史智慧告诉人们，激发我们的民族自豪感和自信心，坚定全体人民振兴中华、实现中国梦的信心和决

---

① ［明］李贽：《续焚书》卷二，《序汇·三教归儒说》。

心。"① 我们应该思考，如何立足"三教庙"的文化内涵，肩负起新的时代使命。

1. "三教庙"具有丰富的文化内涵，将成为体现通州城市精神的载体

如前所述，通州"三教庙"具有深厚的历史文化内涵和思想史价值，与运河文化的形态特征相得益彰，都是通州城市精神的体现和载体。从通州城市形成与发展的成因和通州历史文化总体研究看，通州城市精神就是一个"通"字。关于这一点，在《大运河文化与通州城市精神》一文中有详细论述。"三教庙"体现了中华文化的"会通"精神，是中国古代重要哲学思想概念"通"的体现。

关于中华文化的"会通"精神，著名历史学家张岂之先生提出了4个特点。②

一是中华文化中"会通"之学在于善于相互讨论、交流，相互吸收、提高。既看到其他学派与自己学派的不同点，又看到其他学派的长处；既能坚持自己的理论原则，又能纠正自己理论上的不足，使之"与时偕行"。在我国春秋战国的学术思想百家争鸣时期，没有一个论点是不可讨论的，没有不受辩论的权威。在战国中晚期，道家的后学，即所谓秦汉之际的道家，就试图调和道家自然天道观与儒家道德教化方面的矛盾，吸取儒家关于人的认识学说的成果，如《吕氏春秋》一书就体现会通儒、道思想的特色。二是中华文化中"会通"之学不排斥域外的思想文化，而是力求了解它，并吸收它的长处，与本土文化相融合。佛教传入中国就是明显的例证。三是中华文化中"会通"精神不是轻易可以达到的，需要经过长期艰苦的研究，开拓学术视野，在不同思想观点的论辩中才能逐步达到这个境界。如南宋时期朱熹一生都在为儒家思想寻找活水"源头"，正如他

---

① 据新华社2014年2月26日报道，习近平总书记在视察北京期间（2月25日下午），到首都博物馆参观北京历史文化展览时指出。

② 张岂之：《关于中华文化的"会通"精神》，系2010年9月在山东尼山论坛上的讲演稿。

在诗里所说："半亩方塘一鉴开，天光云影共徘徊。问渠那得清如许，为有源头活水来。"为此，朱熹用了将近40年的时间，将"三教"（儒、释、道）会通在以儒家为框架的思想体系里，成为所谓"新儒学"，其学术成果主要集中在《四书集注》等著作中。四是中华文化会通要求学人们对"会通"进行具体分析，它有高低、优劣之分，不可一概而论。明末清初的大思想家王夫之对中国历史上的主要学派都进行过研究、评论。以儒学为例，儒学与老、庄的会通，儒与佛的会通，还有儒家与法家的相互为用，对于后者，王夫之评论："……后世之天下，死于申韩者积焉。"[①]王夫之所论"申、韩之儒"是一个比较复杂的问题。申（不害）、韩（非）是战国时期法家代表人物。王夫之在其著作中曾肯定秦遵循法家主张，实行郡县制，同时也指出秦始皇为"一姓"而统治天下，要让自己一家的子孙世代做皇帝，结果二世而亡。王夫之对于"申、韩之儒"的批评，透露出这位思想家开始突破一家一姓的朝廷，而把眼界扩展至天下。也就是说，在一定程度上对于君主专制制度进行非议，成为近代民主思想的萌芽，这是难能可贵的。由此可看出，王夫之并非对中国历史上所有思想学说的会通都持肯定的态度，他对于"申、韩之儒"是反对的。

"三教合一"是中华文化会通精神的具体体现，而"三教庙"则是会通精神的体现载体，也是通州城市精神"通"的重要方面，是通州历史文化基因的载体，我们理应保护好"三教庙"这样一处难得的文化遗产。

2. "三教庙"具有独特的思想学术价值，应成为弘扬优秀中华优秀传统文化的基地

历史上，"三教庙"是通州的文教重地和思想学术中心，在京东地区尤其是通州人民心目中享有崇高的地位。通州的第一座书院通惠书院建于文庙西侧，"就学宫右地大为创辟。既成，名曰通惠书院"[②]。后来通惠书院

---

① ［明］王夫之：《姜斋文集》卷一，《老庄申韩论》。
② ［明］杨行中：《通惠书院记》，见光绪《通州志》卷十，《艺文·记》。

停办，将其改建为文庙的明伦堂。史载："嘉靖四十二年，知州张守中撤而新之，改建文庙明伦堂之基。学西旧有通惠书院，去之，改建明伦堂于其址。"①到了清代康熙年间，于成龙任通州知州期间将文庙启圣祠西辟为学生的讲学之地，后来这一做法被延续下来。史载："康熙二十年，于公成龙牧兹土，以启圣祠西空为诸生课文所。二十五年，监司宋公莘因之。"②

乾隆年间，通州潞河书院也曾在文庙办学。在此之前，潞河书院在文昌阁办学，由于年久失修坍塌，时任通州知州的高天凤迁书院于学宫西偏文昌祠。这件事在光绪《通州志》上有记载："四十三年，知州高天凤接任，因东南角楼文昌阁书院倒坍，择学宫西偏文昌祠为书院。禀奉通永道盛公住，延请主讲，集士设课。"③

康熙年间，北方兴起了一个新的学派，倡实学实行。这一学派的代表人物是颜元和李塨，故有颜李学派之称。颜李学派强调经世致用，与清初官方提倡的宋明理学相对立，在社会上产生过相当大的影响。该学派重视教育，对八股取士的教育制度进行了抨击，特别重视"习""行"两个范畴，并且将习行思想用于教育实践。李塨是该学派的代表人物，尤其在教育方面颇有成就。

李塨曾担任通州学正，虽然时间不长，但是他将自己的教育思想运用到实际工作中。他认为，教育所要培养的应该是明德亲民、经邦济世的人才，而欲达此目的，必须"仕与学合""学用合一"。值得注意的是，李塨还很详细地提出了他所理想的学制和选士制度，其主要内容是八岁入乡学，乡师教之孝弟、幼仪、认字，习九九数，读《孝经》《论语》《大学》《孟子》《易》《诗》《书》《春秋》《周礼》等，并习小乐小舞。十五岁入县学，教之存六德、行六行，讲究经世济民之道，读《资治通鉴》及古文。习礼

①　[清]于敏中等：《钦定日下旧闻考》卷一〇八，《京畿·通州一》。

②　李调元：《新修通州潞河书院碑记》，见光绪《通州志》卷十，《艺文·记》。

③　光绪《通州志》卷五，《学校·书院》。

乐、骑射、六书、九数，作策论。聪颖者可涉猎九经、廿一史。二十岁，教成者进之郡学，教之三学，察试德行学艺。再经藩学、成均，察试后即谓之太学生。然后，分科以为士，共分礼仪、乐律、天文、农政、兵法、刑罚、艺能方域、理财、兼科等九科。乡、县、郡要定期考核这些士子并向政府进行推荐，以供选用。特别是小学，李塨在《小学稽业》一书中详细陈述儿童自八岁至十四岁时应该学习的礼、书、数、乐四类课程的具体内容。

李塨上任伊始就提出自己的工作思路，即《通州学署新到口号》：

> 瓦盆竹簟蒭莓苔，多士敲门片刺来。
>
> 但得探奇询异字，何妨柝釜著寒灰。
>
> 上官幸不问司阍，州守厅僚偶枉存。
>
> 闭户重开周孔辙，千秋日月照乾坤。[①]

在通州学正任上，李塨潜心研究学术和教育工作，主要精力放在修订《四书传注》上，经常亲自与学子交流，"诸生会文，间语以圣道"[②]。

李塨不仅促进了通州的教育发展，也为通州的官场带来了一缕清风，"同官约为利事，皆辞之"[③]。如当时仓厂总督张仪封多次派人致意拜会，李塨都推辞不见。但是对于重视实绩特别是重视教育的官员，李塨表示出了敬意。当时通州知州吴存礼，"康熙三十六年守是州，建明伦堂五间，拟前定斋房课士。未及，陟去，然心终不忘，自吴赍百金，且嘱坐粮厅吴公竣其事。……塨幸睹其成……"[④]

由此可见，通州"三教庙"在思想学术界有独特的地位。目前，我们已经基本恢复了"三教庙"的建筑，但是在思想学术上还处于空白。在新

---

① ［清］李塨：《恕谷诗集》（下卷）。
② ［清］李塨：《李恕谷先生年谱》卷五。
③ 同上。
④ ［清］李塨：《重修通州学官记》，见《恕谷后集》卷三。

的历史条件下，通州区在加强历史文化研究方面有迫切需求，应将"三教庙"打造成为通州区历史文化研究基地和中华优秀传统文化传播中心。在这方面，有很多工作可以做，例如成立通州区历史文化研究院（所），推动通州区古籍文献的整理出版，加强对通州历史文化综合研究等。另外，要恢复一些基于"三教庙"文化内涵的传统文化项目，例如祭孔仪式等。具体做法上，还需要有关部门按照科学的保护理念，结合通州发展实际，深入研究，拿出可行的方案。

3. "三教庙"具有文明互鉴的示范意义，将成为北京城市副中心对外文化交流的名片

进入新的历史时期，习近平总书记提出了"构建人类命运共同体"的构想。要实现这一宏大目标，要从多方面努力。而其中一个重要的基础就是不同文明要相互借鉴，不同文化要相互会通。正如习近平总书记在日内瓦联合国总部的讲演中所说："文明差异不应该成为世界冲突的根源，而应该成为人类文明进步的动力。"[①]

"三教庙"为不同文明互鉴、不同文化的会通提供了经典范例。"三教"作为中华传统文化的主流，相互交流会通，这或许是中华文明源远流长的一个重要原因。在中国古代史上，中原王朝多次遭到入侵，多次改朝换代，但是它们都无一例外地继承了以儒、佛、道三教为主流的传统，在漫长的历史进程中，形成了中华文化核心价值体系，形成了极具凝聚力的

---

① 2017年1月18日，习近平总书记在日内瓦联合国总部发表了题为"共同构建人类命运共同体"的演讲。就如何构建人类命运共同体，习近平总书记提出了五点举措，其中一条就是"坚持交流互鉴，建设一个开放包容的世界"。习近平总书记指出："和羹之美，在于合异。"人类文明多样性是世界的基本特征，也是人类进步的源泉。世界上有200多个国家和地区、2500多个民族、多种宗教。不同历史和国情，不同民族和习俗，孕育了不同文明，使世界更加丰富多彩。文明没有高下、优劣之分，只有特色、地域之别。文明差异不应该成为世界冲突的根源，而应该成为人类文明进步的动力。每种文明都有其独特魅力和深厚底蕴，都是人类的精神瑰宝。不同文明要取长补短、共同进步，文明交流互鉴成为推动人类社会进步的动力、维护世界和平的纽带。

中华民族。

试想如果儒、释、道三教相互争斗、水火不容，中国历史或许会是另外一种局面。"三教庙"体现了一种"和而不同"的会通精神，应该得到大家关注和推崇，因为它向世界证明了不同宗教、不同的文化形态不仅可以共存，而且还可以相互借鉴、共同发展。

当今世界，人类正处在大发展、大变革、大调整时期，和平与发展仍是时代的主题，但是矛盾冲突不断。这些冲突表面上看是不同国家、不同种族、不同利益集团、不同宗教、不同主义之间的冲突，但是追根溯源，其中一个重要的深层次原因就是不同文明交流、互鉴不够，各种文化互相尊重、包容不足。

今天，我们正处在实现"两个一百年"奋斗目标和中华民族伟大复兴中国梦的关键历史阶段。要实现这一伟大目标和伟大梦想，首先要凝聚社会共识，也就是要有坚实的思想基础。要处理好马克思主义、中国优秀传统文化、世界其他优秀文化之间的关系。中国历史上儒、释、道和谐共处为今天如何处理这三者的关系提供了借鉴和参考。我们要坚持马克思主义的指导地位，要继承和发扬中华民族的优秀传统文化，对其他世界各国的优秀文化也要善于吸收借鉴，为我所用。只有妥善地处理好这三者的关系，才能为实现中华民族伟大复兴的中国梦，提供强大的思想基础和精神动力。

随着北京城市副中心建设的推进，市级机关的正式入驻，将会有越来越多的国际交往活动在通州进行。作为北京城市副中心的通州不仅代表北京，甚至可代表国家，将向世界展现什么呢？体现中华优秀传统文化会通精神的"三教庙"应该是一个合适的选项。

第十一章　李贽与通州

李卓吾，初姓林，名载贽，后改姓李，名贽，字宏甫，号卓吾，又号温陵居士，是中国著名思想家、泰州学派的一代宗师。他的主要著作有《藏书》《续藏书》《焚书》《续焚书》《史纲评委》。他曾评点过《水浒传》《西游记》等著作。他于嘉靖六年（1527年）出生在福建泉州。李贽生活的嘉靖、万历年间是被历史学界称为中国资本主义萌芽的时代。他的家乡泉州是海上丝绸之路的起点，他在这里接受了传统文化和海洋文明的双重洗礼。

图11-1　李贽

李贽从小就显露出了思想家的特征。他自幼倔强，善于独立思考，不受程朱理学传统观念的束缚，具有强烈的反传统理念。12岁开始作文，反对孔子把种田人看成"小人"。他对封建社会的男尊女卑、重农抑商、假道学、社会腐败、贪官污吏大加痛斥批判，主张"革新"，反对思想禁锢。李贽针对正统理学家的"存天理灭人欲"的命题，提出"穿衣吃饭，即是人伦物理"的主张，肯定人的正当欲望。他主张个性解放、思想自由，倡导人人平等的观念，主张男女平等，对封建礼教压迫下的妇女给予深深的同情。他在社会价值导向方面，批判重农抑商，倡导功利价值，符合明中后期资本主义萌芽的发展要求。

李贽一生经历十分坎坷，交游甚广，在此期间渐渐形成了自己的思想。他26岁中举人，从30岁至55岁，也就是从嘉靖三十五年（1556年）到万历九年（1581年）先后任河南辉县教谕、南京国子监博士、北京国子监博士、北京礼部司务、南京刑部员外郎和郎中，最后出任云南姚安知府。

万历九年（1581年）到万历十八年（1590年），李贽先辞官，后又弃家，写了大量思想论著，并与耿定向论战。他从云南辞职到湖北黄安居住。万历十二年（1584年），他移居麻城。第二年，他派人送家眷回泉州，自己一人住在麻城龙芝佛院，致力读书、讲学和著述，历时10多年完成了《初潭集》《藏书》《焚书》等著作，揭露道学家们的伪善面目，反对以孔子的是非观为是非标准，批判的锋芒直指宋代大理学家周敦颐、程颢、张载、朱熹。李贽倡导绝假纯真、真情实感的"童心说"。

李贽与耿定向的论战是明朝思想界一件很有影响的事件。论战意味着"左派王学"（王阳明心学中的左派，主张从日常生活中贯彻封建伦理道德，肯定人民由于生活需要而提出的物质要求，认为饮食男女的人欲就是天性）内部分化。李贽鄙视耿定向的人品，耿定向既是泰州学派的弟子，也是官场中人。为了一己私利，耿定向对他的师爷颜山农和师父何心隐落井下石，甚至充当打手进行迫害。李贽对此极为鄙视，并在一些文章中公开指责耿定向。然而，这还不是他们之间最主要的分歧。他们的主要分歧表现在对待纲常名教的态度上。耿定向标榜纲常名教是亘古不变的，要以古圣先贤为楷模，严格要求自己。而李贽则揭露耿定向的虚伪面目，他猛烈地抨击封建礼教，尊重人的本性。李贽揭露耿定向的文字都被收入《焚书》中，并公开刊印出版。

万历十八年（1590年）到万历二十九年（1601年），也就是李贽64岁到75岁之间，是他颠沛流离、到处逃难的10年。[①]与耿定向的论战给他带来了灾难，万历十八年（1590年）到二十一年（1593年），李贽避难。万历

---

① 许苏民：《李贽评传》，南京大学出版社2006年版。

二十一年，李贽在武昌避难期间完成了《藏书》的修订工作。这年夏天，黄安地方当局放松了对李贽的迫害，李贽又回到了麻城和龙潭，在麻城和龙潭讲学、治学。万历二十四年（1596年）到二十九年（1601年），他又开始了第二次外出逃难的岁月。万历二十五年（1597年），李贽应巡抚梅国桢之请前往山西大同，著有《孙子参同》，修订《藏书》。这年秋天，李贽到北京，次年春到南京。在这期间，他编订其巨著《藏书》。《藏书》共68卷，论述战国至元亡时的历史人物，对历史人物做出了不同于传统见解的评价。如他赞扬秦始皇是"千古一帝"，武则天是"圣后"。

李贽在书中以嬉笑怒骂的笔法抨击纲常名教，嘲讽假道学，在思想界引起轩然大波。统治者不能容忍这样"离经叛道"的思想，打压李贽。在他走投无路之际，已经罢官在家的御史马经纶冒着各种阻力把他接到通州家中。

万历三十年（1602年），李贽去世。这一年，李贽76岁，好友马经纶将其葬于通州。

图11-2　位于永顺镇大悲林村的李卓吾墓，拍摄于20世纪50年代
图片来源：《通县志》

　　说到李贽与通州的关系，根据《李贽评传》一书对李贽生平事迹的梳理，李贽生前曾数次与通州有过交集。第一次是在嘉靖四十一年（1562年），李贽携夫人和孩子到北京等待朝廷新的任命。第二次是在隆庆元年（1567年），李贽到北京，在礼部当差。第三次是在万历二十五年（1597年），李贽逃难到北京，住在西山极乐寺。第二年春，他又乘船沿大运河离开北京。由于通州是为水陆要冲，他赴京、离京均经过通州，从其留下的著作中也能找到只言片语的证据。李贽在《与潘雪松》中，有"彷徨未定，复同肖川至潞河登舟，获遂见老丈于城下，虽非仆之得已，然亦可遂谓仆之无可奈何哉！……所欲暂傍西山僧舍……"①的文字。这是李贽第三次到北京，这次他居住在西山极乐寺。这封信就证明他到北京要从潞河下船，来到通州城。这也就是说，李贽在72岁（万历二十六年）前，至少6次到过通州。②

　　这6次李贽只是路过通州，只在通州稍作停留，所以就不介绍了。本文主要介绍李贽最后一次在通州的日子，这也是李贽生命中的最后一段安定的生活。

　　万历二十九年（1601年）四月，李贽最后一次来到通州。晚年的李贽就像一只在风雨交加的大海上飘零的小船，已经被折磨得身心俱残。在他最艰难的日子里是通州人马经纶给他提供了一个短暂的避风港湾。

　　在专制的封建王朝，学术向来和政治紧密相连。自李贽辞官后专心治学始，他的命运就进入了多难时光。1588年，李贽编撰了《初潭集》，通过点评，他对儒家思想做了许多具体而深刻的批判。第二年，他又编成了《焚书》，之所以如此称呼，他说："所言颇切近世学者之膏肓，既中其痼疾，则必欲杀我矣，故欲焚之。"③由于李贽的思想在当时直指被尊为

---

①　[明]李贽：《续焚书》卷一。

②　许苏民：《李贽评传》，南京大学出版社2006年版。

③　[明]李贽：《焚书》（序）。

正统思想的要害，而被视为"异端"。自与耿定向论战开始，李贽屡遭追捕。但在朋友帮助下，他仍继续治学。

但是到万历二十八年（1600年），形势急转直下。这一年，朝廷要封杀罗汝芳（"左派王学"代表人物）之学。在这样的政治气候下，致命的迫害进一步逼近李贽这位风烛残年的老人。

听说官府对李贽将有所行动，李贽的好友、追随者杨定见将李贽辗转送出湖北麻城，然后潜入河南商城县黄檗山中。好友、南京司务焦竑邀请他到南京居住，但是另一好友马经纶从通州赶来亲自迎请，以待春暖时节到通州。①

李贽与马经纶交往密切，曾一起经由大运河过临清闸。当时，李贽感慨万千，并赋诗《同马诚所出临清闸》：

> 千艘万舸临清州，闭闸开关不自由。
> 非利非名谁肯在，唯君唯我醉虚舟。②

有一次，马经纶看望李贽后，李贽临别时写诗《送马诚所侍御北还》：

> 访友三千里，读书万仞山。
> 风来知日暖，风过识春寒。
> 剪烛前窗叟，寄身萧寺间。
> 今朝柱下史，实度老瞿昙。③

---

① 见《李温陵外纪》卷四，马诚所《与当道书》。

② ［明］李贽：《续焚书》卷五，《诗汇》。

③ 同上。

李贽对马经纶十分赞赏，不仅是因为马经纶与自己私交好，更重要的是他认为马经纶很有才华，是朝廷需要的栋梁之材。他不仅对马经纶寄予厚望，而且也说明李贽虽不居庙堂之上，但还心忧朝廷社稷。他在《复陶石篑》中说："通州马侍御，经世才也，正理会出世事业而乏朋侣，然异日者断断是国家获济缓急人士。"① 李贽对这位好友给予了很高的评价。

当得知李贽遭受迫害，马经纶冒着大雪从通州一路到湖北，护送李贽到河南商县黄檗山。李贽好友漕运总督刘东星在一年后记载这件事："客冬，卓吾子大困与楚，适有马侍御者，自潞河冒雪入楚，往携之以出，……"②

在山中，马经纶与李贽一起研习《周易》"辩惑解缚，闻所未闻，四十日间，受益无量"③。马经纶有《初会卓吾先生》诗：

黄柏仙人去，卓吾老子来。

十年两奇士，向此山之隈。

方隅讵能限，山灵自招徕。

我闻黄柏名，未拔丹炉灰。

我见卓吾面，钟情怜我才。

饮我琥珀酒，酌以琉璃杯。

连饮双玉壶，好颜尽觉开。

愧我尘俗者，高贤相徘徊。

安得双黄鹄，翱翔飞蓬莱。④

第二年二月，李贽随马经纶到通州。

---

① ［明］李贽：《续焚书》卷五，《诗汇》。

② 《卓吾老子三教妙述》（又名《言善篇》）卷首，刘东星序。

③ 《明史》卷二三四，《马经纶传》。

④ 《马公文集》卷五。

探讨李贽与通州的关系，马经纶是一个绕不开的人物。马经纶生于嘉靖四十一年（1562年），字主一，号诚所，顺天通州人。父亲马时叙（字历山）为隆庆元年（1567年）丁卯科贡士，曾做过山东寿张知县。马经纶从小就聪明好学，27岁考取己丑科进士，初在工部实习观政，万历十七年（1589年）至万历二十二年（1594年）任肥城知县，政绩显著。万历二十三年（1595年），马经纶升任监察御史，因事抗疏，被免职回到家乡通州。

马经纶在任肥城知县和监察御史期间政绩卓著。据《肥城县新志》等资料记载，在肥城短短6年的时间，马经纶政绩显赫，深得民心。归纳起来，表现在以下几个方面：第一，轻徭薄赋，改善民生。当时的肥城"民穷士索，闾里萧然"，马经纶到任之后即"欲苏其困，乃为之均户口、定两税、宽马银，而民始安生"，"以招募代徭役，以浮羡充丁粮"①，这样他就切实减轻了百姓的负担。第二，创建书院，大兴文教。肥城经济复苏以后，马经纶择址创建"至道书院"，"欲兴学校，乃为之聚子弟之秀者，择其师教焉""立书院作养人才"。②他亲自教授课程，并邀请同窗好友来肥城讲学，对士民进行礼义、经学教育。第三，加强城防，确保百姓安全。为加强防御，万历二十二年（1594年）他指挥工匠民夫将县城的土城改建为石城。

马经纶还做了一件有恩于肥城县和周边的梁山人民的事。梁山人知恩图报，他们回到家乡，捐资刻石，把这件事刻碑传世。这块碑由寿张县举人曹一夛撰，举人赵有马篆，秀才司绍先书，刊于明朝万历二十三年正月的《肥城侯马公活命碑记》。这块碑现在还存放在梁山莲台寺。

明朝万历二十一年（1593年），肥城县及其周边地区遭受长时间旱灾，百姓受灾严重，只能吃草根和树皮度日。"吾邑（寿张县）为甚，吾

---

① ［清］曾冠英、李基熙：《肥城县新志》，嘉庆二十年版。
② 同上。

邑之梁山为尤甚。"① 至第二年春，十室九空，饿死人的现象屡见不鲜。知县马经纶积极抗旱救灾，肥城的灾民得到妥善安置，消息传到梁山，200里外的梁山人也逃难到肥城。知县马经纶不计管辖与否，对梁山难民一视同仁。两月内，梁山灾民"枵腹者充体，羸者壮"。麦秋时节返乡时，马知县"给之米钱以充道费"。梁山灾民回到家乡，逢人便说："吾辈得有今日，回其故庐，享父母妻孥之乐，生齿烦息而成立者，谁所赐乎？马公共造也。"②

不仅梁山人民刻碑将马经纶的恩情传世不朽，肥城人民也对这样一位好知县感恩戴德。万历二十三年（1595年），马经纶离任，肥城人民立祠以表达感激之情。

万历二十二年（1594年），马经纶入朝进都察院任河南道监察御史。就在他上任之时，吏部尚书孙丕扬（陕西富平人，以秉公正直闻名青史）上奏明神宗，揭发浙江右参政丁此吕贪污放纵，而兵部戎政侍郎沈思孝上疏朝廷，为丁此吕辩护。马经纶等人向皇帝上奏，认为沈思孝包庇赃官，应该重惩丁此吕。可见，马经纶在忠诚地履行着自己的职责。

不久，蓟镇防戍兵士发生骚乱。由于东北建州女真的崛起对明王朝构成了巨大的威胁，故明王朝在蓟州驻防。然而驻防部队内部发生骚乱，其影响之大可想而知。作为监察御史，马经纶直言上疏，提出应对"五策"，即将首恶斩首示众、解散胁从、重新组编、给路费回乡、征用本地区民夫入伍。然后，他提出增强蓟镇边防的"五事"，即裁撤庸碌无为的将领、选训士卒、加强边墙（长城）守备、去除军事专权、拔除祸根。

当时，万历皇帝认为兵部考察不当，并将问责范围扩大，对言官进行处置。马经纶上疏直言，认为"夫以兵部考察之故，而罪兵科是已"。言

---

① ［明］曹一夔撰：《肥城侯马公活命碑记》，现藏梁山莲台寺。

② 同上。

官虽有失误，但不能因此治罪言官，否则言官更不敢履职。并且在列举言官的失误时，当面列举了万历皇帝的五大罪状。[1]万历皇帝大怒，将马经纶降职三级。工科给事中林熙春等接连疏奏，为他抗辩。神宗更怒，再贬他为陕西米脂县典史。后来，南京御史林培上疏评论朝政，皇帝认为这在很大程度上是受马经纶的影响，贬马经纶为民。

马经纶被削为民后，回到通州的家中，终日诵读经书史籍。他曾迁葬工部左侍郎李钦，安葬老师李春雯、挚友武含春等。他又置立义地，葬埋穷人，而且每年要接济贫士。他为通州林氏妇女撰写的《列妇林氏墓碑记略》收录在光绪《通州志》卷十《艺文·墓志》中。

万历二十九年（1601年），他将好友李贽接到自己家中。到通州后，李贽就住在莲花寺马经纶的庭院里，每日与马经纶研读《易经》。闲暇之余，马经纶还陪同李贽及随行人员到周边地区游玩。李贽在《温泉酬唱有序》中详细记录了他来通州后不久一次外出的情景：

春日余同马诚所侍御北行，路出汤坑，商城张子直舜选，携其甥盛朝衮，其小友陈璧，俟我于此，连饮三日，然后复同往。从我者：麻城杨定见，新安汪本钶，并诸僧众十数人；从侍御者：僧通安与其徒孙则自京师。此可以见张与盛与陈之舅若甥与若小友之为人矣，因为《温泉酬唱》：

　　　　大都天下士，已在此山中。
　　　　爱客能同调，相随亦向东。
　　　　洗心千涧水，濯足温泉宫。
　　　　老矣无余弃，愿师卫武公。[2]

这篇文章提供了李贽在通州生活的一个片段，推测应该是去北边某地

---

① ［清］张廷玉等：《明史》卷二百三十四，《列传第一百二十二》。
② ［明］李贽：《续焚书》卷五，《诗汇》。

泡温泉。从这段文字我们还知道了李贽到通州有"麻城杨定见，新安汪本钶，并诸僧众十数人"等陪同人员。李贽虽然逃难到通州，但是生活还算充实，也并不孤独。

这一年，袁中道到通州拜访李贽。李贽在《书小修手卷后》中说："岁辛丑，余在潞河马诚所，又遇袁小修三弟，虽不获见太史家兄，得见小修足矣，况复见此卷乎！"① 袁中道劝李贽少吃肉，李贽却不以为然。他们有一段精彩的对话，从侧面反映了李贽的洒脱个性：

余谓："阎王吃荤者，安敢问李卓吾耶！我但禁杀不禁嘴，亦足以免矣。孟子不云：七十非肉不饱？我老，又信儒教，复留须，是宜吃。"小修曰："圣人为祭祀故远庖厨，亦是禁吃荤者。其言非肉不饱，特为世间乡间老耳，岂为李卓老设此言乎？愿勿作此搪塞也！"余谓："我一生病洁，凡世间酒色财，半点污染我不得。今七十有五，素行质鬼神，鬼神决不以此共见小丑，难问李老也。"小修曰："世间有志人少，好学人益少，今幸我明世界大明升天，人人皆具只眼，直思出世为学究竟大事。先生向栖止山林，弃绝人世，任在吃荤犹可；今日已埋名不得，尽知有卓吾老子弃家学道，作出世人豪矣。十目共视，十手共指，有一毫不慎，即便退心，有志者以为大恨。故我愿先生不茹荤，以兴起此一时聪明有志向之者。忍一时之口嘴，而可以度一世人士，先生又何惮不为？"余翻然喜曰："若说他等皆真实向道，我愿断一指，誓不吃荤！"②

这年夏天，刘东星多次派人来接李贽，李贽抄寄给他所写的杂记，婉拒了刘东星的好意。因为经历了长时间的飘摇无定的生活，李贽对通州的生活感到很满意。在来通州后不久，他就写了一首诗《夏至后二日马历山

---

① ［明］李贽：《续焚书》卷二，《序汇》。
② 同上。

园池小集》，反映了他在马经纶家的生活状态。诗文如下：

> 只在此通州，居然足胜游。
>
> 清阴迷钓叟，曲水系荷舟。
>
> 面细非燕麦，茶香是虎丘。
>
> 今宵有风雨，我意欲淹留。①

马历山是马经纶的父亲。此次来通州之前，李贽与马经纶父子就保持着很好的关系。他曾写过一首诗《直沽送马诚所兼呈若翁历山并高张二居士》为证：

> 直沽今日赋将归，李郭仙舟亦暂违。
>
> 皓首攀辕惭附骥，青云得路正当时。
>
> 起炉作灶须君事，持钵沿门待我为。
>
> 燕赵古称多感慨，而翁况复旧相知！②

李贽对马经纶的父亲十分尊重，论学时多以书面的形式。李贽给马历山写的书信《答马历山》《复马历山》《与马历山》等文收录在《续焚书》中。

在《答马历山》一文中，李贽阐明了儒、释、道三教的关系，他提出"三教"实为"一"的思想。他在信中说：

> 唯三教大圣人知之，故竭平生之力以穷之，虽得手应心之后，作用各各不同，然其不同者特面貌尔。既是分为三人，安有同一面貌之理？强三

---

① 康熙《通州志》卷十二，《艺文志·诗类》。

② ［明］李贽：《续焚书》卷五，《诗汇》。

人面貌而欲使之同，自是后人不智，何干三圣人事！曷不于三圣人之所以同者而日事探讨乎？能探讨而得其所以同，则不但三教圣人不得而自异，虽天地亦不得而自异也。非但天地不能自异于圣人，虽愚夫愚妇亦不敢自谓我实不同于天地也。夫妇也，天地也，既已同其元矣，而谓三教圣人各别可乎？则谓三教圣人不同者，真妄也。"地一声"，道家教人参学之话头也；"未生以前"，释家教人参学之话头也；"未发之中"，吾儒家教人参学之话头也。同乎？不同乎？唯真实为己性命者默默自知之，此三教圣人所以同为性命之所宗也。①

那么，"三教归一"中的"一"是什么呢？李贽认为是"儒"。李贽提出了"三教归儒说"：

儒、道、释之学，一也，以其初皆期于闻道也。必闻道然后可以死，故曰："朝闻道，夕死可矣。"非闻道则未可以死，故又曰："吾以女为死矣。"唯志在闻道，故其视富贵若浮云，弃天下如敝屣然也。然曰浮云，直轻之耳；曰敝屣，直贱之耳：未以为害也。若夫道人则视富贵如粪秽，视有天下若枷锁，唯恐其去之不速矣。然粪秽臭也，枷锁累也，犹未甚害也。乃释子则又甚矣：彼其视富贵若虎豹之在陷阱，鱼鸟之入网罗，活人之赴汤火然，求死不得，求生不得，一如是甚也。此儒、道、释之所以异也，然其期于闻道以出世一也。盖必出世，然后可以免富贵之苦也。②

有一次，马时叙讲授《大学》，李贽在座，认为马时叙的观点值得商榷，但是又不好当着别人的面与马时叙辩论。第二天，李贽写了《与马历

---

① ［明］李贽：《续焚书》卷五，《书汇》。
② 同上书卷二，《序汇》。

山》一文，与其论学：

　　窃谓《大学》者，大人之学也。夫人生八岁，则有小学，以听父兄师长之教语，所谓揖让进退之节，礼、乐、射、御、书、数之文，与夫今者百千万年先圣后贤之格言皆是也，皆不过为儿辈设焉者也。至十五而为大人，则有大人之学，岂复肯同于儿辈日夕甘受大人之涕唾乎？是故《大学》一书，首言大人之学焉。

　　夫大人之学，其道安在乎？盖人人各具有是大圆镜智，所谓我之明德是也。是明德也，上与天同，下与地同，中与千圣万贤同，彼无加而我无损者也。既无加损，则虽欲辞圣贤而不居，让大人之学而不学，不可得矣。然苟不学，则无以知明德之在我，亦遂自甘于凡愚而不知耳。故曰："在明明德。"夫欲明知明德，是我自家固有之物，此《大学》最初最切事也。是故特首言之。

　　然吾之明德果安在乎？吾以谓其体虽不可见，而实流行充满于家国天下之间，日用常行，至亲至近，谁能离之？苟能即亲民以明吾之明德，则吾德之本明，不居然而可见乎？故又曰"在亲民"焉。

　　夫道一也，学亦一也，今曰"在明明德"，而又曰"在亲民"，分明是两物矣，物则自然有本末。亲民以明吾之明德，虽曰一事也，然一事自有一事之终始，万事亦各有万事之终始。始终分而本末见，是二之也。道其可二乎哉！学其可二乎哉！是故要必有至善而为吾人所止之归焉，特人未易知此至善之止耳。知此至善之止，则自然定静安虑，而诸止自得矣。是故苟知所止，则明明德者不为空虚而无用，即明德而亲民之道已具；亲民者不为泛滥而无功，即亲民而明德之实自彰。苟未知所止，则明德为杂学之空虚，亲民为俗学之支离，胥失之矣，宁直二之云乎哉！

　　是故大学之道，终归于至善之止，而以知止为极功，得止为效验云。然则学之而终身不得所止者，亦由未知所止故也。

　　呜呼！知止其要矣，致知其功矣，此大人之学所以难在于知止也。师友父兄相与讨论而研究之，则无生之乐，无死之苦。千圣万贤，岂外是哉！[①]

但是他知道自己年岁已高，美好的日子对他来说是极奢侈的，他抓紧时间写作，继续修改《易因》，"与马公读《易》，每卦千遍，一年而《九正易因》成。"[②]。这是他最后的学术著作。写完《易因》书稿后，他请马经纶提建议。马经纶建议将书名改为《九正易因》。听到好友的建议，李贽非常高兴，他把这件事的原委记录在这本书的《自序》中。李贽写道：

《易因》一书，予既老复游白下（今南京）而作也。三年就此，封置箧笥。上济北，读《易》于通州马侍御经纶之精舍，昼夜参详。更两年，而《易》之旧者存不能一、二，改者且至八、九矣。侍御曰："乐必九奏而后备，丹必九转而后成。宜仍其名《易因》，而加'九正'二字。"予喜而受之，遂定其名曰《九正易因》也。[③]

李贽终于可以松一口气了。于是，他开始思考身后事，并在万历三十年（1602年）农历二月初五写下了如下遗嘱：

春来多病，急欲辞世。幸于此辞，落在好朋友之手。此最难事，此余最幸事，尔等不可不知重也。

倘一旦死，急择城外高阜，向南开作一坑；长一丈，阔五尺，深至六尺即止。既如是深，如是阔，如是长矣，然后就中复掘二尺五寸深土，长不过六尺有半，阔不过二尺五寸，以安予魄。既掘深了二尺五寸，则用芦席五张填平其下，而安我其上，此岂有一毫不清净者哉！我心安焉，即为

---

①　［明］李贽：《续焚书》卷一，《书汇》。

②　［明］刘侗、于奕正：《帝京景物略》，上海古籍出版社2001年版，第534页。

③　［明］李贽：《九正易因》序，见《李贽文集》第7卷。

乐土。勿太俗气，摇动人言，急于好看，以伤我之本心也。虽马诚老能为厚终之具，然终不如安余心之为愈矣。此是余第一要紧言语。我气已散，即当穿此安魄之坑。

未入坑时，且阁我魄于板上，用余在身衣服即止，不可换新衣等，使我体魄不安。但面上加一掩面，头照旧安枕，而加一白布中单总盖上下，用裹脚布廿字交缠其上。以得力四人平平扶出，待五更初开门时寂寂抬出，到于圹所，即可装置芦席之上，而板复抬回以还主人矣。既安了体魄，上加二三十根椽子横阁其上。阁了，仍用芦席五张铺于椽子之上，即起放下原土，筑实使平，更加浮土，使可望而知其为卓吾子之魄也。周围栽以树木，墓前立一石碑，题曰"李卓吾先生之墓"。字四尺大，可托焦漪园书之，想彼亦必无吝。

尔等欲守者，须是实心要守。果是实心要守，马爷决有以处尔等，不必尔等惊疑。若实与余不相干，可听其自去。我生时不着亲人相随，没后亦不待亲人看守，此理易明。

幸勿移易我一字一句！二月初五日，卓吾遗言。幸听之！幸听之！①

就在李贽享受着难得的安宁之时，一只黑手正伸向他。耿定向的学生蔡毅中当时已经是翰林院的庶吉士，他一向主张对李贽要置之死地而后快。当他得知此消息后，他就开始利用上层关系迫害李贽这位大思想家。

这场斗争在内阁首辅沈一贯主持下进行，以"辨异端以正文体"为名义，先从李贽下手，再逮捕其他高僧大德，进而驱逐利玛窦等西方传教士。最后的结果是驱逐西方传教士的目的没有达到，但在迫害李贽的行动中明朝政府表现出了难得的高效率。

蔡毅中的老乡兼同僚，也是都察院给事中、著名东林党人张问达打头阵。在万历三十年（1602年）闰二月二十二日，张问达向万历皇帝上了

---

① ［明］李贽：《续焚书》卷四，《杂著汇》。

一道迫害李贽的奏疏《邪臣横议放恣乱真败俗肯乞圣明严行驱逐重加惩治以维持世道疏》。疏文开篇就说："惟时有李贽，号卓吾，壮岁为官，晚年削发，业已自外于名教，不足齿矣。近又刻《藏书》《焚书》《卓吾大德》等书，流行海内，惑乱人心。是其人不可一日容于圣明之世，其书不可一日不毁者。"①可见，这是欲至李贽于死地的奏疏。

然后，张问达阐述了李贽"刺谬不经"的观点：

吕不韦、李园浊乱宫闱，潜移国姓，此万古大奸巨盗也，今乃"智谋名臣"。以此为训，是使人起非分无望之想也。

李斯坑儒生焚诗书百家语，矫诏擅立君嗣，以贻千万世无穷之根，此国之贼也，今乃"才力名臣"。以此为训，是使人长纷更专擅之奸也。

冯道历事五朝，朝君臣而暮仇敌，此人臣万古之戒也，乃曰"此为吏隐也，社稷为重也"。不知由梁而唐而汉而周而契丹，社稷凡几更也，（冯）道之所存者谁家之社稷乎？以此为训，是使人不知由君臣之义也。

卓文君不奉父母，而私奔（司马）相如，此失身之妇，其父卓王孙恶而绝之，今乃曰"非失身乃获身也，卓王孙斗筲小才，安足以计事，辜负良缘，遂失佳偶"。以此为训，是使人不知男女聚麀之耻也。

秦始皇行事载在史册，为千古覆辙可鉴，今乃为"自是千古一帝"。以此为训，是以残忍为英雄也。

孔子以直道为是非，万古人伦之至也，今乃为"以孔子之是非为是非，则无是非"，是又以孔子为不足法，而敢于非至圣也。②

---

① ［明］张问达：《邪臣横议放恣乱真败俗肯乞圣明严行驱逐重加惩治以维持世道疏》，见《万历疏钞》卷三十五，《重儒类》。
② 同上。

他的结论是"书之狂诞悖戾，未易枚举，大都刺谬不经，与夫藏三耳、鸡三足、白马非马之说何异？是其书不可一日不毁者也"①。

这还不算完，张问达在奏疏中还对李贽进行人身攻击：

至尤可丑者，寄居麻城，肆行不简，始容无良辈游于庵，已而无良辈拉妓女裸身，当白昼同浴于池。其究也，遂勾引士人妻女，至有携衾枕而宿庵观者，一境之内，如醉如狂。

又作《观音问》一书，所谓观音者，皆士人妻女也，皆名曰菩萨。一时皆士人妻女皆真菩萨耶？灭礼义，渎伦常，坏风俗，盖至于（李）贽之行极矣。而后生小子喜其猖狂，而乐其放肆，相率煽惑。至于明劫人财，强搂人妇，公然同于夷貊禽兽，而不之恤然。②

奏疏最后说道："近闻贽且移至通州，通州距都下四十里，倘一入都门，招致蛊惑，又为麻城之续。望敕礼部，檄行通州地方官，将李贽解发原籍治罪。仍檄行两畿及各布政司将贽刊行诸书，并搜简其家未刻者，尽行烧毁，毋令贻祸后生，世道幸甚。"③

这是一份又长又臭的奏疏。"尤可恨者"后边的话不仅不可信，即使有这样的事实，在这里也是画蛇添足。在中国传统社会中，青楼"不为圣人禁"。秦淮河边的夫子庙旁青楼遍布，多少文人雅士在此留下了风流韵事，顺带还留下不少恭维歌女的诗词。在明代，官员在三妻四妾之外，往来于青楼之间的人也不在少数。万历皇帝虽然昏庸，但是在触及自己的利益上，头脑还是很清楚的。对这样持异端思想的狂悖之人，必须斩草除

① ［明］张问达：《邪臣横议放恣乱真败俗肯乞圣明严行驱逐重加惩治以维持世道疏》，见《万历疏钞》卷三十五，《重儒类》。
② 同上。
③ 引自顾炎武的《日知录》卷十八，《李贽》，见《日知录集释》，岳麓书社1994年版，第668页。

根。不仅人要关，书也要封。皇帝诏曰：

> 李贽敢倡乱道，惑世诬民，便令厂卫五城严拿治罪。其书籍已刻未刻，令所在官司，尽搜烧毁，不许存留。如有党徒，曲庇私藏，该科道及各有司，访奏治罪。[1]

对于李贽被捕和入狱的情况，好友袁中道有如下记载：

> 至是逮者至，邸舍匆匆，公以问马公。马公曰："卫士至。"公力疾起，行数步，大声曰："是为我也。为我取门片来！"遂卧其上，疾呼曰："速行！我罪人也，不宜留。"马公愿从。公曰："逐臣不入城，制也。且君有老父在。"马公曰："朝廷以先生为妖人，我藏妖人者也。死则俱死耳。终不令先生往而己独留。"马公卒同行。至通州城外，都门之牍尼马公行者纷至，其仆数十人，奉其父命，泣留之。马公不听，竟与公偕。明日，大金吾置讯，侍者掖而入，卧于阶上。金吾曰："若何以妄著书？"公曰："罪人著书甚多，具在，于圣教有益无损。"大金吾笑其倔强，狱竟，无所置词。[2]

朝廷当权者却如临大敌，逮捕李贽几天后，礼部尚书冯琦给皇帝上奏疏《为重经术祛异说以正人心以励人才疏》。这篇奏疏洋洋洒洒，无非是表达了支持张问达的指控，拥护皇帝的圣旨的意思。皇帝在奏疏上批示："祖宗维世立教，崇尚孔子，明经取士，表彰宋儒。近来学者不但非毁宋儒，渐至诋讥孔子，扫灭是非，荡弃行检，复安得忠孝节义之士为朝廷用？"[3]

几天之后，冯琦再次上奏疏，就整顿"士风文体"、维持"世教"而

---

[1] 引自顾炎武的《日知录》卷十八，《李贽》，见《日知录集释》，岳麓书社1994年版，第668页。

[2] ［明］袁中道：《李温陵传》。

[3] ［明］冯琦：《为重经术祛异说以正人心以励人才疏》，见《宗伯集》卷五十七，《奏疏·礼部稿》。

开出"药方"，一共15条。其中与李贽有关的是第一条和第十五条。①皇帝批准了这15条禁令，下旨："俱依拟，著实行。士子必潜心圣经，恪守王制，他日方能奉公履正，裨益国家。始学既已不经，将来有何树立？今后考试经书，务重圣贤本意，失旨黜退。后场条对无遗，方称实学。毋以浮文诡语为奇解。卷到时，该部科据此评论。坊间私刻，举发重治勿饶！"②

朝廷的这种态度，对李贽十分不利。但是狱中的李贽已经将生死置之度外，很洒脱。这可以从他写的诗《系中八绝》③看出他的精神面貌和思想情感。

第一首为《老病始苏》，诗云：

> 名山大壑登临遍，独此垣中未入门。
>
> 病中始知身在系，几回白日几黄昏。

意思是说，此生把名山大壑都登临遍了，只有牢狱的门还从没有踏入过。把坐牢看成是人生体验，何等藐视朝廷。

第二首为《杨花飞絮》，诗云：

> 四大分离像马奔，求生求死向何门？
>
> 杨花飞入囚人眼，始觉冥司亦有春。

在监狱中可以感觉到春天，李贽的内心是多么强大啊。

第三首为《中天朗月》，诗云：

---

① 樊树志：《晚明大变局》第四章，见《思想解放的潮流》，中华书局2015年版，第339页。

② ［明］冯琦：《为重经术祛异说以正人心以励人才疏》，见《宗伯集》卷五十七，《奏疏·礼部稿》。

③ ［明］李贽：《续焚书》卷五，《诗汇》。

> 万里无家寄旅村，孤魂万里锁穷门。
>
> 举头喜见青天上，一大圆光照覆盆。

这首诗借月亮表达对家人的思念，也表现了李贽视死如归的精神，是这位大思想家不同于常人的地方。

第四首为《书幸细览》，诗云：

> 可生可杀曾参氏，上若哀矜何敢死。
>
> 但愿将书细细观，必然反覆知其是。

第五首为《老恨无成》，诗云：

> 红日满窗犹未起，纷纷睡梦为知己。
>
> 自思懒散老何成，照旧观书候圣旨。

以上两首诗说明李贽对万历皇帝还抱有幻想，认为皇帝误解了他的思想，希望圣上能明白他的思想，下旨为其伸冤。李贽主观上并没有想要挑战统治阶级的思想基础，他只是要追求真理。

第六首为《书能误人》，诗云：

> 年年岁岁笑书奴，生世无端同处女。
>
> 世上何人不读书，书奴却以读书死。

批判死读书的人，只看到文字的表面，而看不到深层的本质。李贽本人也深受其害，正因为他的思想被误读了，才给自己带来牢狱之灾。

第七首为《不是好汉》，诗云：

志士不忘在沟壑，勇士不忘丧其元。

我今不死更何待，愿早一命归黄泉。

在这里，李贽表达了必死的决心。其实，李贽早已对生死看开了，早在一个多月前就立了遗嘱。

李贽被捕入狱后，马经纶多方营救，他先后写了《与当道书》《启当事书》《与李麟野都谏转上萧司寇》《与王冀廷主事》等书信为李贽伸冤。在《启当事书》中，马经纶对张问达所列举的李贽所谓的"罪状"进行义正言词地驳斥。他说："夫以七八十岁垂尽之人，加以淫纵勾引之行，不亦可笑之甚乎？"然后他还说："评史与论学不同，《藏书》品论人物，不过一史断耳，即有偏僻，何妨折衷。"① 在《与李麟野都谏转上萧司寇》一文中，他继续为李贽申辩。他说，李贽"宦游二十余年，清标苦节，人所难堪，海内荐绅，谁不慕悦。夫以如是人品，如是操履，而以逾闲荡检之事诬之，亦大不伦矣"②。这是对张问达诬陷李贽淫乱的反驳。对张问达说李贽著述"流行海内，惑乱人心"，马经纶说："至于著述，人各有见，岂能尽同，亦何必尽同。有同有异，正义见吾道之大，补前贤之缺。假使讲学之家，一以尽同为是，则大舜无两端之执，朱陆无异同之辩矣。"③

马经纶还说："（李贽）平生未尝自立一门户，自设一藩篱，自开一宗派，自创一科条，亦未尝抗颜登坛，收一人为门弟子。"④ 这样的人何罪之有？朝廷应该马上释放李贽。

也许是马经纶的努力起了作用，朝廷不打算继续关押李贽，而是将他发回原籍。李贽得知消息后，觉得这是对他的侮辱，决定以死表达自己的

---

① ［明］马经纶：《启当事书》。

② ［明］马经纶：《与李麟野都谏转上萧司寇》。

③ 同上。

④ 同上。

抗争。他在《与马伯时》中说：

> 若犯死祸，我自出头当之，不敢避也。……朝廷之法：死有死律，军有军律，边远充军有边远充军律，口外为民有口外为民律。非军非民，只是递解回籍，则有递解回籍律；年老收赎则又有收赎律。我今只知恭奉朝廷法律也。要如律，我乃听。如律必须奏上请旨，虽有司道官，不请旨而敢自擅天子之权乎？①

这封信表达了李贽对朝廷做法的不满，不明不白、不清不楚地把他放了，还要发回原籍，太有辱他了。"一日，呼侍者剃发。侍者去，遂持刀自割其喉，气不绝者两日。侍者问：'和尚痛否？'以指书其手曰：'不痛。'又问曰：'和尚何自割？'书曰：'七十老翁何所求！。'"②大思想家李贽就这样去世了。

图11-3　迁于西海子公园内的李贽墓

---

① ［明］李贽：《续焚书》卷一，《书汇》。
② ［明］袁中道：《李温陵传》。

李贽在狱中去世的消息传出之后，在大明王朝的体制内外产生了强烈反响。朝廷内部很多官员都表示抗议。三月十九日，宁州知州方沆听到此消息，作诗表达愤怒。在诗中他写道："豺狼当道凭谁问，妒杀江湖老秃翁。"万历皇帝的兵部侍郎周汝登作《吊李卓吾先生二绝》，诗中有"天下闻名李卓吾，死余白骨暴皇都"之句，诗中深意，不言自明。叙州府同知方时化作《感愤》四首，又作《哭李卓吾先生文》。时任翰林院正史纂修官的陶望龄写了《祭李卓吾先生文》。大戏曲家汤显祖在悲愤之余作了《叹卓老》一诗，诗云："自是精灵爱出家，钵头何必向京华？知教笑舞临刀杖，烂醉诸天雨杂华。"他叹息李卓吾不该到北京去。还有很多，在此不一一列举。[①]

　　李贽的好友们更是悲痛无比，纷纷写文纪念。时任南京司业、李贽的知己焦竑以"金陵同志"的名义作《荐李卓吾疏》遥祭。他在文中写道："痛逝者之如斯，伤潜人（者）之已甚。虽有志者不忘在沟壑之念，而杀人者宁不干阴阳之和！"[②] 其后，他又主持编辑刻印了《李氏遗书》《续焚书》，重新刊印《焚书》，还亲自为《焚书》作序，极力称赞李贽刚正不阿的人格精神。在《焚书》卷首，他再次对迫害者发出抗议之声：

　　宏甫快口直肠，目空一世，愤激过甚，不预人有忤者，然犹虑人必忤而托言于"焚"，亦可悲矣！乃卒以笔舌杀身，诛求者竟以其所著付之烈焰，抑何虐也，岂遽成其谶乎！宋元丰间，禁长公（苏辙）之笔墨，家藏墨钞，抄割殆尽，见者若祟。不逾时而征求鼎沸，断简残萍，等于吉光片羽。焚不焚，何关于宏甫，其宏甫又何尝利人之不焚以为重者？今焚后而宏甫之传乃逾广。然则此书之焚，其布之有火浣哉！[③]

　　① 许苏民：《李贽评传》，南京大学出版社2006年版，第181—182页。

　　② ［明］焦竑：《荐李卓吾疏》，见《澹园集》，中华书局1999年版，第1183页。

　　③ ［明］焦竑：《李氏焚书序》，见《焚书·序》。

当得知李贽在狱中自杀的消息，最悲痛的莫过于马经纶了。他这时正想方设法营救李贽，听到这个消息，无异于晴天霹雳。但是马经纶顾不得悲痛，费了很大的功夫，把李贽的遗体运回通州，按照李贽的遗嘱为其办理后事。

在通州，当听说李贽殉道的消息，古城人民沸腾了。他们用实际行动表达着愤怒和悲痛之情。

当时，朝廷下令不允许给李卓吾办丧事。按照李贽的遗言，也应该简单办理。马经纶也打算完全按照遗嘱安排后事。关于李贽出殡的情形，在通州地区流传着一个传说。虽然还没有从当时文献资料证实传说的内容，但可以作为一个说法供读者参考。根据传说，现将出殡过程简单介绍如下：

爽直的通州人纷纷不平，先生有什么罪，死在监狱不说，还不允许办丧事。为伸张先生的冤情，我们不仅要办，还要大办。可是在朝廷的眼皮子底下，怎么办啊？

在这个时候，一个智慧的老人出现。他把主意告诉大家。在马经纶的主持下，大家依计而行。

在选定的良辰吉日，农历三月下旬某日，天空飘起来雪，仿佛是在为李卓吾鸣冤报不平。这天早晨，48名杠夫小心地抬起了马经纶为李卓吾准备的上好棺材，棺材上有李卓吾的塑像。棺罩是白色的，罩顶上安放着一朵大大的黑黄相间的绢攒花，四朵较小的攒花从棺罩四角垂下了。送葬队伍沉浸在和尚道士吹奏的哀乐中，恭送李卓吾先生最后一程。

正在行进间，突然前面又出现一支送葬队伍，也是48个杠夫，棺材外形装饰都一模一样，显然也是为李卓吾送葬的。就这样，快到卧虎桥时，同样形态的送葬队伍已有12个。成千上万的民众如潮水一般涌向通州城的四座城门。这就是有名的李卓吾大殡——四出城门。①

　　其实，朝廷在此前已接到李贽出殡的消息，派了衙役、打手等人捣乱。但是这样的情景完全出乎他们的预料，他们已经蒙了：到底哪支队伍是真的呢？他们没想到这些都是真的，整个通州城的百姓都在为李贽哀悼。事已至此，即使知道了李贽的遗体在哪个棺材里，也无能为力了。因为这是民心所向，弄不好引起骚乱，会出大事的。

　　最后，李贽的遗体被安葬在通州城北迎福寺西侧的一个高坡上，这是按照李贽的遗嘱挑选的地方。为了防止当权者破坏，李贽墓采取了"不封不树"的做法，就是既没有封土堆，也没有任何标记。但是，马经纶暗中做了标记。按照李贽的遗言，焦竑题写"李卓吾先生墓"。8年后，李贽的学生汪可受、梅掌科、苏侍御捐资为李卓吾树碑。又过了两年，在万历四十年（1612年）二月，刻有焦竑题写的"李卓吾先生墓"6个大字的墓碑才树立起来。在崇祯八年（1633年）由刘侗和于奕正合著的《帝京景物略》对李卓吾墓有这样的描述："冢高一丈，周列白杨百余株。碑二：一曰李卓吾先生墓碑，秣陵焦竑题。一曰卓吾老子碑，黄梅汪可受撰，碑不志姓名乡里，但称卓吾老子也。"②

　　虽然李贽被迫害致死，他的书屡遭朝廷禁毁，但是他们害怕的事还是发生了。张师绎在《李温陵外纪》序言中为我们描述了这样的情景："夫子之无罪也，如之何其以语言文字死也！愿得奉其遗言，仿佛庄事之。于是《焚书》《藏书》《说书》之纸涌贵……而先生道益大，名益尊。"③李贽死后，其著作一时洛阳纸贵，结果是"先生道益大，名益尊"。汤显祖在《李氏全书》的总序言中写道："（李贽著作）传世可，济世可，经世

　　① 郑建山编：《大运河的传说》，大众文艺出版社2011年版，第127页。

　　② ［明］刘侗、于奕正：《帝京景物略》，上海古籍出版社2001年版，第533页。

　　③ 厦门大学历史系：《李贽研究参考资料》第2辑，福建人民出版社1976年版，第130页。

可，应世可，训世可，即骇世亦无不可。"[1]

不仅是书卖得好，无数的文人学者到京城来，无不到通州城北的李卓吾墓悼念李贽。李卓吾墓在明清两朝渐渐成为文化思想界后生的朝圣地。

在《帝都景物略》中收录了不少明朝人朝拜李卓吾墓写下的诗文，现摘录几首。[2]

乌程释真程《吊卓吾先生墓》：

> 鸦鸣犬吠荒村里，木落草枯寒月边。
> 三拜孤坟无一语，只应拍手哭苍天。
> 踏破百年生死窟，倒翻千古是非案。
> 区区肉眼谁能识，肉眼于今世几多。

平湖陆启浤《卓吾先生墓下》：

> 天地表空明，百家立文字。
> 三教既以三，于中复分置。
> 先生起千载，高言绝群智。
> 脱略生死中，不谢死生事。
> 蜕骨宛在兹，黄土表幽冈。
> 古树索索鸣，拜手托无际。

孟津王铎《吊李卓吾墓》：

---

① 厦门大学历史系：《李贽研究参考资料》第2辑，福建人民出版社1976年版，第130页。

② ［明］刘侗、于奕正：《帝京景物略》，上海古籍出版社2001年版，第534—536页。

李子何方去，寒云葬此疆。

　　　　　性幽成苦节，才燥及余殃。

　　　　　鬼雨濛昏眼，蒿山泣夜鸰。

　　　　　愁看哽咽水，老泪入汤汤。

同安池显方《谒李卓吾墓》：

　　　　　半生交宇内，缘乃在玄州。

　　　　　闽楚竟难得，佛儒俱不留。

　　　　　世人伺喜怒，大道任恩仇。

　　　　　我亦寻知己，依依今未休。

宛平于奕正《李卓吾墓》：

　　　　　此翁千古在，疑佛又疑魔。

　　　　　未效鸿冥去，其如龙亢何！

　　　　　书焚焚不尽，老苦苦无多。

　　　　　潞水年年啸，长留君浩歌。

　　民国初年，据说村中两家地主为霸占墓地田产，趁机造谣，说什么"要想马厂好，必得石碑倒"，因此怂恿人推到墓碑，致使碑身断为三截。

　　1926年，日本的李贽研究学者铃木来此祭拜，见其墓碑折倒于草莽，便有意将之运回日本。当时的通县县长张效良闻讯阻止，并下令修复。

　　后来，李卓吾先生墓几经迁移。1953年，中央卫生部兴建结核病研究所，将李贽遗骨葬在通州城北盐滩村九神庙空地上。在叶恭绰、章士钊、柳亚子、李根源、陈垣几位社会名流的联名写信呼吁下，在文化部和当时

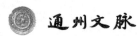

河北省文化局的指示下，通州市政府于1954年10月23日到11月中旬将李卓吾墓迁到永顺镇大悲林村南。"文革"初期，李卓吾墓再遭破坏。"文革"后期，"尊法批儒"风暴中因李贽被划归"法家"人物，其墓得以免遭更严重毁坏。1974年碑楼又重新修复。

图11-4　民主人士关于保护李卓吾墓的信，现藏于通州区档案馆

1983年，中央卫生部在通州划拨土地，筹建国家结核病研究所，李卓吾墓在建设用地范围内。李卓吾墓再迁至通州西海子公园湖畔，接受来自世界各地游客的凭吊。1984年，李贽墓被申报为北京市文物保护单位。1992年，通县人民政府和首都师范大学共同在通州举行"李贽研究国际学术研讨会"。任继愈、吴泽、苏双碧、齐世荣、敏泽、张建业、张立文、郭预衡、廖仲安、朱绍侯、疋田启佑等来自全国各地及日本、韩国的专家学者50余人出席研讨会。会后出版的论文集代表了当时李贽思想研究的最新成果。

通州本土学者周良、刘福田等一直潜心研究李贽在通州的经历及其学术发展，并屡有研究成果问世。

时至今日，李贽的思想已经传播到世界各地。在中国、日本、韩国及欧美等地都有李贽及其思想的研究机构。李贽思想研究已经成为中国思想史的重要课题，越来越受到国际思想文化界的关注。

第十二章　大运河文化与通州城市精神

京杭大运河是世界上历史最悠久、流程最长的运河，是我国古代劳动人民留给人类的宝贵遗产。京杭大运河沟通了海河、黄河、淮河、长江、钱塘江五大水系，形成了独特的漕运系统，为王朝的稳定和发展做出了巨大贡献，所以京杭大运河被称为王朝的"生命线"和"大动脉"。京杭大运河为中国统一的多民族国家的形成、南北文化的交流做出了巨大的贡献，并在漫长的历史进程中形成了独特的大运河文化。通州作为大运河北端的重要城市，既具有运河文化的一般特征，也有自己独特的地域精神。什么是大运河文化？什么是通州城市精神？这二者有什么必然的联系？这些问题都值得思考。

一、大运河文化及其特征

关于什么是大运河文化，至今还没有统一的定义。但这是认识大运河文化的基础，所以有必要进行探讨。

1. 什么是文化

从文献记载看，关于"文化"这个词的意思，早在2000多年以前的《周易·贲》中就有这样的论述："关乎天文，以察时变；关乎人文，以化成天下。"意思是说统治者通过观察天象，可以了解四季的变化；通过观察人类社会，可以用教化治理天下。这大概是中国人论述"文化"的开始，但"文化"二字还没有连起来使用。汉代才出现"文化"一词。刘向在《说苑·指武》中说："凡武之兴，为之不服也；文化不改，然后加诛。"这里的"文化"是指与军事手段相对立的一个概念，即国家的文教治理手段。到唐代，"文化"逐渐成为文学艺术和礼仪风俗等上层建筑的代名词。例如孔颖达在解释前引《周易·贲》中的那段话时认为："圣人观察人文，则诗、书、礼、乐之谓。"明末顾炎武在《日知录》中说："自身而至于家国天下，制之为度数，发之为音容，莫非文也。"即人自身的行为表现和国家的各种制度，都属于"文化"的范畴。在中国古代，"文化"指狭义的精神层面的东西。

在西方，"文化"一词来自拉丁文cultura，为"耕种、居住"之意。法文culture，有"栽培"之意，又引申为人的性情的陶冶和品德的培养。这里的文化包含了物质和精神两个层面。19世纪，英国文化人类学家泰勒给"文化"的定义影响深远，《大不列颠百科全书》中"文化"的定义也引用之。泰勒的定义是"文化是包括知识、信仰、艺术、道德、法律、习俗和任何人作为一名社会成员而获得的能力和习惯在内的复杂整体"。

目前，学术界对文化有了较为全面、科学的解释，把"文化"分为狭义和广义两种。狭义的解释为"文化就是在历史上一定的物质资料生产方式的基础上发生和发展的社会精神生活形式的总合"。我国1979年出版的《辞海》就采用了该说法。广义的"文化"涵盖面非常广泛，又被称为"大文化"。梁启超在《什么是文化》中称，"文化者，人类心能所开释出来有价值的共业也"，这"共业"包括众多领域，诸如认识的（语言、哲学、科学、教育）、规范的（道德、法律、信仰）、艺术的（文学、美学、音乐、舞蹈、戏剧）、器用的（生产和生活工具）、社会的（制度、组织、风俗习惯）等。马克思主义学者也对"文化"做出了解释，例如苏联哲学家罗森塔尔·尤金的解释为"文化是人类在社会历史实践过程中所创造的物质财富和精神财富的总和"。张岱年先生主编的《中国文化概论》中说："文化的实质性含义是'人化'或者'人类化'，是人类主体通过社会实践活动，适应、利用、改造自然界客体而逐步实现自身价值的过程。"

关于文化的结构，学术界一般认为文化有"四层次"，即物态文化层、制度文化层、行为文化层和心态文化层。物态文化层是人的物质生产活动及其产品的总和，构成整个文化创造的基础。制度文化层是人类在社会实践中建立的各种社会规范、社会组织。行为文化层由人类在社会实践尤其在人际交往中约定俗成的习惯性定势构成的，该文化层表现为民风民俗形态。心态文化层由人类社会实践和意识活动中长期孕育出来的价值观、审美情趣、思维方式等构成，这是文化的核心部分。

2. 大运河是怎样一条河

大运河是怎样一条河？这是给出"大运河文化"的定义之前必须明白的一个问题。大运河是大运河文化的载体，也就是说，大运河是大运河文化所植根的历史地理环境，同时运河本身也是本文要探讨的对象。这里根据本文的研究需要进行简要说明。

大运河北起北京，南至杭州，经天津、河北、山东、江苏、浙江等省市，贯通海河、黄河、淮河、长江、钱塘江五大水系，全长1794千米。大运河自开凿至今，经历了1400余年的历史。随着历代京都的改变和黄河的改道，运河路线曾几经变迁。隋代以后，大运河是中国东部沟通内河、联系海港的南北水运交通干线，还兼有灌溉、防洪、排涝之作用，对历代的政治、经济、军事和文化发展曾起到了重要作用。

早在氏族社会末期，我们的祖先就已经懂得用人力开挖沟渠。《国语》记载禹"疏川导滞，钟水丰物"，是说大禹曾经开凿沟渠以疏导河流，这可能是世界最早的人工沟渠。根据《诗经》的描述，西周时期经常采用开凿水渠灌溉，但这和我们所说的运河不是一回事。

到了春秋战国时期，由于政治争霸的需要，客观上因为冶铁技术的发明，使大规模开凿运河成为可能。历史文献记载，吴在江淮太湖地区，楚在汉水和云梦诸湖泊之间，魏在黄河以南的荥阳，齐在山东淄、济等地开凿了河渠以通水运。其中，公元前486年，吴王夫差开凿的邗沟是我国历史文献中记载的第一条有确切年代的运河。

秦朝统一中国时间虽短，但因军事需要开凿的灵渠在中国水路交通史上有重要的地位。两汉期间也大规模开凿、修缮运河，特别在西汉时生产力和经济总量都达到新的高度，国力强盛，漕运作为新的运输手段登上历史舞台，在整个国民经济中占据重要地位。魏晋南北朝是大分裂时期，秦汉时的主要航道被分割，控制在不同割据者手中。但各割据政权又往往以都城为中心疏挖河渠，形成区域性水运路网。

隋朝的建立，结束了大分裂的历史。由于政治、经济、文化的需要，大运河的贯通成为必然。隋朝开凿的京杭大运河北起涿郡（今北京通州），经东都洛阳，南到余杭（今杭州），全长约5000里。它沟通了海河、黄河、淮河、长江、钱塘江五大水系，把中原同燕赵、关中、江南地区连接起来，初步形成了以洛阳为中心的"之"字形南北水运大动脉。隋朝大运河是京杭大运河发展的重要转折点，它不仅加强了隋王朝对南方地区的政治、军事的控制，方便了江南财物向洛阳、长安的运输，而且加强了南北经济、文化的联系，对此后的历史发展也具有深远的影响。唐代没有像隋朝那样大规模开凿运河，只是将隋朝遗留下来的运河加以疏浚、整理、补充。大运河为唐王朝的强盛起了很重要的作用。

五代十国后，伴随中国政治中心的东移与经济重心南移，历代统治者将疏浚连接南北重要交通干线的大运河列为"国之大计"。北宋定都开封，曾先后整治开凿汴河、惠民河、广济河、金水河、江淮运河、江南运河、两浙运河等重要的运河水道。"靖康之难"后，历史进入了宋金对峙时期。宋室南迁，与金朝划淮河为界。南宋定都杭州，政府大力疏浚江南河道供其所需。金政权于贞元元年（1153年）迁都燕京，定为中都。迁都后的金朝十分重视对运河的治理。

元、明、清三朝都是统一的封建王朝，政治中心在北京，而经济重心则在南方的江浙地区，各王朝都重视大运河在国家政治、经济生活中的作用，而且运河开凿技术日渐成熟，管理更完善，在京杭大运河发展史上成为大运河全面发挥作用的时期。元代开凿会通河、济州河等水道，形成直接贯通南北的单线型结构，改变了隋朝形成的"之"字形结构，从而使北方的政治中心和南方经济区域更加直接地联系起来，成为京杭大运河变迁史上又一次重大转变。自明永乐年间迁都北京后，为了实现南粮北运，明王朝在前代的基础上对运河的某些重要河段进行了整治改造，并建立了一套机构管理制度。清代前期的京杭大运河肩负着每年数百万石的漕粮和其他物资的运输任务，是清王朝一条名副其实的"生命线"。但到清末，由于政治腐败，国力日衰，运河渐渐失去原来的功用。但大运河遗留下了丰富的物质文化遗产和非物质文化遗产，这些文化遗产已经成为中华民族文化宝库里不可分割的部分。

1949年后，大运河得到了大规模整修，使其重新发挥航运、灌溉、防洪和排涝等多种作用。部分河段已进行拓宽加深，裁弯取直，新建了许多现代化码头和船闸，航运条件有所改善，季节性的通航里程已达1100多千米。1988年年底建成的京杭运河和钱塘江沟通工程已将江、河、海衔接起来。2002年，原本只负责通航的京杭大运河被纳入了"南水北调"三线工程之一，成为中国"南水北调"东线工程的重要环节和通道，通过大运河，长江下游的水得以送到北部缺水的山东和河北等地。

进入新世纪以来，党和政府及社会各界有识之士都将大运河作为珍贵的文化遗产来保护。2006年6月10日，京杭大运河被列为第六批国家级文物保护单位。同年年底，大运河列入《中国世界文化遗产预备名单》。经过不懈的努力，2014年6月22日京杭大运河被正式列入世界文化遗产名录。①

---

① 大运河文化遗产申请项目由隋、唐、宋时期以洛阳为中心的隋唐大运河，元明清时期以北京、杭州为起始的京杭大运河，从宁波入海与海上丝绸之路相连的浙东运河三条河流组成，涉及沿线8个省市27座城市的27段河道和58个遗产点，河道总长1011千米。大运河是世界上开凿时间较早、规模最大、线路最长、延续时间最久的运河，被国际工业遗产保护委员会在《国际运河古迹名录》中列为最具影响力的水道。

可以看出，大运河的变迁史由四个阶段构成。从春秋战国时期到隋朝之前为第一阶段，可以称为早期运河。这一阶段大都是规模相对较小的运河，但为后来京杭大运河的形成奠定了基础，积累了经验，某些河段直接被京杭大运河所采用，所以也是京杭大运河文化的重要组成部分。从隋朝到元朝之前为第二阶段，可以称为发展期，这一阶段为以洛阳为中心的南北贯通的"之"字形运河。元、明、清前期是运河的第三阶段，是大运河的全面发挥作用的时期，其形态为单线型。清后期到目前是第四阶段，为大运河的整合阶段。

3. "大运河文化"的含义

在阐明以上两个概念的基础上，我认为所谓"大运河文化"就是在大运河形成、发展、兴盛、整合的历史进程中，劳动人民创造的与运河有关的一切物质成果和精神成果的总和。为说明"大运河文化"，下面将"大运河文化"分为四个层次进行阐述。

第一层次，由运河人加工创造的与运河有关的各种器物，即运河文化的物态文化层。包括运河河道本身，河道上闸、坝、桥等附属建筑及岸边的粮仓、会馆、寺庙等相关建筑，以大运河为业的人及两岸居民在生产、生活中所创造的各种器物。以通州为例，各时代运河故道和现有河道及河上的附属建筑，河岸上的燃灯佛塔、三教庙、验粮楼、张家湾城、中仓遗址、金代闸河遗址、石坝码头、商业码头、客船码头、黄亭子、皇船坞、江西会馆、山东会馆等是运河文化的第一个层次，也是运河文化的载体。

第二层次，由运河人在社会实践中建立的各种与运河有关的社会规范、社会组织构成的运河文化的制度文化层。大运河的最主要功能就是漕运，自漕运诞生以来，封建政府就很重视对漕务的管理。唐代产生了管理漕运的专制管理机构，并逐渐形成一套完整的管理制度。大运河的开凿、维护的管理，漕运的各个环节的管理和漕卒、水手的管理，都有一套成熟的管理体制，这就是漕运制度。具体包括运河河道管理制度、漕粮赋税制度、漕粮征收兑运制度、漕粮的管理制度等。这是保证漕运兴盛的主要原因，值得现代管理学去研究和学习。

第三层次，由与漕运相关的社会实践，尤其在人际交往中由约定俗成的习惯性定势构成的运河文化的行为文化层。该文化层以民风民俗形态出现，见于日常起居活动之中，是具有鲜明的民族、地域特色的行为模式。隋唐以后，由于大运河的贯通，大运河也将我国南北文化串联起来，形成一条独特的文化带。在这样的带状区域内，融汇了南北各地的风情民俗、饮食服饰、宗教信仰等，形成了独特的运河风情和民俗文化，而且各种民俗活动十分活跃。位于运河北端的通州，不仅有"面人""风车""毛猴"等民间手工艺，还有运河船工号子、潞县运河龙灯会等各种民俗。运河船工号子和潞县运河龙灯会就是其中的典型代表。运河船工号子是在漕运中形成的，已有几百年的历史，包括摇橹号子、拉纤号子、出仓号子、跑蓬号子等近10种。"运河号子"已被收入《中国民间歌曲集成》。潞县运河龙灯会已经有近200年的历史。过去，每逢年节都要走龙灯会，以求神灵保佑，祈福迎祥。该龙灯会的独特之处在于，一是龙的造型十分独特，双龙脖子上挂着五个铜铃，龙身涂上代表运河水的蓝色；二是套路十分丰富，变幻无穷。2005年，运河船工号子和运河龙灯会一起被收入北京市非物质文化遗产名录。

第四层次，由运河人在社会实践和意识活动中长期孕育出来的价值观、审美情趣、思维方式等构成的运河文化的心态文化层。心态文化又可以再分为社会心理和社会意识形态两个字层次。心态运河文化层是由价值观、审美情趣、思维方式等因素构成，这些因素一般由运河区域的哲学思想、小说、诗词、散文、戏剧、绘画、书法、篆刻、雕塑、建筑、舞蹈、曲艺、科学技术等形式体现出来。运河文化的心态文化层是运河文化的核心部分，也是运河文化的精神实质。在各个时期的运河流域都有丰富多彩的哲学思想、戏剧、文学等文化形式，是心态文化层的宝库。运河流域历来是我国文化最繁荣的地区之一。以通州为例，历史上李贽、曹雪芹等大思想家、大文豪曾在通州生活、创作，为后人留下了丰厚的文化遗产。在当代文坛上，通州涌现出了刘白羽、刘绍堂、浩然、高占祥等文学大家，通州也被称为"中国文学之乡"，这是对运河文化的继承和发展。

4. 大运河文化的基本特征

京杭大运河北起通州、南至杭州，全长近2000千米。从文化的角度看，它沟通了燕文化区、赵文化区、齐鲁文化区和吴越文化区。在不同地域、不同时期都可能有不同的具体特征。通过纷繁复杂的外在表象，可概括出其基本特征。

（1）大运河文化是农业文明与商业文明结合的产物，具有农业文明和商业文明的双重性

中国古代是一个以农业为主的自然经济社会，自夏、商、周三代以来，农耕经济就成为中原王朝的主要经济形态。大运河的产生与当时统治者争霸和巩固政权有直接关系，他们的政权是建立在农业经济基础上的上层建筑，也是农业文明的组成部分。所以大运河实质是农业文明的产物。

大运河所经过的区域都是我国古代农业经济发达的地区。大运河不仅要保证战时军事补给和平时物资供给，大运河的开发和保护必须与农田水利建设事业紧密联系在一起。大运河不仅有调节沿岸生态平衡的作用，还可以起到防洪排涝的作用。尤其是隋唐以后，大运河的贯通直接加强了南方和北方农业生产技术的交流、南方和北方农作物品种的相互移植与栽培，促进了各地区经济作物的普遍种植，使运河地区的生产力水平大幅提高，从而促进农业经济的稳定增长。

大运河的贯通也极大促进了运河区域工商业的发展。根据史料记载，明清时期，在运河区域的城市中各种商品制造业十分发达，如造船业、瓷器业、金属制造业、酿造业、纺织业、编制业、造纸业、生活品制造业及其他各种手工业非常兴盛。各种商业店铺很多，商业活动十分活跃。据史料记载，清乾隆四十五年（1780年），朝鲜使者朴趾源随使团出使燕京，途径通州，在其日记中有这样的描述："自天津卫会与张家湾，天下船运

之物皆凑集于通州。不见潞河之舟楫，则不识帝都之壮也。"　"下船登岸，车马塞路不可行，独轮车数万，填塞无回旋处。其瑰丽繁富，已非盛京、山海关之比矣。"①

当大运河形成以后，在服务当时统治者的同时，也带动了沿岸区域的商业发展。因运河而兴起的商业城市，创造了独特的运河商业文明，淮安、宝应、高邮、扬州因运河带动而使工业、商贸及手工业极为发达；济宁盛产烟草，每年有数百万银两交易量；仪征是盐、材料、煤、棉麻商品的集散地；瓜州成为丝织品、农产品的集散地；苏州号称"天下第一码头"，各种物资集散于此；通州是全国物资流通枢纽和最大的中心集散地。应特别指出，明代中后期，在商品经济发达的运河区域，如苏州、杭州等地的某些行业已经出现了资本主义的萌芽。

大运河在促进农业发展和商业繁荣的同时，引起了人们日常生活方式、行为模式、思想心态等一系列的变化，使运河文化的各个层面无不体现出农业文明和商业文明的双重性。1986年，通州区文物管理所在通州发现一个清代的窖藏，其中既有农业生产、生活物品，还有大量钱币和外销瓷等极具商业特征的物品。在运河区域的许多地方都可以体会到大运河文化的这种特征。例如，在通州博物馆，既可以看到铁犁、陶仓等农业生产工具，还可以看到大顺斋砖雕广告、银票等反映商业文化的文物。这反映了运河文化是农耕文明与商业文明相结合的产物，具有农业文明和商业文明的双重性。

（2）大运河文化具有极强的包容性，这是其内在特征

联合国教科文组织关于《保护世界文化和自然遗产公约》的最新一版《行动指南》中把大运河的特点归结为："它代表了人类的迁徙和流动，代表了多维度的商品、思想、知识和价值的互惠和持续不断的交流，并代表了因此产生的文化在时间和空间上的交流与相互滋养，这些滋养长期以

---

① 　［朝］朴趾源：《热河日记》卷二，《关内程史》。

来通过物质和非物质遗产不断得到体现……"这是对大运河特点的概括，体现在文化上就是它的包容性。

大运河文化的包容性是大运河文化的内在特征，指的是大运河本身心胸的宽广。大运河沟通了燕文化区、赵文化区、齐鲁文化区和吴越文化区，由于各个区域地理环境的不同造成的自然条件的差异，生活习俗的不同所带来的文化背景的差别，军事上的封建割据所形成的政治体制的不同，这都造成各个区域文化的不同。大运河贯通以后，运河区域的社会、经济得到不断的发展，这不仅为运河区域文化事业的发展提供了雄厚的物质基础，也促进了南北文化的大交流，使各种文化相互接触、整合，从而形成了大运河文化的包容性。

大运河文化的包容性和它的第一个特征即农业文明和商业文明的双重性是密不可分的。在封建社会，农业是主要的经济来源，由于运河流域农业高度发达，特别是唐宋以后，随着经济中心的南移，大运河的贯通成为关系京师稳定和江山社稷安危的重要因素。大运河的贯通反过来促进了运河流域商业的繁荣，商业需要交流、流通，这就加速了不同地域的商品、思想、习俗等各方面的交流，从而使大运河文化具有内在的包容性。

（3）大运河文化具有极强的开放性，这是其外在特征

大运河文化的开放性是大运河文化的外在特征，或者说是大运河文化对待外来文化的态度。这和大运河文化的内在特征是分不开的，甚至可以说是由其内在特征即包容性决定的。大运河文化的包容性是其内在的胸怀。正是由于其宽广的胸怀，才有大运河对待不同地方文化的开放的自信。

大运河文化的开放性主要体现在具有较强的开拓性，善于兼收并蓄国内其他文化，融会贯通，逐步丰富自己的文化内容。例如，在唐代，胡乐、胡舞、胡服在运河流域风靡一时。唐代大诗人、新乐府运动的核心人物元稹在《法曲》中写道："女为胡妇学胡妆，五十年来竞纷泊。"在音乐、服装上吸取各地、各民族的文化内涵。元、明、清各代更

是这样，运河流域对其他地方不同文化的态度更加开放，这虽与元、清是少数民族政权有着直接的关系，也是与大运河文化的自身特性密不可分的。

大运河文化的开放性不仅体现在吸收流域外各地文化的精华上，还体现在吸收外域文化的精华上。如印度佛教传入中国后，逐渐受中国传统文化的影响而中国化，无论从佛教建筑、佛教造像、佛教仪式等各方面都呈现出中国特色。在运河沿线的通州、扬州、苏州等地都有大量的寺庙，成为运河流域佛教的传播中心。如运河北端的通州，明清时期几乎村村有寺庙，有的村甚至有几个庙。在运河南面的扬州城内有几十座佛寺，其中华林寺、龙兴寺、白塔寺、开元寺等均有记载。唐代高僧鉴真就曾在扬州讲道，扬州成为江淮地区最大的佛教传播基地。据考证，元代回族的形成、分布和伊斯兰教的传播也与大运河有着密切的关系。现在，在运河沿线的每个城市几乎都有清真寺，都有回民集聚区。例如，通州区共有几十座清真寺，其中建于元代的通州清真寺是北京地区四大清真寺之一。明代后期，从西方来的传教士利玛窦数次通过运河从张家湾登岸进京。传教士们在传播基督教的同时，把西方的自然科学成就也介绍到中国来，使当时的人们首次感受到西方文明的魅力，并拉开了"西学东渐"的序幕。

运河沿岸的城市有很多都是对外文化传播的重要据点。从唐到清前期各代，朝鲜、日本以及东南亚诸国甚至欧洲的客商、文化使者经过运河沿岸城市到达当时的京城。这些人一方面带来自己国家的文化，在运河流域传播，同时也将中国的文化尤其是运河沿线的文化带回本国。特别是在元朝以后，由于北京一直是强盛、统一的封建王朝的首都，大运河成为东南亚诸国以及朝鲜、日本朝贡的首选路径。贡使们往来于运河之上，见证了王朝的辉煌和繁华。如前所述，朝鲜贡使朴趾源对中国见闻的记述成为研究运河文化的重要资料。明代后期，随着西方传教士对中国文化的了解，他们把中国的文化介绍到西方，对欧洲产生了重要影响。法国著名哲学家伏尔泰、卢梭，德国的莱布尼茨、康德、黑格尔等人都曾受到中国文化的影响。

二、关于通州城市精神的探讨——从通州名称谈起

根据目前考古资料，通州早在新石器时代就有人类居住。西汉初年，开设路县。关于路县名称的来历，目前有两种说法。一种说法是因紧邻秦王朝修筑的蓟襄（从蓟城到辽东襄平）驰道，因此得名"路县"。另一种说法认为，上古时期从今北京西部地区到今辽宁营口有一条途径今通州地区的古道，被称为"京榆道"。考古学家在辽宁营口发现的"金牛山人"与"北京人"不仅在文化类型上有很多相似点，在生物学上还存在遗传关系。考古学家们研究推断，"北京人"从周口店出发，向东经今通州地区，往东穿越山海关，沿渤海湾到达辽宁营口和本溪。这条"京榆路"的历史应该在20万年以上。①

这两种说法都有一定道理，但是当时为什么定名"路县"，还有待进一步考证。秦朝在修蓟襄驰道的时候，很可能利用了原有的"京榆道"。不管怎么说，"路县"的得名是因为境内有重要的道路交通，似可成为定论。到了东汉时期，因通州多河富水，而叫"路县"更名为"潞县"。据考证，早在秦汉时期，通州不仅有畅通的陆路交通，还有便利的水上交通。关于秦汉时期通州的水运，史料有不少记载，秦始皇北征匈奴曾利用白河运送军粮，东汉光武帝刘秀命王霸征匈奴曾利用温水（温榆河）运输。可见早在秦汉时期，通州就处于水陆要冲。

从秦汉至辽金时期，燕京地区处于北方边塞。潞县因其独特的交通优势，在战争时期是重点争夺对象，在和平时期则为经济文化交流的重要

① 郭欣：《京通路：从20万年前走来》，载《北京日报》，2016年10月27日"文化周刊"。

地区。

金朝以燕京为中都，在迁都前，海陵王完颜亮十分看中潞县在漕运系统中的作用。天德三年（1151年），金朝将潞县升格为"通州"，取"漕运通济"之意。通州之名延续至今，已有近900年历史。

"通州"的"通"不仅指看得见的水陆"交通"和物资的"流通"，也有文化"会通"之意。如何归纳概括通州的城市精神，我认为一个"通"字恰到好处。

一个"通"字，看似简单，实则内涵丰富。"通"最早出现在先秦儒家典籍中。《周易》为群经之首，也是中国哲学史上最重要的一本经典著作。《周易》分为经、传两个部分。"经"部中乾卦的"卦辞"中的"元亨利贞"之亨一般解释成"通"的意思，以显示天道通达无碍之意。而坤卦《文言》则说："君子黄中通理，正位居体，美在其中，而畅於四支，发於事业，美之至也。"在中国传统文化中，黄色为中和之色。具有中和的美德，则能够通达万理。

在《周易》"传"部多处论述"通"，并且"通"多与"变"连用。如《易·系辞》有言："变通莫大乎四时。"此处的"通"有"化"的意思，"变通"即为"变化"。"天地变化，圣人效之。"说明圣人从宇宙万物的"变化"中体会人文化成的道理。在《易·系辞》中，"通"有两层含义：一个含义是指天地变化之恒久不变，如"一阖一辟，谓之变，往而不穷，谓之通"，"穷则变，变则通，通则久"。另一个含义属于主题性层次，有发挥主观能动性而求"变通"之意。"知变化之道"只是"通"的最初阶段，圣人（或君子）还会根据变化进行综合，甚至还有行动之义。故《易·系辞》言："是以君子将有为也，将有行也。问焉而以言，其受命也如响……通其变，遂成天下之文。"在这里，"通"还有社会实践层面的意义。所谓"感而遂通天下"，说明"通"是基于对变化的深刻感知与感应；"圣人……能通天下之志"。"通"不是单一个体对变化的掌握，而是无数个体所形成的"天下之志"，如此方能"成天下之文""成天下之务""定天下之业"。至此"通"有"会通"之意，即会而通之。

《荀子》对"通"的论述更进一步。他认为掌握"一与多"互动关系的能力（或活动）便是"通"。《荀子》中有"知则明通天下"，"知通统类"。在《易·系辞》"感统"的基础上，荀子提出"知通"。而"知通"表现为对"统类"的认识，即对"一"与"多"关系的掌握。在荀子思想里，"通"是将古今联系起来的哲学概念。《非远》中的"以近知远"、《儒效》中的"以古持今"都有"通古今之变"的意思。

老庄十分看重"通"，尤其是庄子将"通"作为贯穿整个思想体系的核心概念之一，提出了"道通为一"的命题。《庄子·齐物论》有言："物固有所然，物固有所可，无物不然，无物不可。故为是举莛与楹，厉与西施，恢诡谲怪，道通为一。"

"道通为一"并不是否认万物形态和价值的多样性，而是从万物所具有的内在价值角度看，都具有存在的理由。在该篇中，庄子有论述了万物分、和、成、毁的问题："其分也，成也；其成也，毁也。凡物无成与毁，复通为一。唯达者知通为一，为是不用而寓诸庸。庸也者，用也；用也者，通也；通也者，得也；适得而几矣。"这表明，人世间的一切分、和、成、毁其实都是暂时现象，从动态过程看，分、和、成、毁没有绝对界限。这是"道通为一"的另一层意思。

先秦以后，"通"对中国古代思想史有深远的影响，中国古代思想的一个显著特点就是不同思想之间不断"会通"，甚至有思想史学家将中国古代思想称为"会通之学"。"会通"不仅是中国古代思想的显著特色，也是中华文明延续至今的活力之源。中华文明是古代四大文明中唯一延续至今的文明，原因是多方面的，但中华文明的"会通"精神是其他文明不能比肩的。

春秋战国时期，百家争鸣，儒家与墨家、法家、阴阳家思想不断融合会通，在秦汉之际的《吕氏春秋》《淮南子》中很明显地表现出来。汉武帝时期，董仲舒提出"罢黜百家，独尊儒术"，这里的"儒术"已经是会通了各家思想精华的儒家思想。秦汉时期的学者对"通"也有零星的论述。例如《吕氏春秋·审应览第六·具备篇》云："故诚有诚乃合于情，精有精乃通于天。通于天，水木石之性，皆可动也，又况于有血气者乎？"《吕氏春秋》认为一切物之"精"可与神性的天相通。一旦二者相通，则无情之物都可以活动，而有血气的人与物更能表现出神性的特征。西汉时期著名历史学家司马迁用其如椽之笔为后世留下了《史记》，其宗旨即为"究天人之际，通古今之变"。可见，"通"是《史记》要达到的重要目的之一。

东汉时期，佛教传入中国。佛教先与老庄思想融合，使佛教顺利传入中国。魏晋时期，儒家思想与道家思想进一步融合，形成玄学思想。到唐代，儒、释、道各家思想都得到空前的繁荣。儒学发展到宋代，以儒家思想为主，吸收了佛学和道教的思想，形成了宋明理学。

从明中后期开始，以李贽、方以智等为代表的思想家不仅将中国的思想融会贯通，还积极与西方来华传教士交流，学习西方思想。徐光启等人与利玛窦相交甚密，他不仅翻译了《几何原本》，而且他自著的《农政全书》等吸取了西方若干先进成果。很可惜由于清王朝大兴"文字狱"，使得当时的学者将精力转入研究以训诂为特点的专门汉学。鸦片战争以后，有识之士被迫向西方学习，这才使中断了200多年的中西会通得到接续。

清末谭嗣同对"通"进行了深入的论述。谭嗣同于1896年写成《仁学》一书，在该书中，他所谓的"仁"并不是孔子所说的"爱人"，而认为"仁以通为第一义"。他所谓的"通"即"中外通""上下通""人我通""内外通"。

从以上的论述，我们可以看出，通州城市精神的"通"既具有史实依据，也具有思想史的根源。通州城市"通"的核心精神如何表现出来呢？

第一层次，运输"交通"之"通"。通州因漕运而兴，也因之而得名。通州古有路县、潞县等称谓，金代海陵王迁都北京后，于金天德三年（1151年）将潞县升格为"州"，取"漕运通济"之意，改"潞县"为"通州"，该名一直沿用至今。通州由于独特的地理位置，成为"水陆要冲"，从北京经大运河往南或者从北京出山海关往东北都要经过通州，所以在通州有一处古代驿站即潞河水马驿，在明清交通史上有重要地位。直到今天，通州仍然是交通枢纽，通州境内公路、铁路的密度之高全国罕有。历史上的名联"南通州北通州，南北通州通南北；东当铺西当铺，东西当铺当东西"即可充分证明通州在交通方面的重要地位。所以"通州味"首先从交通运输层面体现出"通"的精神。

第二层次，物资"流通"之"通"。京杭大运河实现了南粮北运，确保了京师的稳定，是王朝名副其实的"生命线"。随着漕运的发展，通州也成为仓储重地，也成为南北物资的集散地。当年，万舟骈集于通州，南来货物汇集于东关码头，然后再从此处分运到北方各地。漕船交完粮后，捎带北方货物，旋即南返。到清代，准带60石免税，仍按道光朝6326只船记载，所带免税商品379560石。北方各地商品也聚集在通州，由通州上船，运回南方各地。这样一来，五岭南北的"广货"，川黔地区的"川货"，塞北的"皮货"，各地的粮食、土特产品，经漕船、商船以及驼队运至通州。南、北物资咸集于此，通州不仅成为漕运仓储中心，也是名副其实的南、北商品集散地。经过长期的沉淀，在通州形成了独特的商业文化，"通州三宝"是其代表。以马兆丰为代表的通州商人具备圆通、慈善、诚信等很多优秀的品质，是今天通州商界学习的榜样。

第三层次，文化"会通"之"通"。大运河沟通了燕文化区、赵文化区、齐鲁文化区和吴越文化区。大运河文化的包容性在运河区域的各个地方都很明显。语言学家早就指出：镇江方言中就夹杂了一些京腔京韵，天津话中又带有安徽方言的成分。其实，在很早以前就有人注意到大运河文化的这种特性。明朝时，朝鲜人崔溥被风浪推到浙江台州府附近海面，登陆后沿大运河北上回国。崔溥在所著的《漂海录》中说：江南"妇女所服

皆左衽"，"自沧州以北，女服之衽或左或右，至通州以后皆右衽"。从
这段记述里可以看出南、北妇女服饰文化在河北沧州交流的现象。

在运河北端的通州，现在仍可以看到体现大运河文化包容性的许多
明证。古代遗留下来了山东、江西等各地在通州修建的商业会馆等遗存。
还有运河号子、运河龙灯等非物质文化遗产都是南、北文化交融的产物，
例如学者研究发现，通州的运河号子北调含南腔，借鉴了江浙、山东等地
的民歌、小调等现成曲调。古代的通州是不同宗教思想相互交流、和谐发
展的地区。从宗教思想的融合贯通看，通州不仅有"三教庙"（儒家的文
庙、佛教的佑胜教寺和道教紫清宫，三座建筑呈"品"字形分布），还有
通州清真寺（北京地区四大清真寺之一）、基督教堂、祭祀妈祖的天后
宫。不同思想在自身发展的同时相互借鉴、融会贯通。

通州也是中外思想交流的重要阵地。明代后期，西方传教士利玛
窦数次通过运河从张家湾登岸进京，通过努力，传教士们获得了传教的
合法地位。传教士们在传播基督教的同时，把西方的自然科学成就也介
绍到中国，使当时的中国人首次感受到西方文明的魅力。清朝后期，清
政府承认了传教士的合法地位，传教士在通州建立了学校（潞河中学
的前身）、医院（潞河医院的前身）。现代的教育、医疗、体育、文学
艺术等首先出现在通州地区。新时期的宋庄画家村、九棵树音乐集聚
区等都成为国内外知名的文化集聚区，容纳了不同的文化流派和艺术
门类。

三、大运河文化与通州城市精神的关系

大运河文化与通州城市精神的关系表现在两个方面。一方面，通州因
大运河漕运而兴盛，可以说是大运河文化的产物，是大运河文化造就了通
州的城市精神。另一方面，大运河文化与通州地域文化相结合而形成了通
州独特的文化和精神，这种独特的文化不同于其他运河沿线城市的文化，

所以通州城市精神丰富了大运河文化。可见，大运河文化与通州城市精神之间是相辅相成的关系。

1. 大运河文化孕育了通州城市精神

历史上通州的战略地位十分独特，尤其是随着运河漕运的发展，直接促进了通州的繁荣与发展。明清通州城的演变与漕运有直接的关系。关于二者的关系，不少人都有论述。例如明代御史阮鹗就说："通州一城，实漕运襟喉之地，南控江淮，西望关塞，东邻海寇，北迤边夷，遂于其地多建仓庾以丰储积，而复屯重兵二万五千以守之者，盖上以拱护京师，下以与东西北诸边声援相接，缓急之际可犄角以为赖耳……且新旧二城周围不下十数里，中设大运仓廒不下七百余座，内储军粮不下数百万石，集官民船艘不下数百万只。"[①]

通州城市的"通"体现在经济、社会、文化等各个方面，尤其是在民间艺术上体现得最为明显，这与大运河文化的包容性和开放性紧密相连。以通州运河船工号子为例，专家们发现运河船工号子借鉴了江浙、山东等地的山歌、小调等的现成曲调。中央音乐学院的周青青教授认为通州的运河号子有山东山歌、小调的元素。常富尧老师发现运河号子北调含南腔，他对比后发现运河号子和江苏民歌有一些相似片段。

运河船工号子的音乐来源充分体现了运河文化的包容性和开放性的特征。

随着大运河的贯通，漕运兴盛，通州经济日渐繁荣，兴文重教成为潮流。经过长时间的发展，大约在晚明时期，在通州实质上形成了以闻道、双鹤、杨行中三所书院为载体而构成的三个民间学术团体。这三个学术圈各有侧重，在当时通州的思想学术界有很大影响。

闻道书院与泰州别派代表人物李贽关系密切，是李贽在通州著述、讲学的重要场所。李贽是当时很有名的大思想家，他在通州住在好友、通

---

① 《皇明经济文录》卷十八，《北直隶》，明嘉靖刻本。

1. 相似第一片段

江苏民歌《无锡景》

6 6 5 6 2 | 1 2 1 6 5 |

运河《出仓号子》

6 2 1 6 5 5 | 1· 3 5 5 |

2. 相似第二片段

江苏民歌《无锡景》

1· 3 2 1 | 6· 1 5 | 6 1 6 5 3 |

运河《出仓号子》

2· 3 2 1 | 6· 1 5 | 6 1 1 3 | 5 5· |

3. 相似第三片段

江苏民歌《如皋探妹》

5 3 2 | 5 3 2 | 1· 3 | 2 — |

运河《出仓号子》

5· 5 3 2 1· 3 | 2 — |

4. 相似第四片段

江苏民歌《紫竹调》

6 1 6 1· | 2 2 1 | 6 2 2 1 6 | 5 5 6 | 5 — |

运河《出仓号子》

6 6 1 2 | ··· | 6 2 2 1 6 | 5· 6 1· 3 | 5 — |

5. 相似第五片段

江苏民歌《茉莉花》

3 2 1 2 |

运河《拉纤号子》

3 2 1 6 1 2 |

州乡贤马经纶家中。李贽在这里完成了最后一部著作《九正易因》。从这个角度上讲，通州可以说是李贽思想体系完成的地方。随着李贽的到来，一批追随者来到通州，还有一些人通过书信的形式与李贽联系，客观上加强了通州学界与外界的联系。李贽死后，葬于通州，李贽墓成为当时思想文化界朝圣之地。不少推崇李贽思想的人，例如汤显祖、公安学派的"三袁"等文学大家都来到通州，甚至朝鲜、琉球等国的使臣也将通州作为学习、吸收中国文化的据点，增强了通州在当时学术界的影响。

通州人李三才是"东林党"重要成员，尤其与东林党代表人物顾宪成交往密切。万历三十九年（1611年），李三才因反对明神宗所派太监充当矿监税使而获罪，回到家乡讲学授徒，在自家双鹤轩内创办书院，取名双鹤书院。史载李三才"归而置双鹤书院，讲学其中"①。李三才创办的双鹤书院是他自己讲学的场所，也是东林党在通州活动的据点，以及东林党政治思想、学术思想在通州传播的中心，对通州的思想学术有重要影响。

杨行中是推崇程朱理学的代表人物，并重视史学（地方志）研究。这在当时受到官方的支持，属于主流思想。

另外，蕺山学派的刘宗周与通州的关系密切。还有颜李学派的代表人颜元为直隶保定府人，对通州有一定影响。颜元的弟子王源为大兴人，与通州文士多有交流。颜李学派的另一代表人物李塨曾在通州任学正，主管文教，其教育思想对通州有直接的影响。

他们虽然分属不同学术派别，但是都在通州这块土地上有自己的领地和受众，这与通州包容开放的文化氛围是分不开的。这种多元思想对通州的影响十分深远，在通州形成了重文的传统，在清代出现了很多文人世家，例如白镕家族、雷学淇家族等。多元思想对通州人性格的影响十分明显，他们有开放的心态，能够接受新鲜事物，创造了独特而丰富的文化。但是在某些原则性的问题上，他们又表现得十分坚定。例如在维护

---

① 陈鼎：《东林列传》卷16，《李三才传》。

"道""名节"等方面，涌现出了很多可歌可泣的人物。如明末的马经纶为了营救李贽，不惜冒着生命的危险，这既是对朋友信守承诺，也是尊崇"道"的表现。明末的江阴典史阎应元是通州人，面对清军攻城，表现出了高尚的气节，坚贞不屈，永垂史册。

在很多地方都有一个主导学派，对其他学术思想具有一定的排他性。但是通州的各学术团体之间相互交流，兼容并包，这集中体现了"通"的精神。没有大运河就没有通州的兴盛，也不可能有繁荣的文化，更不可能形成这样的思想学术氛围。

2. 独特的通州城市精神丰富了大运河文化

大运河流经中国东部，沟通五大水系，在大运河流域形成了运河文化。包容性和开放性是大运河文化的特征，从大运河沿线各地的文化都能反映出来。与其他地方相比，通州的文化既具有大运河文化的一般特征，也具有自身的独特性。与其他运河沿线城市相比，通州与京城的关系更加密切。从军事战略角度看，通州扼守京城的东大门，与京师是唇齿相依的关系，通州安则京城安。从经济方面看，通州是京东重要的物资交流重地，对京城的商业尤其是物资的供给产生了重要影响。从文化交流上看，通州既是京师对外交流的前沿和窗口，也是京师文化的重要组成部分，所以通州的运河文化有浓厚的"京味儿"。

"京味儿"文化在老北京人身上表现得十分明显。老北京人因为生活在皇城根下，身处政治中心，见多识广，所以比较懂政治、讲规矩。反映在老百姓日常生活中就是北京人"好面儿""讲礼"，为人仗义，"局气"。所以北京文化既不同于精致的海派文化，也不同于粗犷的黄土文化，而是介于二者之间，类似儒家的"中庸之道"。"京味儿"文化根据载体不同，又分为皇家文化、官僚文化、胡同文化、会馆文化、市井文化等，这些文化形态在通州都有体现。通州的文化既具有运河文化的一般特征，又有自身独特的气质，这种气质就是"京味儿"文化和运河文化融会贯通的产物，形成了独特的"通州味儿"。

　　"通州味儿"的内容非常丰富，这里主要探讨有代表性的文化类型，也是"通州味儿"的主流文化形态。

　　一是运河文化。通州因运河漕运而得名，通州城因运河而兴，运河文化是"通州味儿"的主要内容，也是核心内容。其他的文化都与运河文化有密切联系，甚至有些还是运河文化的延伸，例如通州的商业文化可以说是运河文化的延伸或者体现。

　　二是皇家文化。通州的皇家文化主要包括两方面的内容：一是在辽、金、元三朝，通州南部湿地（今永乐店、漷县地区）为皇家狩猎游玩之地。辽、金、元为北方游牧民族建立的王朝，皇族还保留着原先的游牧狩猎习惯，漷西延芳淀是最好的马草场、最佳游猎地，元代在延芳淀中建有行宫。为保障皇家狩猎，至元二十三年（1286年）八月，朝廷将漷县升为漷州，同时在此设巡检司、屯田司和粮仓。至今还有德仁务晾鹰台即为当时皇族在此放飞海东青的高台。二是运河漕运有很大一部分功能是为皇家服务的，所以也诞生了与运河文化有关的皇家文化。明清时期，通州设有黄船坞，即停泊皇家用船之处，皇帝及其随从由运河南下或者到京东游玩都要从此处登船。还有皇家建筑所用的木材、石料等由南方运送到通州，在通州加工，然后再运至皇家所需之处。例如，通州设有南、北两处皇木厂专为加工皇家建筑所需木材服务。

　　三是民族文化。在漫长的历史发展过程中，通州成为多民族聚居的区域。除汉族外，还有回、满、蒙古等多个少数民族。由于金、元、清三朝都是少数民族建立政权的王朝，并且定都北京，所以通州少数民族的聚居与当时的政局变化有很大关系。以通州的满族为例，通州的满族直接与清初满族贵族的"圈地"有关。各少数民族与汉族和谐相处，在通州共同创造了有"通州味儿"的文化。以回族为例，回族在通州几百年，融入了通州的文化，也创造了丰富灿烂的文化。在商业、饮食、语言、风俗、宗教等很多方面都有自己的特色。现在通州城区南大街的十八个半截胡同就是回族聚居区，在张家湾、于家务等地都是回族的集中居住区。

四是民间文化。在通州有丰富多彩的民间文化。通州的民间文化犹如一个宝库，有民间音乐、舞蹈、手工技艺、民间传说等丰富多彩的文化。民间文化植根于大众，为丰富群众的文化生活发挥了重要作用，同时也为文学艺术的创作提供了丰富的养分，是人类共有的文化遗产。很多大艺术家的作品之所以不朽而被广泛接受，就是因为来源于生活。通州有夯歌、剪纸、泥人、骨雕、毛猴、高跷、花会等几百项民间艺术。我们应该加大研究、保护的力度，只有保住了民间文化，"通州味儿"才能真正留住。

五是商业文化。明清时期，在漕运的带动下，通州区的商业十分繁荣。出现了很多繁华的商业市场，例如粮食市、果子市、鱼市等，还出现了许多老字号商店，例如大顺斋、小楼饭店等。还有出现了有名的商人，如刘大顺、马兆丰等。老一辈的通州商人具有很多优秀品质，以万通酱园的马兆丰为例，他经商讲究诚信，扶危济困，经常帮助穷人，把做慈善当作本分，而且很有社会责任感，关心时事，追求进步。这些品质都是新一代通州商人应该学习和继承的。改革开放以来，通州商业发达，出现了商人群体。通州区应该加强对通州商业文化的研究和挖掘，以建设北京城市副中心为契机，引导新一代通州商人继承通州商业的优良传统，做有理想、重诚信、有责任的新一代"通商"。

六是红色文化。红色文化是在革命战争年代，由中国共产党人、先进分子和人民群众共同创造并极具中国特色的先进文化，蕴含着丰富的革命精神和厚重的历史文化内涵。在通州的文化中，红色文化也是重要组成部分。近代以来，中国从辉煌"盛世"沦为半殖民地半封建社会，在这种背景下，通州的仁人志士就一直为民族的自由解放和国家的富强而努力。尤其是从清末开始，通州人就一直走在时代的前列，创造了"通州味儿"的红色文化。辛亥革命时期，通州是北方革命的重镇，驻守通州的毅军中不少人都接受了革命新思想，但是由于叛徒出卖，通州的起义被扼杀在摇篮里，蔡德辰、王治增等7位组织者被杀害于东关土坝。发端于北京大学的新文化运动很快就如同春风般吹到了通州。潞河中学、京兆师范附属小学等学校聚集了一批接受了先进思想的知识分子，他们把从北京大学汲取到的新思想第一时间传播到通州。在中国共产党成立后不久，1923年京兆师范附属小学教师魏颂尧（字恩铸）加入中国共产党，成为通州历史上第一位中共党员。1927年2月，潞河中学成立共青团支部，随即中共潞河中学党支部成立，周文彬任书记。1929年1月，中共通州区委成立，马国英任书记，辖4个支部。1929—1934年，中国共产党在通州主要以学校为阵地，宣传进步思想，发动进步学生，组织抗日救亡活动。根据《通县志》记载，1931年夏，潞河中学党支部组织春草读书会，介绍巴黎公社和左联的活动。同年秋，共产党组织秘密散发宣传品，组织各学校罢课，呼吁共同抗日。1934年春，共产党在通县的活动被迫转入地下。在日伪时期、解放战争时期，通州的共产党组织都发挥了十分重要的作用。如共产党策反伪政府中的武装力量发动"通州起义"，"冀东防共自治政府"被迫从通州迁往唐山。解放战争时期，平津战役指挥部就设在通州。

七是红学文化。红学是以《红楼梦》为研究对象的一门学问，内涵十分丰富。一般来说，对《红楼梦》的文本、版本、历史背景、文学史关系和作者家世、生平、创作经历的研究都可纳入红学。红学已有200多年的发展史，大致分为三个时期：从清代乾嘉年间至五四运动，称为"旧红学"时期；从五四运动到1954年，称为"新红学"时期；1954年开始进入"当代红学"时期。研究曹雪芹家事，尤其是他的生卒是红学研究的重要内容。史料记载，曹家有"通州典地六百亩，张家湾当铺一所"。1968年，通州张家湾村民在平整土地时挖出了曹雪芹墓葬刻石，证明曹雪芹葬于通州。1992年，这块刻石受到红学界的广泛争论，著名金石鉴定专家史树青、傅大卤等人鉴定为真，著名红学家冯其庸等人从红学角度研究认为是可信的。也有人对刻石的真伪存疑，红学专家为此写文章辩论，文稿被整理成《曹雪芹墓石论争集》（冯其庸主编，文学艺术出版社1994年版）。学术争论有利于红学的发展，也有利于宣传有"通州味儿"的红学文化，通州区应该与有关学术部门合作，进一步挖掘通州的红学文化。

八是名人文化。从古至今，通州的名人有很多，他们是通州的宝贵财富，应该加强对他们的研究，这对今天弘扬社会主义核心价值观、发展有"通州味儿"的文化有十分重要的积极意义。例如古代有李卓吾、吴仲、马经纶、岳正、阎应元、白镕、曹雪芹等。近现代有蔡德辰、王治增、王芝祥、李德全、刘瀚、周文彬、金吉堂、马兆丰、马文昭、杨崇瑞、陈昌祐、张志勋等，还有在通州的传教士，例如富善、谢卫楼、毕海澜、麦美德等。当代与通州有关的名人就更多了，如刘绍棠、浩然、李希凡、高占祥、黄永玉、韩美林、冯其庸等。我在这里选取的名人都是有正面意义的人物，对社会做出过贡献，也是被历史公认的应该被记住的历史人物，他们的功绩、德行、情怀应该被发扬，对他们的研究也有利于为当前行政副中心建设提供精神动力和文化支撑。

"通州味儿"包含了多种文化形态，大运河文化是其中最重要也是最核心的文化形态。大运河文化具有开放性和包容性的特征，这就决定了"通州味儿"具有"通"的精神。从实践层面看，我们要在以中国优秀传统文化为基础的社会主义核心价值观的指导下，处理好以下几组关系：

一是"通上下"。就是要将中央、北京市对通州的要求与通州实际结合起来，与群众需求结合起来。当前最大的任务就是要建设北京城市副中心，在京津冀一体化中发挥好"桥头堡"的作用。"通上下"是个政治问题，要将中央、市委的要求很好地贯彻执行下去，同时也要关注通州历史文化特色和群众需求。

二是"通古今"。就是要处理好传统与现代的关系，也是毛泽东所说的"古为今用""去其糟粕，取其精华"。中国优秀传统文化是中华民族的精神家园，也是中国人民的立身之本。中华民族要实现永续发展，必须要继承和发扬优秀传统文化。而优秀传统文化又有一定地域性，通州的优秀传统文化就是具有"通州味儿"的优秀文化。正如习近平总书记所讲，要像爱护生命那样保护好优秀传统文化。同时，中国的传统文化有经世致用的特色，要随时代变迁而不断发展。通州应充分挖掘有"通州味儿"的优秀传统文化，做到古为今用，为建设北京城市副中心服务。

三是"通中外"。就是要在尊重中国特色的前提下，吸收世界先进思想文化。在全球化浪潮下，中国正以积极的姿态参与国际事务。随着中国国际地位的提高，中国越来越融入国际社会中。全球化是一把双刃剑，我们要有自己的定力和立身之本，同时要积极借鉴和吸收先进的思想文化。同时我们要进一步增强文化自信，在保护和弘扬通州传统文化的基础上，把先进的本土文化推向世界。

通州因运河而兴盛，通州城市精神是运河文化孕育的产物，同时也具有独特的地域特性，共同形成了丰富的运河文化，是中华优秀传统文化的重要组成部分。

第四篇

红色血脉

第十三章　近代以来通州人民争取
自由和解放的斗争

古代的中国创造了辉煌的文明，进入16世纪以后，西方国家逐渐从中世纪的黑暗走出来，经过了文艺复兴，进入资本主义阶段。到明中期，在中国的南方已经出现了资本主义萌芽，但是被专制的封建王朝扼杀在萌芽中，渐渐与西方拉开了距离。到1840年，西方的坚船利炮打开了中国的大门，中国进入了悲惨的近代史。作为京师的门户，通州经受的苦难是中国近现代惨痛历史的缩影，但是不屈不挠的通州人民并没有屈服，而是同全国人民一道投入反帝反封建的洪流中，并赢得了最后的胜利。

一、通州人民的苦难遭遇

自1840年鸦片战争以来，通州由"仓庾之都会"的繁盛而逐渐衰落，成为西方列强垂涎的对象，通州人民遭受的苦难可以说一言难尽。限于篇幅，本文主要介绍八国联军在通州的屠杀和冀东防共自治政府统治时期的通州。

1. 八国联军在通州城的屠杀

八国联军入侵北京将近代中国的屈辱史推向极端，成为中国人民永远的伤痛。八国联军是指1900年（庚子年）以军事行动侵入中国的英国、法国、普鲁士（德国）、沙俄、美国、日本、意大利、奥匈帝国（今奥地利和匈牙利）的八国联合军队，开始时总人数约3万人，后来有所增加。

1900年6月11日，英国海军中将西摩尔率领八国联军向北京进犯。第二天，义和团与清军董福祥、聂士成部联合作战，不惜以血肉之躯与敌人拼搏，表现出极大的勇气和爱国热情，迟滞了八国联军入侵京师的步伐。

八国联军入侵京城，通州首当其冲，惨遭联军凌辱。8月6日，联军乘胜分路进攻天津杨村，武卫军宋庆所部一触即溃，与马玉昆残部一起向通州方向败退。宋庆、马玉昆败军一直溃逃到南苑，沿途焚掠洗劫一空。当时通州守城的武卫军董福祥部进行了奋力抵抗，但因实力悬殊太大，不堪一击，逃往北京，知州孙寿臣带领官员弃城而逃。

图13-1　1888年日谍秘密测量的北京—天津行军图

先进行炮轰的是日本人。日本对中国的侵略蓄谋已久，"明治维新"后不久，日本就派出了间谍到中国各地搜集情报。加入八国联军入侵北京后，因日本军队的情报十分精确，所以日本在侵略中最积极，"成果"也最丰硕。

12日凌晨，日军首先占领通州旧城南门外。八国联军中日军人数最多，充当了侵略急先锋的作用。日军在新、旧城门口和进城通道上派兵把守，在北三间房村西北和葛布店北高坡上架起大炮，向通州城内轰击。日军炮击主要是为了制造混乱，日本特务乘机杀死城门守卫，混入城内。炮击停后，日军威逼各家门前悬挂日本国旗，或者贴上"大日本国顺民"的帖子。日军首先占据万寿宫以南，主要是今天新华街道部分地区和中仓街道大部分地区。日军由于情报准确，占领了清皇家粮仓等富裕地区。除了抢劫，日本人还在城内滥杀无辜，根据老人回忆，日本人在城隍庙前（今中仓街道新建街南口东侧）进行屠杀，当年逃难的人顺着悟仙观东和神路街向北跑，到城隍庙时，日本人在此设障开枪杀人，大部分人死于枪下，不少人跳入旁边的大水池，淹死者不计其数。

紧随其后大量涌入的联军在通州城内占据有利位置进行疯狂的烧杀抢掠。美军占领新城南门一带，德军占领北关地区，法军占领北门及周围，俄军占领鼓楼以北和东大街以西一带。由于英国等一些欧洲国家军队中有大量的雇佣兵，所以在当时的通州除有日、俄、法、美等人，还有印度兵、哥萨克兵、锡克兵等雇佣兵。他们在中国的土地上肆意践踏。

这些列强以搜查义和团为名，主要射杀青壮年，大规模屠杀。除了前面提到的日本人大屠杀，法军在北门外将藏匿于北门一带的青壮年悉数被搜出，用绳索捆绑牵到今葫芦头滚水坝旁进行集中屠杀。对于丧失人性的联军来说，小规模的屠杀就像是家常便饭。这样的屠杀进行了两个月之久。

联军入城后，还对手无寸铁的妇女实施毫无人性的奸淫。在联军入城之前，条件稍好的家庭纷纷外逃。穷人没处可去，只能留在通州城内。由于当时的妇女缠足，不便行走，大部分妇女不能逃走或者逃离不远。为免遭奸污，她们用泥土和黑烟灰抹脸。投井、上吊、自焚、服毒自杀者不计其数。有29名妇女为免遭侮辱，共同跳入三官庙（位于今中仓街道四员厅社区）前井中。① 有的家族不堪受辱，集体自杀的情况也屡有发生，如意胡同毛焕枢一家31口都自杀了。②

究竟有多少人死于这场屠杀，现在很难说得清楚。根据《民国通县志稿》的记载，八国联军占据通州一年之久，伤亡十分惨重。联军撤退后，经"邑人王振声、金镜芙、于振镳、果寿康等人统计，并编订成册"③。根据这个统计，死于联军屠杀者共计1178名，其中男性685名、女性493名。但是这个统计是很不全面的，仅限于有名有姓且死后受到旌表者，实际数字远远要大于此。根据弗兰克·布林克利的一次讲话："仅在通州一地，在这座中国未设一兵一卒抵抗的城市中，就有573名中上层妇女因不堪忍受联军士兵污辱羞愤自尽，而同样受辱的下层妇女们，则只能忍气吞声。"④ "573"这个数字显然大于《庚子殉难记》中女性死亡人数的统计。而这只是通州城内自杀的上层妇女的不完全统计。加上中下层自杀妇女人数，推测自杀妇女的人数当在1000人左右。根据《庚子殉难记》中"男多于女，约为六与四之比。……女之自尽者多于遇害者，约为八与二之比"⑤ 的统计推测，在这场灾难中的死亡人数当不少于3000人。

除了杀害无辜贫民，奸淫妇女，侵略军还极尽抢夺财物之能事。他们

---

① 金士坚：《民国通县志稿》（庚子殉难记），通州区史志办公室，2002年4月整理，第204页。

② 同上书，第203页。

③ 同上书，第156页。

④ 《日本邮报》编辑刊发的弗兰克·布林克利的讲话，转引自阿瑟·贾德森·布朗：《辛亥革命》，解放军出版社2011年版。

⑤ 金士坚：《民国通县志稿》（庚子殉难记），通州区史志办公室，2002年4月整理，第203页。

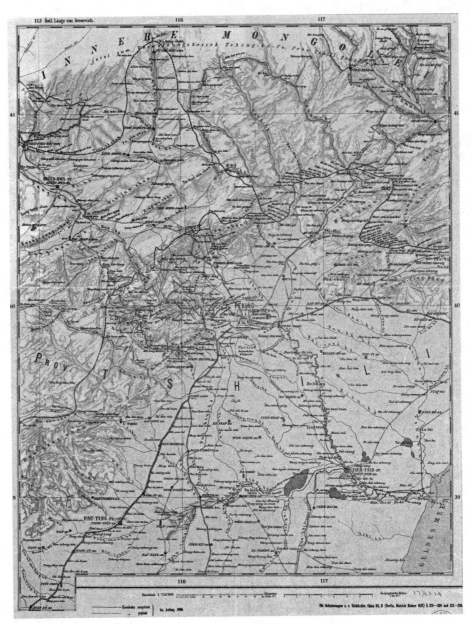

图13-2 1900年八国联军入侵北京的军用地图

在大街小巷，挨家挨户搜寻，不放过任何值钱的东西。在这帮强盗眼中的通州城是什么景象，一个洋鬼子在书中赤裸裸地写道："从商业上说，通州或许比北京更富有。它是所有下至天津的水路贸易的必经之地，并拥有比北京更富有的当铺。在中国，当铺是十分重要的机构，不仅有着可以预支现金的大量当票，还是老百姓储存贵重物品——珠宝、昂贵毛皮、贵重玉器和各式各样的艺术品的地方，都可以在当铺中找到。对于想要抢劫的人来说，再没有比一家兴隆的当铺更好的地方了。很显然，大约三分之二的居民逃离了这座城市。几乎所有的房屋和店铺都被遗弃了，一切有钱人都走了，他们的房子大多留给一两个忠实的仆人看管。"①

根据《北京市通州区军事志》记载，仅德军抢夺的财物就装运了400辆大卡车；日军情报准确，占据当时的仓场衙门，抢走了藏在地下室的185万两白银。正如八国联军统帅德国人瓦德西于1900年10月22日写给德国皇帝的报告中所说："所有中国此次所受损毁及抢劫之损失，其详数将永远不能查出，但为数必极重大无疑。"②

侵略军抢夺之后就开始放火焚烧，通州城里一片火海。仓场衙门、通粮厅、通永道衙门、东路厅署、大运西仓等政府机关，以及寺庙、商铺、民房多被付之一炬。俄军因情报不准，没抢到很多值钱的东西，他们气急败坏，大搞破坏。他们点燃了位于西水关清军留下的火药库，损坏建筑无数，伤及平民不计其数。

对当时的情景，我们很难完整而真实地再现，只能借助亲历者的回忆和研究者的记述，也许可以更加真实和直观地帮我们了解当时的历史。通州区文史专家陈乃文先生回忆他小时候和家人出逃时看到这样的情景：

西水关一带到处都是被洋兵打死的中国人尸体，死人压着死人，血水横流……出了北门死人更多，还有被踩烂的婴儿、哭喊找妈的孩子。将到

---

① ［英］乔治·林奇著，王铮、李国庆译：《文明的交锋——一个"洋鬼子"的八国联军侵华实录》，国家图书馆出版社2011年版，第34页。

② 北京师范大学历史系中国近代史组：《中国近代史资料选编》（下册），中华书局1977年版，第115页。

卧虎桥，就听到桥下传来阵阵婴儿的哭声，到桥头往河里一看，人们惊呆了。只见河中流水已经被母亲和婴儿的尸体阻塞，有的孩子淹死时仍旧偎依在死去母亲的怀抱里，有的婴儿在尸体上边爬边哭。……我小时候还见华严寺、城隍庙、中山街、西水关等处有残垣断壁，有小块空地，杂草树棵子丛生乱长，老人们说通州城内有很多这样的地方，都是庚子年死绝了的人家，没人提（说起）了。①

　　除了中国亲历者的记载，还有当时联军军官的日记。毕耶尔·洛谛是法国军官，也是事件的亲历者。1900年他作为法国特使赴中国向八国联军中的法军和法使馆传达指令，他从大沽口登陆，从天津到北京，将沿途所见所闻记述下来，并寄回法国，在报纸上发表，事后集结成册出版。1932年，一个叫允若的年轻中国人首次将其翻译成汉语，以《庚子外记》之名面世。由于那个译本现在很难见到了，所以这本书于2009年进行了再版，改名为《撕裂北京的那一年》。在这本书里，作者辟专文对通州的情形进行了记述，这篇文章的题目叫《一片废墟的通州》。

　　读这篇文字是一个痛苦的经历，作为中国人，应该牢记这段历史。记住这段历史不是要激起我们的民族仇恨，而是告诉今天的人们要更加珍惜来之不易的和平，要告诉世人，让悲剧不再重演。让我们一起随作者穿越到那令人无比伤痛的往事中。

　　毕氏沿运河到通州，这个因漕运而曾经无比繁华的古城，现在变成了什么模样？毕耶尔记录到：

　　我们慢慢地靠了岸。……岸上和城里都看不见旁的什么，除了侵略者的一些士兵、一些大炮和一些战斗的需用品。在人群里，一些哥萨克兵

---

　　① 陈乃文：《八国联军血洗通州城》，见《北京文史资料精选》（通州卷），北京出版社2006年版，第100—105页。

骑着抢来的马匹，来来往往地飞跑，一面跑，一面像傻子样地张口蛮叫。在给炮弹打穿了的高城上，在各处营幕上，在河里的船上，在残破的房屋上，各处都有联军盟国的旗子花花杂杂地高扯着。冷风不断地吹，把有毒的灰尘和死尸的臭气都扬了起来。[1]

多么可悲啊，在中国的土地上，侵略者横行霸道，而我国的人民正遭到强盗肆意的屠杀：

疯狂般的杀人和摧毁的事情，在这里竟一直延长到两个月之久……义和团从这里撤走以后。首先来占领这里的是日本兵。对于这些短小的日本兵，我不想说什么，不过他们毁坏和屠杀，却真太过于和往昔野蛮人战争的情形相类似了。继日本兵而至的便是我们的朋友俄国兵。对于他们，我更不欲有所非议，不过，大多不是鞑靼省的哥萨克兵，便是西伯利亚的半蒙古兵的他们，都是著名善战，而也都是善以亚洲的方式作战，这也是当时的事情。再接着来的是英国的印度骑兵，也残酷得非常厉害。[2]

那个时代的通州人（汉奸除外）要活下来实在是不容易的事，无数的通州人死去了。然而死了并没有解脱，他们的尸骨受到各种责难，没有一点尊严：

从一堆破碎的盘碟下，我们看见一只狗在那里拖什么东西。走近一看，才知是一个小孩的尸首，他的头顶骨已破了，这狗正在吃小死人腿上的肉。
…………
在一家宅子里——这是很富有的人家的宅子了……地板上摆了一只木桶，

---

① ［法］毕耶尔·洛谛著，允若译：《撕裂北京的那一年》，九州出版社2009年版，第51—52页。

② 同上书，第52—53页。

桶里似乎有什么东西长伸出来……原来是一支削去了肉的女子的大腿……这是华美内室女主人的下肢无疑了……尸体呢？……谁知道人们把她拿去做什么呢？……不过，啊，她的头是在这里呀，和一只小儿的玩具一起滚在椅子下面，已经完全变黑，在长发纷披之间，我只能看见从口里露出的白牙而已。①

图13-3　通州城墙废墟，摄于1900年
图片来源：《八国联军侵华时期照片集》

　　这样的情景实在是令人恐惧和惨不忍睹，实在是不愿向人们重新提起。这只是其中少部分场景，对当时的通州来讲，对中国被列强洗劫过的所有地方来讲，都是很普遍的场景。

　　经过屠城后的通州，只留下少部分幸存者饱受国破家亡之苦。他们不仅要忍受痛失亲人的悲痛，还要承受沉重的赔款负担。

　　2. "冀东防共自治政府"统治下的通州

　　20世纪30年代，日本帝国主义侵占我国东北以后，又将触角伸向了

————————————
　　① 　［法］毕耶尔·洛谛著，允若译：《撕裂北京的那一年》，九州出版社2009年版，第54—56页。

华北地区。在这民族存亡的危急关头，国民党政府实行"攘外必先安内"的政策，集中精力对付共产党，而与日本签订卖国的《塘沽协定》。根据这个协定，中国军队撤至延庆、通州、宝坻、芦台所连之线以西、以南地区，实际上承认了日本对东北、热河的占领，同时划绥东、察北、冀东为日军自由出入地区，从而为日军进一步侵占华北敞开了大门。

《塘沽协定》签订后，1933年11月日本内阁在《帝国外交政策》修正案中提出要"支持中国大陆之分治活动，驱逐国民党势力于华北之外"。日本关东军明目张胆地推进"华北自治运动"，借以分裂中国，吞并华北。1935年10月中旬，关东军的老牌特务、关东军沈阳特务机关长土肥原贤二来到华北策动"华北自治运动"。土肥原知道，要一下子让华北的主要势力宋（哲元）、阎（锡山）、韩（复榘）、商（震）四人都联袂反蒋，难度极大，而首先从冀东殷汝耕那里获得突破，则可以借此向华北其他实力派人物施加压力。"冀东防共自治政府"就是在这样的背景下产生的。

冀东伪政府其实是效忠日本的傀儡政府，实权由日本领事馆、特务机关掌控。从防共自治政府到各县县政府乃至最基层机关都由日方安插了日本顾问、参事等，他们把持大权，殷汝耕其实就是一个"儿皇帝"。

伪政府在政治上实行残酷的法西斯统治，禁止民众言论、集会、结社自由，取缔一切抗日活动。伪政府建立了包括保安队、警察和民团在内的反动武装，还整编地主武装，收缴民间枪支，建立保甲制度，实行强化统治。冀东人民毫无自由，犹如生活在"大监狱"里。在经济上，伪政府巧立名目，征收各种苛捐杂税，拼命压榨人民血汗。在文化思想上，伪政府推行奴化教育和反共宣传。在社会风气上，日本军队和日本浪人肆无忌惮地进行"三毒"（吸毒、赌博、娼妓）活动。他们通过这种手段妄图使冀东人民身心堕落、意志沉沦，永远受其奴役和控制。

11月24日，殷汝耕在通县发布冀东22县自治宣言后，即刻向平津卫戍司令宋哲元、晋绥绥靖主任阎锡山、山东省政府主席韩复榘、山西省主席徐永昌、绥远省主席傅作义、北平特别市市长秦德纯、天津特别市市长程克、青岛特别市市长沈鸿烈等人发出通电，邀请他们投靠日本，敦促他们"至此危急存亡之状，亟望早定大计"①。

当时的通县是伪政府首脑所在地，是伪政府控制最严密的地区，百姓深受其苦。这个伪政府统治通县一年多的时间里，全力讨好日本主子，倒行逆施，致使通县人民处在水深火热之中。

一是甘当马前卒，积极为日军军事行动效力。1936年10月30日—11月3日和1937年4月24日，日军在通州举行了两次军事演习。②伪政府对此十分重视，提前成立了"筹应友军秋操演习委员会"，针对日军所需人马和物资召开会议，详细部署。食物、被褥、芦席、草垫、干草、炉火、锅灶、柴火、拴马桩等一应俱全，伪政府的"奴才相"暴露无遗。伪政府还强征通县男子师范及其完小、简师、县立完小、静安寺、各旅店、澡堂等，于演习前按要求布置好，供日军住宿。

图13-4　日军占领下的通州城

图片来源：《百年沧桑——通州历史图片汇编》（通州博物馆编）

---

① 河北省唐山市政协文史资料委员会：《二十世纪三十年代的冀东阴云——伪"冀东防共自治政府"史略》（内部交流），1999年8月印刷，第36页。

② 李广成：《伪冀东政府时期通县社会状态拾零》，见《烽火通州》，中央文献出版社2006年版，第108页。

二是大兴土木，百姓民不聊生。伪政府成立后，殷汝耕就在通县修建官邸。为了腾出空间，有百户民房被夷为平地。由于后来爆发了"通县起义"，工程被迫中止。伪政府还开展了一系列的工程建设，从而达到虚假繁荣、粉饰太平的目的。如1936年秋，伪政府"按旧有水池划分五区，栽植荷花，就城墙西北部之坍塌处，修建城道七路，广载花草树木……"[①]营建了西海子风景区，实际上是"殷府后花园"。在新城东北后街建立了自动电话局，主要用作日军军用专线。与此同时，殷汝耕还推进伪政府各部门办公所需的楼堂馆所等工程，在中仓地区建设了自来水塔。其实当年旱灾、蝗灾十分严重，底层人民食不果腹。1936年入冬，从农村到城镇，乞讨要饭的人不断增加，饿死也是常有的事。有老百姓自编的歌谣为证：

> 殷汝耕，坐冀东，
> 不是下雨就是刮风；
> 修马路，挖大坑，
> 地上钻些大窟窿。[②]

这首歌谣以简洁的语言生动地反映了大汉奸殷汝耕搞所谓政绩工程的史实，也是生活在水深火热中的老百姓对殷汝耕的痛恨之情的表达。殷汝耕在通州最繁华的地区建自己的府宅，百姓称之为"阴（殷）府"。在民间也有这样一首歌谣在传唱：

> 万寿宫，东头高，
> 西头有座鬼王庙。

---

① 金士坚：《通县志要》卷三，《建置·局厂》。
② 郑建山：《郑建山作品选》，漓江出版社2013年版，第568页。

鬼王庙，改殷（阴）府，

旁边就是双老鼠。

双老鼠，吱吱叫，

北边就是五道庙。

五道庙，一间房，

后边紧挨大苇塘。

大苇塘，噗噜噜，

前边笑来后边哭。[①]

三是大肆掠夺，吸吮人民的血汗。日本是一个资源贫乏的国家，为满足对外扩张的需要，冀东地区丰富的物产早已令日军垂涎三尺。殷汝耕为满足日本主子的意愿，积极协助日军掠夺不计其数的煤炭、粮食、棉花以及其他物资。殷汝耕还实施所谓的"冀东特殊贸易"，为日本走私活动提供保护。当时的通县同冀东其他地方一样，日货充斥市场，而民族产业受到毁灭性打击，大批工厂、商店倒闭。1936年，日本人在通县开设冀东银行，滥发伪钞，造成货币贬值，百姓的财富迅速缩水，人民苦不堪言。

除此以外，伪政府巧立名目，征收苛捐杂税，压榨冀东人民最后一滴血。根据《冀东伪组织下的苛捐杂税》记载，通县有24种税捐：地产捐（田房中用附加）、保卫团饷税、发电厂捐、本城商铺捐、妓捐、人力车捐、汽车捐、万寿宫香捐、东关芝麻捐、本城羊屠捐、教育戏捐、冬期冰窖捐、官厕所捐、妓馆捐、教育房捐、建设房捐、农品变价税、斗牙附税、称牙附税、牲畜牙附税、屠宰附税、斗称屠宰协款、教育冰规、盐店补助费。[②]

四是奴化教育和反共宣传。日伪政权的文化教育政策是与其军事、政

---

① 郑建山：《郑建山作品选》，漓江出版社2013年版，第568页。

② 《冀东伪组织下的苛捐杂税》，载《东方杂志》第34卷第15号，1936年10月24日。

治阴谋密切配合的。在其统辖地区，尤其是在通县地区，推行奴化教育以及各种欺骗宣传，达到"掌握民心"的政治目的。在通县（以及冀东其他地区）的教育行政机构和各类学校中，教育大权都控制在日本人手中，在通县的日本顾问叫上田金三郎，月薪160元。而当时通县县立完小校长邢文会向上报告"教师最高薪额为25元……特请县政府……将各教职员薪略事提高，以资救济"①。

在各级学校，日语被列为必修课，为通县的三所省立和一所县立学校配备了日语教员。《冀东道区省县立中等学校日系日语教员情况》（1938年10月，唐山市档案馆藏）记载了这4所学校的日语教员的姓名和薪水情况：中西金太郎到省立男子师范学校，月薪180元；齐藤一男到省立女子师范学校，月薪170元；吉见平三到省立农科职业学校，月薪170元；根岸孝到县立简易师范学校。另外，伪政府在各级学校将日语列为必修课，经书和"修身"作为主要课程，历史、地理等课本被肆意篡改歪曲，凡有爱华思想的内容全部删除。推行奴化教育，提倡"尊孔读经"，钳制和麻痹人民的思想，磨灭学生和民众的反抗意识，使其成为日本统治的"顺民"。

伪政府的反共宣传渗透到各个领域，其中教育方面是重点。1937年8月，在伪教育厅召开的直辖校长会议上，伪政府颁发《防共原则案》。为防止学生被"赤化"，《防共原则案》拟定了以下4项措施："①考察言行：各级学校在授课时，对于学生的言论行动，均应严密考察，勿使有共产学说之倾向。②调整思想：各校应于课余，利用各种方法引导学生使其思想正确，勿令荒于闲逸，免于共产党徒以引诱之机会。③检查读物：各校学生阅读刊物，应由训育人员随时检查，不得涉及共产党宣传文字，否则没收销毁，并予以相当之惩戒。④联合家庭，各学校与学生家属，应随时联络，对学生在家庭之读物，施以检查，俾学校与家庭通力合作，以防

---

① 李广成：《伪冀东政府时期通县社会状态拾零》，见《烽火通州》，中央文献出版社2006年版，第106—107页。

共产党之诱惑。"[1] 伪政府编印了《防共要义》《防共浅说》等材料，进行广泛宣传，还炮制了"剿共灭党歌"等反动歌曲在各种媒体上进行播放。此外，伪政府十分重视建立和控制报纸、广播等工具，控制舆论，加大防共宣传。

此外，伪政府还借助封建复古思想和迷信思想，传播殖民地文化，抵制抗日救国的进步思想。日本浪人在通县开设洋行白面儿（海洛因）馆、赌局、花会和妓院。败坏社会风气，沦丧伦理道德，企图磨灭通州人民的意志。

为确保各项政策、任务得到有效执行，日本帝国主义还在通县驻扎了由特务和汉奸组成的武装特务部队，部队番号为甲字1418部队，总部在燃灯佛塔西南侧。他们的主要任务是秘密搜捕、杀害爱国进步人士；派假学生监视、绑架宣传抗日思想的爱国师生；派假商人刺探、诱捕爱国商界人士；派武装特务配合"清乡"日伪军抓捕与共产党有往来的伪乡长、伪保甲长等。这些活动都是秘密进行的，而且手段极其残酷。这是日本特务机构的一贯做法，在很多文献资料里都有记载，限于篇幅，这里就不赘述了。

从当时通县的各种军事力量的存在就可以看出这种犬牙交错、极端复杂的局势。"冀东防共自治政府"成立以后，日军有日本守备队和特务机关的宪兵队，分驻西仓、中仓和西塔胡同。日军守备队应该算"特勤部队"，与正规作战部队有区别。此外，还驻有一个日军的宪兵中队。冀东伪政府保安第一总队、保安教导总队分驻在老四营等地。"保安队"是介于军队与警察之间的一种武装力量，因为日本人不允许伪冀东政府拥有自己的军队。保安部队之外，还有地方警察，他们是通县政府原有的社会治安力量。通州南城外有第29军一个营的兵力（即143师独立第39旅2团1营，营长傅鸿恩），驻守三义庙、宝通寺、王恕园和城东南的发电厂。

---

① 张洪祥编：《冀东日伪政权》，档案出版社1992年版，第545页。

这支因参加长城抗战而闻名天下的部队，于1933年1月从山西移驻通县城南门外，保卫着北平东大门。伪冀东政府成立后，日伪武装占领城内，与29军隔南城墙直接对峙。卢沟桥事变前，中日两军都不敢贸然动武，还能够"相安无事"。这主要有两个原因：一是根据《塘沽协定》，这条护城河正处在"战区"分界线上；二是当时驻通州日军实力不足。尽管国民政府对日军心存幻想，举棋不定，但中方武装力量也没有放松对日军的警惕。1935年12月，宋哲元就任晋察政务委员会委员长之后，张庆余和张砚田秘密拜会了他，表明了愿意追随宋哲元抗日的心愿。宋哲元嘱咐他们要保密，要求他们加紧训练军队，做好准备工作，并送他们一万元。两人十分感动，慷慨表示："今后愿一心一意追随委员长为国效力。"[1]

1937年7月28日，"通县起义"爆发，给冀东伪政府致命的打击。伪政府的所在地也由通县迁往唐山，由池宗墨接替政务长官的职务。

"通县起义"爆发后，日寇对通县的法西斯统治变本加厉，强化了对通县的殖民统治。1937年下半年，日军华北驻军第63师团67旅一个大队约1500人侵占通县。[2]1941年，日军将驻通州治安军增加至3个团。1942年又增加一个警备大队528人，武装警察296人，加上日军松奇直人部队，总兵力达5000余人。1941年3月，伪政府成立地区保甲自卫团，全县5个地区共有保甲自卫团团员530人。日军在通县地区无恶不作，其罪行罄竹难书。

二、通州人民争取解放的斗争

近代以来，通州的仁人志士就一直为民族自由解放和国家富强而奋斗。

---

① 张庆余：《冀东保安队通县反正始末记》，见《天津文史资料选辑》第21辑，1982年刊印。

② 田广志：《日寇对通县城乡的统治及暴行》，见《烽火通州》，中央文献出版社2006年版，第110页。

1. 辛亥革命在通州

辛亥革命是指1911年中国爆发的资产阶级民主革命，它成功推翻了清朝的统治，结束了中国2000多年的封建帝制，开启了民主新纪元。但是对这次划时代的历史事件，用什么名称称谓，一开始并不统一。较早见诸记载的"辛亥革命"一词，出自署名为渤海寿臣者的《辛亥革命始末记》。[①]1919年8月，毛泽东在《湘江评论》中连载《民众的大联合》，使用了"辛亥革命"一词。1921年10月梁启超以《辛亥革命之意义与十年双十节之乐观》为题，诠释了辛亥革命的内涵。第一次国共合作初始，陈独秀撰写《辛亥革命与国民党》，"辛亥革命"渐成专有名词。

辛亥革命是以武昌起义为"首义"，包括辛亥年发生的一系列武装起义。武昌起义后，南方各省相继宣布独立，然而在北方尤其是京津地区却表现很迟钝。这也容易理解，因为北京是清王朝京师重地，可以说是封建王朝的核心堡垒，无论是军事还是人们的思想都是清王朝统治最顽固的地方。但在武昌"首义"后，清王朝京师东大门的通州也酝酿了"通州起义"，由于各种原因，在很多史书上鲜有提及。但是"通州起义"也是辛亥革命的组成部分，从民主革命思想传播和历史意义的角度讲，其影响十分深远。

通州起义前，革命者做了充分准备。革命党人积极在学校和军队中宣传民主革命思想，在驻通州的毅军中搞策反活动，积极准备起义。通州华北协和书院（North China Union College）是教会创办的学校，与传统书院不同，该校开设课程和教学方式均为西式。该校大部分学生尤其是大学部的学生，既有一定的传统文化功底，也系统接受了西方文化。这在客观上对启迪学生对救国救民问题的思考，传播资产阶级民主革命思想起到了促进

---

①　此书出版于1912年6月，收录了1911年10月11日至1912年2月12日的各报记录事关革命的报道。

作用。当时革命党人出版的宣传革命思想的读物在学校广泛传播。^①同盟会的机关报《民报》、邹容的《革命军》等进步书刊在学生当中影响极大。国文老师管万恭（字协长）在国学课上讲解孙中山、邹容、章太炎等人的革命思想，传播了民主革命思想。

革命党人不仅在学生中宣传民主革命思想，还有很多革命团体在通州活动。在通州活动的革命团体有"铁血会""共和会""中国同盟会京津保支部""鄂军代表办事处""北方革命协会"等团体。^②他们积极组织队伍，开展罢课、起义等活动。"通州起义"的领导者都曾参加这些团体。王治增曾为"铁血会"的领导，蔡德辰、张雅堂为通州共和会筹备会负责人，蔡德辰、王治增、张雅堂曾参加"中国同盟会京津保支部"代表大会。

此外，进步人士还开展了策反毅军的活动。在蔡德辰等人的领导下，通州日益成为北京近郊革命活动的基地。武昌起义后，北方的反帝反封建革命活动曾接连受挫，书院进步师生认为失败原因在于起义部队驻扎滦州、石家庄，距北京较远，不能乘虚入京，坐失良机。如果能策反驻通州的毅军起义，便可迅速攻入京城，威逼清廷。于是，大家决定加紧策反驻扎通州的毅军起义。

毅军营房位于通州城内南仓，距书院很近。由于华北协和书院院长高厚德与姜桂题相识，因而驻通州毅军官兵也与书院学生时有交往。据协和书院的四川籍学生杨学羔回忆，毅军头领姜桂题对于学生的一切活动，尤其是体育技术竞赛，颇感兴趣。"书院每年举行春秋两季运动会或圣诞节等其他典礼（有各项节目）时，都必邀请姜桂题及他部下官兵到场参观。书院准备茶点，师生亲自招待。他们也携带奖品等，亲自

---

① 张庆和：《辛亥革命在通州》，收录在《辛亥革命在通州》中，团结出版社2011年版，第17页。

② 同上书，第21页。

发给成绩优良的学生。姜营无论举行任何庆祝典礼，如有节目表演，也必邀请书院师生前往参观。有一次姜桂题赠送书院师生安庆胡家酱园酱菜，先生每人两小篓，学生每人一小篓。某营统领持赠著名土产，用红丝线扎成菊花朵式的黄山云雾茶，先生每人四朵，学生每人两朵。"①于是，蔡德辰等人利用这种联系，在毅军中秘密进行革命宣传。教习张雅堂、军药局医官雷竹村等先后加入共和会，使革命党人掌握了部分武装力量。据杨学羔回忆："书院师生利用驻通毅军与书院有友谊这个良好条件，就积极地活动起来，举蔡德辰为总代表，向当地毅军进行工作。不久，就将七个营中实力最强、为姜最亲信的统领陈某等的四个营运动成功，连姜的一个亲侄儿和一个外甥也都在内。他们都赞成起义，推倒清廷……"②

革命党人在民主革命思想传播和策反毅军两方面所做的准备工作是很充分的，也是比较有成效的，为什么通州起义会以失败告终呢？

武昌"首义"后，湖北军政府派胡鄂公为鄂军政府全权代表，北上推动京津地区革命活动，彻底推翻清朝政府。胡鄂公多次与蔡德辰等人会面，并亲自到通州指导工作。1911年12月2日，通州革命党人代表蔡德辰、王丕承、张雅堂到天津参加共和会代表会议。会议确定在北京、天津、保定、滦州、通州、石家庄等地联合发动起义的部署，并组建各地起义军司令部。其中通州司令部的总司令为蔡德辰，王丕承等5人担任指挥。6日，胡鄂公与蔡德辰、王治增等会晤，并赠送武器若干。24日，胡鄂公召集通州军队代表在王治增家会商准备起义事宜。会议决定加紧各部队革命党人的联络，待武昌军政府汇款到津时，立即在北京、天津、保定、滦州、通州同时起义。

　　① 杨学羔：《华北协和书院师生的革命运动》，收录在《辛亥革命在通州》中，团结出版社2011年版，第76页。

　　② 同上书，第77页。

　　1912年1月2日"滦州起义"爆发，滦州宣布独立。"通州起义"领导蔡德辰大受鼓舞，密谋起义。据胡鄂公记述的大致安排是"拟以吴若龙、蔡德辰、黄之萌、武子展、王丕承、张雅堂、徐云谷、万谷生、谢练伯等率领通州西仓、南关、东关、北关、大操场等地毅军，与毅军退伍士兵三百余人所组之敢死队，于午夜自通州向北京进攻，以与李尧衢、罗明典、邝摩汉、王振汉、张先之、林伯衡等所督率之南苑毅军，按时到京会合于永定门，直趋东城外交部以包围内阁官署。邱寿林、杨禹昌、周敬孚、刘竹坡等指挥西直门外禁卫军第四标攻入西直门，以进攻西华门。钱铁如、覃秉清、张先培、罗定文、李孔支发动内外城毅军与珠巢寺车夫千人与之会合后以环攻禁城大内，而刘仙洲、许润民、王荣九、刘新茹、赵海涛、程芝田等则联合西关路警东关驻军千人，以遥应于保定，此其布置大略也"①。但是，因经费不足，又闻"滦州起义"失败，"通州起义"被迫延期。

　　1月14日，北方革命党领导者汪精卫特派亲信余临江赶到通州与蔡德辰见面，再三强调正值南北议和停战时期，切勿轻举妄动。蔡德辰坚持要发动起义，两人不欢而散。②同日，清廷内阁总理大臣袁世凯得到"通州起义"密报。袁闻讯大惊，当即下令毅军出动镇压。

　　15日凌晨，毅军第十二营管带马松图率领马队200余骑，突然包围了王治增家。清兵抓捕了蔡德辰、王治增、王丕承、杨兆林、张文炳、雷茂林等6人。③抓捕蔡德辰等人后，袁世凯当晚曾去电上海，责问汪精卫此事。汪精卫复电："北方同志，在此议和时，所有一切行动，咸已停止，通州机关，当为匪类之结合，请依法办理。"④于是，"通州起义"就这样被消

　　① 胡鄂公：《辛亥革命北方实录》，中华书局1948年版。

　　② 张庆和：《辛亥革命在通州》，收录在《辛亥革命在通州》中，团结出版社2011年版，第31页。

　　③ 同上。

　　④ 胡鄂公：《辛亥革命北方实录》，中华书局1948年版。

灭在襁褓之中了。

1912年1月17日，蔡德辰等7人被杀于通州东关外土坝。他们的鲜血洒在了我们今天生活的土地上，我们今天的美好生活正是先烈们为之奋斗的目标。让我们记住他们的名字吧，他们是蔡德辰、王治增、王丕承、杨兆林、张文炳、雷茂林、王斌（19日遇害）。

2. 日伪统治时期共产党在通州的活动

中国共产党成立后不久，共产主义思想就在在通州地区得到传播，中国共产党作为一种新生的势力，从1923年以后就逐渐在通县发展壮大起来。1923年1月，京兆师范附属小学教师魏颂尧（魏恩铸）加入中国共产党，成为通县历史上第一位中共党员。[1] 1927年2月，潞河中学成立共青团支部，随即中共通州潞河中学党支部成立，周文彬任书记。[2] 1929年1月，中共通州区委成立，马国英等先后任书记，辖四个支部。[3]

根据《通县志》（2003年）记载，1929—1934年，中国共产党在通州主要开展了以下活动：秘密宣传党的主张，主要以学校为阵地，发动组织进步学生，开展了一系列救国活动。1929年春，在中共通州区委的领导下，通州地区抗日救国会开展抗日救亡活动。1931年夏，潞河中学进步学生组织春草读书会，介绍巴黎公社和左联的活动。同年秋，共产党组织秘密散发宣传品，组织各校罢课游行，呼吁共同抗日。通县的共产党组织所面临的环境极为恶劣，1934年春，共产党在通县的活动被迫停止，只能转入秘密状态。由于伪冀东政权的出现，华北政局更加动荡不安。全国各界爱国人士一致声讨汉奸殷汝耕，纷纷要求国民政府明令讨伐卖国贼，维护国家领土主权完整。

---

① 通州区地方志编撰委员会：《通县志》，北京出版社2003年版，第23页。

② 同上。

③ 同上。

图13-5　民国时期潞河中学的抗日救国运动
图片来源：《百年沧桑——通州历史图片汇编》（通州图书馆编）

就在伪政府宣布"自治"的同一天，北平各大学校长和社会名流联合通电声明："我们坚决反对一切脱离中央和组织特殊政治机构的阴谋举动。我们要求政府全力维护国家的领土及行政的完整。"①1935年12月6日，冀东人民请愿代表团发表了《冀东人民告全国同胞书》，文中列数了伪政府的7条罪状，并提出了"宋哲元将军派兵收复冀东；中央政府派兵恢复华北领土主权，收复一切失地；准许派代表参加国民大会"三条要求。②冀东旅平同乡会等请中央查抄殷逆家产，发表于南京《中央日报》（1935年12月10日）的电文一致要求"政府实施有效办法，一面颁发命令，查抄殷逆浙江省永嘉县原籍家产，一面坐以重罪，以为媚人叛国者戒"③。与此同时，平津、河北省、南京、广州、上海、武汉教育界，全国铁路工会、邮务工会等也纷纷发布通电和宣言，反对自治，要求政府讨伐殷逆，维护国家领土和主权完整。据当时通县邮电局业务员回忆："接到全国各地反

①　《日本评论》第七卷第五期，1935年12月。

②　张洪祥编：《冀东日伪政权》，档案出版社1992年版，第33页。

③　同上。

对、劝告、唾骂各类信件、电报，每日不下数百起。"①1936年12月25日冬，唐山、滦县等地在冀东防共自治政府成立一周年纪念会上，所有被迫到会的中国人均以沉默来对抗，拒绝呼口号、唱"冀东政府歌"，并将歌词撕毁。②群众咒骂当晚的提灯会是给伪冀东政府发丧会，很多人在半路上将提灯烧毁。

中国共产党坚决反对日本帝国主义侵略华北，反对殷汝耕冀东防共自治政府。1935年12月，中共中央召开了瓦窑堡会议，明确提出建立爱国统一战线。会后，中共中央派刘少奇主持北方局工作，把打倒汉奸政权和开展冀东地区抗日活动作为党的中心工作之一。

不仅各方态度不一，冀东防共自治政府内部也矛盾重重。伪政府组成人员的政治态度不完全一样。一部分亲日反共，与日本特务机构取得联系，是殷汝耕伪政权的骨干分子。如二号人物池宗墨，不仅是殷汝耕的老乡，而且也曾留学日本，是殷汝耕的铁杆支持者。又如殷体新（殷汝耕胞弟、实业厅厅长，兼任驻唐山办事处主任）、张仁蠡（张之洞次子、民政厅厅长，兼任丰润县县长）。在伪政权中，有少数人怀有爱国抗日之志，不甘心助纣为虐，以待时机，逃离伪政府。如外交处处长霍实于1935年12月28日逃出伪区，由保定转南京，并通电脱离伪政府。③还有些人则得到国民党军政要人支持，暂留伪政府中，相机行事。如保安队队长张庆余和张砚田原是东北军51军于学忠的两个团长，他们与国民党29军军长宋哲元联系紧密，并密谋发动政变。④

对于这个亲日卖国的伪政权，冀东人民进行了坚决的斗争。1936年

①　河北省唐山市政协文史资料委员会：《二十世纪三十年代的冀东阴云——伪"冀东防共自治政府"史略》（内部交流），1999年8月印刷，第40页。

②　金曼辉：《我们的华北》，上海杂志无限公司1937年版，第211页。

③　河北省唐山市政协文史资料委员会：《二十世纪三十年代的冀东阴云——伪"冀东防共自治政府"史略》（内部交流），1999年8月印刷，第127—128页。

④　同上。

春，中共北方局派傅茂公（彭真）到冀东巡视工作，在古冶召开了京东特委会议，李葆华、李运昌、李一夫、王平陆、王大中、阎达开等参加了会议。不久，京东特委改组，重建了冀热边特委。同年8月25日，北方局向各级党组织发出了《华北政治形势与党的任务》的指示，明确提出"我党目前的主要任务就是团结和组织全民族一切抗日反汉奸的力量，来进行胜利的抗日反汉奸的民族革命战争"[①]。根据这一指示，中共京东特委领导人王平陆在北部平谷、蓟县、遵化、兴隆、迁安、滦县、抚宁一带山区建立了抗日游击队和抗日根据地，不久将原孙永勤领导的"抗日救国军"的一部分人整编为"抗日保国军"，反抗伪冀东政府的统治。

1936年，冀东各县人民纷纷组织了反殷武装。这些武装称为"反殷自治军""反殷人民自治军"或"反殷人民自卫军""驱殷自卫军"等，一致目标是反对殷汝耕汉奸政权的统治。[②]

1937年全面抗战开始以后，中国共产党及其所领导的八路军开辟并创建了冀东抗日根据地。在这样的形势下，反抗伪冀东防共自治政府的武装力量进一步加强，在丰润与滦县境内、遵化南部和丰润中北部地区都有游击队或游击小组活动，袭击日伪据点。1937年1月，抚宁县爆发了300余名农民参加的武装抗捐活动，矛头直指伪政权。冀东地区工商界、文化教育界在共产党的感召下，也采取各种形式配合针对日伪的斗争。1936年3月开始，开滦唐山煤矿工人开展了"百日怠工"斗争。唐山商界开展了抵制伪钞的斗争，许多商号不收伪钞，致使伪钞难以流通。一些共产党员和爱国青年以教书做掩护以组织进步文学团体，编写爱国抗日思想的文学作品，宣传进步思想。针对日伪的奴化教育，共产党员王崇实自编教材，激发青少年的爱国热情。

这段时期，在通县的共产党组织处境极为艰难。1934年春，通县的党

---

① 河北省唐山市政协文史资料委员会：《二十世纪三十年代的冀东阴云——伪"冀东防共自治政府"史略》（内部交流），1999年8月印刷，第120页。

② 同上书，第121页。

组织被迫停止一切活动，直到1938年秋，铁华到潞河农村技术服务部秘密发展组织，建立支部。[1] 为顺利开展工作，掌握伪政府的内部情况，中共中央北方局派人打入伪冀东政府要害部门。北方局姚依林曾派欣陶打入伪政府内部，先后担任伪政府秘书厅秘书和警务科科长，及时向党组织传递重要情报。

为争取日伪武装力量，中共通过三个途径派人到伪冀东防共自治政府保安队宣传抗日救国思想，搞好抗日救国统战工作。[2] 第一，通过东北救亡总会派中共党员康建生、孙志远等到伪政权中做情报工作。康建生曾任潞河中学中心支部组织委员，地下工作经验丰富。1937年2月，康建生到通县，利用在伪政府文化委员会做编辑工作的机会，巧妙开展地下工作。第二，中共东北特别工作委员会派杨秀峰到通县做统战工作。1924年杨秀峰在通县女师任教，1928年5月发动女师、男师、潞河中学师生走上街头，抗议"济南惨案"。杨秀峰利用对通县情况熟悉的优势，结合东北各救会开展统战工作。第三，中共北方局通过中共冀东党委派共产党员黎巨峰、王自悟深入到驻冀东地区伪保安大队内部搞统战工作。中共北方局派人到伪冀东政府内搞统战工作，1936年春中共陕甘宁边区刘志丹派赵玉升同志打入敌人内部，宣传抗日救国主张，并发展了周兴武、杨新、冯孝义三位新党员。卢沟桥事变前，伪保安队已秘密建立共产党支部。

在共产党坚持抗日主张的影响下，民团、伪警察、伪保安队内部反日、反伪政府的情绪日益高涨。在城内的保安队士兵不堪日本人的欺压，经常与日本人发生冲突。有一天，伊藤洋行的日本杂役去福来车行打气，无理取闹。正好被保安队的三个士兵看见，将这个"泼役"暴打一顿，并扭送到保安队。后经日本顾问说和，才将这个日本人放走。[3] 中国共产党的统战

---

① 通州区地方志编撰委员会：《通县志》，北京出版社2003年版，第24页。

② 田广志：《统战政策对伪冀东保安队起义的影响》，见《烽火通州》，中央文献出版社2006年版，第256—258页。

③ 《通州事变的经过》，载《通县党史文史资料》1985年第6期。

工作为后来张庆余、张砚田发动"通县起义"起了重要推动作用。

在共产党进步思想的感召下，通县人民的反日情绪高涨。这在伪政府一周年庆典上集中表现出来了。1936年12月25日，伪政府在通县召开"一周年庆祝会"，会场上所有中国人拒绝喊拥护冀东政府、拥护殷长官的口号。

普通老百姓也对殷汝耕的所作所为痛恨到了极点。从民间歌谣就能反映出来，老百姓以自己的语言表达着内心的情感。本文收录了几首，以飨读者。

下雪了，一片银装素裹。可老百姓哪有心情欣赏啊，他们认为这是老天在给中国戴孝啊！通县人借"雪"来诉亡国之恨：

> 老天丧母地丁忧，
> 万里江山尽白头。
> 明天太阳来吊孝，
> 家家户户泪长流。[1]

小孩子是非常敏感的，日本人在通县为非作歹，刺激了他们幼小的心灵，使他们非常痛恨日本。这是他们做游戏时唱的童谣：

> 日本鬼儿，喝凉水儿。
> 坐火车，压断腿儿。
> 坐轮船，沉了底儿。
> 坐飞机，摔个死儿。
> 露露头儿，挨枪子儿。[2]

最可恨就是那些汉奸了，他们仗着日本人的势力，欺压自己的同胞。

---

① 郑建山：《郑建山作品选》，漓江出版社2013年版，第568页。
② 同上书，第569页。

孩子们称他们为"狗"。

> 粽子头，梅花脚，
> 身穿一件大皮袄。
> 后边拖着东洋刀，
> 坐时反比站着高。[①]

有一种游戏叫转陀螺，在河北等地也叫抽汉奸，小孩子们一边用鞭子抽，一边唱这样的歌谣：

> 打汉奸，抽汉奸。
> 棒子面，涨一千。[②]

"通县起义"发生后，日军加强了对通县的控制，加紧了对共产党员的搜捕。通县地区共产党为保存实力，活动更为隐蔽，但是共产党在冀东大地上点燃的抗日武装暴动的烽火却越烧越猛。1938年7月6日，冀东爆发了抗日武装起义，成立了抗日联军。到1940年，冀东专属已经下辖7个县级抗日政权，建立起抗日政权的村庄3000多个，根据地人口约百万。[③]

抗日根据地的蓬勃发展，引起了日寇的报复。1940年冬季开始，日寇在冀东地区推行"三光"（杀光、烧光、抢光）政策，针对冀东抗日力量进行大扫荡。1941年3月到1942年9月，日本侵略者在华北推行了五次"治安强化运动"。1943年以后，日军扫荡出现"盛极而衰"的形势，但是仍以冀东为重点，进行大扫荡。通县地区是重灾区，日军频频制造血案，烧杀抢掠。

---

① 郑建山：《郑建山作品选》，漓江出版社2013年版，第569页。
② 同上。
③ 中共唐山市委党史研究室：《冀东革命史》，中共党史出版社1993年版。

即使在这种极其恐怖的环境下，共产党也坚持开展对敌斗争。1943年腊月三十，共产党员李旺带着王宝光、韩三等人到窑上村发动群众坚持抗日。[①]

1944年，冀东平原地区抗日武装斗争更加活跃，抗日力量发展迅速。根据《通县志》等文献记载，由于形势需要，1944年4月中共冀热边特委建立三通香（三河、通县、香河）、三通顺（三河、通县、顺义）办事处。7月，三通香、三通顺抗日民主联合县分别成立。联合县隶属于冀热边特别区第一行政督查专员公署。8月，八路军三通香支队建立。9月16日，八路军第十三团攻克西集镇日伪据点，歼敌200人。

图13-6　三通香联合县区域示意图，该图来源于《通县志》

---

① 张春昱：《记日寇在窑上村的一次大搜捕》，见《烽火通州》，中央文献出版社2006年版，第147页。

1944年11月，中共晋察冀分局对冀热辽根据地发展提出了新的指示：一方面首先巩固基本区，另一方面继续向热河、辽宁及平津路方向发展。为了发展需要，1945年1月对中共冀热边特委、冀热边行署和冀东军分区进行改建，联合县改隶为冀热辽区第14行政督查专员公署。

3. 解放战争时期共产党在通县的活动

经过艰苦卓绝的斗争，日本侵略者被赶出了中国。眼看中国人民期盼已久的和平就要到来了，但是国民党政府对共产党极不放心。日本帝国主义全面侵华战争之前，蒋介石推行"攘外必先安内"政策。抗日战争结束了，蒋介石觉得这时正是腾出手来收拾共产党的好时机，哪会给共产党以喘息机会？内战不可避免地爆发了！

历史是由人民创造的。人民选择了中国共产党，因为人民看清了国民党政府的阶级本质和反动属性，而共产党才是广大劳动人民的真正代表。在人民的支持下，共产党由弱到强，仅用了三年时间就打败了国民党800万大军，夺取了政权，建立了新中国。

日本投降以后，昔日的汉奸特务摇身一变，都成了国民党的"地下工作人员"，伪新民会成了国民党的县党部，伪军成了国民党的地方武装。1945年10月国民党62军占领了通县。

由于通县的战略地位，为加强对敌斗争，1945年10月经中共冀东区委第十四地委批准，通县单独建县，驻通县西集，县委书记宋林，县长石武德。① 1946年4月，通县县委贯彻中共中央《1946年解放区工作方针》，提出坚持自卫立场，开展大生产运动，做好打持久战的准备。5月中旬开始，全县先后有150多个村开展土地改革。据不完全统计，在这次土改中，贫苦农民从地主手中夺回9690亩土地、80多万公斤粮食。② 眼看劳苦大众的幸福

---

① 通州区地方志编撰委员会：《通县志》，北京出版社2003年版，第27页。

② 王翔：《"安平镇事件"始末》，见《北京文史资料精选》（通州卷），北京出版社2006年版，第164页。

生活就要来到了，但现实却朝着相反的方向发展。

1946年7月28日，发生了"安平镇事件"。9月5日，国民政府借口"安平镇事件"向解放区进攻，全县被国民党军占领。在危急关头，中共通县县委果断决定转移。9月19日，县委、县政府机关转移到平谷山区。①

根据时任冀东军区第十四军分区司令员曾雍雅将军的记述，1946年9—12月，冀东战局发生了很大变化。我冀东军民粉碎了国民党军的全面进攻，共歼敌万余人，并收复了乐亭、青龙、宁河、宝坻等4座县城及大部村镇。②整个冀东的局势为我军转入战略进攻创造了有利条件。1947年1月底，共产党第十四军分区主力与地方武装配合，连克国民党十余处据点，县委、县政府机关返回通县。

通县县委返回通县后，1947年3月下旬根据中央指示，重启因"安平镇事件"中断的土地改革运动。根据1947年3月10日发布的《冀东区土地改革概况》（统计表），当时通县有437个村，被国民党控制的有416个村，进行土地改革的村仅21个，其中较彻底的有6个，不彻底有15个。③当时，通县有土地533510亩，总户数为50975户，共285460人，得地户数约1000户，约5000人，得地5709亩，比重仅1%强。④随着土地改革运动的推进，广大群众有了自己的土地，翻身做主人。从1947年4月19日开始到年底，全县有1500多名青年参军。⑤

而国民党军于11月中旬派出2000余人对通县进行"清剿"。国民党统治的通县政府配合国民党军在全县范围内开展"盘查"共产党员的活动，每个重要路口、街头、桥头都设岗定人，进行盘查。而且在明显部位悬挂

---

① 通州区地方志编撰委员会：《通县志》，北京出版社2003年版，第27页。

② 曾庸雅：《攻克通县始末》，载《文史选刊》第4期，第6页。

③ 中共河北省委党史研究室编：《冀东土地制度改革》，中共党史出版社1994年版，第137页。

④ 同上书，第139页。

⑤ 通州区地方志编撰委员会：《通县志》，北京出版社2003年版，第28页。

反动标语，制造恐怖氛围。在这种形势下，中共通县县委、县政府再次战略转移。这次转移到蓟县一带，经过一个月的战斗，又回到了通县。①

国民政府的"清剿"行动耗费了巨大的人力资源和物资投入，常驻通县的守备军主力7000余人、地方武装15000余人的给养，还有国民党各级政府的摊派、保甲的敲诈等，这些负担最后都转嫁到老百姓的头上，反动政府不仅随意抓壮丁，还随意向老百姓摊派粮食等各类物资。

老百姓生活朝不保夕，当时在通县境内流传着诉苦歌谣，反映了农民水深火热的处境：

穷人头上三把刀，

租子重，利钱高，

苛捐杂税多如毛。

穷人眼前三条路，

逃荒、上吊、坐大牢。②

到1948年2月，通县全境为游击区，完全被国民党军控制的仍有204个村。③但是整个战局发生了逆转，11月辽沈战役结束，共产党解放了东北全境，为解放平津和整个华北打下了基础。东北野战军挥师入关，准备发起平津战役。此时，我军在通县已经掌握了主动权，已经做好攻城的准备。到12月13日，驻通县的国民党军逃往北平，14日通县国民党党政机关被接管，通县全县解放。④通州的解放鼓舞了平津战役中共产党军队的士气，加

---

① 通州区地方志编撰委员会：《通县志》，北京出版社2003年版，第28页。

② 孟宪良：《浅谈通州地区的民间歌谣与民间谚语》，载《文史选刊》，2000年第19、20期，第28页。

③ 中共河北省委党史研究室编：《冀东土地制度改革》，中共党史出版社1994年版，第189页。

④ 通州区地方志编撰委员会：《通县志》，北京出版社2003年版，第28页。

速了和平解放北平的进程。

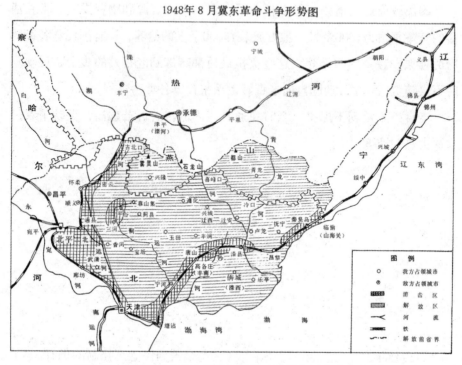

图13-7　1948年冀东革命斗争形势图，该图来源于《通县志》

　　接管通州城后，通州市委和军管会为了迅速稳定民心、恢复城市的正常秩序，开展了强大的政治宣传工作，在大街小巷张贴"三大纪律，八项注意""打到南京去""拥护新民主主义""毛主席万岁"等标语，营造氛围。通州市委深入宣讲党的城市工作方针和各项政策，机关干部深入到群众中去，了解群众困难，为群众解决吃饭、穿衣问题，因而通州城内及农村均很快恢复了正常的生产、生活秩序。

　　为便于开展工作，1949年1月通县人民政府移驻通县张家湾。直到1950年6月，通县人民政府才正式进驻通州城内。翻身得解放的通县人民在共产党的领导下，迅速投入支援前线的行动中。从1948年12月14日解放到1949

年10月这段日子里，在党的领导下，全县人民克服了种种困难，积极以财力、物力、人力支援前线，支援平津战役。据档案记载，通县各界共支援前线粮食900多万斤，柴草26万余斤，油2.7万斤，盐4700余斤，担架1138副，大车16811辆，出民工46万余人次，修建桥梁28座。[①]

为了对前线进行干部支援，1949年还抽调干部39名参加"南下工作团"。通县人民为解放华北、解放全中国做出了自己应有的贡献。1949年11月中旬，召开了通县首届各界人民代表大会。经过民主选举，共选出农民、党政军干部、教师暨知识分子、工商界代表、青年学生代表、开明人士代表、妇女代表等各界代表223名。又经这200余名代表的推选，推选出通州各界人民代表会议常务委员24人和政府委员19人。[②] 至此，全县的各项工作开始纳入正轨，通州这座古老的城市真正回到了人民的怀抱，并开始了新生。

---

① 张慧颖：《全国解放前后的通州》，载《北京档案》2005年第12期。

② 同上。

附录1

浅析大运河（北京段）文化带之内涵①

一、大运河文化带的提出及其意义

根据目前所掌握的资料，"运河文化带"作为正式名称出现的时间不长。据北京市文物局文保处原处长、文物专家王玉伟先生考证，"运河文化带"的概念最早可以追溯到2014年下半年至2015年年初。当时，北京市文物局在谋划"十三五"期间的文物修缮重点时提出了8个支持方向，其中包括"运河文化带"。2016年6月，北京市委宣传部、北京市发改委正式向社会发布《北京市"十三五"时期加强全国文化中心建设规划》（以下简称《规划》）。在《规划》中，官方首次正式提出："发挥京津冀地域相近、文脉相亲的地缘优势，统筹推动长城文化带、运河文化带、西山文化带建设，实现历史文化遗产连片、成线整体保护。"这可简称为推进"三个文化带"②。

"三个文化带"一经提出，不仅得到了官方的认可，也得到了文化遗产学术界的肯定。在某种程度上说，"文化带"概念是文化遗产保护领域最新理论成果的深化和运用。关于文化遗产保护，我们比较注重有形文化

---

① 本文发表于《北京联合大学学报》（人文社科版），2017年第4期。

② 2017年9月，《北京城市总体规划（2016—2035年）》将"三个文化带"正式定名为"大运河文化带、长城文化带、西山永定河文化带"。

遗产（即文物）本体保护，而不注重其存在环境的保护。为加强对不可移动文物的保护，《中华人民共和国文物保护法》第十五条明确规定："各级文物保护单位，分别由省、自治区、直辖市人民政府和市、县级人民政府划定必要的保护范围，作出标志说明，建立记录档案，并区别情况分别设置专门机构或者专人负责管理。"不可移动文物要有保护范围、有保护标志、有记录档案和有保管机构，简称"四有"。在实际工作中，为了更好地保护不可移动文物，往往在"四有"的基础上还划定建设控制地带，也就是"五有"。在不可移动文物保护范围的外围形成建设控制地带，在建设控制地带内，新建工程的高度、色彩和风格等都要与文物保护单位协调一致。但是这与保护不可移动文物周边的环境还不一样。

2005年10月，国际古遗迹理事会在西安召开了第15届大会，通过了《西安宣言》，提出："认识环境对历史建筑、古遗址和历史地区重要性的贡献。"并进一步指出："历史建筑、古遗址或历史地区的环境，界定为直接的和扩展的环境，即作为或构成其重要性和独特性的组成部分。除实体和视觉方面的含义外，环境还包括与自然环境之间的相互作用；过去的或现在的社会和精神活动、习俗、传统知识等非物质文化遗产方面的利用或活动，以及其他非物质文化遗产形式，它们创造并形成了环境空间以及当前的、动态的文化、社会和经济背景。"这可以被看作是古遗迹保护的最新理念：不仅要保护古遗迹本身，还要保护与之相关的"环境"。

对于像大运河、古道、长城等线路文化遗产，国际学术界高度重视，提出了不少理论。世界遗产委员会提出了"文化遗产线路"的概念，在《行动指南》中指出，文化线路遗产代表了人们的迁徙和流动，代表了一定时间内国家和地区之间人们的交往，代表了多维度的商品、思想、知识和价值的互惠和持续不断的交流。文化遗产线路是一种全新的遗产保护理念，它着眼于线性区域，所涉遗产元素多样，并且与沿线一定区域内的生态环境、当地社会经济等结合紧密，对沿线民众的生产、生活有紧密的联系。不同于单一内容的文化遗产，这类文化遗产包含各类丰富的文化遗产，学术界用"系列遗产"（serial heritage）的概念来描述这类文化遗产。《实施世界遗产公约操作指南》对"系列遗产"有专门定义：如果一些离散的遗产单体，属于同一类型历史—文化群体，同时具有相同的地理地域特征；具有相同的地质、地貌构成，相同的生物地理亚区，或相同的生态系统类型；并且，这些遗产单体均具有"突出的普遍性价值"，那么，它们可以合而为一，成为世界遗产中的"系列遗产"。

而"文化带"概念充分吸取了《西安宣言》中关于注重古遗迹周边环境的保护，也吸取了世界遗产委员会关于"文化遗产线路"和"系列遗产"的理念，形成了既利于保护文化遗产，又很好地处理了文化遗产与现实发展的需求，可以看作是文化遗产领域最新理念的实践和运用，是值得肯定和推广的。

关于大运河（北京段）文化带的内涵，可从时空范围、包含内容等方面去考虑。

二、关于大运河（北京段）文化带时间范围的思考

目前学术界对北京段运河的描述，最早可追溯到东汉。东汉时期，上谷太守王霸曾利用潞河、温榆河将军粮运送至军都、居庸关等地。东汉建武十三年（37年），卢芳与匈奴、乌桓多次侵扰北部边地。王霸率解下刑具的6000多名囚犯，筑起长达300多里的堡垒，与匈奴、乌桓进行了近百次的战役，终于使进犯之敌俯首称臣，平定了北部边疆。为了边地长期稳定，王霸上奏朝廷"宜与匈奴结和亲，又陈委输可从温水漕，以省陆转输之劳，事皆施行"[①]。此处的温水即温榆河，是流经通州的重要水系。

其实，就目前史料来看，北京地区大规模漕运始于秦朝。秦建立了统

---

① ［南朝宋］范晔：《后汉书》卷二十，《铫期王霸祭遵列传第十》。

一的大王朝，为大规模漕运提供了条件。当时的政治中心在咸阳，人口激增，而关中地区的粮食很难满足新形势的需要。秦王朝利用水路从东方运粮至关中地区。东方产粮的地方一是在临淄附近，二是在济、泗之间，三是在鸿沟流域，另外还有江、淮二水下游的地方。①此外，秦朝一直扩展到东海之滨，也就是现在山东半岛东端，当时的黄、腄、琅邪负海之郡都属于粮食征发之地。②此地早已是富庶之地，特别是琅琊郡治所琅琊县曾是越王勾践的都城。秦始皇很喜欢这个地方，在巡游途中曾在此地稽留过三个月。③但是将此地的粮食运往关中地区是十分困难的。但是此地靠海，秦始皇北征匈奴时，从山东黄、腄、琅邪出发，通过海运往北运粮草，然后利用北河转运。史载："秦使天下蜚刍挽粟，起于黄、腄、琅邪负海之郡，转输北河，率三十钟而致一石。"④"北河"是哪条河呢？明清以来的学者考证，"北河"即"白河"。⑤

有学者将北京地区的运河历史追溯到战国时期，如北京水利史学者吴文涛认为，战国时期燕太子丹派荆轲刺秦王，所献"督亢地图"中描绘了"督亢渠"。⑥还有学者根据《竹书纪年》关于"齐师及燕，战于沟水，齐师遁"的记载，结合《郡国军事考》，推断出了具体年份为周显王五十四年（公元前355年）。这些考证都是有道理的，但是这些运河与后来的北运河是否有直接联系，还缺乏有力的证据，所以不能视为大运河（北京段）

---

① 史念海：《中国的运河》第三章，见《秦汉时期对于漕运网的管理》，陕西人民出版社1988年版。

② ［东汉］班固：《汉书》卷六十四（上），《主父偃传》。

③ ［西汉］司马迁：《史记》卷六，《秦始皇帝本纪》。

④ 同上书卷一百一十二，《平津侯主父列传》。

⑤ 明代曾任成化年间户部侍郎的王琼在《漕河图志》中明确说，北河，盖即白河也。明代《水部备考》采用《漕河图志》之说。清朱彝尊《日下旧闻考》卷五《形胜》亦同此说。《畿辅安澜志·白河》《畿辅通志·河运》《光绪顺天府志·漕运》等均考证北河即白河。白河就是潞河，这在很多史书上也有明确记载。白河，《汉书·地理志》称沽水，后人因其源自塞外白石塘岭白马关，也称白河。

⑥ 吴文涛：《北京水利史》，人民出版社2013年版，第32页。

文化带的上限。从目前史料看，以秦代为大运河（北京段）文化带的时间上限是合理的。

北京段运河文化带中的运河文化遗产的时间下限定在什么时候呢？一般以清光绪二十七年（1901年）停漕为限。但是在实践中，我们发现这是很不合理的。因为运河虽然丧失了漕运功能，但是在民国时期，尤其是1949年以后，运河发挥了新的功能，留下了新的遗产。在民国时期，北京段运河的主要功能是防洪功能，还承担了少部分的运输功能。民国政府为治理北运河也进行了不懈的努力，例如成立进行了北运河挽归故道工程，其重要的成果就是1923年2月至1925年8月在顺义县苏庄修建了苏庄闸。[①] 1949年后，北运河的主要功能是在治理水患的前提下，保障农业灌溉。通过在北运河的上游修建十三陵水库、怀柔水库、密云水库等水库，消除了北运河水患。[②] 与此同时，通过开挖凤港减河，以及运潮减河，以及治理平原地区河道、建闸蓄水、开挖沟渠等手段，在北京的平原地区建成了10余个灌区，尤其是位于北京东南部的大兴县、通县、顺义县成为北京主要粮食产区。位于通县的榆林庄灌区由潮县灌区、武窑扬水灌区和潮白河引水灌区组成，主要生产小麦、玉米，有"北京粮仓"之称。[③] 改革开放以后，北京地区运河的农业灌溉功能逐渐弱化，直至消失，有了防洪排涝、城市景观、生态保护等新的功能。所以大运河（北京段）文化带中的文化遗产的时间下限是一个动态概念，1949年以后，有代表性的闸坝、开挖的河道也应视为历史遗产而加以保护，为加强河堤保护而采取的相关措施，如植树造林形成的绿化带也应视为运河遗产的一部分。

---

① 吴文涛：《北京水利史》，人民出版社2013年版，第205页。
② 北京市政协文史和学习委员会编：《北京水史》（下册），中国水利水电出版社2013年版。
③ 同上。

三、关于大运河（北京段）文化带空间范围的思考

关于这个看似简单的问题，目前还有不同观点。该问题的实质就是北京地区运河的空间范围。有不少人认为北京的运河主要在通州地区，提出通州是京杭大运河的北起点，并且在通州设立了京杭大运河北起点标志牌。在通惠河开凿之前，或者通惠河在不能正常运行之时，通州毫无疑问是大运河的终点，或者叫北起点。但笼统地称其为京杭大运河的北起点是不严谨的，因为这忽略了通惠河的历史价值，等于不承认通惠河是京杭大运河的组成部分。还有一种观点认为北京的运河涉及昌平、海淀、西城、东城、朝阳、通州6个区。这种观点克服了前一种观点的不足，不仅承认通惠河是京杭大运河的组成部分，而且将通惠河的水源也作为运河文化带的组成部分，这有利于大运河文化带的保护，是值得肯定的。但是有学者将大运河的起点定为白浮泉，这也是不严谨的。白浮泉是通惠河的重要水源，但不是大运河的起点，这是常识问题，很容易区分，毋庸赘言。大运河北起点是一个动态概念，因为通州与京城之间的水运一直是一个难题。在金朝曾开金口河，引永定河之水但是效果很不理想，几乎不能用。到了元代，郭守敬利用白浮泉的水开凿了通惠河，将大运河的北起点由通州延伸到京城，具体位置是位于什刹海的积水潭码头。到了明代，由于北京城的南城墙向南移，从万宁桥到崇文门外的河道已不便漕运。漕运只能到东便门外的大通桥下，因此通惠河当时又叫大通河，此时的大运河北起点就是大通桥。这种观点的最大不足：没有将北运河的上流纳入进去，是不全面的，不符合历史事实。

从目前掌握的资料看，北运河不仅包括通州段，其上游的温榆河和潮白河也应视为组成部分，而且在历史上曾发挥了很重要的作用。以元、明、清三朝为例，南方各省的粮食和营建北京的物资都经过海运和大运河运送到通州。通州当时是京杭大运河北端漕运枢纽，部分粮食储存在通

仓，部分粮食经过通惠河储存在京仓，还有部分粮食沿温榆河直接运至昌平巩华城和居庸关，部分粮食沿潮白河直接运至密云以供应镇守长城的守军。《清代北京城郊图》清楚地标明了这两条河道。

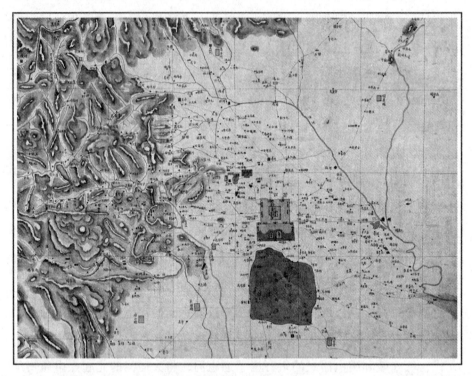

清代北京城郊图（局部）

元初漕运大致循唐宋大运河旧道入大都，但因旧运河失修，只能采取水陆联运形式。但是京通间的漕运仍是一个大难题。元初，元世祖采纳了郭守敬重开金口的建议"上可至西山之利，下可广京畿之漕"，但必须在"金口西预开水口（溢洪道），西南还大河，令其深广，以防涨水突入之患"①。至元三年（1266年）十二月，开凿成功。此次重开金口河，使用了

①　［元］齐履谦：《知太史院事郭公行状》，见《国朝文类》卷五十。

近30年，这在永定河引水史上是空前的。①

　　早在元朝建立以前，忽必烈到中都以后的第三年（1263年），副河渠使郭守敬向忽必烈建议利用玉泉山以济漕运，不久，在郭守敬的主持下，将玉泉水经高粱河北支入坝河，作为运道。后来由于修建金水河，玉泉水大部分引入大都城内供皇城使用，坝河漕运受到严重影响。至元十六年（1279年），大力疏浚坝河，筑坝7座，改行驳运，分段行船。坝河一直发挥着运输功能，直到至正十二年（1352年），漕运为农民军所阻才停止。

　　但是，仅靠坝河，运量有限，而且经常淤浅不能行舟。在都水监郭守敬的主持下，至元二十九年（1292年）春起至三十年（1293年）之秋，开凿了通惠河。完工后，积水潭成了水陆码头，运至大都的粮食大增，每年在300万石以上。这次开凿通惠河时将河口南移至张家湾高力庄里二泗村，而不直接在通州城入白河。这样可以减缓运河的坡降，使漕船可以从白河直接入通惠河。

　　元朝政府不仅重视通州与京城之间的漕运通道，还十分注重通州与大都北面居庸关等要塞的漕运交通。为此，至元元年（1264年），疏双塔漕渠。这次疏凿的就是从通州沿温榆河北上至双塔河（约今北沙河）的运道。② 但是缺乏关于这条运道的记载，每年大约运多少粮食、粮仓地点、使用到何时等问题都需进一步探究。

　　郭守敬所凿通惠河"洪武中渐废"③。成化、正德年间疏浚了几次，但是用力不大，效果也不佳。直到嘉靖六年（1528年），御史吴仲排除阻力，大加整理。这次治理获得成功，为利在五六十年以上。④

　　明代，通州至京城北面昌平地区的巩华城和居庸关等要塞也有漕运。

---

　　① 蔡蕃：《北京古运河与城市供水研究》，北京出版社1987年版。

　　② 同上。

　　③ 《明史》卷八十六，《志六十二·河渠四》。

　　④ 《明神宗实录》万历十四年三月庚子条，申时行说，嘉靖始复开之（通惠河）"至今为利"。

昌平是明十三陵所在地，当时所需的建筑材料和粮食从通州沿温榆河运到昌平，为供应守陵军夫及居庸关等戍边军士粮饷。关于这条运道的开凿，有明确的历史记载。隆庆六年（1572年）十月，"户部奏请开浚榆河，自巩华城达于通州渡口，运粮四万石，给长陵等八卫官军月粮"①。

　　除此以外，明代还利用潮白河向密云通漕，保障镇守长城将士的粮饷。明嘉靖二十九年（1550年）设蓟辽总督，4年后移驻密云。嘉靖三十四年（1555年）二月，蓟辽总督扬博奏请开密云白河济漕运，使白河故道疏通与潮白河合而为一。从此，潮、白河合于密云西南18里河漕村。这是潮白河通漕的最早记载，这时船可以通运到牛栏山，以上用小船剥运。嘉靖四十三年（1564年）九月"发卒疏通潮河川水，达于通州，转粟抵（密）镇，大为便利"。岁漕运10万多石，但仍需剥运。隆庆六年（1572年），经过疏通河道，剥船才能直通密云，岁漕运山东河南粟米20万石。②

　　根据《光绪顺天府志》记载，清代十分重视对潮白河和温榆河的维护和治理。从康熙五十五年（1716年）起，"榆河遇淤，归入北运河岁修"③。起初，每年岁修银为每年2000两银子，银两由通永道银库支出。到嘉庆四年（1799年），2000两岁修银已经不够用，不够的部分则命令商户捐资。后来，在原来2000两的基础上，"酌增银两，以积淤厚薄，定修费多寡，没岁九十月责成通永道，率漕运通判，逐段勘估，仓场侍郎覆勘工需，即在通永道库木税及丁字沽税动拨。后领岁修银三千一百两有奇"④。除了每年常规疏浚，据《光绪顺天府志》记载，乾隆五十五年（1790年）、嘉庆八年（1803年）和十一年（1806年）、同治五年（1866年）、

---

①　《明神宗实录》隆庆六年十月己卯条。

②　蔡蕃：《北京古运河与城市供水研究》，北京出版社1987年版。

③　〔清〕周家楣、缪荃孙等编纂：《光绪顺天府志》，《河渠志十·河工六·北运河》。

④　同上。

光绪五年（1879年）多次大规模浚榆河。①

对潮白河，雍正十二年（1734年），修潮河堤，具体做法："潮河堤堰自小河口至南小庄之东与还乡河堰接，柳沽、石臼窝二处各建涵洞。"②同治十三年（1874年），"修筑白河长堤护堤"③。从清人绘制的《京杭运河全图》（北京段）也可以看出，当时北运河包含通州界之上流部分。

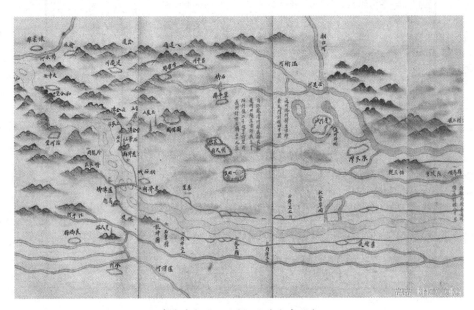

清代京杭大运河全图（北京段）

到民国时期，由于温榆河的通航功能下降，而潮白河的运输功能仍然很重要。民国政府绘制的北运河平面图也包括了潮白河部分。

所以，北京地区的运河不仅包括前文所提到的昌平、海淀、西城、东城、朝阳、通州6个区，还包括密云、怀柔、顺义等区。通州在北京地区的运河中起到了独特的枢纽作用。在北京地区的运河中，通州段运河使用时

① ［清］周家楣、缪荃孙等编纂：《光绪顺天府志》，《河渠志十·河工六·北运河》。
② 同上。
③ 同上。

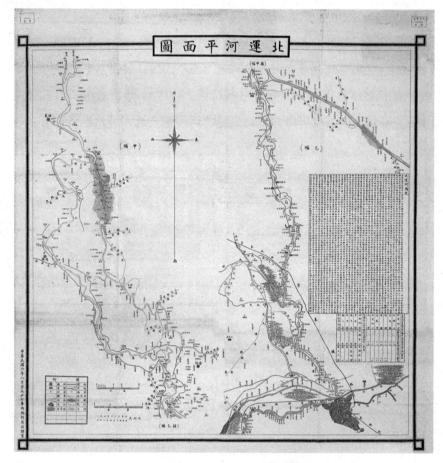

1917年北运河平面图

间最长，是大运河（北京段）文化带中最重要的组成部分，这一点是毋庸置疑的。

四、大运河（北京段）文化带所包含内容的思考

如前所述，"文化带"概念既注重文化遗产本体的保护，还兼顾现实发展的需要。毫无疑问，"文化带"最重要的部分是各类文化遗产，这是该概念提出的初衷和得以发展的前提。但是"文化带"绝不是仅仅包含文

化遗产，还应该兼顾发展的现实需求。本文认为大运河（北京段）文化带的内容应包括以下几个方面。

一是与运河相关的各类文化遗产。如前所述，大运河文化遗产是系列文化遗产，包括物质文化遗产和非物质文化遗产。仅以通州为例，运河文化带中的物质文化遗产有各类遗址，如码头遗址（包括土坝码头、石坝码头、商业码头、客船码头等）、古城遗址（明清通州古城、张家湾古城、潞县古城）、河道遗址（金至清大运河故道、萧太后运粮河故道、金闸河故道、元通惠河与坝河故道、金口新河故道）、粮仓遗址（现在仅存中仓仓墙残段）、闸坝遗址等，以及与漕运有关的桥梁、会馆、驿站等古建筑遗存等。与大运河文化有关的非物质文化遗产也十分丰富，如全国独有的开漕节等节庆文化，独特的运河船工号子、运河龙灯、运河传说，以及历史上文人墨客留下的大量关于运河和通州的诗词等。要树立红线意识，在大运河（北京段）文化带的推进过程中必须保护好各类文化遗产。正如习近平总书记在2014年2月26日视察北京时所指出的那样："历史文化是城市的灵魂，要像爱惜自己的生命一样保护好城市历史文化遗产。"①

二是运河水系为主的生态系统。通惠河及其上流和北运河上流的潮白河、温榆河都有很多支流汇入，形成了一个庞大的水系，也应该作为大运河（北京段）文化带的总要内容进行全面保护。这不仅是运河（北京段）文化带保护的需要，也是生态文明建设的需要，应进一步重视起来。

为了保护运河，在运河两岸形成了浩大的堤岸工程，并且有计划地进行植树造林，形成了生态"绿廊"。从古代文献资料可知，古运河岸边栽植有大量的柳树、麻类等植物。明清时期，运河两岸广种柳树，明代许天锡在《晓发张湾诗》中有"黄鹂啼歇晓阴开，两岸杨柳荫绿苔。叶底轻花看不见，暖风吹入短篷来"的诗句。② 这是作者描写早上从张家湾出发的情

① 《习近平在北京考察工作》，新华社北京2014年2月26日电。
② ［清］于敏中等：《钦定日下旧闻考》卷一百九，《京畿·通州二》。

景，当时运河两岸都是柳树。吴莱的《过漷州诗》有"数株杨柳弄轻烟，舟泊漷州河水边"的诗句，说明漷县运河两边也是广植柳树。

运河两边的柳树除了有欣赏价值和文化价值外，还有实用价值。重开通惠河的吴仲在《通惠河志》中记载，在码头附近要栽种麻和柳树。柳条可以编织成筐，用来在治理河道过程中挑夫挑泥沙、挑石头。如果遇到溃堤、溃坝的情况，泥沙、石块很容易冲跑。柳条就用来编成大筐，里面填塞石块，大量抛下便于固定，治理决口等很有效。

古代的自然景观逐渐也有了人文色彩，形成了独特的具有自然和人文双重特色的景观。古代"通州八景""文昌阁十二景""漷县八景"，其中与大运河相关的历史人文景观有古塔凌云、长桥映月、万舟骈集、柳荫龙舟、漕艇飞帆、闸泻涛声、碧水环城、柳岸渔舟、白河渔舟、长堤回燕等。与大运河相关的自然景观有波分凤沼（通惠河）、二水汇流（温桥河与白河会合处）、天际沙明（大运河两岸白沙滩，不生青草）、凤行芦荡（运河边湿地芦苇塘）、春郊烟树等。这些景观也是大运河文化遗产的重要组成部分。

1949年以后，尤其是改革开放以来，为了治理北运河，北京市政府发动人民群众对运河大堤进行加固，并在堤内外种上树木，在河两岸形成了约30米宽的绿带。近些年，通州区在运河城市段，在原有绿化的基础上建成万亩运河森林公园就是一个很好的尝试。

三是恢复并完善运河的交通功能。我国先民十分重视河流的交通功能。东周时期的《禹贡》设想天下统一后，利用水道将天下九州与国都连接起来，将各地的贡赋运到国都来。《禹贡》设计将国都设在位于冀州西南的黄河边上，各州只要利用河流通到黄河就可以达到这个目的。以青州为例，青州有一条汶水流入济水，所以青州贡道由汶水入济，再由济水进入黄河。由这个交通网，可以看出当时的人们对水道的交通看的是如何的重要。[1] 今天，交通拥堵已经成了北京的一个主要的"大城市病"。如何

---

① 史念海：《中国的运河》，陕西人民出版社1988年版，第9页。

缓解交通，不妨从历史经验中获得启示。随着历史的发展，北京地区的运河已经具备了缓解交通的基础，只不过现在对其在这方面的作用重视得还不够。

就目前而言，北运河的部分河道具备水运条件。根据我的现场踏勘，运河通州城市段、运潮减河和温榆河（通州至昌平段）具备通航条件。随着整治和改造，还会有更多的河道具备通航条件。运河两岸的大堤已经具备了通小汽车的条件，还可以进一步完善，以便更好地与城市路网连接。还有部分河道两侧已经开辟了绿色骑行道，如运河通州城市段和温榆河（通州、朝阳段）还可以进一步完善。

四是要进一步丰富大运河（北京段）文化带的文化休闲等服务民生的功能。在运河城市段，要配备游乐、体育等设施，并且可以开展室外音乐会等文化活动。国内外有不少好的经验可以借鉴，此处不赘言。但是在非城市段，应该坚持"最小干预"的原则，尽量保留其"野"味，发挥其生态功能。在大运河（北京段）文化带中，要有文化遗产保护红线和生态红线的意识，不能过度开发，严控产业项目，使运河（北京段）文化带成为北京文化中心的一张文化名片。

综上所述，"三个文化带"概念的提出对文化遗产保护和北京文化中心建设都具有十分重要的意义。关于大运河（北京段）文化带的内涵，从时间范围讲，可以追溯到秦代，甚至到战国时代，时间下限是动态的，可以到改革开放以后。从空间范围讲，北京地区的运河实际上是一个水系的形式存在，运河流经昌平、海淀、东城、西城、朝阳、通州、密云、怀柔、顺义等区县，其水源甚至可以外延到河北、内蒙古地区。其内容应以文化遗产为主，还包括依托运河形成的生态系统，还要恢复和完善其交通功能以及以文化休闲为主的民生功能。

附录2

北京城市副中心视域下的文化遗产保护

建设北京城市副中心是党中央统筹全局做出的重大决策，是京津冀协同发展战略的重要组成部分，是通州发展难得的历史机遇。在通州这样一座有着悠久历史和深厚文化底蕴的地方建设北京城市副中心，处理好城市建设和文化遗产保护的关系是一个十分重要的课题。

一、文化遗产对北京城市副中心的重要意义

2017年2月24日，习近平总书记在北京城市副中心考察时明确指出："通州有不少历史文化遗产，要古为今用，深入挖掘以大运河为核心的历史文化资源。"总书记的这一指示为我们正确处理北京城市副中心建设和文化遗产保护的关系提供了根本遵循。

1. 保护文化遗产是建设北京城市副中心的必然要求

早在新石器时代就有人类在通州繁衍生息，西周至战国时期，通州属燕国，秦属渔阳郡。汉高祖十二年（公元前195年）设路县，距今已有2200余年的建置史。因此地多水，东汉时期改为"潞县"。金天德三年（1151年），朝廷在此设州，因"漕运通济"定名为"通州"。元、明、清时期，南方各省的粮食和营建北京城的物资，均由京杭大运河运至通州，部分储存在通州，部分由通州转运至京城及其他地方。繁盛之时，运输船只

绵延几十里，在通州东门外运河上形成"万舟骈集"的盛景。因此，通州被誉为"仓庾之都会，水陆之冲逵"。在漫长的历史阶段，先辈为我们留下了丰富的文化遗产，考古学上"不同时期文化层叠加"的现象在通州十分普遍。

在通州建设北京城市副中心，不仅要保护好这些文化遗产，而且还要深入研究，将其精髓融入城市规划设计中，使其成为北京城市副中心的文化基因。

2. 从操作程序看，文化遗产保护应该处于优先位置

文化遗产分为物质文化遗产和非物质文化遗产。物质文化遗产即所谓的"文物"，又称"有形文化遗产"，即传统意义上的"文化遗产"，根据《保护世界文化和自然遗产公约》（简称《世界遗产公约》），包括历史文物、历史建筑、人类文化遗址。可见，《世界遗产公约》中的"历史文物"不包括"历史建筑"和"人类文化遗址"。在中国，"文物"涵盖的范围很广，比国际上"历史文物"的外延更大。根据《中华人民共和国文物保护法》的规定，文物包括：具有历史、艺术、科学价值的古文化遗址、古墓葬、古建筑、石窟寺和石刻、壁画；与重大历史事件、革命运动或者著名人物有关的以及具有重要纪念意义、教育意义或者史料价值的近现代重要史迹、实物、代表性建筑；历史上各时代珍贵的艺术品、工艺美术品；历史上各时代重要的文献资料以及具有历史、艺术、科学价值的手稿和图书资料等；反映历史上各时代、各民族社会制度、社会生产、社会生活的代表性实物。

非物质文化遗产（简称"非遗"）的概念起源于二战后的日韩等国，后来被联合国教科文组织所采用。2003年10月，联合国教科文组织第32届大会通过《保护非物质文化遗产公约》，旨在保护以传统、口头表述、节庆礼仪、手工技能、音乐、舞蹈等为代表的非物质文化遗产。我国一直以来十分重视"非遗"工作，在引入"非遗"概念之前，我国以民间文化保护的名义进行。

在我国古代，统治者十分重视对民间文化的搜集整理，例如汉代专门设立乐府，职责之一就是采集民间歌谣。20世纪初，随着"新文化运动"的兴起，激发了知识分子对民间文化的兴趣。如1923年，北京大学成立风俗调查会。这一时期，中国共产党"自觉利用歌谣、谚语、传说、秧歌、序曲等民间文艺形式为革命斗争服务"①。新中国成立以后，尤其是改革开放以来，我国在"非遗"保护方面成绩斐然。代表性的成就是1979年文化部、国家民委、中国文联发起编写的10套"中国民族民间文艺集成志书"，经过全国文艺工作者30年艰苦努力，出版了450册，约4.5亿字，包括《中国民间歌曲集成》《中国戏曲音乐集成》《中国民族民间器乐曲集成》《中国曲艺音乐集成》《中国歌谣集成》《中国谚语集成》《中国曲艺志》等10个门类。

20世纪90年代末，中国引入"非遗"概念，并逐渐形成了完整的学科体系。2004年8月，中国加入《保护非物质文化遗产公约》。2011年2月25日，全国人大通过了《中华人民共和国非物质文化遗产法》，这是我国第一部"非遗"保护方面的法律。

我国对文化遗产的保护主要有两部法律，即《中华人民共和国文物保护法》《中华人民共和国非物质文化遗产法》。《中华人民共和国文物保护法》第九条规定："各级人民政府应当重视文物保护，正确处理经济建设、社会发展与文物保护的关系，确保文物安全。基本建设、旅游发展必须遵守文物保护工作的方针，其活动不得对文物造成损害。"

结合北京地区实际，北京市颁布了《北京市文物保护管理办法》《北京市地下文物保护管理办法》等。根据《北京市地下文物保护管理办法》第九条规定，位于地下文物埋藏区的建设工程、旧城之内建设项目总用地面积一万平方米以上的建设工程、旧城之外建设项目总用地面积二万平方米以上的建设工程，应当进行考古调查、勘探。这实际上从法律上确定了

---

① 王文章：《非物质文化遗产概论》，文化艺术出版社2006年版，第187页。

文化遗产保护优先于开发建设，这是国际通行的做法，也为实际操作提供了法律保障。

北京城市副中心建设严格依据有关法律规定，对建设范围进行了大规模考古勘探。根据北京市文物局发布的资料，2016年2—9月，北京市文物局、北京市文物研究所对通州区潞城镇的胡各庄村、后北营村、古城村等地区展开了考古调查、勘探与发掘工作。共同完成了101.3万平方米的勘探任务以及4万平方米的发掘任务，共发掘战国至清代墓葬1092座、汉代城址1座、汉唐窑址69座、灰坑8座、水井10眼、道路3条。出土各类陶器、瓷器、釉陶器、铜器、铁器、铅器、料器、皮革器等文物万余件（套）。对具有重要历史价值的墓葬、窑址、地层剖面共计60处遗迹进行整体迁移保护。在此次勘探过程中发现了汉代路县城址，对通州建置2200余周年提供了实证，具有重大的考古价值和现实意义。

3. 从反面教训看，破坏文化遗产的损失不可挽回

文化遗产是一座城市的历史的最重要载体，传承历史的最重要的工作就是要保护好各类文化遗产。但是，不少地方在大规模建设中，破坏文物的事件时有发生。在一些人的头脑中，保护文物就阻碍了城市的发展。一是有部分人在思想上还停留在将文物古迹看作"历史垃圾"的落后观念，认为"破旧"才能"立新"。二是有些地方过度依赖土地财政，要将土地整体上市，这就势必采取"推平头"的方式大规模进行拆迁，文物古迹也难以幸免。很多地方已经意识到这个问题，又开始了大规模恢复古城运动，但是即使是用旧材料、老工艺修建起来的建筑，充其量也不过是假古董。拆真文物、造假文物这样愚昧的事情不应再发生了。

4. 从长远看，文化遗产保护有利于城市可持续发展

记得一位哲学家说过，一座城市没有了历史就好像一个人失去了记忆。文化遗产是历史留给我们最宝贵的财富，它不仅蕴含了丰富的历史信息，体现了一个地方的地域特色和文化基因，而且有利于彰显一座城市的特色和魅力。当前，在我们的城市化进程中出现了"千城一面"的危机，其中一个主

要原因就是对文化遗产的保护不够，过度注重高楼大厦，不顾自然环境、历史文化特色，盲目追求"高、怪、洋"建筑，这样的舍本逐末，得不偿失。

城市不仅体现着其所具有的功能，而且体现着社会发展的复杂进程，拥有着深厚的文化底蕴，包含着深刻的文化意义。城市文化从城市诞生之日起，经过长期历史过程，在原有基础上不断积淀形成。一座城市能够延续和发展，越来越取决于城市文化的延续。重新认识人类社会复合系统中的现有文化资源，应成为新时期城市文化建设的重要任务。甚至有学者提出从"功能城市"到"文化城市"，这是很有前瞻性的理念革新，应该引起更多的重视。①在这个过程中，文化遗产保护具有不可替代的作用。

文化遗产是古人智慧的结晶，在许多方面仍然给今天的城市建设提供了很多有益的启示和借鉴。例如明清通州城的水系设计，充分利用了自然河流，形成护城河、城中河、湖泊、沟渠等系统，使水系具有运输、护城、防洪、消防、景观和调节小气候等综合功能，值得今天的规划者去研究和借鉴。例如在2012年北京"7·21"特大暴雨中，故宫和北海团城在排水方面表现出色，值得我们思考和借鉴。目前还在北海团城发挥作用的雨水工程建于明永乐年间，距今已近600年了。专家发现，团城里种植古树，水眼分布在古树周围，每个水眼的下部都有一个竖井，竖井与竖井之间有涵洞相连。多余的雨水到了涵洞以后储存起来，形成一条地下"暗河"。水眼除有排水功能外，还可降低树根附近的水位，使土壤中的水分适宜树木生长。类似的例子其实还有很多。

文化遗产还可以促进一个地区经济社会的可持续发展，在国内外都有很多成功的案例。文化遗产保护成功的地方，往往是特色鲜明，能够可持续发展的地方。通州有丰富的文化遗产，我们应该借鉴成功的经验，保护好文化遗产，促进城市更好发展。

---

① 持此种观点的学者，以故宫博物院院长单霁翔先生为代表，在其著作《从功能城市走向文化城市》里集中阐述了此观点。

二、遵循文保规律，加强对各类文化遗产的保护

在挖掘文化内涵的基础上，根据通州文化遗产的实际，应对全区的文化遗产有针对性地进行保护。

1. 加强对通州文化遗产的基础研究工作

通州历史文化底蕴深厚，涵盖的内容十分丰富，现在研究还很不够。以通州的运河文化为例，其内涵十分丰富，与大运河有关的物质文化遗产（包括河道、闸坝、驿站、码头、会馆、街区、粮仓、船舶，以及漕运物资等）和非物质文化遗产（包括传说、技艺、古籍文献等）都包含在内。关于通州的历史，与通州有关的运河文化，主要是国内学者进行了研究，自20世纪80年代以来成果逐渐增多，主要包括通州文物古迹、历史文化、民俗故事、历史地名、漕运仓储、文化景观、历史上的城市格局等方面的研究。著作方面主要有北京市通州区文化委员会编的《通州文化志》《通州文物志》，通州历史文化专家周良、郑建山等人对通州的文物和民俗文化进行了全面搜集整理。北京一些高校师生对通州运河和运河文化的关注正在加强，撰写了相关的论文。虽然对通州历史、运河文化等领域的研究取得了一定成绩，但是成果零散，在系统性和研究深度上还显不足，也没有形成良好的体制机制保障，很难可持续发展。

通州除了运河文化，还有皇家文化、民族文化、红学文化、红色文化、名人文化、文学艺术等丰富多彩的文化。在很多方面的研究还处在空白状态。急需成立专门研究机构，引进考古、史学、哲学、古文献等方面的专门人才，对通州历史文化进行全面、系统、深入的研究。

研究工作千头万绪，应该从整理通州的文献古迹入手。与通州有关的文献古籍很多，如果不对这些文献资料进行研究，我们对通州的文化研究就会浮于表面。以下几类是急需整理的：一是与漕运有关的史料。包括《漕运全书》《漕运通志》《漕船志》《通漕则例纂》《通漕类编》《通

粮厅志》，还有《辽史》《金史》《元史》《明史》《清史稿》《大明会典》《大清会典》等史书中的漕运内容。二是与通州历史有关的文献。各时期的《顺天府志》《通州志》，以及《钦定日下旧闻考》《明实录》《清实录》等有关通州的内容。外国使臣日记中对通州的记载，例如朝鲜使臣历次到京城朝贡都写了日记，内容十分庞杂，已整理出版，统称为《燕行录》，其中有不少关于通州的内容。还有英法联军、八国联军侵华时随军记者写的日记，都陆续出版了，其中包括在通州的见闻。三是与通州有关人物的个人文集。历史上，通州人杰地灵，产生了很多著名历史人物，例如岳正、杨行中、马经纶、雷学淇、刘锡信、刘绍棠等，他们都留下了个人文集。还有一些著名历史人物虽不是通州人，但是与通州有着密切的联系，对他们的文集、思想尤其是与通州的关系，也应该深入研究，如李贽、曹雪芹、于成龙等。与通州有关的人物很多，这些文集是通州历史文化的宝贵财富，应该加以整理研究。

2. 积极保护非物质文化遗产

联合国教科文组织《保护非物质文化遗产公约》突出强调了非物质文化遗产的重要价值：第一，非物质文化遗产是世界文化多样性的生动体现；第二，非物质文化遗产是人类创造力的表征，对于非物质文化遗产的保护，体现了对人类创造力的尊重；第三，非物质文化遗产是人类可持续发展的重要保证；第四，非物质文化遗产是密切人与人之间关系以及他们之间的交流和相互了解的重要渠道。因此，保护非物质文化遗产对于创造适宜的社会环境，继承不同民族、群体、地域的优秀人类文化传统，对于维护人类文化的多样性，对于充分发挥世界各民族人民的想象力和创造力，对于人类社会的可持续发展，以及人类的相互沟通、相互了解、相互团结协作等具有重要的意义。非物质文化遗产在中华民族发展进程中起着不可替代的作用，对中国特色社会主义伟大事业也有十分重要的促进作用。但是随着历史的变迁，尤其是生产、生活方式的转变，不少"非遗"项目处境艰难，濒临失传。

通州的"非遗"项目是植根于通州文化土壤的活态文化，是通州文化基因的重要内容。保护"非遗"对北京城市副中心的文化建设，文化基因的传承有着十分重要的作用。通州有着十分丰富的"非遗"项目，据通州区"非遗"保护办公室统计，全区有普查登记项目共七大类300余项，其中国家级2项、市级7项、区级33项。"非遗"项目的处境各不相同，有的项目如"花丝镶嵌""珐琅""雕漆"等制作工艺等由于有市场需求，传承情况较好。有的项目如民间音乐、民间舞蹈等在农村地区还有生存的土壤，能够艰难存活。有的项目则由于各种原因，已经濒临失传。

由于生产、生活方式的变化，"非遗"项目仅靠自己的力量很难发展。政府应该主动作为，加大保护力度。"非遗"项目保护的关键在于对传承人的保护，应对传承人进行"精准"保护。有的项目需要资金支持，有的项目需要平台支持，有的项目需要人才支持。有关部门应对各非遗项目进行评估，确保充足的资金，引进专门人才，搭建好推广平台，依托专业机构，有针对性地进行支持。

3. 建立新的通州博物馆，对可移动文物进行科学保护

可移动文物是指馆藏文物（可收藏文物），即历史上各时代的重要实物、艺术品、文献、手稿、图书资料、代表性实物等，分为珍贵文物和一般文物。珍贵文物分为国家一级文物、二级文物、三级文物。对可移动文物的最好保护方法就是放进博物馆、图书馆、纪念馆等文物收藏单位。

通州博物馆位于通州区西大街9号，由一处不到2000平方米的古建筑改造而成。由于面积狭小，展陈手段单一，不能全面展示通州的历史文化。通州有丰富的文化遗产，也有数量众多的文物，尤其是在潞城镇的考古发掘中出土了大量文物。这就急需建设专业的现代化博物馆进行综合展陈、研究和保护。

博物馆是城市文明的重要标志，也是展示一个城市历史文化的重要场所。随着北京城市副中心建设的推进，建设一座专业化、高水平的博物馆成为当务之急。新的通州博物馆应该加大文物博物馆方面的人才引进力

度，进一步加强对文化遗产的研究和教育功能。

4. 依法依规，加大对不可移动文物的保护力度

不可移动文物（或称古迹、史迹、文化古迹、历史遗迹）是先民在历史、文化、建筑、艺术上的具体遗产或遗址，包含古建筑物、传统聚落、古市街，考古遗址及其他历史文化遗迹，涵盖政治、军事、宗教、祭祀、居住、生活、娱乐、劳动、社会、经济、教育等多方面，弥补文字和历史等记录的不足。我国的不可移动文物可根据其历史、艺术、科学价值，分别确定为全国重点文物保护单位，省级文物保护单位，市、县级文物保护单位。

为加强对不可移动文物的保护，《中华人民共和国文物保护法》专设"不可移动文物"条款（共14条），对不可移动文物进行法律保护，其中第十五条明确规定："各级文物保护单位，分别由省、自治区、直辖市人民政府和市、县级人民政府划定必要的保护范围，做出标志说明，建立记录档案，并区别情况分别设置专门机构或者专人负责管理。"就是说不可移动文物要有保护范围、有保护标志、有记录档案和有保管机构，简称为"四有"工作。这是对不可移动文物的最基本要求，也是最有效的办法。在实际工作中，为了更好地保护不可移动文物，往往在"四有"的基础上还划定建设控制地带，也就是"五有"。在不可移动文物保护范围的外围形成建设控制地带，在建设控制地带内新建工程的高度、色彩和风格等都要与文物保护单位协调一致。

通州目前有不可移动文物等级项目236处，各级文物保护单位46家，其中国家级文保单位2家、北京市市级文保单位4家。由于各种原因，"五有"工作不能落实到位。现在，很多地方在保护和利用上搞一些创新，必要的创新是值得鼓励的，但是要以"五有"工作为基础和前提，否则就是舍本逐末，得不偿失。

"五有"工作只是对不可移动文物的最基本、最起码的保护。由于不可移动文物分为古遗址、古墓葬、古建筑、石刻、壁画、近现代建筑等类

型，针对不同类型还应该进行更专业的保护。

三、创造性地加强对重点文化遗产的保护

根据通州不可移动文物的实际状况，对"大运河（通州段）""汉代路县古城遗址""南大街历史文化街区""三庙一塔及西海子历史风貌区"几处重要的文化遗产应该进行创造性的保护。

1. 关于京杭大运河（通州段）文化遗产的保护思考

中国大运河文化遗产不同于其他的遗产项目，有自身的独特性，主要表现在以下几个方面。

一是大运河是"文化线路遗产"①。世界遗产委员会在其"行动指南"中指出，文化线路遗产代表了人们的迁徙和流动，代表了一定时间内国家和地区之间人们的交往，代表了多维度的商品、思想、知识和价值的互惠和持续不断的交流。文化遗产线路是一种全新的遗产保护理念，它着眼于线性区域，所涉的遗产元素多样，并且与沿线一定区域内的生态环境、当地社会经济等结合紧密，对沿线民众的生产、生活有紧密的联系。根据此定义，中国大运河是典型的文化遗产线路。

二是大运河是"系列文化遗产"。大运河与其他世界遗产，如北京的故宫、天坛、颐和园、敦煌莫高窟、丽江古城等有很大不同。后者是单一类型的文化遗产，而大运河包含各类丰富的文化遗产，与传统意义上的文化遗产有很大的不同。学术界用"系列遗产"（serial heritage）的概念来描述这类文化遗产。显然，大运河相关的遗产种类十分丰富，是典型的系列文化遗产。

二是大运河是"活态文化遗产"。"活态文化遗产"是由中国学者专

----

① 学术界也有"线性遗产"（linear heritage）的提法。但是《实施世界遗产公约操作指南》（2005年）并未采用这一术语，而是采用"文化线路遗产"概念。

门针对大运河遗产而提出的概念。根据传统的定义，文化遗产是指历史遗留下来，但是失去了原有功能的项目。大运河显然已经不符合传统观念对"文化遗产"的定义。历经2500多年的大运河至今仍在交通运输、行洪、灌溉等方面发挥着重要作用。所以大运河是"活着的、流动着的文化遗产"，其保护方式需要我们以科学研究的精神进行不懈的探索。

从上面的分析可以看出，大运河文化遗产是时间跨越2500多年，流经里程达3000余千米，包含系列文化遗产，并且还是"活着"的文化线路遗产。由于"文化线路遗产"的保护和利用工作是一个较前沿的课题，还没有形成固定的保护模式。欧美发达国家在这方面起步相对较早，为保护大运河遗产提供了有益的启示。

美国探索了在大区域内运用遗产廊道的保护模式进行整体保护。遗产廊道内部可以包括多种不同的遗产，它将文化遗产的保护放到首位，同时强调经济价值和自然生态系统的平衡能力。遗产廊道不仅保护了线性遗址，而且通过适当的生态恢复措施和旅游开发手段，使区域内的生态环境得到恢复和保护。美国的遗产廊道管理已经形成了成熟的管理体系和法律法规体系。我们从中能得到不少启发，对京杭大运河（通州段）文化遗产的保护有一定借鉴意义。

2009年6月13日是我国第四个"文化遗产日"，有关部门在通州区建立了第一块"大运河遗产小道"路标，这是借鉴"遗产廊道"保护理念，保护大运河遗产的一种新的尝试。用这种方式保护文化线路遗产已经得到国内外学术界的一直认可，并且有专家针对大运河文化遗产提出了具体的实施规程。①

在实际操作层面，要树立底线思维和红线意识，确保大运河文化遗产得到全方位保护。如前所述，大运河文化遗产是系列文化遗产，包括物质文化遗产和非物质文化遗产。物质文化遗产有各类遗址，如码头遗址（包

---

① 北京大学景观设计学院俞孔坚教授等对此有专门研究，并有专著论述。

括土坝码头、石坝码头、商业码头、客船码头等）、古城遗址（明清通州古城、张家湾古城、潞县古城）、河道遗址（金代至清代大运河故道、萧太后运粮河故道、金闸河故道、元通惠河与坝河故道、金口新河故道）、粮仓遗址（现在仅存中仓仓墙残段）、闸坝遗址等，以及与漕运有关的桥梁、会馆、庙宇、驿站等古建筑遗存等。与大运河文化有关的非物质文化遗产也十分丰富，如全国独有的开漕节等节庆文化，有独特的运河船工号子、运河龙灯、运河传说，以及历史上文人墨客留下的大量关于运河和通州的诗词等。除此以外，还有相关的历史人文和自然景观，如古代"通州八景""文昌阁十二景""潞县八景"，其中与大运河相关的历史人文景观有古塔凌云、长桥映月、万舟骈集、柳荫龙舟、漕艇飞帆、闸泻涛声、碧水环城、柳岸渔舟、白河渔舟、长堤回燕等。与大运河相关的自然景观有波分凤沼（通惠河）、二水汇流（温桥河与白河会合处）、天际沙明（大运河两岸白沙滩，不生青草）、凤行芦荡（运河边湿地芦苇塘）、春郊烟树等。这些景观也是大运河文化遗产的重要组成部分。

当前，在大运河沿线各地都在积极推进大运河文化带建设。"大运河文化带"理念是由北京市率先提出，并得到各界的响应，目前已上升为国家层面的项目。通州在这方面理应走在前面。

2. 对汉代路县古城遗址保护的思考

关于通州汉代路县古城城址，在文献资料和考古发现中有一些线索。例如清代通州学者刘锡信在《潞城考古录》等文中对汉代路县古城都有考证。近些年在通州潞城镇多次发现汉代墓葬群，说明在附近有汉代聚落存在。2016年2—9月，北京市文物研究所为配合北京城市副中心行政办公区建设，对潞城镇相关区域进行了大规模考古勘探。在此次考古勘探中，发现了路县古城城址。勘探结果表明：古城遗址分为城墙基址、城内遗存、护城河和城外遗存四部分。其中，城墙基址保存较好，北墙基址长约606米，东墙基址长约589米，南墙基址长约575米，西墙基址长约555米，四面城墙基址基本可以闭合，城址平面近似方形，城址总面积约35万平方米。

城内还发现了一条南北向的明清时期的路面遗存和一条南北向的辽金时期的路面遗存。南城墙墙基外侧约11～13米处还发现了护城河道遗存，河道走向与城墙基址走向基本平行，宽度约30～50米。

这是一项十分重要的考古发现，为通州有2200余年的建置史提供了考古实证。此项考古发现对通州史和北京史都具有十分重要的意义，丰富了北京城市副中心的文化内涵。

汉代路县城址属于不可移动文物中的大遗址。关于"大遗址"概念，一般而言，大遗址指面积大、文化内涵丰富、学术价值高，对研究古代社会有重要意义的遗址。具有不可再生性和不可替代性的遗存，是中华民族历史文化的载体，是宝贵的历史文化遗产。大遗址在中国考古学界具有十分重要的地位。从20世纪20年代开始，即对北京周口店遗址、河南安阳殷墟遗址、山东章丘城子崖遗址、河北易县燕下都遗址等进行勘查、发掘。新中国成立之后，中国科学院考古研究所对西安半坡、丰镐、汉长安城、唐长安城，安阳殷墟，洛阳汉魏故城、隋唐城等大遗址开展了勘查、发掘工作。

大遗址的保护是考古文物事业中的一项重点工作，也是一项世界性的难题。在国际上有一些先进理念，近些年也被引入到国内。1964年，国际文物工作者理事会（ICOM）在威尼斯召开会议，通过了《国际古迹保护与修复宪章》（亦称《威尼斯宪章》）。《威尼斯宪章》要求，"保护一座文物建筑，意味着要适当地保护一个环境"。文物保护的对象从历史性建筑物扩展到"包含能够见证某种文明、某种意义的发展或某种历史事件的城市或乡村环境"。2005年，在西安举行的国际古迹遗址理事会（ICOMOS）第15届大会上通过了《关于历史建筑、古遗址和历史地区周边环境保护的西安宣言》（简称《西安宣言》），将文化遗产的保护范围扩大至遗产周边环境以及环境所包含的一切历史的、社会的、精神的、习俗的、经济的和文化的活动。这一理念反映了国内外学者对于文化遗产保护的观念由单纯注重遗产本体的保护，延伸到与遗产相关的空间区域内生态环境、人文环境的整体保护。这一理念是对《威尼斯宪章》的具体和深化，表明中国文化遗产界在保护大遗址方面正式引入了这一先进理念。同年，我国设立了大遗址保护专项经费。

但是在实践中，大遗址保护遇到了不少困境，尤其是城址类大遗址。城址类大遗址一般在人口密集区和城市开发区域，在依赖"土地财政"的地区将城址保护视为城市发展的"绊脚石"。还有一种情况，在一些地区以保护的名义过度进行商业开发。大遗址首要价值是科学考古和历史文化价值，但是在很多地区将大遗址的意义放在追求经济利益上，而忽视了遗址本身的保护和研究工作。而文化遗产是不可再生的资源，一旦破坏就无法补救。这样舍本逐末、竭泽而渔的做法会造成严重的后果。大遗址保护遇到的另一个困境就是管理体会很不顺畅。大遗址保护设计管理部门很多，如规划、建设、交通、生态、旅游、文物等部门，在很多地方，文物部门还是弱势部门，保护力度不够。

目前关于大遗址保护，最理想的做法就是建立考古遗址公园。"考古遗址公园"在我国是个新概念，但并不是新事物。早在1987年，安阳建成了殷墟博物苑，这其实就是"考古遗址公园"。近些年，北京陆续建成了元大都遗址公园、明城墙遗址公园、明皇城遗址公园、圆明园遗址公园等，这些都是"考古遗址公园"。但这是传统意义上的"考古遗址公园"。2009年12月，国家文物局制订的《国家考古遗址公园管理办法》，标志着从国家层面通过"考古遗址公园"的方式推动大遗址保护。2011年10月、2013年12月，国家文物局分别公布了两批国家考古遗址公园名单和立项名单。

考古遗址公园并不是建设一个普通的公园那么简单，要突出"考古遗址"的特色，关键是要处理好"考古遗址"与公园的关系。考古遗址公园展示的对象就是遗址本身，展示的目的是揭示遗址的文化内涵和价值。保护遗址是考古遗址公园的根本目的和首要职责，公园建设不能以破坏遗址为代价，任何可能造成遗址破坏的展示行为都必须禁止。遗址展示应在文物保护与展示效果之间寻求平衡点，采取科学、有效的方法，必须具备可逆性。

考古遗址公园的建设和管理过程中，考古学家必须发挥关键作用。首先依靠考古学家提供相关的科学资料，包括遗址的范围、内涵、布局、年代、性质等，需要考古学家提供可用于展示的遗迹和可用于展览的文物。考古遗址公园建成后，还需要考古学家的长期参与和支持。例如，考古发掘现场是遗址公园公开展示的重要项目之一，我们应当允许公众参观考古工地，有条件时还应邀请部分公众直接参与考古工作，这是考古学扩大公众影响的窗口，也是考古学服务公众的途径。考古学家不仅应该是考古遗址公园建设的参与者，还应是考古遗址公园管理的参与者。如果没有考古学家的全程参与和支持，考古遗址公园则没有专业智力支持，很可能会文化内涵"空心化"，甚至会出现破坏遗址的悲剧发生。如果那样，就与建设考古遗址公园的初衷背道而驰了。

基于以上的分析，通州汉代路县古城遗址应该通过建立遗址公园的形式保护。在科学保护的前提下，选择有代表性的区域进行试掘，对公众进行展示。对遗址公园的建设和管理都应该有考古学家的参与，正确处理遗址保护与民生、生态等方面的关系。在遗址保护范围之外，建立通州历史博物馆，全面展示通州历史文化。考古遗址公园作为一个大体量的文化遗产，从文化内涵上说是博物馆展示的内容之一，从空间上说，考古遗址公园为博物馆提供了展示空间，二者融为一体。

3. 对通州老城区几处历史文化风貌区保护的建议

文化遗产的生命在于传承和利用。有些地方出现了一些好心办坏事的情况，为了保护历史文化街区，把原住民搬迁出去，或空置或进行旅游开发，实践表明，效果并不好。老建筑如果没有人居住，反而容易被破坏甚至坍塌。而由旅游公司进行开发，又容易出现过度商业化等问题。为处理好文化遗产保护与城市发展、改善民生的关系，学界提出了历史文化街区的保护理念。历史文化街区不但要保护构成历史风貌的文物古迹、历史建筑，还要保存构成整体风貌的所有要素，如道路、街巷、院墙、小桥、溪流、驳岸乃至古树等。而且由于历史文化街区是一个成片的地区，有大量居民在其间生活，有特有的、鲜活的文化生态，在保护有形文化遗产的基础上，还应该保存其承载的地域文化，保存文化多样性。同时还要使该地居民的生产、生活方式能够延续下来，甚至因文化遗产保护而得到改善和提升，做到文化遗产保护和城市发展、居民生活相互促进。

该理念得到了国家文物部门和有关各界的认同，如《中华人民共和国文物保护法》（2015年4月修订）第十四条规定："保存文物特别丰富并且具有重大历史价值或者革命纪念意义的城镇、街道、村庄，由省、自治区、直辖市人民政府核定公布为历史文化街区、村镇，并报国务院备案。"但是在实际操作过程中，保存文物很丰富并且具有重大历史价值或革命纪念意义的片区既不是城镇、街道，也不是村庄，这就不能公布为历史文化街区。例如北京大学未名湖燕园建筑群区域就是此种情况。所以学界提出了历史文化风貌区的概念，这一概念更为准确、全面，不少地区采用了这一概念。如上海市出台了《上海市历史文化风貌区和优秀历史建筑保护条例》，该条例有"历史建筑集中成片，建筑样式、空间格局和街区景观较完整地体现上海某一历史时期地域文化特点的地区，可以确定为历史文化风貌区"的规定。在实际操作过程中，历史文化风貌区更有利于文化遗产保护。所以本文也采用了"历史文化风貌区"概念。

通州老城区保留了三块历史文化风貌区，分别是"三庙一塔及西海子历史文化风貌区"、"通州南城历史文化风貌区"和以潞河中学、富育女校、护士学校、通州师范等近现代建筑群为主要内容的近现代历史文化风貌区。这三个片区很有代表性，是通州文化遗产的精华，应加强保护。

三庙一塔及西海子历史文化风貌区位于通惠河与大运河交汇处的西南角，即明清通州古城北部区域，该区域历史文化内涵十分丰富，不仅包括三庙（文庙、佑胜教寺、紫清宫）和燃灯佛塔古建筑群、李贽墓、葫芦头遗址、石像生群等历史文化遗存，还包括北运河、明清通惠河河道、西海子水系、通州城东大街、大成街等明清通州古城城市肌理，历史上曾有古塔凌云、波分凤爪、柳荫龙舟等景观产生于此风貌区，是运河文化、宗教文化和通州古城结合的产物，历史文化内涵十分丰富。

但是目前对该区域的保护重点放在单体文物上，例如"三庙一塔"、李贽墓等。还没有充分认识到该区域的历史文化价值，尤其是没有认识到西海子的历史文化价值。西海子并不是一处普通的湖泊，而是明清通州古城内城水系的重要组成部分。明清通州城巧妙地利用河流设计了独特的水系。依托通惠河和大运河设计了北护城河和东护城河，从通惠河分水设计了东护城河和南护城河，还从通惠河分水流入城中形成了城中河，并设置东水关、通流闸、西水关以调节水量，形成了通州城的水系格局。在城内的中仓、西仓周围还设计了水渠，在城北还有东海子和西海子两处湖泊，当时的通州城是名副其实的北方水城。可见，西海子不是简单的一处湖泊，而是明清通州古城水系的重要组成部分，也是城内水系的仅存部分，是重要的文化遗产。应该认识到其应有的历史文化价值，进行有效保护。

尽快认定"三庙一塔及西海子历史文化风貌区"，划定保护范围，编制保护规划，进行科学合理的保护，并进行合理利用。目前该区域的燃灯塔和李贽墓是北京市市级文物保护单位，三教庙、葫芦头遗址和石像生群是通州区区级文物保护单位。如果认定为"三庙一塔及西海子历史文化风貌区"，建议尽快申报国家级文物保护单位，发挥其历史文化功能，成为通州的一张文化名片。

通州南城历史文化风貌区位于通州区中仓街道辖区，是明清通州城南城区域。该区域还完整保留着明清通州城南大街、西大街、回民胡同和十八个半截胡同等城市肌理，有通州清真寺、万字会院、中仓遗址和数处民居，还有"通州三宝"（即小楼烧鲶鱼、大顺斋糖火烧、万通酱豆腐）和十八个半截胡同高跷会等非物质文化遗产数项。明代大思想家李贽、通州乡贤马经纶、林则徐恩师白镕、中国广播之父刘瀚、万通酱园掌柜马兆丰、著名回族学者金吉堂、著名书法家薛夫彬、琵琶演奏艺术家管亚东等名人曾在此居住、生活。南大街也是回民聚居区，是民族风情浓郁的文化街区。

面对新形势，旧有的保护模式和理念已不能发挥更好的效用。通州南城地区既是历史文化风貌区，也是民族聚居区，更是棚户区。该区域历史悠久，遗留下了一些文化遗产，但是大部分是老旧民房，基本的市政设施短缺，夏天防洪防涝，冬天防居民煤气中毒，安全隐患极大，百姓要求改造的呼声很大。随着时代发展，位于通州城中心地带的老南城正面临前所未有的挑战。一方面，老祖宗留下来的历史文化遗产必须保护；另一方面，广大群众对美好居住环境有极大的需求。随着地价的上涨，对中心城的历史文化街区进行改造的成本急剧上升。如何探索出一条既能保护文化遗产，又能改善民生的道路，是当地政府必须面对的一项课题。

建议借鉴历史文化风貌区的理念，在尊重民族文化和居民意愿的基础上，分步推进中仓历史文化街区的改造工程，正确处理文化遗产保护与发展相关文化产业的关系。

南大街是回民聚集区域，推进该项工作要充分考虑回族群众的意愿的和习俗。要发挥回族中德高望重的阿訇、政协委员、人大代表、社会名流等人群的作用。与回民群众一起制订发展规划、改造方案等。在达成共识的基础上，分步骤推进南大街改造工程。一是文物部门将符合条件的古建筑认定为文物保护单位，争取文物修缮专项资金维修古建筑。二是市政、电力、电信等部门对南大街水、电、气、暖等基础设施进行改造。三是规划国土、城建、城管等部门拆除违章建设。四是根据整体规划，分类推进改造。对于不愿意离开的居民，鼓励其对房屋进行与整体风格相协调的改造。对于愿意离开的居民，政府可以对其房屋进行收购，然后统一改造利用。将符合条件的古建筑改造为社区博物馆、文化活动中心、名人文化陈列室等公益性文化机构，逐步吸引艺术家和文化公司，提升当地的文化氛围，带动相关文化产业发展。

通州城区还保留了一片近现代建筑群，如潞河中学建筑群、富育女校建筑群、护士学校建筑群、通州师范建筑群等近代建筑群。还有官园小学、后南仓小学、红旗机械厂等反映新中国成立后一段时期的代表性建筑。这些近现代建筑还在发挥作用，得到了很好的保护。应该将有代表性的建筑认定为优秀近现代建筑，注重整体风貌的保护，并明确该区域的教育功能定位，发展与教育相关的行业。要净化该区域的环境，对不利于未成年人的业态进行外迁。

针对这片区域，建议区政府制定相关保护办法，对建设活动进行规范。在近现代历史文化风貌区核心保护范围内进行建设活动，不应改变街区空间格局和建筑原有的立面、色彩。一般情况下，不进行新建、扩建活动，对现有建筑进行改建时应当保持或者恢复其历史文化风貌；不应擅自新建、扩建道路，对现有道路进行改建时应当保持或者恢复其原有的道路格局和景观特征。

四、依托文化遗产，塑造通州城市的文化形象

"北京城市副中心"是通州的功能定位，是党中央、国务院赋予通州的神圣使命，北京市委、市政府已经做出了一系列安排和部署，目前各项工作正在有序推进。围绕这一功能定位，通州还应该有城市的形象定位，这是实现"创造历史，追求艺术"的目标不可缺少的顶层设计。

1. 思考通州城市形象定位是城市理论发展的必然要求

城市形象的学术研究始于20世纪60年代。美国著名城市规划专家凯文·林奇（Kevin Lynch）是明确提出"城市形象"概念的第一人。城市营销学者对城市形象的界定获得了目前学界的普遍认同，使城市形象的研究从最初的局限于物质层次、单一目标市场以政府为主导，逐渐扩展到对非物质层次、多目标市场以顾客为导向的研究。

在国内，从20世纪90年代开始，有不少学者开始研究城市形象这个课题。随着中国城市建设水平的提高，人们在注重城市功能的同时，比以

往更加重视城市的形象，研究水平也显著提高。目前国内外学术界对什么是城市形象基本上达成了这样的共识：城市形象是一座城市内在历史底蕴和外在特征的综合表现，是城市总体的特征和风格。优美的城市形象不仅对提高城市知名度、创立城市品牌、提升城市品位、繁荣城市经济有着十分重要的作用，而且对于增强城市实力、优化城市功能有着重要的促进作用。

按照"坚持世界眼光、国际标准、中国特色"的要求，北京城市副中心必须要符合国际学术理论，只有这样才能有理论支撑，才能经得起检验，才能锻造出精品。

2. 思考通州城市形象定位是"北京城市副中心"的现实需要

城市形象定位是城市形象的集中体现，反映了一个城市的特色和内涵。城市形象定位指的是在与别的城市相比较的基础上，从本城市的现状和历史出发，充分挖掘本城市的各种资源，并对关乎城市发展的各种因素进行综合分析，着眼于城市的历史、现在、未来的继承和统一，按照特殊性、科学性的原则，找到城市的灵魂和精神，选取富有个性的城市形象资源加以凸显和放大，确定城市建设的目标和方向。城市形象的定位是城市形象管理的基点，准确的城市形象定位能够反映一个城市的特色和优势，激发城市的内在潜力，为城市特定时期的发展提供目标指向。

建设经得起历史检验的北京城市副中心，要求我们应该从最前沿的城市发展理论获取智慧和营养，这就要求我们在注重城市功能定位的同时，还必须思考城市的形象定位。

3. 应从历史文化的角度正确认识通州城市形象

城市形象定位的着眼点是城市精神理念、城市的性质和城市的社会经济发展目标。城市形象定位反映着城市的灵魂，是城市优势的浓缩，更是城市发展的指向，城市形象的定位对于城市形象管理和城市的开发有着深远的意义，城市管理者对此必须给予足够的重视。

城市形象是一座城市以物质和非物质为载体的各种信息向人们（包含

城市的内外公众）传递与交流的外在形式与综合反映，是融合时间、空间与人为一体的共同建构的有别于其他城市的代表该城市特质的整体形象。从世界各地已经形成的特色城市的个性和共性看，特色城市大致可分为五种类型：一是政治型城市，如纽约、日内瓦等；二是经济型城市，如鹿特丹、香港等；三是文化型城市，如威尼斯、戛纳等；四是宗教型城市，如耶路撒冷、麦加等；五是旅游型城市，如桂林、苏州等。特色是城市过去和现在的浓缩，是物质实体和历史文化的提炼，是城市形象的精髓和灵魂，也是一个城市独特的优势，对推动城市发展具有十分重大的意义和作用。城市的特色是在城市的发展过程中形成的，是城市极富价值和竞争力的个性所在，具有稀缺性，城市形象定位必须维护好城市的特色。通州有自己的独特的地理环境、功能定位、历史文化，我们要充分认识到城市特色的可贵，在城市形象定位中不能盲目仿效其他城市，而应以特色为旗帜，对城市功能定位、历史文化、地理环境等特质做深入的研究，有所侧重地显示出强烈且鲜明的城市风格。

习近平总书记对北京城市副中心的文化建设明确指出："要充分体现中华元素、文化基因，也要借鉴其他文化特色。"这也可以理解为习近平总书记对通州形象定位的要求。

一是做足京杭大运河"世界文化遗产"的文章。历史上，通州因"漕运通济"而得名，是著名的漕运仓储中心。今天的通州是京杭大运河北端的重要城市，大运河穿城而过，成为通州城最靓丽的风景线。与大运河有关的文化遗产，例如古河道、八里桥、三教庙、燃灯塔、通州清真寺、张家湾古城等仍然是通州最有代表性的地标和文化符号，大运河文化已经深深地融入通州的"血液"里。2014年6月22日，在第38届世界遗产大会上，中国大运河因其"开凿较早、规模最大、线路最长、延续使用时间最久，而且目前仍在使用，是人类历史上超大规模水利水运工程的杰作"而被列为世界文化遗产，成为我国第46个世界遗产项目。中国大运河项目包括京杭大运河、隋唐大运河，以及杭州以东的浙东运河。

为确保"申遗"成功，申报时选取了现状保存良好的河道遗产27处。北京地区被选入的两处河道分别为通惠河北京旧城段和通惠河通州段。还有很多河道和遗产点也具备条件，但是没有列入申报范围，这样不利于中国大运河遗产的完整保护。因此，建议对未列入世界遗产的大运河适时启动后续"申遗"工作。中国大运河是中华民族留给世界的宝贵遗产，随着"申遗"的成功，京杭大运河吸引了世界的目光，成为沿线城市的黄金招牌。积极做好与国家文物局有关部门的对接工作，争取将通州南城、三庙一塔及西海子历史文化风貌区等纳入世界遗产保护范围，这样有利于提升通州的文化影响力。

二是挖掘好通州独特的文化基因。在保护好通州的文化遗产的基础上做到以下几点：（1）通州的规划、建筑等不仅要注重实用功能，还应该有历史风味、艺术特色等美学风格。新城的建设风格、颜色、园林绿化、地名等方面保留通州的特色。城市规划时尽量尊重老通州城的城市肌理、水系，保留老地名。城市的建筑风格、街景、公共雕塑等要尽量与通州的标志性建筑相和谐。（2）发挥好通州几处古城遗址的作用。通州有2200多年的建城史，在通州历史上曾有汉代路县古城遗址、明代通州城遗存、张家湾古城遗址、潞县故城遗址等。科学合理地保护古城遗址，在此基础上加强学术研究和对外宣传，并与经济发展和民生改善结合起来。（3）发挥通州"三教庙"的积极作用。"三教庙"体现了中华文化的"会通精神"，为世界不同文化交流和文明互鉴提供了范本，具有国际推广价值。如何处理不同国家、不同文明的关系，习近平总书记提出了打造"人类命运共同体"的战略。为更好推进"人类命运共同体"战略，中国政府在世界各国建立"孔子学院"推广中国文化，并且依托"国际儒学联合会"为中国文化的传播提供学术支撑。通州"三教庙"，尤其是文庙应在"北京城市副中心"的文化建设中发挥更大的作用。

三是培育和打造原创艺术集聚区宋庄"画家村"品牌。始于20世纪90年代初的宋庄画家村，以小堡为中心，辐射周边村落。到目前为止，有各类艺术家5000余人，其中不乏黄永玉、方力钧、刘炜、张惠平、岳敏君、杨少斌等国际知名艺术家。许多宋庄艺术家的作品在世界各地展出、拍卖，有很大的国际影响。原创艺术带动了会展、拍卖、画材、培训等相关产业发展，提供就业岗位万余个。目前宋庄不仅是北京最著名的文化创意产业集聚区，也是中国最大的原创艺术家集聚地，成了世界知名的原创艺术集聚区，与法国巴黎的巴比松、美国的SOHO、德国的达豪等知名艺术集聚区齐名。

原创艺术是创新的基础和动力，我们应高度重视这个难得的文化资源。在确保文化安全的前提下，要尽量保护其开放的艺术氛围。以习近平总书记在全国文艺工作座谈会上的讲话精神为指引，遵循艺术发展的规律，对宋庄画家村进行规划和引导。划定艺术家生活创作区和相关产业开发区，保护艺术家创作生活区的原生态环境，避免过度商业化，立足打造百年后的世界文化遗产。

四是弘扬好李贽、曹雪芹、刘绍棠等有世界影响力的名人文化。通州地灵人杰，历史上产生了不少名人，构成了绚烂的名人文化，这其中以李贽、曹雪芹、刘绍棠等为代表。以李贽为例，他是我国古代杰出的思想家，是我国资本主义萌芽时期的启蒙思想家。他反对假道学，主张"百姓日用皆是道"，尊重人的正当欲望和需求，倡导发展个体工商业，主张男女平等思想都具有划时代的意义。他的思想在国际上产生了巨大的影响，例如李贽的思想在日本影响很大。明治维新运动的先驱吉田松阴在思想上就颇受李贽的影响，自谓在生死观上颇得力于李贽的《焚书》，并有汉学著作《李氏焚书抄》《李氏续焚书抄》等。

在2016年5月17日召开的"哲学社会科学座谈会"上，习近平总书记在讲话中将李贽列入中国最著名的思想家行列。通州作为李贽最后的归宿地，也是其思想最终形成的地方。目前，李贽墓在通州保存完好，通州可以与中国李贽学会等机构合作，进一步研究、宣传李贽文化。

通州的文化遗产是文化基因的重要载体，要充分认识其重要价值，加大保护力度。以文化遗产为依托，加强北京城市副中心的文化形象建设，使北京城市副中心真正成为千年大计、国家工程，也将成为我们这代人留给后人的文化遗产。